闫志利◎著

中职教育质量：
评价与保障

中国社会科学出版社

图书在版编目（CIP）数据

中职教育质量：评价与保障/闫志利著．—北京：中国社会科学出版社，
2017.5

ISBN 978 - 7 - 5203 - 0392 - 7

Ⅰ.①中…　Ⅱ.①闫…　Ⅲ.①中等专业学校—教育质量—研究—中国
Ⅳ.①G719.21

中国版本图书馆 CIP 数据核字（2017）第 109774 号

出 版 人	赵剑英	
责任编辑	喻　苗	
责任校对	冯英爽	
责任印制	王　超	

出　　版	中国社会科学出版社	
社　　址	北京鼓楼西大街甲 158 号	
邮　　编	100720	
网　　址	http://www.csspw.cn	
发 行 部	010 - 84083685	
门 市 部	010 - 84029450	
经　　销	新华书店及其他书店	

印　　刷	北京明恒达印务有限公司	
装　　订	廊坊市广阳区广增装订厂	
版　　次	2017 年 5 月第 1 版	
印　　次	2017 年 5 月第 1 次印刷	

开　　本	710×1000　1/16	
印　　张	24.5	
插　　页	2	
字　　数	376 千字	
定　　价	99.00 元	

目　录

前　言 ……………………………………………………… （1）

第一章　中职教育质量：当代命题与永恒主题 ……………… （1）
　第一节　中职教育质量概念的内涵、外延与特征 ………… （2）
　　一　中职教育质量概念的内涵 …………………………… （2）
　　二　中职教育质量概念的外延 …………………………… （3）
　　三　中职教育质量概念的特征 …………………………… （5）
　第二节　中职教育质量评价的理论困惑与实践困境 …… （8）
　　一　中职教育质量评价的理论困惑 ……………………… （9）
　　二　中职教育质量评价的实践困境 ……………………… （13）
　　三　中职教育质量评价的现实任务 ……………………… （16）
　第三节　中职教育质量保障机制建设的现状分析 ……… （19）
　　一　中职教育质量保障机制概念的内涵 ………………… （19）
　　二　中职教育质量保障机制建设的现状 ………………… （22）
　　三　中职教育质量保障机制存在的问题 ………………… （28）

第二章　中职教育目标：历史演变与现实定位 …………… （33）
　第一节　我国中职教育目标的历史演变 ………………… （33）
　　一　探索时期 ……………………………………………… （33）
　　二　倒退时期 ……………………………………………… （34）
　　三　恢复时期 ……………………………………………… （35）
　　四　发展时期 ……………………………………………… （36）
　　五　稳定时期 ……………………………………………… （36）

第二节　我国中职教育目标的演变特征 ……………………（37）

　　一　与当时的社会政治经济状况密切联系 ………………（38）

　　二　由"社会本位"向"个人本位"转变 …………………（38）

　　三　由就业导向转向就业、升学双重导向 ………………（39）

　　四　由培养专门人才向复合型人才转变 …………………（39）

第三节　我国中职教育目标的现状分析 ……………………（40）

　　一　中职教育"以就业为导向"的科学依据 ………………（41）

　　二　中职学校办学导向的"双向裂变"现象 ………………（43）

　　三　中职学校办学导向"双向裂变"的成因 ………………（44）

第四节　我国中职教育目标的现实需求 ……………………（46）

　　一　调查方法 ………………………………………………（46）

　　二　调查结果 ………………………………………………（48）

　　三　调查结论 ………………………………………………（50）

第五节　我国中职教育目标的现实定位 ……………………（50）

　　一　基于人才培养类型与层次定位 ………………………（51）

　　二　基于技术教育与人文教育定位 ………………………（51）

　　三　基于就业与升学双重导向定位 ………………………（52）

　　四　基于生源多元变化的现实定位 ………………………（53）

第三章　中职教育质量评价与保障：国际经验 ……………（54）

第一节　国外中职教育质量评价体系及其启示 ……………（54）

　　一　国外职业教育评价体系的构建 ………………………（54）

　　二　国外职业教育质量评价的标准 ………………………（58）

　　三　国外职业教育评价的具体过程 ………………………（62）

　　四　我国中职教育质量评价的现实 ………………………（64）

　　五　国外职业教育质量评价的启示 ………………………（71）

第二节　国外中职教育质量保障机制及其经验 ……………（74）

　　一　国外职业教育质量的保障机制 ………………………（74）

　　二　国外质量保障机制的主要经验 ………………………（80）

　　三　国外质量保障经验的借鉴意义 ………………………（82）

第四章 中职教育质量现状:学生满意度的调查 …………………………(85)

　第一节　调查与分析方法 ………………………………………………(86)

　　一　调查方法 ………………………………………………………(86)

　　二　分析方法 ………………………………………………………(88)

　第二节　调查结果及分析 ………………………………………………(88)

　　一　总体满意度 ……………………………………………………(88)

　　二　学校建设状况 …………………………………………………(95)

　　三　学校教学情况 …………………………………………………(95)

　　四　实习实训情况 …………………………………………………(96)

　　五　教师行为状况 …………………………………………………(97)

　　六　学校管理情况 …………………………………………………(98)

　　七　学生能力培养 …………………………………………………(98)

　第三节　调查的主要结论 ………………………………………………(99)

　　一　在校生与毕业生满意度存在差异 ……………………………(99)

　　二　中职学校仍需加强基础设施建设 ……………………………(101)

　　三　中职学校尚需推进教育教学改革 ……………………………(102)

　　四　中职学校亟待加强教师队伍建设 ……………………………(103)

　　五　中职学校亟须加强各项管理工作 ……………………………(104)

　　六　中职学校需要全面提升服务质量 ……………………………(104)

第五章 中职教育质量现状:基于升学导向调查 …………………………(106)

　第一节　调查与分析方法 ………………………………………………(106)

　　一　调查方法 ………………………………………………………(106)

　　二　分析方法 ………………………………………………………(108)

　第二节　调查结果及分析 ………………………………………………(108)

　　一　中职生源和普高生源素质表现差异 …………………………(108)

　　二　中职生源学生素质评价的院校差异 …………………………(114)

　　三　中职生源学生素质评价的专业差异 …………………………(120)

　第三节　调查的主要结论 ………………………………………………(128)

　　一　中职生源学生总体素质亟待提升 ……………………………(128)

　　二　中职学校亟须建立素质教育体系 ……………………………(128)

三 中职学校亟须改进教育教学目标 ……………………（130）

四 中职学校亟须加强学生教育管理 ……………………（131）

第六章 中职教育质量现状:基于就业导向调查 ……………（132）

第一节 调查与分析方法 ……………………………………（133）

一 调查方法 …………………………………………………（133）

二 分析方法 …………………………………………………（135）

第二节 调查结果及分析 ……………………………………（136）

一 指标重要程度 …………………………………………（136）

二 总体表现状况 …………………………………………（137）

三 基本职业能力 …………………………………………（138）

四 关键职业能力 …………………………………………（144）

五 表现状况与重要程度比较 ……………………………（147）

第三节 调查的主要结论 ……………………………………（148）

一 用人单位对中职毕业生职业能力的需求 ……………（148）

二 用人单位对中职毕业生职业能力的评价 ……………（148）

三 中职毕业生职业能力与企业需求的差异 ……………（149）

四 中职毕业生职业能力评价存在一定差异 ……………（150）

第七章 中职教育质量:生成过程与评价模型 ……………（152）

第一节 中职教育质量生成过程的主要活动 ……………（153）

一 课业活动 …………………………………………………（153）

二 课外活动 …………………………………………………（160）

三 顶岗实习 …………………………………………………（165）

第二节 中职教育质量生成过程的主要特征 ……………（167）

一 时间特征 …………………………………………………（167）

二 空间特征 …………………………………………………（167）

三 活动特征 …………………………………………………（168）

第三节 中职教育质量生成过程的评价体系 ……………（180）

一 质量生成过程评价现状 ………………………………（180）

二 过程评价存在问题分析 ………………………………（184）

三 质量生成过程评价模型 ………………………………（186）

第八章　中职教育质量：结果表达与评价模型 ······· （198）

　第一节　基于学生素质增进的中职教育质量评价模型 ······ （199）

　　一　理论基础 ··················· （199）

　　二　指标设计 ··················· （203）

　　三　模型构建 ··················· （213）

　　四　模型检验 ··················· （218）

　　五　常见问题及解决办法 ············ （222）

　第二节　基于学生职业能力的中职教育质量评价模型 ·· （223）

　　一　现状分析 ··················· （224）

　　二　模型构建 ··················· （228）

　　三　模型应用 ··················· （231）

第九章　中职教育质量：影响因素与保障机制 ········ （234）

　第一节　中职教育质量影响因素的调查与确定 ······ （234）

　　一　研究方法及实施 ··············· （234）

　　二　调查结果及分析 ··············· （236）

　第二节　中职教育质量影响因素的指数值分析 ······ （241）

　　一　分析方法及过程 ··············· （241）

　　二　结果分析与结论 ··············· （243）

　第三节　中职教育质量保障机制的构建及运行 ······ （246）

　　一　中职教育质量保障机制构建的基础 ······ （246）

　　二　中职教育质量保障机制构建的原则 ······ （250）

　　三　中职教育质量保障机制构建的内容 ······ （252）

　　四　中职教育质量保障机制的运行策略 ······ （259）

第十章　中职教育质量保障重点：投资与师资 ········ （264）

　第一节　中职教育的投资保障 ············· （265）

　　一　我国中职教育投资体制的历史变迁 ······ （265）

　　二　我国中职教育投资现状及存在问题 ······ （268）

　　三　构建中职教育经费的稳定投入机制 ······ （274）

　第二节　中职教育的师资保障 ············· （277）

　　一　我国中职教师岗位的职业特征分析 ······ （277）

　　二　我国中职师资队伍建设的政策体系 ……………………… (279)
　　三　中职师资队伍建设成就及存在问题 ……………………… (285)
　　四　中职师资队伍建设任务与推进措施 ……………………… (296)

第十一章　中职教育质量提升动力:改革与创新 ……………… (303)
　第一节　推广应用中职教育 PPP 模式 ……………………… (303)
　　一　域外教育 PPP 模式的实现形式 ………………………… (304)
　　二　域外教育 PPP 模式的应用经验 ………………………… (307)
　　三　我国推进中职教育 PPP 模式的必要性 ………………… (309)
　　四　我国职业教育 PPP 模式的具体实践 …………………… (311)
　　五　推进中职教育 PPP 模式的具体措施 …………………… (314)
　第二节　构建中职教育质量管理机制 ………………………… (317)
　　一　中职教育质量管理机制的阐释 …………………………… (318)
　　二　中职教育质量管理机制的现状 …………………………… (319)
　　三　中职教育质量管理机制的构建 …………………………… (325)
　第三节　积极推进特色中职学校建设 ………………………… (328)
　　一　特色中职学校建设的目标任务 …………………………… (329)
　　二　建设特色中职学校的遵循原则 …………………………… (334)
　　三　加快建设特色中职学校的措施 …………………………… (336)
　第四节　增强中职教育的社会吸引力 ………………………… (338)
　　一　中职教育社会吸引力现状分析 …………………………… (338)
　　二　中职教育社会吸引力弱化成因 …………………………… (343)
　　三　中职教育社会吸引力强化措施 …………………………… (347)
　第五节　推动中职教育发展范式转型 ………………………… (350)
　　一　经济新常态下中职教育的责任 …………………………… (350)
　　二　中职教育转型发展必要性分析 …………………………… (352)
　　三　中职教育发展范式转型的路径 …………………………… (354)

参考文献 ……………………………………………………… (358)

后　记 ………………………………………………………… (375)

前　言

　　中等职业技术教育（以下简称"中职教育"）是我国职业教育的重要组成部分，是现代职业教育体系构建的基础，担负着培养数以亿计生产、服务一线技术技能型人才的重任。按教育部相关文件释义，中职教育由普通中等专业学校、职业高中学校、成人中等专业学校、技工学校和其他五类机构实施，以招收九年义务教育毕业生（即初中毕业生）为主，其他相当于初中学历及以上的毕业生为辅。在我国经济社会发展呈现新常态、加快建设现代职业教育体系的现实背景下，研究确定中职教育质量评价体系与保障机制具有十分重要的现实意义和长远意义。

一

　　改革开放以来，党中央、国务院实施了一系列重大举措，不断改善政策环境、制度环境和社会环境，推动我国中职教育改革与发展取得历史性成就。到 2014 年，全国中职学校达到 9 060 所，在校生达到 1 416.31 万人，年毕业生达到 490.29 万人，促进了就业，改善了民生，支撑了经济社会的快速发展。与此同时，中职教育在实现"量"的扩张的基础上，社会各界对"质"的要求也日趋强烈，中职教育质量问题引起人们的广泛关注。

　　2010 年，国务院发布了《国家中长期教育改革和发展规划纲要（2010—2020 年）》，明确提出"改革教育质量评价制度，根据培养目标和技能型人才的理念，建立科学、规范的评价标准，开展由政府、学校、家长及社会各方面参与的教育质量评价活动，完善对学生的综合素质评价，探索促进学生发展的多种评价方式""把提高质量作为教育改革发展的核心任务，建立健全职业教育质量保障体系"。2013 年，中共十八届三中全会审议通过了《中共中央关于全面深化改革若干重大问题的决定》,强调"加快现代职业教育体系建设,深化产教融合、校企合作,培养高素质劳动者和技能型人才"。2014年,国务院印发了《关于加快发展现代职业教育的决定》,提出"在整合现有项目的基础上,实施现代职业教育质量提升计划,重点支持中职学校改善基本办学条件,开发优质教学资源,提高教师素质"。同年,教育部等六部门制定了《现代职业教育体系建设规划(2014—2020年)》,强调"中职教育在现代职业教育体系中具有基础作用,是职业教育发展的重点,今后一个时期中职学校招生规模和普通高中大体相当"。

党中央、国务院对中职教育的高度重视,与社会各界形成强烈共鸣,有关中职教育质量的会议、研究项目及研究报道逐步增多,中职教育质量与保障问题成为学界研究的热点和社会关注的重点。但是,迄今为止,无论是政府部门、中职教育机构还是学界,对中职教育质量内涵的认知尚未统一,形成了多样化的质量观,中职教育质量保障机制虽初步建立但仍处于弱化状态。按照党中央、国务院的相关要求,在我国中职教育规模实现逐步扩张的基础上,不断提升中职教育质量,既是构建现代职业教育体系的客观需要,也是经济社会发展的现实诉求。建立由政府、学校、家长及社会各方面参与的中职教育质量评价体系与保障机制,已成为中职教育改革与发展的当代命题与永恒主题。

二

本书是笔者承担的2011年度教育部人文社会科学研究规划基金项目"中职教育质量评价体系与保障机制研究(项目编号:11YJA880132)"的最终研究成果,全书分为五个部分,共十一章。

第一部分为基础研究,包括第一章和第二章。第一章在系统归纳已有研究成果的基础上,分析了中职教育质量概念的内涵、外延与主要特征,阐释了中职教育质量存在的理论困惑和实践困境,以及中职教育质量保障机制的内涵及功能、现状与问题,明确了构建中职教育质量评价体系及保障机制的必要性与紧迫性;第二章分析了我国中职教育目标的历史演变过程,确认中职教育目标与当时社会政治经济状况密切联系,开始由"社会本位"向"个人本位"转变，由就业导向转向就业、升学双重导向，由培养专门人才向复合型人才转变。并在分析我国中职教育目标的现状以及广大民众对中职教育需求的基础上，提出了我国中职教育目标的现实定位。

第二部分为比较研究，主要内容体现于第三章。为借鉴发达国家职业教育质量评价体系与保障机制建设的经验，选取了美国、德国、澳大利亚、加拿大和日本五个国家，归纳了职业教育质量评价体系、评价标准、评价过程以及保障机制建设等状况。按照我国《国家中长期教育改革和发展规划纲要（2010—2020年）》《国务院关于加快发展现代职业教育的决定》以及教育部等六部门制定的《现代职业教育体系建设规划（2014—2020年）》的相关要求，立足目前正在实施的《中职教育改革发展示范学校评估体系》《国家级重点中职学校评估体系》和《中职教育督导评估体系》的现实导向及中职教育质量保障机制建设的现实状况，明确了发达国家主要经验对我国的借鉴意义。

第三部分为现状研究，包括第四章、第五章和第六章，分别基于学生满意度、升学导向和就业导向，以学生满意度、学生素质表现、学生职业能力为表达形式，调查了我国中职教育质量的现状。基于学生满意度的调查面向河北省五市近五年内中职毕业生和六所中职学校在校生实施，确认在校生与毕业生对中职教育服务质量的满意度存在较大差异，在校生达到了"基本满意"状态，而毕业生"不满意"的指标较多；基于升学导向的调查面向河北省六所实施对口招生的高等学校实施，由高等学校教师对中职生源学生的素质表现情况进行了评价，明确了中职生源与普高（普通高中）生源学生存在的素质差异，清晰了中职学校素质教育的努力方向。基于就业导向的调查面向全国八省（市）用人单位相关负责人实施，调查了近五年来聘用的中职毕业生职业能力表现状况，确认企业等用人单位对中职毕业生职业能力的认可度较低。调查结果表明，我国提升中职教育质量的任务极其艰巨。

第四部分为评价研究，包括第七章和第八章。第七章主要内容为中职教育质量生成过程及评价模型研究，分别选择普通中专学校、职业高中（职教中心）和技工学校各一所，以汽车修理和会计两个专业为个案，将中职教育活动分为课业活动、课外活动和顶岗实习三个部分，在分析质量评价现状的基础上，构建了包括校内教育活动质量生成过程评价体系和顶岗实习质量评价体系在内的中职教育质量生成过程评价模型；第八章分别为基于中职学生个体素质（KSAIBs）增进、基于中职学生就业所需要的职业能力构建了评价模型，前者依据教育增值理论及人力资源开发理论，以学生个体为最小评价单元，以 KSAIBs 各项素质为考核要素，进行了评价指标设计及模型构建，并在实践中进行了检验，实现了政府、企业、学校、学生及家长的共同参与；后者参考德国职业能力评价标准，对调查获知的用人单位对中职毕业生职业能力的要求进行了指标化，并确定了各项指标的权重，构建了基于职业能力的中职教育质量评价模型。实践检验结果表明，两类中职教育质量评价指标体系及评价模型均具有较强的合理性和可操作性。

第五部分为保障研究，包括第九章、第十章、第十一章。第九章在确认影响中职教育质量因素的基础上，以 DEMATEL 研究工具，分析了各项影响因素的综合影响指数值，明确了各影响因素之间的因果关系及其在中职教育质量系统中的重要程度。在此基础上，构建了包括内部质量保障、外部质量保障和协助运行保障三部分的中职教育质量保障机制。第十章重点对中职教育质量保障的重点——投资与师资现状进行了分析，针对存在的现实问题提出了相应对策。第十一章以改革与创新为主线，分别对中职教育 PPP 模式应用、中职教育质量管理、特色中职学校建设、增强中职教育社会吸引力以及推动中职教育发展范式转型等问题进行了研究，提出了提升中职教育质量的具体策略。

三

中职教育质量评价体系与保障机制构建是一项社会系统工程，需要社会各界的共同参与。通过实施中职教育质量评价可以发现问题，查找不足，明确中职教育的改革重点与发展方向。通过强化中职教育质量保障机制，可有效提升中职教育的社会满意度，提高中职学生的职业能力和整体素质，进而增强中职教育的社会影响力，实现兴办"人民满意的中职教育"的目标。本书突破以往单一的教育学思维模式和研究范式，融教育学、社会学、经济学等学科基本原理为一体，突出了人力资源开发主题和"以人为本"的核心理念以及职业教育供给侧结构性改革的指导思想，明确了中职教育质量概念的内涵、外延与主要特征，分析了中职教育目标的历史演变与现实定位，构建了中职教育质量评价体系与保障机制，体现了综合性和实用性等特点。

相对高等教育和基础教育而言，我国中职教育理论研究较少，滞后于中职教育改革与发展实践，有关中职教育质量评价体系与保障机制本质的认知、特征的把握、模型的检验等均需要通过实践完成。本书作为2011年度教育部人文社会科学规划基金项目"中职教育质量评价体系及保障机制研究"的最终研究成果，必然有其阶段性特点，只能将之放置于当今时代背景之中。随着我国职业教育政策体系、实践体系的逐步完善，相关研究结论必然会表现出某些不足或缺陷。同时，由于笔者学术水平所限，书中肯定存在许多谬误之处。所有这些，均有待于今后进一步深入研究和逐步完善。特别需要说明的是，本书在写作过程中参阅了部分已有研究文献和政策性文本，笔者在仔细核对的基础上以脚注的方式标注了引文出处，并将主要参考文献列在文末，但唯恐疏漏。若既成事实，敬请谅解。

本书是项目组成员集体智慧的结晶。中国职业教育学会中职教育指导委员会专家组成员、河北金融学院党委书记汤生玲教授，中国职业教育学会学术委员会成员、天津职业技术师范大学职业教育教师研究院院长曹晔教授参加了本项目研究的前期工作，《河北职业教育》编辑室主任、河北科技师范学院魏玉梅副教授，《河北科技师范学院学报》（社会科学版）编辑室主任刘燕讲师以及河北科技师范学院职业教育研究所硕士研究生何丽萌、魏会敏、杜凤伟、侯新华、殷海涛、姚金蕾、蔡云凤、宋晓欣、邵会婷等同学参加了本项目研究工作，并做出了较大的贡献。河北省职业教育研究基地、河北科技师范学院科研处和职业教育研究所对本书出版给予了大力支持，在此谨致谢忱。

本书可供各级政府职业教育行政部门以及中职学校实施教育质量评价及制定教育质量保障措施借鉴，供职业技术教育学及相关学科研究人士参考，恳请读者不吝赐教。

闫志利

2016 年初夏于秦皇岛

第 一 章

中职教育质量：当代命题与永恒主题

中等职业技术教育（简称"中职教育"，下同）是我国职业教育的重要组成部分，也是现代职业教育体系构建的基础，担负着培养数以亿计生产、服务一线技术技能型人才的重任。按教育部相关文件释义，中职教育由普通中等专业学校（简称"中专学校"，下同）、职业高中学校（简称"职业高中"，下同）、成人中等专业学校（简称"成人中专"，下同）、技工学校和其他五类机构实施，以招收九年义务教育毕业生（即初中毕业生）为主，其他相当于初中及以上学历毕业生为辅。改革开放以来，党中央、国务院实施了一系列重大举措，中职教育发展的政策环境、制度环境和社会环境逐步改善，发展规模达到前所未有的水平。

世界比较和国际教育学会（CIES）主席海尼曼（Heyneman）在第八届世界比较教育大会上指出，教育质量危机目前普遍存在于世界各国，并引发了人们的种种担忧[①]。同样，我国民众对提升中职教育质量的要求也日益强烈。目前，有关中职教育质量的会议、研究项目及报道逐渐增多，中职教育质量评价与保障问题逐渐成为全社会关注的热点。但迄今为止，无论是政府教育行政部门、教育机构还是学界，对中职教育质量内涵的认识仍未统一，中职教育质量保障机制也处于弱化状态。按照党中央、国务院的相关部署，中职教育在实现规模逐步扩张的基础上，应不断提升教育质量，逐步强化保障机制建设。

---

① 转引自黄蓉生、赵伶俐、陈本友《质量与保障：坚守高等教育生命线》，教育科学出版社 2011 年版，第 34 页。

第一节 中职教育质量概念的内涵、外延与特征

一 中职教育质量概念的内涵

对中职教育质量概念内涵的认知会直接影响中职教育质量评价及保障工作。概念的内涵是概念所反映的事物对象的特有属性,中职教育质量是"质量"概念的下位概念,探究中职教育质量概念的内涵需要在分析质量概念内涵的基础上进行。

(一) 质量概念的内涵

一般认为,中国认证人员国家注册委员会 (China National Registration Board for Auditors, CRBA) 制定的《ISO9000 族标准》关于质量内涵的描述最具权威性,该标准将质量定义为"一组固有特性满足要求的程度"[①],包含四项基本含义。一是质量可以存在于不同领域或任何事物之中,产品、过程或体系等均具有质量,质量的主体具有普遍性。二是事物本来就有且特有的性质称为固有特性,这种性质多可测量,是通过产品、过程或体系设计和开发及其实现过程自然形成的属性,如行为特性 (礼貌、诚实、正直)、时间特性 (准时性、可靠性、可用性) 等,不同于赋予特性 (如某一产品的价格等)。三是质量包括明确的、隐含的或者必须履行的 (如法律法规等) 需要和期望,且需全面满足所有的要求。四是判定特性满足要求的程度,需要考虑顾客和其他相关方 (即客体) 对主体的质量要求。质量是动态的、发展的和相对的,对质量进行评价应确保其持续满足客体要求的状态。

(二) 中职教育质量的内涵

从质量概念的内涵推断,中职教育质量概念的内涵也至少包括四个方面。一是中职教育是质量概念的"主体",不仅包括教育教学运行过程和为社会提供的服务,也包括中职教育的产品 (结果)——中职学生素质的增进幅度。中职教育质量的结果表现为中职毕业生是否在专业对口的前提下顺利实现了就业,或升入更高层次的学校学习;中职教育质量的过程

---

① 中国认证人员国家注册委员会:《ISO9000 族标准对于质量的定义:一组固有特性满足要求的程度》,天津社会科学院出版社 2001 年版。

表现为经过某一时段中职学生的素质是否得到提升。二是中职教育的顾客或相关方（即客体）要求主要来自国家、社会和用人单位三个方面，中职教育要适应教育规律和科学发展的要求、学生个人可持续发展的要求以及国家和社会的要求。这些要求可称为中职教育的"外适性""内适性"和"个适性"要求，既可呈现在教育法律法规以及中职教育机构的人才培养目标、各专业教学目标之中，也可隐含在国家、社会和个人需求与期望之中。基于此，中职教育质量形成了人才培养目标和学生入学期望（可用入学动机来表达）两个研究重点，中职学校不仅要为社会经济发展培养生产、管理一线所需的技术技能型人才，还应自觉地传播现代文明，促进中职学生职业道德的形成，提升社会适应性，实现可持续发展。三是中职教育的"固有特性"体现在自身所具有的、满足客体需要的基本品质，是客体需要的定性和定量表征，如学生素质的增进幅度（增进量）及就业率、就业质量等。根据客体需要分析，可将中职教育质量的固有特性归结为"功效性""调适性"和"人文性"①。"功效性"指中职教育满足外适性需要、促进社会经济发展的功能。"调适性"指中职教育在满足"内适性"需要的同时，调节自身内部各部分与环境之间的适应能力。"人文性"指中职教育满足"个适性"需要，促进学生就业的能力和实现全面发展的能力。这三种固有特性之间既相互区别、相对独立，又彼此相连、密切相关。四是从量值分析，中职教育质量评价属于教育评价范围之内，也以测量为基础，其量值是相对的、变化的和发展的，应综合反映时代需求，所有对中职教育质量的描述只能代表某一个时期的质量。因此，中职教育质量概念的内涵应界定为：在既定的社会条件下，中职教育所培养的学生素质增进幅度或增进量，以及自身内部系统所具有的功效性、调适性和人文性满足外适性、内适性和个适性需要的程度。

二　中职教育质量概念的外延

概念的外延指概念所反映事物对象的范围，中职教育质量的多样性、复杂性决定了中职教育质量概念的外延范围较广，并直接影响到中职教育

---

① 余小波:《高等教育质量概念:内涵与外延》,《高教发展与评估》2005 年第 6 期,第46—49 页。

质量评价的内容、利益相关者的关注点以及保障机制建设的重点等各个方面。

（一）纵向维度

中职教育质量是在一个完整有序的过程中形成的，该过程包括输入、过程和输出三个相互独立又相互关联的基本阶段，故可将中职教育质量分为投入质量、过程质量和产出质量。中职教育投入质量即实施中职教育所投入的资源质量，包括教育经费、教育设施、师资条件、学生来源等，这与目前人们所持有的"学校硬件观"一致；中职教育过程质量即中职教育质量生成过程的质量，可分为教学质量、管理质量以及服务质量等。教学质量是指中职学校教学实践过程中教师"教"的质量和学生"学"的质量，是中职教育质量生成最为关键的环节，与人们将中职教育质量理解为"教学质量"一致。同时，中职学校自身内部系统的有序运行，也离不开科学有效的教育管理和教育服务，这也是提升教学质量及其他育人活动质量的重要保障。"管理育人""服务育人"与"教书育人"一起，共同完成中职教育最主要的任务——人才培养，内含了人们所持有的中职教育"服务满意观"；中职教育的产出质量即中职教育的结果质量，最终使中职学生在知识、技能、态度、能力、行为等方面实现了增进，这与人们目前所持有的中职教育质量"教育效果观"一致。当然，由于中职教育具有多元属性，产出质量也包括中职教育满足其他客体（利益相关者）需要的状况，包括服务社会情况（弘扬社会文明、传承科学文化、促进经济增长等）以及中职教育机构的自身发展情况（教育水平、社会声誉）等。

（二）横向维度

教育的功能主要体现在教育活动和教育系统对个体发展和社会发展产生的作用与影响等方面，因此中职教育功能可分为个体功能和社会功能两个层次，中职教育质量亦应分为人才培养质量和社会服务质量两个层面。其中，人才培养质量是中职教育质量的核心，社会服务质量是中职教育质量的集中反映，可通过培养高质量的毕业生、满足社会需求来体现。中职教育机构除教学活动以外，与之并行的许多活动也都具有教育意义。宏观方面有学生管理、后勤服务、校园文化活动等，微观方面有学校或班级组织学生开展的各类课外活动等。这些活动的质量，也直接反映和影响了中职教育质量水平。事实上,就目前状况而言,中职教育机构也主要是通过培养人才、促进民众就业、满足社会对技术技能型人才的需求来体现其社会服务功能的。可见,人才培养质量和社会服务质量从不同的角度构成了中职教育质量概念外延的主要部分,二者间既有区别,又相互统一、相互依存。在提升中职教育质量的具体实践中,相关主体应准确把握其内在关系,实现相互融合、相互促进。中职学校应在提升人才培养质量、促进民众就业的同时,注意所培养的人才必须满足企业发展对技术技能型人才质量的需求,使中职学生在满足自身要求的同时也能够满足社会要求。

三　中职教育质量概念的特征

明确中职教育质量概念的特征对确定中职教育质量评价体系、构建中职教育保障机制具有重要的理论指导意义,同时也会对社会各界增强对中职教育质量的认知产生广泛而深刻的影响。根据已有研究结果和各地实践状况,中职教育质量概念的主要特征可细化为一般特征和典型特征两个方面,不同特征具有不同的属性。

（一）一般特征

中职教育是我国国民教育体系的一个重要组成部分,中职教育质量概念的一般特征指类似于其他教育类型的特征（即共性特征）,主要包括以下六个方面。

1. 客观性与主观性

中职教育质量的客观性是指中职教育质量不受主观思想、意识的影响而独立存在,其真实性也不受人的思想、感觉和测量工具的影响;中职教育质量的主观性指中职教育质量受不同评价主体（政府、用人单位、教师、学生及其家长等）的制约和影响,评价主体的现实需要和价值观会直接影响中职教育质量的认知状况及评价结果。不同视角下的评价标准也会影响中职教育质量的评价结果,这也是中职教育质量评价指标体系及保障机制构建的难点,还是中职教育质量区别于工业企业产品质量难以准确量化和评价的根本原因。解决这一问题,需要按照《国家中长期教育改革和发展规划纲要（2010—2020年)》的要求,实施由政府部门主导,企业、学生及其家长等各方共同参加的教育质量评价,并确保评价组织的中立性、评价过程的公平性、评价手段的协商性和评价结果的公正性。

2. 统一性与多样性

中职教育质量评价结果极其重要，既可以为民众了解中职教育质量提供所需要的信息，也可以为学生选择中职学校提供重要参考。遵循教育测量与评价原理，无论是政府或社会各个方面对中职教育质量实施评价，还是民众对中职教育质量状况的实施比较，均需要有一把用于测量的"尺子"——国家统一的中职教育质量标准，这也是中职教育质量统一性的有效表达。目前，我国中职学校管理实行中央政府教育行政部门统一指导、地方政府教育行政部门分级管理的方法，由于区域经济社会发展水平不一，导致各地对中职教育质量的诉求也不尽一致，因而需要国家制定统一的中职教育质量标准，为各级政府教育行政部门考核辖区内中职教育机构的教育质量提供依据。此外，统一的中职教育质量标准还可以消除或减少劣质中职教育服务的供应，促进中职学校不断提升教育质量。

但是，事物发展均有"利"与"弊"两个方面，中职教育质量标准的统一性也会给中职学校实现多样性、特色化发展带来一定的负面效应。相对于普通教育，中职教育内容的复杂性决定了中职学校发展的多样性。中职教育在人才培养目标、教学内容、教学设施、"双师型"教师要求、专业设置、毕业生质量等方面都表现出了多样性要求[1]。这种多样性与统一性也相辅相成，集中体现在教育目标的一致性等方面。同时，面对不同教育受体的教育需求和期望，中职学校的教育过程、教育活动等也要求表现出多样性，体现出区域特色。在这种情况下，中职教育应高度重视特色发展，力求建设成一批特色学校。但是，一所中职学校是否真正具有特色，需要从更大的区域范围进行认定，且以满足当地社会经济发展需要和学生素质提升、促进就业为前提。

3. 发展性与滞后性

质量标准本身是动态的、变化的、发展的，且随时间、地点和使用对象而异。因此，质量标准需要紧随社会发展、技术进步而不断更新。[2]　中

---

[1]　康伟：《21世纪中等职业教育质量特点及评价》，《职业时空》2007年第2期，第66页。
[2]　李萍：《新形势下民办中等职业教育质量问题研究》，硕士学位论文，中国地质大学，2011年。

职教育质量标准亦是如此,应根据社会发展阶段的不同需求及时更新,体现其发展性。由于我国区域经济社会发展差异较大,在国家制定统一的中职教育质量标准的基础上,应允许地方政府(省级)制定自己的地方标准。

不同于工业企业产品质量,中职教育质量具有明显的滞后性。尽管中职学生的学习成绩可以及时进行测量,但其技术能力和水平、职业道德等需要等到就业后才能表现出来。因此,中职学生现实的学业成绩只能反映中职教育质量结果的某一方面,不能全面反映中职教育质量。中职毕业生需要经过用人单位使用(就业)或者在高等院校学习生活后(对口升学)才能准确、完整地表达出中职教育质量。因此,吸收行业企业、对口升学高校等单位参与中职教育质量评价可有效地增强中职教育质量评价的真实性和科学性。

(二)典型特征

区别于其他教育类型,中职教育质量也表现出一些典型特征,为确定中职教育质量概念内涵与外延提供了关键依据,也是构建中职教育质量评价体系和保障机制的重要参考,主要表现在以下四个方面。

1. 综合性与独特性

中职教育是一个复杂的系统,中职教育质量是一个完整的指标体系,具有综合性。但是,中职教育质量体现出的综合性并非是中职教育系统内部诸如教育目标质量、教育投入质量、教育教学质量、教育管理质量、教育产出质量、社会服务质量等的简单叠加,而是各个质量目标体系的合理配置和相互链接,并满足外部需求的状况。比如,中职教育投入与产出结果并非呈正相关关系,过多的教育投入不但不能提高教育质量,反而会造成教育成本的提升和教育资源的浪费。中职学校可以通过实施校企合作解决教育资源短缺问题,通过引进社会资本实现合作办学。因此,中职学校自身的设施条件状况不仅不能反映其教育质量,某些时候可能还是中职教育发展的"包袱",单一地依靠中职教育机构硬件建设状况确定中职教育质量的状况既不科学也不严谨。此外,中职教育的综合性决定中职教育质量评价体系及保障机制建设应拓展视野,注重与其他相关方面的相互融合与相互补充。

从另一角度看,中职教育质量的综合性仍不是中职教育质量的全部,其外在的政治功能、经济功能以及内在的文化功能、独立价值依然存在，并居于核心地位①。因此，中职教育质量仍然具有独特性，如部分地区发展中职教育可有效地促进农村劳动力转移、推进城镇化进程、保持社会稳定等。在中职教育发展实践中，必须妥善处理其综合性与独特性的关系，确保中职教育的各项功能得以充分发挥。

2. 理论性与实践性

我国教育界一般将中职教育视为高中阶段教育，肩负着提升民众基础素质的重任。中职教育的人才培养目标也要求学生掌握必要的文化基础知识，赋予学生就业能力和接受更高层次的教育机会，表现出明显的理论性特征。从某种程度而言，这种理论性体现在"通识教育"方面，强调为学生奠定可持续发展的基础。在当前国家推行"中高职衔接"、实行普通高校"对口招生"的形势下，强化中职学生文化基础知识的学习及实施素质教育显得尤为重要。

中职教育的人才培养目标是具有综合职业能力，在生产、服务一线工作的高素质劳动者和技能型人才，因此中职教育质量还具有较强的实践性。事实上，中职教育本身就是一种理论知识与实践知识相结合、社会实践和个体实践相结合的教育，中职教育质量是实践教育教学活动各个环节质量的综合体现，需要以多种测量方式对中职学校的日常运行状况及教师实施教育活动的综合效果进行评价。同时，这些评价的结果也可作为政府教育行政部门对中职教育机构实施绩效考核、财政拨款的依据。此外，中职教育的实践性也促进了中职学生的社会适应性，特别是在那些实行"校企合作、工学结合、顶岗实习"人才培养模式比较好的中职学校，中职教育质量的理论性与实践性实现了有效统一，得到了社会各界的广泛认可。

第二节　中职教育质量评价的理论困惑与实践困境

与世界其他国家一样，我国中职教育也陷入质量危机之中。一方面，

---

① 蔡宗模、陈韫春：《高等教育质量：概念内涵与质量标准》，《清华大学教育研究》2010年第6期，第14—20页。

中职教育的规模和人力、物力、财力投入越来越大;另一方面,教育质量问题引起社会各界的广泛关注。究其原因,关键在于目前我国中职教育质量评价体系和保障机制尚未形成,存在着许多理论困惑与实践困境。

一　中职教育质量评价的理论困惑

迄今为止,我国已有关于中职教育质量评价的研究多集中于中职学校硬件建设、学校服务满意度调查、教学效果评价等方面,有关中职教育质量目标、质量标准以及质量评价方法等尚未达成共识,存在多样化的质量评价观。

（一）学校硬件观

持此观点的人士认为,学校硬件观或称学校条件观,主要源于国家中职学校的创办标准以及国家重点中职学校、中职教育示范校建设的评比条件。部分地方政府教育行政机构和中职学校管理人员认为,国家重点中职学校、中职教育示范校必然是中职教育质量高的学校,其推荐、评选的主要依据是学校基础设施的建设状况。中职教育是技能教育,实习基地、实训实验设备状况理应是中职教育质量评价的重点[1]。应当承认,中职学校运转需要良好的办学基础设施,特别是伴随着各地中职教育布局调整以及各种类型的评比、创建、达标等活动,均需要中职学校具有良好的外部形象。但实际上,中职学校的硬件建设状况不能等同于中职教育质量状况,因为在财力限额的情况下,基本建设投入越多,内涵建设投入必定会减少[2]。人们心目中的中职教育质量不仅是硬件建设,或者根本就不是硬件建设。

（二）服务满意观

持此观点的人们认为,中职学校提供的教育服务应适应于 ISO 质量管理体系,中职教育质量评价理应遵循国际标准化组织（International Organization for Standardzation，ISO）有关质量的定义[3],将中职教育质量视

---

[1]　吴伟成、张焱:《我国中职教育财政保障政策的必要性与纵深研究》,《职业教育研究》2012 年第 6 期,第 9—11 页。

[2]　孔祥富:《以〈纲要〉为指导提升中职教育质量的若干思考》,《新疆职业教育研究》2011 年第 1 期,第 68—71 页。

[3]　刘广第:《质量管理学》,清华大学出版社 1996 年版。

为满足个人和社会显现的和潜在的中职教育需要程度的状况,并直接表达在学生满意度方面①。中职教育质量可通过满足中职学生需要的程度给予表达,可将中职学生对中职学校服务的满意度作为衡量中职教育质量的标准。这也符合兴办"人民满意的中职教育"的根本要求。从相关研究报道看,已有学者借鉴美国 Noel-Levitz 公司（National Student Satisfaction Inventory, SSI）和加拿大安大略省职业技术院校业绩评价指标调查（Ontario Colleges of Applied Arts and Technology Key Performance Indicators, KPI）的方法经验,建议国家和省级教育行政部门建立职业教育学生满意度调查长效机制和调查结果发布制度,以此实施中职教育质量评价②。有学者也发布了中职学生满意度调查报告,集中反映了某一区域乃至全国的中职教育服务状况。但是,学生满意度调查法极容易出现"微笑问卷",因为受传统思想的影响,无论是在校生还是毕业生,在回答问卷所设置的问题时不愿意指出自己母校不尽如人意之处,这样会直接影响调查结果的公正性。

（三）教育效果观

持该观点的人士认为,中职教育质量评价应遵循美国工程与技术鉴定委员会（ABET）提出的 EC2000（Engineering Criteria 2000）理念,认为中职教育质量评价的焦点应该放在学生"学"到了什么,而不是评价学校"教"了什么,评价的核心是学生的培养结果是否达到了事先确定的培养目标,满足了学生实际需求③。中职教育效果包括中职学生素质是否得到全面、和谐的发展,是否能够满足社会用人单位的需要和学生及其家庭的需求。只有客观地看待中职学生的发展问题,才能科学合理地评价中职教育质量。按此观点,应把学生接受中职教育（包括阶段性的中职教育）后知识、技能、能力、行为、情感等各方面素质提升或发展的结果状况,也就是与学生接受中职教育前后的素质水平之差（增值）部分作

---

①　王敏:《教育质量的内涵及衡量标准新探》,《东北师大学报》（哲学社会科学版）2002年第2期,第20—23页。

②　袁东敏:《学生评价高等职业教育服务质量的国际经验——以美国的 SSI 和加拿大安大略省的 KPI 为例》,《现代大学教育》2010年第3期,第71—74期。

③　尹波:《基于 EC2000 的高职院校教学质量保障体系探索与实践》,《职教论坛》2010年第24期,第10—13页。

为衡量中职教育质量的依据。该观点认为，只有尊重不同起点的比较，才能使中职教育作为过程所获得的结果评价更有意义，才能使不同学校、不同地区、不同个体（学生）之间具有可比性，使中职教育质量评价趋向客观、合理。

（四）评价主体观

持该观点的人们强调"满足企业需要"的中职教育质量①，认为中职教育目标是为企业生产、服务一线培养所需要的技术技能型人才，企业是中职毕业生的最终接纳者、使用者，理应也是中职教育质量的评价者。中职毕业生是否满足企业需要，企业最有发言权。换言之，中职教育质量的最终评价者为企业，最权威的评价意见也应该来自于企业。此观点导致整个中职教育过程"以企业为中心"，一切教学工作必须服从企业生产经营现实的需要。但从实践看，不同企业具有不同的人才需求标准，强调满足企业的需要会导致中职学校教学计划、人才培养目标出现随意改动的状况。此观点虽为学生提供了明确的就业目标，但中职学校人才培养具有一定的周期性，在当前我国经济社会发展进入新常态，全面推进供给侧结构性改革、压缩过剩产能的宏观背景下，企业一旦转产或倒闭（转型），毕业生按原来企业岗位要求所持有的技术技能将面临尴尬的局面。因此，中职学校是面向企业服务，还是面向产业链服务是一个亟待探讨和确定的问题。同时，单一以满足企业为目的，也违背了教育以学生为中心、促进学生可持续发展的基本理念。有学者提出，中职教育质量评价的主体不仅应包括学生、教师、学校上级主管部门与用人单位的评价，还应包括合作单位评价与相关中职学校的互评，可以通过专门的社会中介机构进行评价等②，强调中职教育质量一定要满足社会各利益相关者的共同需要，并试图在多种需要中实施协商，寻求一种自然的平衡。

---

① 邢恩政：《将行业企业用人标准纳入职教生评价标准的研究》，《职业教育改革动态》2012 年第 16 期，第 6 页。

② 冯太学：《中职教育质量评价体系探析》，《交通职业教育》2009 年第 6 期，第 30—32 页。

(五) 教学评价观

有学者认为,中职教育质量评价的指挥棒是中职学校的教学评价①,强调在教学过程中,将学生的行为过程、方法能力、职业素质纳入课程考核体系之中,从而建立客观、规范、科学的教学评价体系②。持该观点的学者认为,教学质量可以根据中职学校确立的教学目标、教学方法以及学生对教学过程的满意度等进行判断。教学质量等同于教育质量,其主体应定位于任课教师和学生两个方面。就教师群体而言,被分裂为考核者与被考核者。考核者评价被考核者采用的依据是中职学校自行制定的教学管理办法等,其科学性、可靠性极易引起被考核者的质疑,导致教学评价难以发挥质量监控作用。被考核者也难以通过考核获得反馈信息,因而难以达到改进教学方法、提高教学能力、改善教学质量的目的;就学生而言,对自身通过接受中职教育而应增加的知识、技能、能力、情感、行为等方面的认知均处于模糊状态,极易导致奋斗目标缺失,学习动力不足。

(六) 质量类别观

人们对中职教育质量内涵的不同理解会直接影响中职教育质量评价标准的确定。有学者在综合国内外研究成果的基础上,将教育质量分为内适质量、外适质量和人文质量三类③。其中,内适质量指中职学校的教育教学工作满足学生需要的状况。实际上,前述教学评价就是内适质量的一部分。外适质量指中职教育满足社会需要的状况,强调中职学校所培养的人才是否让用人单位满意,这与前述中职教育服务满意观、中职教育效果观也一脉相承。人文质量指中职学校所培养的人才道德、情感、工作态度、遵章守纪状况等方面的状况。此外,众多研究者还提出了基础认证评价、过程认证评价以及学生实习质量评价、学生顶岗实习质量评价、学生道德素质评价等多种质量评价类型,也导致了中职教育质量观的多样化,使中职学校许多教育、教学改革措施难以发挥应有的作用,因为强调了某一评

---

① 黄祚伟:《建立以能力为本位的中职教学评价方法的思考》,《安徽电子信息职业技术学院学报》2006 年第 5 卷第 6 期,第 22—23 页。

② 沈丽茜:《基于工作过程导向的中职发展性教学评价研究》,《当代职业教育》2012 年第 9 期,第 41—44 页。

③ 王全林:《教学成果与教育质量观》,《六安师专学报》(综合版)1998 年第 14 卷第 4 期,第 2—6 页。

价类型，似乎就弱化了另一种评价类型。因此，中职教育亟须建立综合、统一的质量观及质量评价指标体系。

二　中职教育质量评价的实践困境

中职教育质量评价是对中职学校教育功能实施状况的测量和判定，是衡量中职学校办学能力和办学水平、维护中职学生以及各利益相关者权益的有效措施。由于目前我国对中职教育质量目标、质量标准以及评价体系等尚未达成共识，从而使中职教育质量评价实践陷入困境。

（一）质量目标尚未明确

目前，我国中职学校办学导向出现了"双向裂变"状况[①]。部分中职学校坚持"以服务为宗旨，以就业为导向"的办学理念，为学生提供了明确的就业目标，多以就业率衡量教育质量。这导致了两个方面的后果：一是就业率受区域经济发展状况影响，单独以就业率评价中职教育质量，对经济不发达地区的中职学校有失公平；二是中职学校提供的就业率多为初次就业率，而就业稳定率、专业对口率、学生就业满意度等就业质量指标未被纳入评价指标体系，难以表达中职教育质量的真实状况。部分中职学校利用国家中高职衔接政策，将就业为导向转变为升学导向，开办对口升学班、高考特长班等，将本科升学率、专科升学率等作为中职教育质量的评价标准。这种方法尽管增强了中职教育的社会吸引力，但中职教育却趋向为应试教育，质量评价方法与普通高中教育趋于一致，明显偏离了中职教育"以就业为导向"的办学宗旨。

（二）评价标准尚未统一

基础认证是中职教育机构依据一定标准进行的"入门"认证，我国现行的中职教育机构行政审批制度将原来的由省级教育行政主管部门负责审批下放到设区市，虽然减少了省级行政审批权，但由于我国区域经济发展不尽平衡，各地在审批设立中职学校时所掌握的标准不一，导致部分中职学校在基础设施建设方面输在"起跑线"上，直接影响了中职教育质量。同时，我国尚未建立公办中职学校复评机制和退出机制，部分公办中

---

① 闫志利、魏慧敏：《中职教育办学导向的"偏离"与"矫正"》，《职业技术教育》2013年第34卷第28期，第20—24页。

职学校教育教学设施"几十年如一日"，难以应对人力资源市场对人才需求标准的变化。全国范围内开展的中职示范校、重点中职学校等评比工作，虽然制定了具体的评估标准，但就办学规模、办学条件等指标而言，多数中职学校望尘莫及。教育部规范了中职学校专业设置标准，但由于地方政府教育行政部门监管缺失，多数中职学校仍在各行其是，专业名称与专业内容不尽相符，任意包装专业名称的现象普遍存在。在课程建设方面，由于缺乏统筹机制，尚未在行业、专业内建立统一的课程标准，不同中职学校课程目标、课程内容、课程评价等也千差万别，直接影响了中职教育质量生成过程的评价。

（三）评价体系尚未健全

众多研究者提出了较多类型的中职教育质量评价指标，涉及教育现代化评价、区域职业教育发展评价以及其他专题性评价等[1]，显然这与人们心目中的中职教育质量评价不尽一致，或许这些指标可以用于评价地方政府在中职教育质量提升过程中发挥作用的状况。同时，由于我国有关中职教育质量评价的理论研究滞后于中职教育发展实践，国家尚未建立完善的中职教育质量评价体系，导致地方政府以及中职学校自身对中职教育质量评价缺乏体系保障。就社会第三方评价机构发展而言，政府有关部门发布的中职教育统计指标多为宏观数据，难以满足社会机构评价中职教育质量的需求。中职学校发布年度质量报告制度刚刚起步，且没有专门机构给予审查、核实，民众多将其理解为中职学校为扩大招生而发布的"广告"。与其他教育类型比较，高等教育包括从机构设立的审批、办学质量的评估以及社会机构关于高等院校的排名等机制日益完善，不但对高等学校自身产生了较大的激励作用，也对社会产生了广泛的影响。而中职教育质量评价尚未全面开展，有关中职教育质量的监管与保障乏力。至于中职教育质量评价所需要的国家职业资格标准或专业指导标准等也仅在部分职业领域颁布，尚未涵盖中职学校所有专业，导致中职学校专业标准与职业标准对接难成现实。现有的国家中职教育示范校、国家和省、市重点中职学校评价虽然具有一定的导向和激励作用，但评价指标多为静态指标，难以反映

---

① 王全林：《教学成果与教育质量观》，《六安师专学报》（综合版）1998 年第 14 卷第 4 期，第 2—6 页。

中职教育质量的提升过程。中职学校教学评价和课程评价也由于缺乏国家统一的标准，难以在校际间难以比较，只能供本校管理者及相关教师"自娱自乐"。

（四）评价主体仍然单一

毋庸讳言，我国现行的中职教育质量评价主体仍为政府教育行政部门，评价方案由政府制订，评价实施由政府组织，评价人员由政府召集，评价结果由政府公布，非政府组织以及社会第三方机构难以在中职教育质量评价中发挥应有的作用，评价结果缺乏客观性和公信力。特别是部分地方政府教育行政部门为"维护社会稳定"，提升部门业绩，对评价过程中发现的问题采取了"掩盖"的方法，整个评价过程在政府教育行政部门和教育系统内部循环，评价结果多依据评价对象提供的数据进行量化分析，忽视了学生及社会用人单位在中职教育质量评价中的作用，难以全面反映评价对象的综合质量。在校学生自我评价、社会参与评价等难以落实，毕业生对中职教育质量的反馈功能缺位[1]，用人单位也难以参与到评价过程之中，导致中职教育对行业、企业的吸引力越来越差，社会影响力越来越低。政府行政指导、行政干预的中职教育质量评价方式，使民众难以区分中职教育质量评价过程中的"裁判员"与"运动员"，中职学校"政绩主义""达标主义"等盛行。

（五）过程监控较为乏力

由于缺乏有效、统一的政府监管体系和国家统一的中职教育质量标准，中职学校无论是在专业设置还是在课程安排等方面，都处于自我管理状态，教育标准、教学标准与国家颁布的职业标准联系不够紧密，市场化机制建设明显滞后[2]。各中职学校自行建立的内部质量监管制度多从自身实际出发，处于"各自为战"的状态，行业、企业等用人单位参与不够，教育质量目标与社会需求目标严重脱节。多数中职学校建立的教育质量自我监管体系重监轻控、重监教轻监学、重过程轻效果等现象较为普遍，监

---

①　高殊、闫志利:《基于搜寻与匹配理论的职业教育市场化机制构建》，《教育与职业》2012 年第 35 期，第 7—9 页。

②　袁东敏:《学生评价高等职业教育服务质量的国际经验——以美国的 SSI 和加拿大安大略省的 KPI 为例》，《现代大学教育》2010 年第 3 期，第 71—74 页。

管标准不一，过程也不同步，各中职学校在评价主体、评价标准、指标权重等方面存在较大差异。多数中职学校以就业率表达教育质量，很少考虑学生自身素质提升状况以及专业对口率、稳定率等就业质量指标。企业招聘时，重点考察的是中职学校毕业生"体能"的自然属性，而非毕业生"技能"的能力属性，致使中职学校长期对自身教育质量处于"自我陶醉"的状态。

三　中职教育质量评价的现实任务

目前，我国已成为世界上中职教育发展规模最大的国家，但中职教育质量与社会经济发展需求以及广大人民群众的期盼还有较大差距。面对中职教育质量评价的理论困惑与实践困境，应进一步加强相关方面的研究工作，并在实践中逐步检验和完善。

（一）明确质量评价目标

教育的功能在于通过教师的"教"与学生的"学"，使学生在知识、技能、道德和行为等方面实现增进。教育目的确立了增进的方向，增进量直接反映了教育的效果。换言之，中职教育的效果主要表现在学生各方面素质的增进方面，中职教育质量评价的关键是人才培养质量评价。因而，教育目的是编制评价目标的依据，教育效果是评价教育质量的根本。教育部 2000 年《关于全面推进素质教育、深化中等职业教育教学改革的意见》明确提出，中职教育"要全面贯彻党的教育方针，转变教育思想，树立以全面素质为基础、以能力为本位的观念，培养与社会主义现代化建设要求相适应、德智体美等全面发展，具有综合职业能力，在生产、服务、技术和管理第一线工作的高素质劳动者和中初级专门人才"[1]。该意见既阐释了我国中职教育的目的，也反映了社会各界对提高中职教育质量的诉求。既符合我国社会经济发展的现实要求，也顺应了国际中职教育发展的总体趋势。建立中职教育质量评价体系，核心是促进这一目标的达成。

---

[1]　教育部：《关于全面推进素质教育，深化中等职业教育教学改革的意见》，http://www.moe.edu.cn/publicfiles/business/htmlfiles/moe/moe_405/200412/4725.html。

（二）完善质量评价标准

质量评价标准集中表现在人才培养质量标准方面，因此建立中职教育质量评价指标及基准、权重等是构建中职教育质量评价体系的一项基础性工作。仿照衡量工业企业产品质量的方法，如果一所中职学校培养了符合标准的毕业生，就具有合格的教育质量。毕业生能够在基本标准的基础上达到更高的标准，中职学校的教育质量则更优。因此，人才培养标准是衡量中职教育质量的主要依据。教育部提出，中职学校毕业生"应具有科学的世界观、人生观和爱国主义、集体主义、社会主义思想以及良好的职业道德和行为规范；具有基本的科学文化素养，掌握必需的文化基础知识、专业知识和比较熟练的职业技能；具有继续学习的能力和适应职业变化的能力；具有创新精神和实践能力、立业创业能力；具有健康的身体和心理；具有基本的欣赏美和创造美的能力"。依据这些要求，对相关指标进行质化阐释和量化考核，并设定各项指标的权重，可构建完善的中职教育质量评价指标体系，并运用于中职教育质量评价实践。

（三）改革质量评价机制

我国现行的中职学校设立标准制定年限较早，不尽适应现代职业教育发展的需求。国家教育行政部门应立足现实需求，进一步调整中职学校设立的国家标准，并要求地方政府主管部门、审批部门严格执行。加快建立并实施中职学校复评制度及市场退出机制，以此促进中职学校不断改善办学条件，增强师资力量，提升教育质量。按照以"国家标准为主、地方标准为辅"的原则，建立并实施中职学校"课程标准"制度，保障中职教育过程质量。坚持以人才培养质量为核心，建立全国统一的中职学校质量评价标准和定期评价制度，兼顾利益相关者的权益，建立融行业企业、学生及其家长、教育行政部门于一体的中职教育质量评价机构和"以政府评估组织为主、社会评估组织（第三方评价机构）为辅、涵盖各个中职教育专业类型的"中职教育质量评价机制，公开接受社会各界的监督，进而形成社会认同并积极参与的中职教育质量评价机制，全面提升中职教育质量。

（四）推进质量全程监控

充分发挥中职教育质量评价的监督功能、调控功能、引导功能和激励功能，实行内部监控与外部监控相结合，推进中职教育质量的全程监控。

就内部监控而言，中职学校应借鉴工业企业推行全面质量管理的做法，对教育教学准备过程、教育教学实施过程和教育教学效果等实施全面监控，事前、事中、事后环环紧扣，使整个教育教学过程始终处于监控之下。监控方式应由目前的常规教育教学检查为主转向常规检查和专项检查并重，监控目标由鉴定性监控转为诊断性监控，指导中职教师不断增进教育教学效果；外部监控则由教育行政部门主持实施，在进一步完善教育教学督导制度的基础上，吸收中职学校的教学骨干及行业企业技术人员参与，建立中职学校教育教学质量监控督导组织，通过定期检查和不定期抽查等方式，对中职教育教学过程实施专项监控。当然，无论是外部监控还是内部监控，均需坚持一切服从于质量的原则，对监控过程中发现的问题应及时、妥善地向相关责任部门及责任人反馈，使其得到及时有效的处理，确保教育教学过程的各环节均能达到相应的质量标准。

（五）加强质量评价研究

与世界发达国家比较，我国中职教育质量评价研究还存在较大差距。在理论研究方面，由于现实评价仅仅是某一个时刻的短暂停顿，所采用的评价标准、技术方法等必须随时代的发展而及时调整，需要加强中职教育质量评价体系等方面的研究应用工作。鉴于中职教育质量评价是一个充满分歧和倾向于提出更多问题的过程，应注重引导一线中职教育工作者加入到研究队伍中来，使中职教育质量评价研究立足于社会需求和中职学校自身基础之上。在研究过程中，注意借鉴发达国家先进经验，挖掘其背后涉及的中职教育评价理论与方法等问题；在实践研究方面，应注重研究提高中职教育评价指标体系和评价方法的科学性和可操作性，构建适应我国国情、顺应时代发展要求的质量评价指标体系。对一些拟推广的中职教育质量评价方法、评价措施等，应注重搜集实证支持。同时，加强面向未来的发展性中职教育质量评价指标体系研究，避免急功近利。

（六）营造质量评价环境

中职教育质量评价的最终受益者是社会，最直接的受益者是学生，最大的受益者是行业企业，这些利益相关者都有权利和义务参与中职教育质量评价。质量评价是利益相关者共同的心理建构过程，各利益相关者之间必然存在着价值冲突，表达各自主张、焦虑和争议等，需要进行大量的协调工作。有学者认为，行业应该成为首当其冲的协调者①。其实，基于目前我国实际，将协调者确定为政府行政部门仍然比较适宜。因为只有政府才能将相关者利益连接起来，激励和激发他们共同采取评价行动。国家应以颁布相关法令的方式，将各利益相关者纳入评价主体，且各主体以平等的身份参与中职教育质量评价工作。政府教育行政部门应进一步深化配套改革，完善评价组织机构建设，鼓励社会第三方评价机构的发展，并将评价结果作为中职教育机构复审以及财政拨付各项补助资金的重要参考，配合有效的奖惩制度，督促各中职学校不断提升教育质量。同时，充分发挥评价结果的其他效能，通过媒体及时向社会公开，增强民众对中职教育的质量认知，提升中职教育的社会吸引力。

第三节 中职教育质量保障机制建设的现状分析

《国家中长期教育改革和发展规划纲要（2010—2020年）》明确提出，"把提高质量作为教育改革发展的核心任务，建立健全职业教育质量保障机制"。在国务院及教育部等的推动下，各级政府及教育行政部门、中职学校广泛开展了中职教育质量保障工作，学界有关中职教育质量保障机制的研究亦逐步增多。但是，从相关研究报道及各地实践看，我国中职教育面临的深层次问题依然很多，亟须建立健全中职教育质量保障机制。

一 中职教育质量保障机制概念的内涵

（一）教育质量保障机制概念的内涵

"机制"一词在《辞海》中的解释为"机器内部各个部件间的相互关系和联系，借助某种规律，实现机器的运作，如市场机制、竞争机制、用人机制等"。孙绵涛等（2010）认为，若将教育作为一个整体，教育机制是其内部各要素之间的联系和运行方式，包括教育功能机制、教育形式机制和教育层次机制三个层面。教育功能机制主要包括激励机制、保障机制

---

① 杨彩菊、周志刚：《第四代评价理论对高等职业教育评价的启迪与思考》，《中国职业技术教育》2012年第30期，第72—73页。

和制约机制；教育形式机制主要包括行政——计划式机制、指导——服务式机制和监督——服务式机制；教育层次机制包括宏观教育机制、中观教育机制和微观教育机制。教育质量保障机制分为物质保障、精神保障和管理保障三个部分①。可见，保障机制是教育功能机制的类型之一，其上位概念是教育机制，保障机制的功能在于"通过各种策略的实施，从而实现系统的各个部分共同运作，达到系统能实现的最大效率"。

质量保障的概念源于质量管理学。但是，与企业产品质量保障比较，教育质量保障表现出一定的特殊性。英国学者格林（Green，1994）指出，教育质量保障就是政府或社会第三方机构依据一定的程序和标准，评价和控制对应的教育质量，并面向学生家长、学生本人及社会公开，让各个方面参与监督，让学校时刻保持高质量的教育水平②。澳大利亚学者哈曼（Grant Harman，1996）指出，教育质量保障是指处于学校以外的其他利益相关者，为保证学校质量和毕业生就业质量等而提供相应的担保③。美国学者大卫·李（David Lim，2001）指出，教育质量保障是一个过程，即为保证教育质量实施的一系列政策和为实现教育功能进行的所有活动④。美国学者撒丽斯（Edward Sallis，2005）认为，教育质量保障是"预防缺陷发生"的有计划的系统活动，涵盖制度保障、经费保障、师资保障、教学保障、就业保障等主要方面⑤。

（二）中职教育质量保障机制的内涵

众多学者认为，教育质量保障机制的内容应集中在"为什么保障""保障什么"和"如何保障"三个方面。在"为什么保障"方面，万·达田密（Van Damme，2004）认为，实施质量保障的最初目的在于评价学校绩效或提高教育质量，但近年来的保障目的逐渐呈现出多样化和复杂

①　孙绵涛、康翠萍：《教育体制改革与教育机制创新关系探析》，《教育研究》2010 年第 7 期，第 69—72 页。

②　Diana G. What is Quality in Higher Education, The society for Research into Higher Education ［M］. London: Education Ltd, 1994: 22.

③　Grant H. Quality Assurance for Higher Education: Developing and Managing Quality Assurance in Higher Education Systems and Institutions in Asia and the Pacific ［M］. NESCO, 1996: 22 - 76.

④　David L. Quality Assurance in Higher Education: A study of developing countries ［M］. Ashgate Publishing Company, 2001: 112.

⑤　转引自何瑞薇《全面质量教育》，华东师范大学出版社 2005 年版，第 179 页。

化,可概括为问责(Accountability)、依从(Compliance)、控制(Control)、改善(Improvement)以及国际认可或国际比较(International Recognition)五个方面①。国际教育规划研究所(International Institute for Educational Planning,IIEP,2012)指出,质量保障机制应以质量控制、问责(指导)和改进提高等主要内容②。在"保障什么"方面,学界认为主要是保障教育质量的各项影响因素的正向效应。韩永强(2013)认为,若将中职教育系统看作一个整体,那么构成其整体的各个部分自然就成为影响整体的因素。就目前而言,我国中职学校的经费投入结构有待完善,教学资源存在很大程度上的浪费,教师结构有待优化,教师培训方式需要不断创新,专业设置脱离市场等多个因素均亟待调整③。在"如何保障"方面,戴维·查普曼(David Chapman,2009)等认为,"基于职业教育体系的复杂性,不可能发展出一种单一的、包罗万象的质量保障方式,在各种质量目标中必须设定优先目标"④。

关于中职教育质量保障机制的具体内容,众多学者提出了自己的观点。向玲(2008)将职业教育质量保障机制的内容分为外部保障机制和内部保障机制,内部质量保障机制主要指中职学校内部,外部质量保障主要指政府和行业企业,内部质量保障机制和外部质量保障机制共同发挥作用,构成中职教育质量保障机制⑤。秦书雅(2011)阐释了中职学校教学质量监控与保障内容、保障机制的内容,认为保障内容包括输入因素、过程因素和输出因素三部分。其中,过程因素占据举足轻重的地位,对教育教学的整个过程进行质量评估和控制,可保障中职教育按照正确的方向发展,构建中职教育质量保障机制包括目标体系、规范体系和组织体系三大

---

① Van D. D. Accreditation and Quality Assurance in Europe [M]. Bern, Switzerland, 2004.

② IIEP. External quality assurance: options for vocational education managers module [M]. Making Basic Choice for External Quality Assurance Systems, 2012: 20 – 44.

③ 韩永强:《我国中等职业教育发展及其影响因素研究——基于2001—2012年的数据》,《中国职业技术教育》2013年第33期,第33—37页。

④ [美]戴维·查普曼、安·奥斯汀主编,范怡红主译:《发展中国家的高等教育——环境变迁与大学的回应》,北京大学出版社2009年版,第230页。

⑤ 向玲:《职业教育质量保障体系构建探析》,《职教通讯》2008年第8期,第53—54页。

体系①。崔明云（2013）提出，教育质量保障机制涉及学校的各个方面，包括办学目标、物质供应、教学情况、生源与师资情况等②。于孝廉（2015）将中职教育质量保障分为国家、教育部、省（市）、企业和学校五个主体，涉及政府及教育行政部门促进区域、行业或企业人力资源开发的中职教育质量标准体系和督导评估机制、中职学校促进学生发展和教师教学水平提高的内部教学质量管理监控体系、促进企业主动参与中职教育人才培养标准和培养质量考核评估的外部政策与运行机制等具体内容③。

由以上分析可见，中职教育质量保障机制主体有多个方面，但保障手段都离不开认证、审核、评价、改进等形式。中职教育质量保障机制是指在一定范围内，中职教育各相关主体针对中职教育质量影响因素，以保证并提高中职教育质量为共同目标，相互作用、相互影响、相互协作的运作方式和运行策略。《国家中长期教育改革和发展规划纲要（2010—2020年)》提出了教育质量基本标准，即"树立科学的质量观，把促进人的全面发展、适应社会需要作为衡量教育质量的根本标准"。以此推断，中职教育质量保障机制保障的功能应为"促进中职学生的全面发展，使中职学生适应社会需要"。

二　中职教育质量保障机制建设的现状

进入 21 世纪以来，党中央、国务院高度重视中职教育发展工作，有关中职教育发展的目标日渐清晰，质量保障措施越来越具体、规范、有效，影响中职教育质量的各要素之间更加协调，初步建立起中职教育质量保障机制。

（一）国家层面

国家层面保障职业教育质量的具体方法是制定政策与法规，保障的实施主体为全国人民代表大会和国务院，保障功能范围属于中职教育质量生成过程的外部保障。职业教育政策与法规作为一种独特的中职教育发展环

---

① 秦书雅：《中等职业学校教学质量监控与保障研究》，硕士学位论文，河北师范大学，2012 年。

② 崔明云：《我国中等职业教育质量保障体系探究》，硕士学位论文，西南大学，2013 年。

③ 于孝廉：《中等职业教育质量保障体系建设现状分析》，《现代教育》2015 年第 5—6 期，第 28—30 页。

境资源，既能够赋予中职教育活动的合法地位，也能对中职教育资源配置产生积极的影响。同时，职业教育政策与法规作为国家发展职业教育的调控手段，反映了政府意志、中职教育发展的价值取向以及控制中职教育质量的力度①。

2000—2014 年，全国人民代表大会进一步完善了职业教育相关法律体系，国务院也相继下发了多份有关职业教育发展的政策文件，对保障中职教育质量发挥了基础性作用。其中：2002 年，全国人民代表大会颁布实施《民办教育促进法》，有效地提升了民办中职教育发展的地位。2010 年，国务院发布《国家中长期教育改革和发展规划纲要（2010—2020 年）》，强调"促进省域内职业教育协调发展和资源共享，支持行业、企业发展职业教育"，提出了"支持一批中等职业教育改革示范校和优质特色校建设""推进政府统筹、校企合作、集团化办学为重点，探索部门、行业、企业参与办学的机制"以及"开展委托培养、定向培养、订单式培养试点""开展工学结合、弹性学制、模块化教学等试点"等具体部署。2002 年，国务院针对中职教育招生人数连续三年出现下降、规模有所缩小、不能满足经济社会发展需要的现实②，做出了《关于大力推进职业教育改革与发展的决定》，将发展职业教育提升到实施科教兴国和西部大开发的战略高度，提出要在"十五"期间初步建立起适应社会主义市场经济体制，与市场需求和劳动就业紧密结合，结构合理、灵活开放、特色鲜明、自主发展的现代职业教育体系；2005 年，国务院做出《关于大力发展职业教育的决定》，首次提出了建设有中国特色的现代职业教育体系的构想，强调"加强职业教育基础能力建设，逐步增加公共财政对职业教育的投入""实施职业教育示范性院校建设计划，在整合资源、深化改革、创新机制的基础上，重点建设高水平的培养高素质技能型人才的1000 所示范性中等职业学校和 100 所示范性高等职业院校"；2014 年，基于我国社会经济发展新阶段及广大民众对发展现代职业教育的诉求，国务

　　① 石学云、祁占勇：《中国职业教育改革发展的政策走向分析——1995～2008 年中国职业教育政策文本的定量分析》，《职业技术教育》2010 年第 31 卷第 34 期，第 5—11 页。

　　② 车峰、孙萍：《改革开放以来我国职业教育发展的政策工具》，《现代教育管理》2016 年第 3 期，第 65—69 页。

院再次做出《关于加快发展现代职业教育的决定》，明确了今后一个时期加快发展现代职业教育的指导思想、基本原则、目标任务和政策措施，提出"到 2020 年，形成适应发展需求、产教深度融合、中职高职衔接、职业教育与普通教育相互沟通，体现终身教育理念，具有中国特色、世界水平的现代职业教育体系"，强调职业教育要"坚持以立德树人为根本，以服务发展为宗旨""服务经济社会发展和人的全面发展""职业教育与终身学习对接"等指导思想，为提升中职教育质量奠定了坚实基础。

（二）部委层面

部委层面保障职业教育质量的具体方法也是制定相关政策，但与国家层面相比较，这些政策带有落实性质，针对性与可操作性更强。部委层面保障的实施主体主要为党中央和国务院相关部门，以教育部、国家发展和改革委员会、财政部、人力资源和社会保障部、农业部、国务院扶贫办六部门为主，保障功能的显现范围也属于中职教育质量生成过程的外部保障。2000—2014 年，教育部单独或联合其他相关部门也相继推出了一系列重大政策措施，对保障中职教育质量发挥了重要作用。自 2003 年起，教育部在各地中职学校合格评估工作的基础上，开展了国家级重点中职学校调整认定工作，到 2010 年共认定了三批 1 352 所国家重点职业学校。被认定的国家级重点学校坚持"以服务为宗旨、以就业为导向"的办学方针，深化改革，锐意创新，适应了区域社会和经济发展需要，办学条件及教育质量不断提升[①]。2010 年，教育部制订并实施了《中等职业教育改革创新行动计划（2010—2012 年）》，将提高教育质量作为中职教育改革和发展的核心任务，实施了中职教育支撑产业建设能力提升计划等 10 个分计划以及 30 个项目。其中，中职教育支撑产业建设能力提升计划又分为建设改革发展示范校、优质特色校以及实训基地建设三个项目。按项目安排，自 2010 年开始，教育部联合人力资源和社会保障部、财政部在全国实施了国家中职教育改革发展示范学校建设项目，拟利用五年时间在全国建设 1 000 所中职示范校。2011 年，教育部制定了《中等职业教育督导评估办法》，通过加强对各类项目建设的评估督导和检查验收，进一步提

---

① 于孝廉：《中等职业教育质量保障体系建设现状分析》，《现代教育》2015 年第 5—6 期，第 28—30 页。

升了中职学校的效率意识和质量观念。此外，教育部单独或联合其他部门出台了《中等职业学校设置标准》《中等职业学校专业目录》《中等职业学校专业教学标准（试行）》《中等职业学校专业教师标准》《中等职业学校校长专业标准》等一系列政策规定，使中职教育质量保障逐步实现了体系化。2014 年，教育部等六部门联合制定了《现代职业教育体系建设规划（2014—2020 年）》，提出了"以立德树人为根本、以服务发展为宗旨、以促进就业为导向、以提高质量为核心"的发展战略，并从学校设置、专业课程、专业教师、职业资格等标准的制定，到实习实训基地等基础能力建设、专兼职"双师型"教师队伍建设以及校企合作、工学结合运行机制建设等方面工作做出了具体安排。同年，教育部提出《关于深化职业教育教学改革，全面提高人才培养质量的若干意见（征求意见稿）》，强调"将提高质量作为改革与发展的核心任务，切实更新教育教学观念，坚持稳定规模、优化结构、提高质量、强化保障，推进中职教育的内涵式发展"。同时就"正确处理学生综合素质提高和职业能力培养的关系、文化基础教育和职业技能训练的关系、学生就业需求和可持续发展需求的关系"等也提出了具体要求，使中职教育质量保障机制日趋完善。

（三）省政府及其部门层面

按照国务院和教育部等部门有关构建中职教育质量保障机制的要求，各省（市）政府及其相关部门也相继出台了一系列政策性措施，收到了明显实施效果。在其功能方面，省（市）级政府及其行政部门制定的政策实施范围限于本省（市）行政区域，但也属于中职教育质量的外部保障。

以山东省为例，2000 年以来相继出台了 45 个配套文件和 28 项制度，省财政用于教师培训、教学成果奖励和专业建设的资金不断增加，全省实现了由政府提供生均经费的中职教育免学费政策。山东省教育厅先后制定了《山东省中等职业学校分级标准》《山东省中等职业学校专业建设标准》等，用五年时间建设了 300 所规范化中职学校和 100 所示范性及优质特色中职学校、100 个品牌专业。此外，山东省还对规范化、示范性以及优质特色中职学校立项建设学校和品牌专业建设学校给予了资金支持，组织制订了 100 个《中等职业学校专业建设指导方案》并推广使用，正在组织编写的 15 个中职教育《公共基础课课程标准》也将付诸实施，将进一步规范中职学校公共基础课程教学工作①。

再以天津市为例，2010 年该市被确立为国家"职业教育改革创新示范区"后，在发挥行业办学优势、推进职业教育集团化发展以及现代职业教育体系建设方面形成了多方面特色，有报道称，天津市中职教育专业结构与产业结构对接度已超过 90%②，有效地保障了中职教育质量。2015年，教育部再次与天津市政府签署协议，将原"职业教育改革创新示范区"升级为"国家现代职业教育改革创新示范区"，继续在健全职业教育体制机制、创新职业教育模式、完善职业教育制度、建设现代职业教育体系方面进行实践探索，努力实现职业教育与经济社会同步规划、与产业建设同步实施、与技术进步同步升级③。基于区域教育人口分布和数量的变化以及社区广大民众对中等职业教育发展的现实诉求，天津市紧紧围绕服务优势产业和经济发展重点领域，充分利用市场机制，推动中职教育资源实现跨行业、跨部门、跨区域调整与重组，集中有限资金和可利用资源，力促一个行业（部门）或一个行政区（县）办好一所中职学校④，使中职教育布局更加合理，专业设置覆盖了各个主导专业。在具体操作方面，天津市充分考虑到各中职学校发展实际，对现有教育资源整合与重组方面实施了科学论证与必要评估，实现了分期、分批推进。同时，允许中职学校根据专业或行业特征变更学校名称，突出"特色"，有效地增强了中职教育的社会吸引力。

（四）县（区）政府及其部门层面

我国中职教育实行以县（区）财政投资为主、其他为辅的管理体制。2000 年以来，随着各地财政状况的逐步好转，地方政府对中职教育的投入也逐步增加。部分中职学校基础设施建设逐步加强，甚至实施了异地搬

---

① 于孝廉：《中等职业教育质量保障体系建设现状分析》，《现代教育》2015 年第 5—6 期，第 28—30 页。

② 编辑部：《见证 2014——我们眼中的中国职业技术教育亮点：天津市》，《职业技术教育》2015 年第 36 卷第 3 期，第 31 页。

③ 《天津日报》记者：《国家职教改革示范区在津"升级"》，《天津日报》2015 年 7 月 8 日。

④ 张雯婧、刘钰：《天津市新一轮中职学校布局结构调整启动，重点建设 40 所中职示范校》，http://www.022net.com/2012/4 - 1/424345112569105.html。

迁、改造等工作。新建成的中职学校多具校址便利、基础实施先进等特点,为中职教育质量提供了基础保障。同时,很多地方政府依据本行政区域人口变化情况,整合了部分中职教育资源,使部分中职学校逐步摆脱了"以规模求生存"的困境,走上了"以质量求发展"的道路。政府教育行政部门联合人力资源管理部门为中职学校选聘了一大批教师,保证了中职学校教育教学工作的正常运转。部分较具实力的县(区)建设了职业教育园区,引导中职学校及各类职业教育机构向园区聚集,实现了职业教育资源共享。地方政府教育行政部门与相关部门协作,引导部分中职学校与行业企业、科研院所和社会培训机构合作,组建了职业教育集团,促进现代职业学校制度建设。以扩大办学规模、提高教育质量和实现共同发展为目标,引导部分中职学校与其他职业教育机构、行业企业形成了职业教育联盟,也在一定程度上保障了中职教育质量。配合全国性职业技能大赛,部分地方政府教育行政部门自行组织了本行政区域中职学生技能大赛活动,引导中职学校强化学生实践技能学习,进一步提升了中职教育质量,增强了中职学校的社会知名度。

(五)中职学校层面

中职学校是中职教育的实施主体,可将中职学校的内部质量保障机制理解为中职教育内部质量保障机制。随着质量意识的不断提升,越来越多的中职学校开始重视内部质量保障机制建设。部分中职学校将教学质量管理从教务处分离出来,成立了教育质量督导部门,应用现代信息技术手段加强了过程质量评价、监控、指导工作。以系部(专业)为单位,建立了多元化的教育教学质量保障机制,构建了教育质量组织保障体系。各专业教学组(教研室)经常组织同一专业教师共同进行教学质量研讨、交流及合作工作,达到了改进和提高教学质量的目标。部分中职学校将质量责任分解到每一位教职员工,规范了听课、示范课等制度,以事业单位工作人员绩效工资改革为契机,将教师教学质量与个人工资收入挂钩,极大地调动了专任教师的工作积极性。从总体上看,多数中职学校建立了校级教育质量管理委员会—校级教育质量管理机构—系部(专业)教育质量管理小组—教师教育质量责任四级质量保障组织架构,对保障中职教育质量发挥了重要作用。特别是国家中职示范校经过两年的建设,在人才培养模式、办学模式、教学模式、评价模式等方面实现了较大改进,提升了办学规范化、信息化、现代化水平，在教育质量内部保障体系建设方面取得了较为丰硕的成果。多数中职学校得到了中央财政专项资金和地方、企业等配套资金的支持，改善了办学条件，为中职教育质量提供了基础保障。部分中职学校与上一层次学校联合，实施了"3＋2""3＋4"等教育模式，在推动"中高职衔接"与"普职沟通"的同时，也促使上一层次学校参与到中职教育质量管理体系之中。通过推进校企合作、订单培养等人才培养模式，充分调动了行业企业等用人单位参与中职教育质量管理的积极性，使中职教育质量目标更加明确，保障机制运行更加顺畅。

（六）企业等用人单位层面

随着国家行业职业教育教学指导委员会和专业教学指导委员会的建立，部分大中型企业、品牌企业直接参与了中职学校人才培养模式、教学模式、评价模式、教学内容等方面的改革工作，助力于中职教育质量的提升。部分企业将与中职学校所设专业对口的生产车间搬进中职学校，实现生产车间与实习车间合一、教师与师父合一、学习与生产合一、作品与产品合一。与中职学校建立起定期沟通机制，及时将人才需求信息传递给中职学校，并积极参与中职学校专业标准、课程标准、技能考核标准等的制定以及人才培养质量的考核与评估等工作。定期或不定期地委派专业技术人员到中职学校担任兼职教师，向学生传授技能知识，宣传企业文化，进行就业指导等，有效地提升了学生的综合素质。多数企业能够定期接收中职学生顶岗实习，为中职学生专业实践能力的提升提供了可靠保障。部分企业还与中职学校签订协议，开展"订单培养"，并为"订单班"学生提供助学金、奖学金等，有效调动了中职学生的学习积极性。

三 中职教育质量保障机制存在的问题

尽管现阶段各级政府及相关部门、学校、企业等均将中职教育质量保障机制建设提上了重要议事日程，并取得了初步成效。但从各地总体状况看，中职教育质量保障机制建设与构建现代职业教育体系的要求还不尽适应，仍然存在一些亟须解决的问题。

（一）外部质量保障机制方面

外部质量保障机制是中职教育质量外部因素的集合与协同，主要体现在教育资源的供给（政府投入、政策供给、质量观等）、外部对质量的监控与评价（评价政策、评价指标体系、专业建设等）以及社会参与教育质量保障的程度等方面。

1. 外部供给得到极大提高，但总量及质量依然不够

一是经费供给总额稳步提升，但投入渠道单一。尽管国家建立了职业教育投入保障机制，拓宽了中职教育经费筹措渠道，但中职教育办学经费依然以政府投入为主，社会资本（民间资本）投入中职教育仍然面临许多政策性壁垒和制度性障碍，导致中职学校基础设施建设难以跟上社会科技进步需求。特别是部分经济不发达地区，地方财政对中职教育的投入还不能满足中职学校正常运转的需要。二是政策供给不断加强，但尚需配套完善。由于中职教育国家标准体系和督导评估机制尚未确立，导致中职教育质量管理目标不清，直接影响了中职教育质量。各级政府职业教育质量管理机构和企业（或第三方社会组织）在中职教育质量评价工作中职责不明，特别是从国家到省（市）教育行政部门，未对中职学校进行过全面质量督导评估，导致部分中职学校提升教育质量的动力不足，部分中职学校或企业仍缺乏对中职教育质量的深层次认识①。

2. 质量评价系统已初步构建，但过程监控尚待加强

唯物辩证法基本原理认为，世界是过程集合，一切事物都处于运动过程之中，均处于生成和灭亡的永恒变化之中②。怀特海（Whitehead A. N.）提出，"过程"是宇宙的实在，万事万物皆由过程所生，又都以过程形式展现。③ Calder（1996）认为，"质量和效率一样，应该在学生出色的学习过程中得到体现"④。欧阳常青（2005）认为，教育作为一种培养人才的活动，本身也是一个过程，也具有过程的性质。而教育质量作为教育的必然结果，必然也具有教育过程所具有的过程性质。因此，教育质

---

① 张耀天、肖泽平：《中等职业教育质量保障现状调查与分析——以重庆市为例》，《职教论坛》2012 年第 16 期，第 60—63 页。

② 高清海、张树义：《唯物辩证法的实质与核心》，上海人民出版社 1980 年版。

③ 转引自张华夏：《实在与过程——本体论哲学的探索与反思》，广东人民出版社 1997 年版。

④ Calder W. B., Gordon B. Developing in stitutional leadership for improved student success [Z]. College Canada, 1996.

量的内涵应该也同时具有过程和状态两个特性①。目前,我国已初步构建中职教育示范校、国家重点职校等评价体系,但均为结果评价,体现于某一时刻的状态,未能满足过程评价的要求,对中职学校教育教学质量生成过程的引导性受限。高红梅等(2009)调查结果表明,仅有30.5%的被调查者认为目前中职教育质量评估手段、机制较为合理,对中职学校质量提高具有导向与促进作用,而43.8%的被调查者认为效果不明显,有接近26%的被调查者认为目前实施的中职教育质量是"走过场,没达到评估的真正目的,评估机制不符合中职发展规律"②。

3. 社会保障作用明显提升,但力度和强度仍然不足

张耀天等(2012)研究认为,社会对中职教育质量的保障作用主要集中在两个方面:一是导向性的意识保障,主要表现在引导中职教育形成职业技能与职业道德相结合的教育和引导中职教育加强对企业的经常性智力支持两个方面③。重庆市的调查结果表明,有80%以上企业都认为员工的职业道德所发挥的作用不亚于职业技能本身,但目前中职学校有关学生职业道德教育明显不够,直接影响了中职教育质量;有85%左右的企业希望中职学校能够提供新技术和员工培训,而目前中职教师掌握新技术的能力和水平难于满足企业实际需求。二是提供职业教育资源的保障。社会各界向中职学校提供财物、技术、师资以及实习、实训、就业机会等方面的支持,可有效地促进中职教育质量的提升。但从现状看,社会资本的趋利性与职业教育的公益性矛盾尚未得到妥善解决,尽管部分企业通过实行校企联合办学等形式向中职学校提供了部分支持,但校企合作的力度和强度依然不够,企业合作的积极性依然不高,支持中职教育质量提升的资源总量依然不足。

(二) 内部质量保障机制方面

中职学校是实施中职教育的载体,构建内部质量保障机制极为重要。

---

① 欧阳常青:《教育质量:过程与状态的统一》,《江苏高教》2005 年第 2 期,第52—54页。

② 高红梅、赵昕、王瑛:《辽宁省中等职业教育质量保障体系建设情况调研报告》,《现代教育管理》2009 年第 10 期,第1—4 页。

③ 张耀天、肖泽平:《中等职业教育质量保障现状调查与分析——以重庆市为例》,《职教论坛》2012 年第 16 期,第60—63 页。

张耀天等（2012）研究表明，中职教育内部质量保障要素主要涉及人力资源、基础设施、工作环境、教学过程、教育过程、管理服务、监测与过程等方面[①]。

1. 内部质量保障逐步加强，但机制尚不完善

部分中职学校开始探索教育质量保障方针、教育质量目标以及学校内部相关部门的权责等方面的制度设计，保障水平逐步得到提升，但有关教育质量内部评价授权的探索刚刚起步，质量责任机制尚未全面落实，质量追究机制尚未建立。特别是在教育质量工作程序、职责、标准、方法等运行机制方面尚待完善。尽管有部分中职学校已经尝试多层面的评价方式，但质量监控评价的主体单一，过于依赖政府部门而忽视专家、企业人士在质量监管中的作用。各校之间教育质量评价标准不一，评价方式主要集中在"教"与"学"两个方面，缺乏较为完善的评价模式。环境育人作用发挥不够，中职学校校园文化环境建设仍较薄弱，学生社团组织总量少，导致学生社会认知能力、交往能力明显不足。学校举行的素质教育活动仍然不多，难以满足促进学生实现可持续发展的内在要求。

2. 师资质量不断提升，但队伍结构有待优化

一是中职教师人数逐年增长，但总量仍然不足。张耀天等（2012）调查发现，部分中职学校生师比为（25—40）：1，远没有达到教育部《中等职业学校设置标准（试行）》的要求[②]。二是教师专业结构虽有所改善，但仍不够合理，直接影响了中职教育质量。三是教师队伍不稳定，流失现象严重。多数地方政府人事管理部门将中职教师职称评定仍然纳入普教系列，且比例控制严格，教师收入水平难以提升。部分中职学校骨干教师受利益吸引，转入收入更高的企业工作。四是中职教师培训机会仍然不足，自我发展受限。由于专任教师课时量较大，部分中职学校以完成教学任务为重，在国家、省市级骨干教师培训活动中仅安排学校"空闲"教师参加，专任教师专业知识不能得到及时调整和更新，给教学质量带来

---

① 张耀天、肖泽平：《中等职业教育质量保障现状调查与分析——以重庆市为例》，《职教论坛》2012 年第 16 期，第 60—63 页。

② 齐元召：《师资是中等职业教育发展的首要软肋》，《中国农村教育》2015 年第 10 期，第 47—49 页。

不利影响。五是"蛋箱效应"制约着教师之间的交流与合作,也制约着教师任教学科与相邻学科或相关学科之间的贯通和迁移,导致中职学校具备现代职业教育理念、掌握现代教学手段的骨干教师和专业带头人较少。此外,班主任等学生管理队伍建设尚待加强,教师管理体制、管理制度有待完善,兼职教师政策落实不到位,适应中职学校办学特点的用人机制尚未形成。

3. 基础设施得到逐步加强,但仍难以满足现实需求

随着各级政府对中职教育投入力度的逐步加大,中职学校基础设施建设明显加快。但是,由于历史欠账过多,职业教育成本较高,仍未全面满足中职学校的教学需求,导致部分中职学校教育质量输在"起跑线"上。高红梅等(2009)调查了辽宁省中职学校基础设施建设状况,发现设施、设备不足或落伍、不能满足实训教学要求的比例达到了56%,有一半以上学校实习实训基地不能满足实训教学需求[①]。张耀天等(2012)调查了重庆市中职学校基础设施建设状况,发现仅有16.67%的教室安装了多媒体设备,藏书达到生均35册以上标准的学校仅为5.56%,能满足学生实训实习需要的学校只占5.56%[②]。

4. 教学过程得到基本保证,但培育环节缺乏有力支撑

张耀天等(2012)调查了重庆市中职教育质量生成过程的情况,发现部分中职学校课程建设与市场需求明显脱轨,有多半中职学校专业课教学内容未能参照职业岗位群任职要求进行设计,专业建设明显滞后。尽管大部分学校能够按照教育部要求开设公共基础课和专业课,但实践课学时、实训实习开出率、实习岗位安排力度明显不够。能够获得职业资格证书的中职毕业生虽过半数,但尚有40%以上的学生毕业时难以获得"双证"。顶岗实习内容与所学专业匹配度不尽理想,直接影响了中职学生职业能力的形成[③]。

---

① 高红梅、赵昕、王瑛:《辽宁省中等职业教育质量保障体系建设情况调研报告》,《现代教育管理》2009年第10期,第1—4页。

② 张耀天、肖泽平:《中等职业教育质量保障现状调查与分析——以重庆市为例》,《职教论坛》2012年第16期,第60—63页。

③ 同上。

第 二 章

中职教育目标：历史演变与现实定位

中职教育目标决定了中职学校人才培养的质量标准，规定了中职学校教育教学工作的方向与任务，涉及中职教育质量评价的导向和质量工作的重点。遵循历史经验，基于我国经济社会发展的现实，重新认识和定位现代职业教育体系构建背景下的中职教育目标（也称"中职教育人才培养目标"），对构建中职教育质量评价体系及保障机制具有重要的基础性作用和引导性功能。

第一节 我国中职教育目标的历史演变

以新中国成立以来中职教育发生的重大历史事件为节点，将中职教育人才培养目标（也称"中职教育目标"）的演变历程概括为探索时期、倒退时期、恢复时期、发展时期和稳定时期五个阶段。

一 探索时期

此时期为 1949—1965 年。1951 年，教育部在北京召开第一次全国中等技术教育会议，提出要"加强中等技术学校（现称'中职学校'）的基础地位"。当时，我国中等技术教育以企业举办为主、政府举办为辅，分为技术学校、师范学校、专业学校三种类型。技术学校以培养工业、农业、交通业、运输业人才为主，师范学校以培养小学和幼儿园教师为主，而专业学校以培养医药业、贸易业、银行业以及艺术类专业人才为主。其中，技术学校和专业学校多为行业企业兴办，政府直接兴办的只有师范学校。1952 年，政务院就整顿和发展中等技术教育做出指示，将中等技术教育目标定位为"训练和培养中级、初级技术人才"①。1954 年，政务院再次做出《关于改进中等专业教育的决定》，将中等技术学校与中等专业学校统称为中等专业学校②。劳动部根据当时生产需求，对原以训练失业人员为主的技工训练班实施整合，兴办了一大批中等技术学校，进一步壮大了中职教育发展规模，形成了中等专业学校与中等技术学校并存的格局。同年，教育部将中等专业学校的人才培养目标定位为"培养具有马克思列宁主义基础知识、普通教育的文化水平和基础技术的知识，并能掌握一定专业的、身体健康、全心全意为社会主义建设服务的中等专业干部"③。1961 年，劳动部将各级各单位兴办的中等技术学校人才培养目标定位为"具有社会主义觉悟、必要的技术理论知识、全面的专业操作技能和身体健康的中级技术水平和中等文化程度的技术工人"④。综合两类学校的人才培养目标，可将此时期我国中职教育目标概括为"培养具有社会主义觉悟和普通教育文化水平，掌握一定专业理论知识和专业操作技能，身体健康的初、中级技术人才"。

二　倒退时期

此时期为 1966—1976 年。期间，全国范围内掀起的"文化大革命"运动给中职教育带来了严重破坏。"文化大革命"前期，部分中职学校教师因"知识越多越反动"受到了批斗，有的"蹲了牛棚"，有的被遣回原籍进行"劳动改造"，中职学校中断招生达四年之久，全国中职教育发展近于停滞；"文化大革命"中期，大量中职学校被撤销，校舍被挤占，教学设施设备及试验实习基地遭受重大损失，中职教育人才培养目标无从谈起。"文化大革命"后期，国家计委和国务院科教组就中等专业学校办学问题提出具体意见，报请国务院恢复了中职学校招生工作，将中等专业学校的具体任务定位为"努力为社会主义各民族和社会

　　① 国家教育委员会：《中华人民共和国现行教育法规汇编（1949—1989）》，人民教育出版社 1991 年版。

　　② 同上。

　　③ 同上。

　　④ 劳动部：《关于颁发技工学校通则等三个文件的通知》，http：//www. people. cn. cn/i-tem/flfgk/gwyfg/1961/L35801196101. html。

主义建设培养更多的又红又专的人才"①。可见，此期的中职教育人才培养目标带有浓厚的政治色彩，未能反映出广大民众对中职教育的价值诉求。

三　恢复时期

此时期为 1977—1990 年。1977 年"文化大革命"结束以后，我国中职教育进入了恢复发展时期。1980 年，教育部、国家劳动总局要求部分城市普通高中逐步增设职业技术课程，将部分普通高中改办为职业技术学校②。1983 年，中共中央、国务院就加强和改革农村学校教育发出通知，要求将部分农村普通高中改办为农业中学或其他职业学校③。1985 年，中共中央做出《关于教育体制改革的决定》，使我国基本形成了中等专业学校、技工学校、职业高中三类学校并存的格局④。1986 年，国家教委将中等专业学校的人才培养目标定位为"培养德智体美全面发展，牢固掌握必需的文化科学基础知识和专业知识，有较强实践能力的中等专门人才"⑤。同年 11 月，劳动部、人事部和国家教委将技工学校人才培养目标定位为"培养中级技术工人"⑥，将职业高中人才培养目标定位为"有社会主义觉悟的、有相应文化程度的、掌握一定专业基础知识和生产技能的、德智体全面发展的劳动后备力量和初、中级技术管理人员"⑦。综合此期三类学校的人才培养目标，可将中职教育目标概括为"具有必需的文化科学基础知识和专业知识，掌握一定生产技能的，德智体美全面发展的初、中级技术人才"。

---

① 国家教育委员会:《中华人民共和国现行教育法规汇编（1949—1989）》，人民教育出版社 1991 年版。

② 同上。

③ 同上。

④ 同上。

⑤ 孙继恒:《关于中职培养目标的调查与思考》，《中国职业技术教育》1999 年第 11 期，第 37—38 页。

⑥ 蒋云龙:《技校培养目标调整的思索》，《中国职业技术教育》2000 年第 2 期，第 27—28 页。

⑦ 国家教育委员会:《中华人民共和国现行教育法规汇编（1949—1989）》，人民教育出版社 1991 年版。

四　发展时期

此时期为 1991—1999 年。1991 年，国务院在《大力发展职业教育的决定》中首次运用了"技能型人才"这一概念，提出"实施国家技能型人才培养培训工程，加快生产、服务一线急需的技能型人才的培养"①。1993 年，教育部提出"把提高劳动者素质，培养初、中级人才摆在突出的位置"②。同年 9 月，劳动部首次运用了"劳动力市场"这一概念，要求技工学校"按劳动力市场要求，在以培养中级技术工人为主要目标的基础上，有条件的也可以培养高级技术工人、企业管理人员或社会急需的其他各类人员"③。1996 年，全国人大颁布实施了《中华人民共和国职业教育法》④，规定职业教育应"对受教育者进行思想政治教育和职业道德教育，传授职业知识，培养职业技能，进行职业指导，全面提高受教育者的素质"，突出了"职业"和"素质"要求。1998 年，教育部将成人中等专业学校纳入中职教育管理范畴，使中职教育包括中等专业学校、职业高中、技工学校、成人中等专业学校四种类型。综合四类学校的人才培养目标，明显突出了"市场""职业"和"技能型人才"三个关键词，可将中职教育目标概括为"培养符合劳动力市场需求的，掌握一定职业知识和职业技能的技能型人才"。

五　稳定时期

此时期为 2000 年至今。2000 年，教育部就全面推进素质教育、深化中等职业教育教学改革提出意见，要求"培养与社会主义现代化建设要求相适应、德智体美等全面发展，具有综合职业能力，在生产、服务、技

---

① 国家教委政策法规司:《中华人民共和国现行教育法规汇编（1990—1995）》，人民教育出版社 1998 年版。
② 同上。
③ 劳动部:《关于深化技工学校教育改革的决定》，《职业教育研究》1993 年第 6 期，第 4—6 页。
④ 教育部政策研究与法制建设司:《中华人民共和国现行教育法规汇编（1996—2001）》，高等教育出版社 2003 年版。

术和管理第一线工作的高素质劳动者和中、初级专门人才"①。2002 年，国务院就推进职业教育改革与发展做出决定，要求职业教育"注重培养生产、服务第一线的高素质劳动者和实用人才"②。2003 年，教育部再次强调中职教育要"大量的培养高素质技能型人才，特别是高技能人才"③。2012 年，《国家教育事业发展第十二个五年规划》提出，"中职教育重点培养现代农业、工业、服务业和民族传统工艺振兴需要的一线技术技能人才"④。2013 年中共十八届三中全会通过了《关于全面深化改革若干重大问题的决定》，2014 年国务院做出《关于发展现代职业教育的决定》，均提出了"培养高素质劳动者和技能型人才"的要求。2014 年教育部等六部门制定了《现代职业教育体系建设规划（2014—2020 年）》，要求中职教育"为初高中毕业生开展基础性的知识、技术和技能教育，培养技能人才"⑤。可见，此期中职教育人才培养目标的内涵更加丰富，并把高中毕业生纳入中职教育对象。综合此期的中职教育目标，可概括为"适应生产、服务一线需求，德智体美等全面发展，具有基础性知识、技术和技能的高素质劳动者和技能型人才"。

第二节　我国中职教育目标的演变特征

基于社会进步、经济发展以及改善民生等视角分析，我国中职教育人才培养目标的历史演变过程呈现出与当时的社会政治经济状况密切联系，由"社会本位"向"个人本位"转变，由就业导向转向就业、升学双重导向，由培养专门人才向复合型人才转变四个特征。

---

①　国家教委政策法规司：《中华人民共和国现行教育法规汇编（1990—1995）》，人民教育出版社 1998 年版。

②　同上。

③　同上。

④　国家教育事业发展第十二个五年规划，http：//www. moe. gov. cn/publicfiles/business/htmlfiles/moe/moe_ 630/201207/139702. html。

⑤　教育部等六部门关于印发《现代职业教育体系建设规划（2014—2020 年）》的通知，http：//www. moe. edu. cn/publicfiles/business/htmlfiles/moe/moe_ 630/201406/170737. html。

一 与当时的社会政治经济状况密切联系

中职教育目标随我国社会政治经济发展状况的变化而变化，具有明显的时代特征。新中国成立初期，我国各行各业急需大量的高素质劳动者和技术人才，中职教育将人才培养目标定位为"具有社会主义觉悟和普通教育文化水平的中级和初级技术人才"。"文化大革命"使我国职业教育遭受了"十年浩劫"，后期提出的培养"又红又专"的人才目标带有明显的政治烙印。1978年后，我国实施改革开放政策，传统的计划经济体制逐步转向社会主义市场经济体制，有效地推动了社会经济快速发展。在这种情势下，我国将中职教育目标定位为培养"德智体美等全面发展的初、中级技术人才"，开始注重提升学生的综合素质。20世纪90年代后，我国进入全面建设小康社会阶段，中职教育目标先后引入"市场""职业""技能型人才"等关键词，最终将中职教育人才培养目标定位为培养"具有基础性知识、技术和技能的技能人才"。可见，我国中职教育目标的演变与当时社会政治经济发展状况紧密联系。

二 由"社会本位"向"个人本位"转变

纵观世界职业教育发展历史，存在着"社会本位"与"个人本位"两种价值取向。"社会本位"价值取向认为，社会决定了个人的发展，个人的发展必须以满足社会需求为目的，强调教育为社会政治、经济和文化服务；"个人本位"价值取向强调个人利益的实现，注重个体潜能的发挥，实现"人的全面发展"。我国中职教育人才培养目标的演变过程明显表现出由"社会本位"向"个人本位"转变的价值取向。新中国成立后，我国对中职教育人才培养目标的定位体现了国家社会经济建设以及稳固政权的需要。随着社会进步与经济发展，中职教育开始注重学生德、智、体、美等综合素质的提升。在全面建设小康社会新的历史阶段，我国确立了"以人为本"的科学发展观，中职学生的主体地位逐步得到加强，中职教育目标从单一注重"社会需求"逐渐转向"社会需求"和"个人需求"并重，"促进人的全面发展"的中职办学理念逐步成为全社会共识。

三　由就业导向转向就业、升学双重导向

计划经济时期,我国采取国家统一分配大中专毕业生的方法,中职学校学生毕业后可直接就业,继续深造的学生极少。1985 年后,在党中央、国务院相关政策的推动下,我国中职教育发展迅速,人才培养规模连创历史新高。国家开始实行"双向选择、自由择业"的大中专毕业生就业政策,中职学生毕业后既可就业,也可继续升学。20 世纪 90 年代末期,随着我国高等教育规模的逐步扩大以及企业科学技术水平的不断提升,用人单位更加重视高学历人才,进一步推动了中职教育人才培养就业与升学"双重目标"的确立。2002 年,国务院提出"扩大中等职业学校毕业生进入高等学校尤其是进入高等职业学校继续学习的比例",中职毕业生可通过对口升学、单考单招、"五年一贯制"等途径继续深造。2014 年,国务院再次提出巩固提高中等职业教育发展水平,在保障学生技术技能培养质量的基础上,加强学生的文化基础教育,实现"就业有能力、升学有基础"[1]。至此,我国中职教育逐步由"以就业导向"转向"升学、就业"的双重导向。

四　由培养专门人才向复合型人才转变

"专门人才"是指精通某一领域专门知识、具有某种专门技能的人才。与之相对应,"复合型人才"是指知识面较广、适用性较强,具有多项才能和多种本领的人才。在中职教育恢复时期,我国将中等专业学校人才培养目标定位为"中等专门人才";在中职教育发展时期,我国将职业教育人才培养目标定位为"高技能专门人才";在中职教育稳定时期,我国将职业教育人才培养目标定位为"具有专业技能、钻研精神、务实精神、创新精神和创业能力的高素质劳动者和技术技能人才"。有别于普通劳动者,"高素质劳动者"是指具有中等及以上文化程度,专门技术人才

---

① 《国务院关于加快发展现代职业教育的决定》(全文),http://www.jyb.cn/zyjy/zyjyxw/201406/t20140622_587161.html。

中的"基础型""应用型"技能人才①。在新的历史时期，为适应社会经济快速发展以及改善民生、促进就业的需要，教育部、财政部等六部门制定了《现代职业教育体系建设规划（2014—2020 年）》，将职业教育的人才培养目标定位为"培养具有现代职业理念和良好职业操守的高素质人才"②。可见，我国中职教育人才培养目标呈现出由"专门人才"向"复合型人才"转变的趋势，培养能适应劳动力市场快速变化的"宽专多能"复合型人才已经成为当代中职教育所肩负的重要责任，这也是促进"人的全面发展、可持续发展"的必要要求，理应成为中职教育质量评价和保障的重点。

第三节　我国中职教育目标的现状分析

　　教育的经济功能在于所培养的熟练劳动力或专门人才是否能够顺利实现就业，以及在解决就业问题中的作用③。合理确定各类型、各层次教育的目标，直接关系到国民就业状况，也涉及培养什么样的人才以及怎样培养人才等一系列问题。国务院发布的《国家中长期教育改革和发展规划纲要（2010—2020 年）》明确提出了职业教育"以服务为宗旨、以就业为导向"以及"统筹中、高职教育发展"等重要理念。各地实践证明，以就业为导向的中职教育在推进人力资源开发、服务区域经济发展、改善民生等方面发挥了重要作用。但是，随着我国高等教育规模的不断扩张，中职教育出现以就业为导向和以升学为导向的"双向裂变"状况，有关理论研究也与中职教育以就业为导向的理念相悖。有学者认为，中职教育确立以就业为导向的培养目标，对学生的文化基础课和专业理论课关注不够④。还有学者将就业教育称为"终极教育"，认为就业教育不利于促进

---

　　①　邱开金：《高素质劳动者和高技能专门人才的诠释》，《职教论坛》2006 年第 5 期，第 21—22 页。

　　②　《教育部等六部门关于印发〈现代职业教育体系建设规划（2014—2020 年）〉的通知》，http：//www. moe. edu. cn/publicfiles/business/htmlfiles/moe/moe_ 630/201406/170737. html。

　　③　范先佐：《教育经济学》（第二版），中国人民大学出版社 2012 年版。

　　④　陆国民：《试析中高职贯通人才培养模式》，《教育发展研究》2012 年第 17 期，第 34—35、48 页。

人的全面发展与持续发展①。可见，无论是在实践层面还是在理论层面，中职教育"以就业为导向"的办学宗旨尚需探讨。

一　中职教育"以就业为导向"的科学依据

中职教育坚持以就业为导向，要求中职教育的实施主体——中职学校面向社会，将满足职业（或企业）岗位需求和促进学生就业作为一切教育教学活动的出发点和落脚点，人才培养目标的制定、教学内容的安排以及教学方法的确定等都要取决于就业岗位的要求②，最终以毕业生就业状况体现中职学校的办学成果。基于人力资源开发视角，中职教育确立"以就业为导向"的办学宗旨，有着坚实的科学依据。

（一）调整人力资源结构

人力资源是经济社会发展的重要资源，不同经济社会发展阶段需要不同的人力资源结构与配置。人力资源结构的一个重要方面是人才的层次结构，根据筛选假设理论，可由其学历结构实施表征。陈国庆对北京市人才需求现状及类型结构的调查表明，2000 年、2005 年、2010 年北京市理论型、应用型和实践型三类人才需求比例分别为 1∶10∶37、1∶11∶40 和 1∶14∶70，应用型和实践型人才需求量逐年上升③。中国人力资源市场信息监测中心发布的《部分城市公共就业服务机构市场供求状况分析》表明，2012 年第四季度中职（含职业高中、技工学校、普通中专）、高职高专、大学毕业生就业岗位与求职者比例分别为 1.28、1.01、0.93。2013 年第一季度仍呈现出中、高级技能人才供不应求，初级技能劳动者用人需求大幅度增长的状况，中职毕业生市场的需求量最大。与之形成鲜明对比的是，大学生就业"难"问题日益突出，2013 年被称为大学生就业"史上最难季"。可见，我国现实教育层次结构不尽适应经济社会对人力资源结构与配置的需求，亟须大力发展中职教育，并坚持"以就业为

---

① 任钢建:《构建新型中等职业教育理念的思考》,《教育与职业》2011 年第 2 期，第 5—7 页。

② 何文明:《正确理解"以就业为导向"的办学方针》,《江苏教育》2009 年第 9 期，第 17 页。

③ 陈国庆:《论中等职业教育与人力资源开发——以福建省中等职业教育为例》,《福建论坛》(社会科学教育版) 2009 年第 6 期，第 167—168 页。

导向"的办学宗旨,进而加大人力资源市场中职毕业生的供应量。

(二) 加快人力资源开发

2010 年第六次全国人口普查数据表明,我国现有人口总量达 13.40 亿人(未含港澳台地区),占全球总量 19.14%,是世界上名副其实的人力资源大国。但是,由于我国拥有的 6.56 亿乡村人口接受教育的年限相对较少,致使我国尚未进入世界人力资源强国行列。通过发展形式多样的中职教育(含职业培训),将我国人口的数量优势转化为人力资源优势,是促进经济社会快速发展、提高人民生活水平的有效途径①。据彭丽荃 2010 年调查,在全国农民工中没有接受过任何形式职业技能培训的占 52.4%。文化程度越低接受职业技能培训的比例也越低,文盲半文盲、小学、初中学历农民工没有接受过职业技能培训的分别占未接受过职业技能培训人员总数的 73.7%、66.1% 和 53.1%②。中职教育坚持以服务为宗旨、以就业为导向,通过预期的专业分工和角色定位,把公民潜在的智力和体力资源转化为社会人力资源,使个人的社会价值得以充分发挥,进而有效缓解教育与经济社会发展之间的不协调现象,实现人力资源供给与社会经济发展对人力资源需求的合理匹配③。

(三) 提升人力资源素质

当前,世界各国都把提高人力资源素质作为推动社会经济发展、促进民众就业的根本战略,高度重视发展职业教育。从现实状况看,我国出现的就业难除教育层次发展不尽适应劳动力市场需求外,更重要的原因是待业人员缺乏必要的技术能力,或自身技术专长及水平与市场反应的企业等用人单位人才需求不够匹配,影响了人力资源的合理利用④。同时,科学技术的不断进步也要求企业在岗员工通过参加职业培训来不断提升自身素质,满足企业转型升级及可持续发展的需要。贾洪波研究表明,我国高中阶段教育发展滞后,严重制约了人力资源素质的提高。以辽宁省为例,过

---

① 国家统计局:《2010 年第六次全国人口普查主要数据公报:第一号》,http://www. stats. gov. cn/tjfx/jdfx/t20110428_ 402722253. htm。

② 彭丽荃:《2010 年农民工监测报告》,中国统计出版社 2012 年版。

③ 曾亚莉:《签约率不足四成,大学生遇"史上最难就业季"》,《金陵晚报》2013 年 4 月 11 日。

④ 曾捷文:《职业教育:人力资源开发的引擎》,光明日报出版社 2006 年版。

去 20 年间有 50%—74% 的初中毕业生不能继续接受教育[①]。中职教育坚持以就业为导向,不仅能使受教育者获得某种职业所需的技术能力,并实现顺利就业,也将通过举办职业培训、继续教育等,关注每一名劳动者的职业生涯发展,增加其就业质量和就业满意度。

(四) 增加社会积累总量

中国社会科学院报告显示,2011 年全国 32 个养老金统筹单位 (31 个省份和新疆兵团) 有 14 个单位收不抵支,资金缺口达 766.5 亿元[②]。根据《国家教育事业发展第十二个五年规划》,到 2015 年我国新增劳动力平均受教育年限将达到 13.3 年,接近或高于美国、英国、日本、韩国等发达国家。但是,由于我国企业科技水平与世界发达国家相比还有相当大的差距,高学历人员只能 "低就"。据《黑龙江日报》报道,2012 年 9 月哈尔滨市面向社会公开招聘 457 名环卫工人 (其中:汽车驾驶员 307 人,汽车维修员 30 人,清扫员 120 人),成功报名者有 7 186 人。其中,拥有大专、本科学历人员分别占报名总人数的 58.49%、41.11%,有 29 名报名者拥有全日制硕士研究生学历[③]。这种忽视人力资源市场的现实需求,引导年轻人一味追求高学历的做法,一方面会导致 "就业难" 状况的加剧,导致高学历者占用低学历者职业岗位,造成 "教育过度" 以及 "教育资源 (资金) 浪费" 等现象;另一方面也会相应缩短劳动者一生的工作时间,减少社会积累总量,加剧了社会养老金的 "入不敷出" 状况。

二　中职学校办学导向的 "双向裂变" 现象

国家确立中职教育 "以就业为导向" 的办学宗旨,反映了教育发展 "支持什么" 和 "限制什么" 的明确指向,即职业岗位 (群) 需求旺盛的教育类型、层次及其专业要加快发展,否则就不予鼓励发展或加以限

[①] 贾洪波:《辽宁人力资源素质状况分析》,《继续教育研究》2005 年第 6 期,第 136—139 页。

[②] 韩宇明:《社科院报告:内地 14 省养老金收不抵支,缺口 766 亿》,《新京报》2012 年 12 月 18 日。

[③] 杨晔:《哈尔滨招聘事业编制环卫工,吸 29 位硕士报名应聘》,《黑龙江日报》2012 年 10 月 23 日。

制、调整①。综合各地调查结果发现，目前中职学校的办学导向发生了"双向裂变"现象的具体表现为：

（一）单独举办对口升学班

随机调查河北省五所中职学校发现，各中职学校均开办了对口升学（高考）班，招收学生人数占在校生总数的20%以上。某县职教中心在招生公告中公开宣称，"积极开设对口升学专业班，把众多中考成绩不尽人意的考生送入全国重点及一本院校"。对这部分学生，中职学校以教育主管部门"有关对口招生的规定"及"对口升学考试大纲"为依据，安排教学计划、设置课程等，明显偏离了中职教育"以就业为导向"的办学宗旨。

（二）举办文体特长升学班

调查发现，部分中职学校在单独开办"对口升学班"的同时，还模仿普通高中的做法，专门开办高考"体育特长班""音乐特长班"等，并将这部分学生同样纳入国家给予中职学生补助金的发放范围。与普通高中一样，这部分中职学校把主要精力放在高考升学率上，也偏离了中职学校的办学宗旨。

（三）举办各类高考辅导班

调查发现，为迎合当今社会部分民众的需求，部分中职学校直接招收上年度高考落榜生，开办了高考辅导班。部分中职学校在招生公告中宣称"参加对口升学难度小、录取率高"等内容。特别是天津市实行春季高考制度，通过联合办学等措施，实现了跨省招生，吸引了大批河北省及其他临近省份的生源。河北省部分中职学校招生公告宣称"没有天津户口，同样能参加天津市高考"等内容，吸引了更多的学生参加了升学教育。

三　中职学校办学导向"双向裂变"的成因

（一）拓展生源所求

由于我国计划生育政策的实施，近年来各地初中毕业生人数普遍呈现逐渐减少的趋势，高中阶段生源也随之逐步减少。同时，包括高职高专在

---

① 张启富：《高职教育就业导向中的适应性问题研究》，《黑龙江高教研究》2006 年第 4 期，第 109—111 页。

内的高等学校招生规模在逐步扩大，使各地普通高中的升学率大幅度提升，吸引了越来越多的初中毕业生到普通高中求学，中职学校"招生大战"现象愈演愈烈。据周劲松等（2010）调查，生均招生成本在1 000元以上的中职学校比例超过50%，中职教育出现了"好就业、招生难"的尴尬局面①。在这种情况下，中职学校为揽生源、求生存，不得已顺应学生升学要求，转为以升学为导向。

（二）就业质量所致

教育部相关机构2010年对全国71所中职学校（包括职业高中、普通中专、技工学校）的调查表明，中职学校毕业生就业率达到98.40%，其中，对口就业率仅为75.79%。部分用人单位看中的是学生自然形成的"体能"，而非学生在中职学校学到的"技能"。从就业质量看，已经签订一年以上就业合同的就业人数仅为41.29%，起薪介于1 000—1 500元（含）之间就业人数接近就业学生总数的一半，享有"五险一金"人数仅占就业学生的25.28%②。可见，高就业率下的中职毕业生工作流动性较大，薪酬及福利待遇较低。这种情况必然导致中职学生出现追求更高学历的状况，中职学校只能顺应学生要求逐步转向以升学为导向。

（三）传统思维所迫

受传统"学而优则仕"思想的影响，大部分学生及其家长仍以高学历作为人生追求的目标。由于高等院校逐步加大了面向中职毕业生的招生指标，对口升学高职院校的学生毕业后拥有的毕业证与普通高考考生学生毕业后所获的毕业证完全相同，导致部分中职学校为招揽生源打出了对口升学率高的"金字招牌"。丁良南调查表明，约有2/3的中职学生将升学作为毕业后选项。河北省某中职学校本科对口升学率达到15%以上，专科（含高职）对口升学率达到80%以上③，被誉为河北省教育质量最高的中职学校。这种现象导致部分中职学校为获得生源，竞相将"高升学率"作为办学特色，逐步脱离了以就业为导向的办学宗旨。

---

① 周劲松、张晓湘:《"用工荒"背景下的职业教育招生难探源与应对策略》,《中国轻工教育》2010年第1期，第70—72页。

② 教育部:《2010年中等职业学校毕业生就业质量抽样调查》,http：//news. xinhuanet. com/edu/2011—06/21/c_ 121564634_ 3. htm。

③ 丁良南:《中职学生升学意向调查报告》,《当代教育论坛》2011年第12期，第64页。

（四）功利思想所迷

为完成国家提出的中职教育与普通高中教育规模大体相当的目标，部分地方政府对区域内中职学校"偏离"办学导向的状况予以默认，表现出明显的政绩思想，此为"功"；从"利"角度而言，教育部规定建设国家示范性中职学校要求在校生最低规模为5 000人，而大多中职学校在校生规模均在1 000人以下[1]。为争取国家补助资金，许多中职学校想方设法开办各类升学班扩张生源，以达到国家示范性中职学校核定标准、获取资金支持的目的。对国家积极推进中高职协调发展的政策，部分地方政府及中职学校将其误读为"引导中职学生毕业后升入高职院校或本科院校继续学习"，加大了中职教育升学导向的推进力度。

第四节　我国中职教育目标的现实需求

学生入学动机集中反映了社会广大民众对中职教育的需求。"动机"一词来源于拉丁语 Mowere，意思是"趋向于"（To Move），表现为引发并维持某项具体活动的倾向[2]。入学动机是人类动机在教育领域中的具体表现之一，是与满足人的需要密切关联的内在学习动力因素。入学动机能够转化为学习意向、愿望、兴趣等具体形式，对个体的学习活动发挥着激发、指向和维持作用，同时也表达了中职教育目标的需求。

一　调查方法

（一）问卷制定

参考以往学生入学动机的研究成果，访谈了部分专家及中职学校一线教师、入学新生，设计了中职学生入学动机调查问卷，并运用 Delphi 法进行了修订。问卷分为基本信息和选择题两部分，选择题又分为单选题和多选题两类，共五个维度、40个问项。

---

[1]　周劲松、张晓湘：《"用工荒"背景下的职业教育招生难探源与应对策略》，《中国轻工教育》2010年第1期，第70—72页。

[2]　刘里里：《免费师范生入学动机、学习自我效能感和专业承诺的现状及其关系研究》，硕士学位论文，西南大学，2009年。

正式实施调查前两周，在河北省秦皇岛市选取一所中职学校进行了预调查。调查共发放问卷 80 份，确定有效问卷 66 份，问卷回收率为 91.25%，问卷有效率为 90.41%。运用 SPSS19.0 统计软件，对调查问卷的信度、效度进行了分析。按照薛薇[①]的观点，如果 Cronbach α 系数大于 0.9，则认为调查量表内在信度很高；如果 α 系数大于 0.8（小于 0.9），则认为调查量表内在信度可以接受；如果 α 系数大于 0.7（小于 0.8），则认为量表设计存在一定问题，但仍有参考价值；如果 α 系数小于 0.7，则认为量表设计存在很大问题，应考虑重新设计。经计算，该问卷 α 值为 0.821，确认该调查问卷的信度可以接受。采用巴特利（Bartlett）因子分析法对问卷效度进行了检验[②]。KMO 度量标准为：0.9 以上代表非常适合，0.8 以上代表适合，0.7 以上代表一般，0.6 以下代表不太适合，0.5 以下表示极不适合。计算结果表明，该问卷卡方统计量为 261.916，df 值为 120，P 值接近 0（P＜0.01），说明该问卷各一级项目均达到极显著差异水平。KMO 值为 0.730，确定该问卷有效。

（二）调查实施

调查对象为河北省唐山市、秦皇岛市部分中职学校一年级学生，共发放调查问卷 260 份，回收 245 份，问卷回收率为 94.23%。其中：有效问卷 209 份，问卷有效率为 85.31%。调查学生中男生 110 人，占 52.63%；女生 99 人，占 47.37%。与教育部 2014 年公布的全国中职学校男女生比例基本一致。问卷调查对象涉及数控、幼教、汽修、物流和计算机应用五个专业，其中：数控专业 30 人，占被调查总人数的 14.35%；幼教专业 60 人，占被调查总人数的 28.71%；汽修专业 88 人，占被调查总人数的 42.11%；物流专业 15 人，占被调查总人数的 7.18%；计算机专业 16 人，占被调查总人数的 7.66%。

（三）分析方法

收集问卷后，利用 Excel 软件按问卷所设计的维度及问项对调查结果进行整理，并建立数据库；利用 SPSS19.0 软件，对问卷相关维度和问项调查结果进行了统计分析。

---

① 薛薇：《SPSS 统计分析方法及应用》，电子工业出版社 2007 年版，第 330—367 页。

② 吴明隆：《问卷统计分析实务——SPSS 操作与应用》，重庆大学出版社 2010 年版。

二 调查结果

1. 入学动机内因分析

为体现中职教育升学和就业两个导向,将中职学生入学动机内因分为"上大学意愿"和"就业意愿"两个维度。其中,"上大学意愿"分为"一直都有""从来没有""以前没有但现在有"和"曾经有过但现在没有"四个问项;"就业意愿"分为"想尽快就业""培养良好习惯""锻炼能力"和"获取知识"四个问项。调查结果表明,在升学意愿方面,中职学生选择"上大学意愿"所含"以前没有但现在有""从来没有""一直都有""曾经有过但现在没有"各问项的人数比例分别为10.63%、22.11%、33.13%和34.13%。有升学意愿的学生占43.76%,没有升学意愿的学生占56.24%。在就业意愿方面,中职学生选择"想尽快就业""培养良好习惯"的人数比例均为16.13%,而选择"锻炼能力"和"获取知识"的人数比例分别为32.50%和35.24%。可见,中职教育目标应以就业教育为主,升学教育为辅。

2. 入学动机外因分析

将学生接受中职教育的外因设定为学校影响、形势影响和家庭影响三个维度。其中,学校影响设定为"学校基础设施""学校知名度"和"学校师资情况"三个问项,形势影响设定为"就业前景"和"优惠政策"两个问项。家庭影响设定为"家长赞同""家长不赞同,但是尊重学生自己的选择""家长不赞同,但因年龄问题让学校看管"三个问项。调查结果表明,在学校影响方面,中职学生选择"学校基础设施""学校知名度"和"学校师资情况"三个问项的人数比例分别为52.46%、32.04%和15.50%。可见,学校基础设施对学生的影响最大,学校知名度次之,对学校师资情况的认知度较低。在形势影响方面,中职学生选择"就业前景"和"优惠政策"的人员数比例分别为83.06%和16.94%,说明中职学生更加重视就业前景。在家庭影响方面,中职学生选择"家长赞同""家长不赞同,但是尊重学生自己的选择"和"家长不赞同,但因年龄问题让学校看管"的人数比例分别为71.65%、22.22%和6.13%,多数学生家长能够赞同子女接受中职教育。

3. 内外因比较分析

为比较内外因的重要性，将中职学生选择就读中职教育的原因设定"自己意愿"为主要内因，外因则设定了"中考成绩影响""家长意见""学校环境"和"就业率高"四个问项。调查结果表明，中职学生选择"自己意愿"的人数比例达到50.63%，而选择"就业率高""家长意见"和"中考成绩影响"的人数比例仅分别为19.11%、15.12%和10.14%；选择"学校环境"的人数比例最低，仅为5.00%。可见，内因"自己意愿"是学生选择接受中职教育的决定因素。

为进一步明确学生接受中职教育的影响因素，设定"个人兴趣爱好"为主要内因，"教师动员""通过中职教育就业""成绩不理想"和"家长原因"为主要外因。调查结果表明，因为"个人兴趣爱好"选择中职教育的学生占36.52%，"通过中职教育就业"的学生占33.12%；因为"成绩不理想"的学生占18.15%，因"家长原因"和"教师动员"的学生分别占7.11%和5.10%。可见，在影响学生选择接受中职教育的因素中，内因占据重要地位，外因处于次要地位。

为明确中职学校专业设置对学生选择中职教育的影响，将学生选择所学专业主要原因设定为"对本专业感兴趣""他人影响""优惠政策"和"就业前景良好"四个问项。其中，"对本专业感兴趣"为内因，其他三项为外因。调查结果表明，中职学生选择"对本专业感兴趣"的人数占48.50%，选择"就业前景良好"的学生占21.23%，选择"他人影响""优惠政策"影响的学生分别占20.17%和10.10%。可见，在影响学生选择所学专业的主要原因中，内因起主导作用，外因起辅助作用。

4. 学校招生行为动因

学校招生行为动因也是外部动因，将其设定为"需加强""比较满意""非常满意"和"不满意"四个问项。调查结果表明，学生认为中职学校招生工作"需加强"的人数最多，占调查学生总数的37.64%；认为"比较满意"的人数次之，占调查学生总数的35.12%；认为"非常满意"的学生人数较少，仅占调查学生总数的18.13%；认为"不满意"的学生人数最少，占学生总数的9.11%。可见，中职学校仍需进一步加强招生工作。

5. 中职教育吸引力状况

将中职学校吸引力维度分列为"学校环境""就业服务""师资力量""教学设施""减免学费""地理位置""生活条件"和"学校知名度"八个问项（多选题）。调查结果表明，"学校环境"和"就业服务"是最具吸引力的因素，选择的学生分别占 97.22% 和 89.37%；其次为"师资力量"和"教学设施"，分别占 77.42% 和 76.71%；再次为"减免学费""地理位置"和"生活条件"，分别占 50.21%、46.66% 和 36.92%；认为"学校知名度"是影响中职教育吸引力主要因素的最少，仅占 23.24%。

三 调查结论

入学动机集中反映了学生对中职教育需求，也隐含着对中职教育质量的要求，表达了中职教育的发展愿景。本调查结果表明，中职学生有进一步深造意愿的占四成以上，基于就业为目的占一半以上。对有就业愿望的学生而言，盼望中职学校能够提供知识学习与技能增进方面的优质服务。在入学动机产生外因方面，学校"基础设施"对学生的影响最大，"学校知名度"次之，对教师队伍的认知度较低。中职学生非常重视就业前景，多数学生家长能够赞同子女接受中职教育。

对中职学生入学动机的内外因比较结果表明，学生选择中职学校就读的内因占据主导地位，但外因也不容忽视。多数中职学生认为中职学校应进一步加强招生工作，改进招生办法。"学校环境"和"就业服务"对学生选择中职教育的影响最大，其次为"师资力量"和"教学设施"，再次为"减免学费""地理位置"和"生活条件"。"学校知名度"对学生选择中职教育的影响程度较低，这可能与中职学校区域（行政区域）化办学模式有关。

第五节 我国中职教育目标的现实定位

基于学生对中职教育的需求，仿照美国社区学院教育目标定位的方法，我国中职教育应该基于不同学生的不同需求实施定位，实现中职教育目标定位的多元化，以此促进中职教育质量的提升，加快现代职业教育体系建设。

一　基于人才培养类型与层次定位

科学社会学创始人贝尔纳（John Desmond Bernal，1901—1971）把人类活动分为科学、工程和技术三类活动，进行科学活动的是科学家，进行工程活动的是企业家、工程师和工人，进行技术活动的是发明家、技师和技术工作人员[①]。目前，学界比较一致的看法是，人才可按知识和能力分为学术型人才、工程型人才、技术型人才和技能型人才四类，分别对应于学术性高等教育、专业性高等教育、技术教育和职业教育[②]。我国职业教育包含了技术教育，所培养的人才类型应对应于技术型人才和技能型人才，可合并称为"技术技能型人才"。

我国中职教育与高职教育在人才培养目标的类型上具有高度的一致性，但具有层次上的区别。众多学者将高职教育和中职教育人才培养目标分别定位于"技术型人才"和"技能型人才"，以"技能型人才"表达中职教育的"中等"特征，强调"技能型人才"必须具有够用的理论知识、中级水平的技术能力和可持续发展能力。有学者指出，技能从层次上可划分为经验技能和策略技能，旨在掌握初级技能（经验技能）的职业教育属于中职教育，旨在掌握高级技能（策略技能）的职业教育属于高职教育[③]。根据社会需求定位不同的人才培养目标，是教育履行服务社会职能的具体表现。因此，中职教育应继续坚守其"技术技能型人才"的培养目标，并为学生实现终身学习及可持续发展做好准备。

二　基于技术教育与人文教育定位

现代社会对中职教育人才培养目标的期待包括培养合格的从业者（含创业者）和合格的公民两个方面。培养合格的从业者由职业教育的社会属性决定，所培养的人才必须能够服务于社会；培养合格的公民由教育

---

① 转引自张华夏、张志林《从科学与技术的划界来看技术哲学的研究纲领》，《自然辩证法研究》2001 年第 2 期，第 15—16 页。

② 严雪怡：《试论人才分类的若干问题》，《理论研究》2000 年第 5 期，第 9—10 页。

③ 姜大源：《现代职业教育体系构建的理性追问》，《教育研究》2011 年第 11 期，第 70—74 页。

的社会属性决定，应兼顾学生综合素质的提升，所培养的人才必须能够适应社会。现代职业教育强调学生"做人"与"做事"的结合，除传授职业知识和技能外，还要加强学生的人文素质培养。发达国家经验表明，职业教育需要妥善解决技术知识和人文知识的冲突问题。1986 年，日本提出"人格本位"的职业教育模式，强调在经济全球化背景和终身学习思潮下，注重培养"全面发展的人"；1988 年，美国将社区学院从仅注重就业能力培养转移到注重个人终身持续发展方面，学生入学后需首先接受通识教育，取得足够的学分后才能开始研修专业课程；2002 年，韩国在职业教育目标中强调培养学生的民族文化精神，以此强化学生对家庭、对社会的责任感和使命感。

纵观我国中职教育人才培养目标的演变历程，技术教育始终贯穿每个阶段，为社会进步、经济发展做出了巨大贡献。21 世纪以后，随着"以人为本"理念的逐步确立以及学生主体意识的逐步增强，将中职教育人才培养目标简单地定位于培养"技术劳动者"显然已不适应时代发展的需要。中职教育人才培养的目标不应仅强调为经济社会发展培养技能型人才，还要促进学生德智体美全面发展。在新的历史时期，应引导学生树立社会主义核心价值观，进一步丰富学生人文素养，为实现全面发展、可持续发展奠定坚实的基础。

三 基于就业与升学双重导向定位

21 世纪以来，我国中职教育一方面强调以就业为导向，另一方面强调扩大中职毕业生进入高等学校尤其是进入高职院校继续学习的比例。事实上，就业与升学本身就是两类不同的人才培养目标。以就业为导向的人才培养目标强调中职毕业生能够满足企业等用人单位需求，更加注重学生的技术应用与操作能力；以升学为导向的人才培养目标强调中职毕业生能够适应对口升学高校的需求，更加注重学生的继续学习能力。可见，现实的中职教育人才培养目标存在"准工人"与"准大学生"的差别。

随着科学技术的快速发展，社会用人单位对应聘者的学历要求越来越高，多数中职学生已不再满足于通过接受中职教育获得一个工作岗位，更希望获得继续学习的机会。有学者对常德市五所中职学校进行的学生升学意向调查结果表明，有68.8%的中职学生将升学作为毕业后选项①。1999年，联合国教科文组织将职业教育的功能界定为职业准备的手段和终身教育的组成部分，中职教育既是就业准备教育，也是为学生适应职业变化、继续学习或接受高等教育的基础教育。从国际视野审视，发达国家职业教育也具有就业、升学的双重人才培养目标。中职教育既为用人单位培养从业者，也向高等教育机构输出了生源。因此，我国中职教育承担着学生就业、升学的双重培养任务，既要注重学生就业能力的培养，也应重视学生继续学习能力的提升。

四　基于生源多元变化的现实定位

改革开放以前，我国教育资源匮乏，中职教育属于"类精英教育"，生源以应届初中毕业生为主，往届初中毕业生为辅。改革开放以后，我国教育事业步入快速发展阶段，中职教育逐步得以普及，但仍以招生应届初中毕业生为主，被视为高中阶段教育。21世纪以后，我国进入"后人口转变时期"，由于应届初中毕业生逐渐减少、普通高中招生比例相对增加等原因，中职学校出现了"招生难"问题。在这种情况下，各地中职学校普遍实行了"注册入学"制度，开始大量招收往届初中毕业生、高中毕业生以及退役军人等，中职学校生源结构呈现出多元化趋势。

职业教育虽属一种教育类型，但也应遵循教育的一般规律，顺应民众的价值追求。目前，我国中职学生的价值追求可分为五类。一是因家庭贫困而选择就读中职学校，以求减免学费，减轻家庭负担，并实现顺利就业；二是文化基础较差、未达到高中录取分数而选择中职学校，盼望毕业后能尽早步入社会；三是家长为防止学生直接步入社会出现意外，强迫其进入中职学校（由教师看管），希望毕业后学生综合素质得到全面改善；四是通过中职学校考入高等院校继续生造，实现学历追求；五是通过接受中职教育、习得一技之长，能够实现就业或再就业。兴办人民满意的中职教育，中职学校应"因生制宜"定位人才培养目标，最大限度地满足学生多元化的价值追求。

---

① 丁良南:《中职学生升学意向调查报告》，《当代教育论坛》2011年第12期，第64—66页。

第 三 章

中职教育质量评价与保障：国际经验

从已有报道看，国外单独实施中职教育质量评价体系与保障机制的研究较少，多将其纳入职业教育整个体系之中。为借鉴发达国家中职教育质量评价与保障机制构建的经验，选取美国、德国、澳大利亚、加拿大和日本五个国家，总结归纳了职业教育质量评价体制、评价标准、评价过程以及保障机制建设等状况。在此基础上，确定了国外经验对我国中职教育质量评价与保障的借鉴意义。

第一节　国外中职教育质量评价体系及其启示

一　国外职业教育评价体系的构建

（一）美国职业教育机构认证体系

美国实施 12 年义务教育，中职教育多由公立综合高中学校实施，独立的中职学校未能构成职业教育的主体。相对于职业教育的主体——社区学院，美国中职学校办学体制较为单一，主要为地方政府办学和管理，职业教育机构认证是美国职业教育质量评价体系的主要特点。早在 19 世纪末，美国政府教育管理机构就构建了职业教育机构认证制度，用以保证职业教育质量。最早成立的认证机构是由政府、企业、家长代表等各方参与的职业教育理事会（Council on Occupational Education, COE），此后职业院校和技术院校认证委员会（Accrediting Commission of Career Schools and College, ACCSC）、继续教育和培训认证协会（Accrediting Council for Continuing Education and Training, ACCET）、卫生与健康认证局（Accrediting Bureau of Health Education Schools, ABHES）和远程教育与培训协会（Distance Education and Training Council，DETC）等非政府组织（NGO）性质的行业职业教育认证机构也相继得到美国联邦政府教育行政部门的认可①，分别负责认证不同专业类型的职业教育机构。对职业教育机构而言，虽然国家法律规定采取自愿的原则实施认证，但由于得到认证就意味着获得了教育质量保证的标签，会有效促进学校招生工作，故深受各职业教育机构的青睐。经过长期的探索与实践，美国职业教育不仅认证体系齐全，涉及内容也非常全面；不仅要关注职业教育机构治理的方式方法、设施设备的配置等，还重视考查学生对职业教育服务质量的满意度等指标，有效地保障了职业教育质量。

（二）德国职业教育质量评价体系

德国职业教育历史悠久，早在 12 世纪的手工业社会中就出现了"学徒式"的职业教育，其"双元制"职业教育体制举世闻名。实际上，德国职业教育是一种复杂的社会现象，表现在教育部门、劳动部门、企业、行业协会、社会团体和个人等多主体参与，涉及工业、农业、手工业和服务业等多种行业以及企业主、雇员、培训人员、教师和适龄青年等民众。德国职业教育机构既包括"双元制"职业院校，也包括全日制职业院校、高级专科学校以及社会职业培训机构等，职业教育评估和认证体系庞大且复杂，认证及评价过程亦十分严格②。为确保职业教育质量，德国政府要求各职业教育机构必须从 2004 年 7 月起建立完善的学校内部教育质量管理系统，由政府管理部门委托相关专业机构对各职业教育机构的教育质量进行认可和评估。联邦经济和劳工部（Federal Ministry of Economy and Labor）制定并发布了职业教育机构认可标准，由社会职业教育机构规管者和监管机构负责实施具体评价工作。认证系统分为验证程序和认证程序两部分，各项工作安排十分缜密。职业教育机构外部评估称为"验证"（Certification），内部培训课程则需要

---

① US Department of Education. Accreditation in the United States：Regional and National Institutional Accrediting Agencies［EB/OL］. http：//www2. ed. gov/admins/finaid/accred/accreditati on_pg6. html.

② 转引自陈静、宗晓华《职业技术教育的质量评估：国际经验与趋势》，《职业技术教育》2011 年第 10 卷第 9 期，第 89—93 页。

"认证"（Licensing）。国家认证委员会（Accreditation Council）由代表联邦经济与劳动部（Federal Ministry of Economy and Labor）、教育与研究部（Federal Ministry of Education and Research）、地方政府、行会、企业家组织、职业教育与培训机构以及 3 名独立的科学家等 9 名成员组成，具体负责为职业教育评估和认证提供相关建议和起草相关程序。"验证"或"认证"则由联邦劳工机构（Federal Agency for Labor）认可的证书颁发机构（Certification Agencies）或专门的知识中心（Centers of Expertise）负责实施[①]。

（三）澳大利亚以行业为主体的评价体系

澳大利亚实行 10 年制义务教育，其中小学学制为 6 年（1—6 年级），初中学制期为 4 年（7—10 年级），高中为 2 年（11—12 年级）。职业教育是澳大利亚教育系统中规模最大的部分，体现职业教育特点的技术与继续教育（Technical And Further Education，TAFE）闻名全球，其成功经验在于高水准的顶层设计以及完善有效的职业教育质量保障体系[②]。其中，行业引领是澳大利亚职业教育发展的特色，并贯穿于质量评价的各个方面和各个层次。目前，行业引领已经渗透到职业教育和培训的微观层次——课程建设方面。行业和企业具有广泛的参与权和重要的发言权，在教育质量评价方面发挥了重要作用。在国家层面，澳大利亚政府成立了全国质量委员会（National Quality Council，NQC），统筹全国职业教育质量评价工作。但是，全国质量委员会并不负责具体的职业教育质量评价事宜，而是委托各州职业教育行政管理部门以及课程注册认证机构组织实施。国家质量委员会由来自行业、职业与技术教育部委员会以及国家教育、科学和培训等部门的 20 名成员组成，其中行业组织和企业的成员占 1/4[③]。在各州代表国家质量委员会组织的职业教育质量与课程质量评估活动中，评估组

---

① European Centre for the Development of Vocational Training. Accreditation and Quality Assurance in Vocational Education and Training: Selected European Approaches [EB/OL]. http://www.cedefop.europa.eu/EN/advanced-search.aspx? text=Accreditation%20and&showresults=true.

② 转引自吕红、石伟平《澳大利亚职业教育质量保障体系探究》，《外国教育研究》2009年第 1 卷第 36 期，第 85—91 页。

③ 转引自张基宏《澳大利亚职业教育与培训模式成功的密码——赴澳大利亚研修报告》，《世界教育信息》2012 年第 8 期，第 47—52 页。

专家成员也必须有来自行业或企业的代表，并在职业教育质量否决方面拥有较大的权力①。

（四）加拿大以地方为主的质量评价体系

与澳大利亚相比，加拿大中央政府对职业教育调控的权力较弱，也没有建立专门的职业教育和培训质量监管体系，职业教育质量评估由全国性的非官方专业认证组织 AAAC（Association of Accrediting Agencies of Canada）负责实施。早在 1867 年，加拿大议会就颁布了相关法案（Constitution Act），规定各省和地区负责建设和管理本行政区域内的教育系统，并设置教育行政部门，负责区域内各级各类学校及培训机构的管理工作。但是，在实际操作过程中，由于 AAAC 认证具有非官方特征，其权威性受到社会各界的广泛质疑。目前，加拿大部分省份已开发出了自己的职业教育资格认证架构。如安大略省成立了具有官方背景的省学院"凭据验证服务部"（Ontario College Credentials Validation Service，CVS）提供职业教育质量评价服务②。部分社会机构也参与到学生对职业教育服务满意度调查之中，并定期发布调查结果，促进了职业教育质量的提升。但是，由于学生满意度调查存在"微笑问卷"，各职业教育与培训机构对调查结果仅作为改进工作的参考。

（五）日本以国家为主体的强制评价体系

"二战"后，日本中职教育分别经历了战后改革、经济高速增长期的局部改革及第三次教育改革等几个时期，获得长足发展③。相对而言，日本职业教育质量评价体系建设起步较晚，直到 21 世纪初才通过相关立法，但发展速度极快，并取得了良好的效果，在亚洲具有一定的示范效应。日本职业教育质量评价具有以国家为主体、强制性评价的特点，各级各类职业教育机构必须接受评价。目前，日本已基本构建起全国范围内的职业教育质量强制性评价体系，并得到职业教育与培训机构的广

① 转引自宋贤钧、王建良《澳大利亚职业教育与培训质量保障体系的印象及启示》，《兰州石化职业技术学院学报》2013 年第 13 卷第 1 期，第 62—65 页。

② Quality Canadian Information Centre for International. Credentials Assurance Practices for Postsecondary Institutions in Canada ［EB/OL］. http://www.cicic.ca/510/fact-sheet-no-5.canada.

③ 转引自杜伟伟《日本中等职业技术教育改革对我国的启示》，《吉林省教育学院学报》2012 年第 28 卷第 2 期，第 84—85 页。

泛认可，具有较大的社会影响力。职业教育质量评价由专门的执行委员会负责实施，由审查委员会、第三方评价委员会和评估银行三个机构构成。执行委员会共有 6 名成员，其中专门学校人员（教务部长、事务局长水平以上）2 名、领域内有关人士 2 名、教育专家（有识之士）1 名、会计 1 名。如果接受评估的职业教育与培训机构的专业领域不在 2 名专家所从事的研究工作范围之内，评估执行委员会可自行决定调整或增加领域内相关专家的名额[①]。

二 国外职业教育质量评价的标准

（一）美国的评价标准

对职业教育机构而言，美国职业教育质量评价标准因目标、目的而异，最具代表性的职业教育评价机构——职业教育理事会的评估标准由 11 项指标组成，具体如表 3—1 所示[②]。职业教育实施机构试图通过认证或者重新得到认证，必须按本标准通过相应指标的考核。该标准由联邦教育行政机构统一发布，由各州政府监督社会职业教育质量评价机构实施。在评价过程中，联邦及学区教育管理机构可以监督检查的方式给予指导。

表 3—1　　　　　　　美国职业教育机构的认证标准

标准	项目	子项	标准	项目	子项
1	机构使命		7	物质资源	
2	教育计划	A. 招生/招聘	8	财务资源	
		B. 程序	9	组织结构	
		C. 指令	10	学生服务及活动	

---

① 文部科学省：《第三者評価システムの概要》，http：//www.hyouka.or.jp/n-daisanshah youkajigyo.html。

② Council on Occupational Education. Handbook of Accreditation：2013 Edition［EB/OL］. http：//www.council.org/manuals/.

续表

标准	项目	子项	标准	项目	子项
3	计划和制度成果				A. 监管要求
4	战略规划				B. 任务
		A. 媒体服务			C. 程序
5	学习资源	B. 教学设备			D. 方案成果
		C. 教学用品	11	远程教育	E. 学习资源
		A. 一般员工			F. 技术和物理资源
		B. 教师			G. 财务资源
6	人力资源	C. 行政及督导人员			H. 人力资源
		D. 教学辅助人员			I. 学生服务
		E. 非教学支援人员/服务			J. 学生身份和隐私

对学生素质而言，20 世纪 80 年代以来，美国制定了国家课程标准以及与之相配套的学生学业进步标准。职业院校毕业生应掌握应知和能做的主要内容，达到国家统一规定的内容标准（Content standards）和表现标准（Performance standards）[1]。内容标准主要通过考试完成，表现标准则采用量尺分数（Scalescore）和成就水平（Achievement levels）两种方式呈现。其中，成就水平采用国际通用的方法和程序划定，分为基础、熟练和高级三个等级，确保学生能够运用多种方式展示学业进步情况。

（二）德国的评价标准

德国职业教育机构必须通过联邦劳工机构认可的证书颁发机构或专门的知识中心评价，并获取培训课程许可证后，才能获取公共财政资金的资助，开展适用于区域经济社会发展需求的职业教育与培训活动[2]。

---

[1]　Maris A. , Vinovskis. Overseeing the Nation's Report Card：the Creationand Evolution of the National Assessment Governing Board（NAGB）［EB/OL］. http：//www. nag/org/pubs/pubs. Html.

[2]　转引自吕红、石伟平《澳大利亚职业教育质量保障体系探究》，《外国教育研究》2009年第 1 卷第 36 期，第 85—91 页。

职业教育机构想要通过程序认证，必须证明其财务效率和教育能力，并达到一些详细的要求，如整合学员的能力，为学员就业提供支持；为教师和培训师的长远发展提供资格、专业经验培训；坚持以顾客为本。此外，为更多地争取公共财政资金，职业教育机构还必须表明其已经履行了授权培训课程应有的内容，包括为拟培训目标群体提供的前提条件、将课程观点融入就业之中、在组织学习过程中能为公众认可的毕业做好准备或至少讲课程的一部分作为准备以及明确规范培训课程的时间框架，确保培训对象有足够的实际工作经验等。可见，德国教育质量评价从基础做起，以培养过程保障学生的培养质量。就毕业生素质评价而言，由于德国职业资格认证机构较多，毕业生可根据所学专业，申请不同的职业资格证书。

（三）澳大利亚的质量框架

澳大利亚职业教育与培训机构必须遵守国家质量委员会提出的质量培训框架（Australian Quality Training Framework，AQTF）。AQTF 是保证全国一致的、高质量的培训和评价服务的国家标准，具体包括管理方式、与注册机构的合作、合法性、保险措施、财务管理、资格认证的报表陈述、其他职业教育机构的认可、市场营销的准确性和完整性、培训包、认可的课程的过渡期等。AQTF 规定，首次注册登记职业教育机构的基本标准是申请人作为注册培训机构（Registered Training Organizations，RTO）有效运作的能力。申请人（机构）想获得注册，必须证明其已经完成了所需的建设与发展规划，并具有足够的职业教育与培训资源。职业教育机构持续注册的评价标准是成果，即注册职业教育或培训机构在实现和维持高质量的教育与培训、客户服务和管理系统等方面所达到的程度[①]。全国所有职业教育与培训机构必须按照国家培训质量框架 AQTF 的规定和要求开展职业教育与培训、技能鉴定和资格认证等工作。从课程体系到每一门课，甚至一门课的每一单元都必须有相关的能力标准与相关内容对应，能力标准既包括运用知识和技术解决问题的专业能力（Hard Skills，也称为"硬技能"），也包括完成工作任务必须具备的交流沟通、团队合作、自我管

① Wayne K. H. , Cech G. M. , Educational administration: Theory, Research, and Practice (Seventh Edition) [M]. McGraw-Hill, 2005: 10 - 15.

理、计划组织、自主学习、创新与应用等方面的综合能力（Soft Skills，也称为"软技能"）。四级职业资格证书的获得体现了毕业生素质的考核理念，接受中职教育的学生，通过考试后只能获得证书Ⅰ（半熟练工人）或证书Ⅱ（高级操作员），证书Ⅲ（熟练工人）和证书Ⅳ（高级熟练工人）只为接受大专层次的学生颁发。考试方法由学生任意选择，但必须从十二种标准测试（包括观测、口试、操作、第三方评价、能力证明书、面谈、自评、提交案例、分析报告、工作制件、书面答卷、录像）方式中选择两项以上。

（四）加拿大的地方标准

尽管加拿大中央政府没有统一的职业教育质量评价标准，但AAAC等或类似的其他社会组织却一直致力于职业教育质量的提升工作，活跃在职业教育质量评价领域。在安大略省，职业教育供应商提供多于40个小时的培训，或成本低于1 000加元（CAD）的培训，必须在省级职业教育与培训行政部门进行登记和认证，由企业或第三方以及一些特定国家职业群体提供的单一技能培训除外。省级职业教育与培训行政部门进行登记和认证的标准主要有整体方案设计、重点成果、就业准备、深入研究和典型时期等内容。每年职业教育与培训机构必须向省级职业教育与培训行政部门提交毕业生就业、毕业生满意度、雇主满意度、学生满意度和学生毕业率等相关数据①。全国建有齐全的职业资格证书体系，学生素质的评价结果主要通过学生获得官方认可的职业资格证书表达。

（五）日本的基础标准

日本职业教育质量评价标准由大学基准协会制定。该协会发布的《短期大学基准》中规定了职业教育质量的10条具体指标，包括目的和宗旨、教育内容和改革、责任和理念、课程设置、基础设施、入学状况、教学人员、管理人员、行政管理、财务情况。评估标准中，职业教育指导

---

① Quality Canadian Information Centre for International. Credentials Assurance Practices for Post-secondary Institutions in Canada［EB/OL］. http：//www.cicic.ca/510/fact-sheet-no-5. canada.

思想占据重要地位，且侧重于评价职业教育机构的自我完善功能①。该标准引导职业教育机构把企业文化融入教育教学过程之中，培养适应企业需要的技术人才，如团队协作理念、客户中心理念、严格守纪观念、创新理念、双赢发展理念、诚信经营理念、感恩社会理念等，学生在校期间即获得企业文化的熏陶，增强了职业意识与专业能力，提升了学生综合素质，毕业进入企业后能快速地融入新的环境，并充分发挥自己的能力。学校、用人单位、其他职业教育机构之间相互合作，能够从多方面弥补学生技能的不足，促进了多元技能的形成，提高了学生的综合职业能力。由于日本企业实力雄厚，科学技术水平较为先进，且具有较高的社会信誉，对学生素质的评价多由用人单位进行，根据学生职业能力的综合考核结果给出评价等级。

三　国外职业教育评价的具体过程

（一）美国的独立评价过程

美国职业教育质量评价过程分为自我评估、实地考察、机构反映报告、参评文件（或复评文件）以及委员会行动五个步骤。其中，参评文件（或复评文件）包括机构年度报告和经过审计的财务报告，委员会行动包含委员会可能的决定、委员会考察前的教育机构表现、上诉操作和分歧解决四个方面。通过认证的职业技术教育机构每 5 年需要进行一次复评，认证机构的评估结果具有绝对权威性，即便是联邦政府教育行政部门也无权干涉②。

（二）德国的监控统计过程

德国职业教育机构认证系统非常先进，且高度自治。全国职业教育机构可以自由选择认证机构，但必须获取质量认证后方可运营。如果认证机构做出的决定是消极的，那么申请就会被证书颁发机构拒绝。反之，如果认证机构做出的决定是积极的，那么证书颁发机构就会颁发给职业教育机

---

① 文部科学省：《第三者評価システムの概要》，http：//www. hyouka. or. jp/n-daisanshahy-oukajigyo. html。

② Wayne K. H. ，Cech G. M. ，Educational administration：Theory，Research，and Practice（Seventh Edition）［M］. McGraw-Hill，2005：10－15.

构为期三年的许可证。每年认证机构都要开展"监控统计"（Monitoring audit），重点检测职业教育机构的质量管理系统、保证系统和发展系统运行情况。由于德国不存在官方或半官方的职业教育认证机构，为职业教育机构认证行政复议提供了机会①。

（三）澳大利亚 AQTF 评价过程

澳大利亚质量培训框架（Australian Quality Training Framework，AQTF）评价过程的重点环节是现场审计，由评价人员在现场进行审核，包括计划审计、开始审计、收集证据、分析所收集的证据、提供反馈、开发审计报告六个步骤。审计过程以"系统、灵活、注重成功、基于证据、专注持续改善"为原则，以"公平、公开、透明"为信条。评价人员（可直译为"核数师"）在现场以访谈等方式收集相关证据，根据质量培训框架（AQTF）标准逐项进行核对，并决定职业教育与培训机构是否符合注册条件。对于持续注册的职业教育与培训机构，有关组织还将按风险管理的原则进行再次审核②。

（四）加拿大的地方评价过程

加拿大职业教育质量评价的最大特点是以地方为主，联邦政府教育行政部门只发挥辅助角色。以安大略省为例，该省教育行政管理机构指定 CVS 负责全省职业教育质量评价工作，采用的标准与当地政府教育行政部门的内部审批程序一致，评价过程是当地职业教育机构自律机制的重要组成部分。首先，职业教育机构要向评价机构提交学生职业技能学习成果和必要的就业技能表，对自身制订的教学方案和课程计划成果进行说明和展示。其次，如果评价申请获得 CVS 的批准，当地政府教育行政部门将给予核准，并颁发一个序列号，有效期为五年。在评价过程中，CVS 重点强调职业教育机构的自我反省，在遵守当地政府教育行政部门制定标准的基础上进行的不断改进和改善。CVS 对评价内容、评价办法等也具有一系列详细的规定，如评价报告不得超过 20 页，评价

---

① European Centre for the Development of Vocational Training. Accreditation and Quality Assurance in Vocational Education and Training：Selected European Approaches ［EB/OL］．http：//www. cedefop. europa. eu/EN/advanced-search. aspx？text ＝ Accreditation％20and&showresults ＝ true.

② The Australian Quality Training Framework. AQTF Audit Handbook ［EB/OL］．http：//www. nssc. natese. gov. au/vet_ standards/standards_ for_ vet_ regulators.

访问的时间至少两天以上等①。

（五）日本的综合评价过程

日本在参考美国职业教育质量评价过程的基础上进行了改进，评价过程主要分为六个步骤②。一是职业教育机构进行自我检查，实施自我评价；二是职业教育机构向评价机构提交自我评价报告；三是由评价审查委员会的部分成员对职业教育机构进行现场评价；四是由社会第三方评价委员会对审查委员会部分成员的评价进行再评价，并公布评价结果；五是职业教育机构对第三方评价委员会公布的评估结果进行申诉；六是审查委员会公示最终的评价结果③。

四　我国中职教育质量评价的现实

目前，我国中职教育质量评价尚未建立起统一的国家标准，也未能构建专一的中职教育质量评价体系，但我们可以从教育部组织实施的全国重点中职学校认定、中职教育改革发展示范校建设等一系列"竞争性"过程，以及教育部推行的中职教育评估体系，窥见我国中职教育质量评价的导向状况。

（一）中职教育改革发展示范校评估体系

1. 评估目标

教育部将中职教育改革发展示范校建设目标确定为"以提高人才培养质量为目标，以深化办学模式、培养模式、教学模式和评价模式改革为重点，以推进工学结合、校企合作、顶岗实习为核心，适应经济发展方式转变、现代产业体系建设、企业岗位用人和技术进步的需求，在全国范围内重点建设一批中职教育改革发展示范学校，使其在中职教育改革发展中发挥引领、骨干和辐射作用，进一步提高中职教育服务经济社

---

① Quality Canadian Information Centre for International. Credentials Assurance Practices for Post-secondary Institutions in Canada［EB/OL］, http：//www.cicic.ca/510/fact-sheet-no－5.canada.

② 大学基准协会:《短期大学认证评价》, http：//www.juaa.or.jp/accreditation/j_college/e_standard.html。

③ 文部科学省:《評価のステップ》, http：//www.hyouka.or.jp/n-daisanshahyoukajigyo.html。

会发展和人的全面发展的能力"①。评选工作由教育部牵头,联合人力资源和社会保障部与财政部共同实施。可见,中职教育改革发展示范校评选活动目的明确,重点清晰,举办层级涉及中央政府所属行政部门层面。

　　2. 评估标准

　　中职教育改革发展示范校围绕教育质量拟定了众多标准、指标和参照,内容较为翔实,主要评估指标体系如表3—2所示。在这些评估指标中,既有定性指标,也有定量指标。既有微观标准,也有宏观要求。但是,这些指标偏重于中职教育质量的保障指标体系,未能按照《国家中长期教育改革和发展规划纲要(2010—2020年)》要求,将具体评价指标的内涵确立为"对学生的综合素质评价"。

表3—2　　　国家中职教育改革发展示范学校主要评估指标体系

指标	内容	指标	内容
1. 学校管理	教育方针,办学定位,发展规划	3. 校企合作（续）	企业参与教学及管理
	办学行为		社会培训及服务
	领导班子建设	4. 教育教学	德育工作
	管理制度,教育教学质量保障体系		专业建设
2. 基础条件	校园占地面积,设施标准		人才培养模式
	实训场所和设备设施,实训基地		课程体系建设
	教师队伍建设		教师队伍建设
	数字化校园建设	5. 办学效益	在校生规模,学生就业
3. 校企合作	校企合作,"订单培养",集团化办学		社会贡献,社会声誉
	实习管理,学生获得报酬		学校及学生受表彰、奖励

---

　　① 教育部办公厅、人力资源和社会保障部办公厅、财政部办公厅:《关于申报2012年度国家中等职业教育改革发展示范学校建设计划项目的通知》,http://www.moe.gov.cn/publicfiles/business/htmlfiles/moe/A07gggs/201212/145054.html。

3. 评估过程

中职教育改革发展示范学校的评估主要有学校申报、地方预审推荐、国务院相关部门组织复核、社会公示、正式公布五个主要过程。其中，地方预审推荐由各省教育行政部门牵头，会同同级人力资源和社会保障、财政部门组织专家开展本地区项目学校预审遴选工作，根据国务院相关部门下达的中职教育改革发展示范学校指标上报教育部、人力资源和社会保障部、财政部。而后，教育部会同人力资源和社会保障部、财政部进行复核，根据需要对中职教育改革发展示范学校申报信息进行现场抽查和答辩。复核结束后，在教育部官方公示拟立项支持的中职教育改革发展示范学校名单。公示期满后，再正式面向全社会公布评选结果。可见，中职教育改革发展示范学校的评估仅在教育系统内部实施，未能实现《国家中长期教育改革和发展规划纲要（2010—2020年)》所要求的"政府、学校、家长及社会各方面的参与"。

(二) 国家级重点中职学校评估体系

1. 评估目的

教育部将国家级重点中职学校评选的指导思想确定为："通过评选重点学校，推动中等职业教育加快改革、建设和发展，使这些学校更好地发挥骨干示范作用，更积极主动地适应社会主义现代化建设和建立社会主义市场经济体制的需要。"国家重点中职学校评估在教育部的统一领导下进行，由各省（市、自治区）教育行政部门负责组织实施，并将评估结果向教育部报告，经教育部批准后再在相关媒体上公布①。

2. 评估标准

国家级重点中职学校评估指标体系分为一级指标、二级指标和三级指标。一级指标分为办学方向与质量效益、基础条件与合理利用、规范管理与改革创新三个维度。每个一级指标又分为若干个二级指标，二级指标又分为若干个三级指标，实现了层层递进，具体评估指标体系如表3—3所示。

---

① 教育部、人力资源和社会保障部、财政部：《国家级重点中等职业学校评估指标体系总表》，http：//www. jjedu. Net /? a = 105393。

表 3—3 国家级重点中职学校评估指标体系

一级指标	二级指标	三级指标	一级指标	二级指标	三级指标
办学方向与质量、效益	办学方向	指导思想与办学思路	基础条件与合理利用	体育卫生	体育设施及体育工作
		培养目标与就业导向			卫生设施及饮食安全
	办学规模	学历教育人数		教育经费	经费来源与使用
		培训教育人数	规范管理与改革创新	办学模式	校企联合办学
	毕业生质量	就业率与稳定率			城乡联合办学
		"双证书"率与专业对口率			产教结合
	示范作用	骨干作用与教研成果			弹性学制与学分制
		示范专业与紧缺人才培养		办学机制	内部激励机制
		学校荣誉与社会声誉			与国外合作办学
基础条件与合理利用	校园建设	占地面积与校园布局		队伍建设	管理队伍建设
		建筑面积与合理利用			师资队伍建设
	专任教师	教师数与师生比		德育工作	德育工作与德育课
		学历与职称			校园文化与安全教育
		实践能力与信息化水平			职业指导与就业服务
	实验实训	校内设备及开出率		教学改革	专业建设
		校外实习（实训）基地及利用			课程体系及内容改革
	信息化建设	网络建设与利用			教学方法改革
		教学用计算机			教材选用与管理
		多媒体教室	—	—	—
		图书资料与借阅使用			

由国家级重点中职学校评估指标体系可见,教育质量指标体现在一级指标"办学方向与质量、效益"之中,二级指标则设定为毕业生质量,具体考核指标确定为"就业率与稳定率""双证书"率与就业专业对口率。显然,这也未能体现《国家中长期教育改革和发展规划纲要(2010—2020 年)》所提出的将具体评价指标确立为"对学生的综合素质评价"的要求。

3. 评估过程

国家级重点中职学校的评选的一般程序是:省（市、自治区）教育行政部门确定实施计划;学校自评,并写出自评报告;教育部评估领导小组委派专家评估组到现场进行复评，并写出复评报告；评估领导小组复核复评报告，提出正式评估结论和建议，报请教育部批准；教育部公布评估结论。评估结论分为合格、暂缓通过和不合格三种，合格学校由教育部颁发证书和匾牌。暂缓通过的学校要限期进行改善和提高，期满后重新接受评估鉴定。可见，国家级重点中职学校的评选也仅在教育系统实施，也未能实现"政府、学校、家长及社会各方面参与"。

（三）中职教育督导评估体系

1. 评估体制

为督促省级人民政府及其相关部门认真履行发展中职教育职责，教育部于 2011 年 12 月颁布了《中等职业教育督导评估办法》[①]。该办法提出，督导评估采取审核评估与实地督导相结合的形式，主要围绕中职教育发展的宏观政策建设与制度创新、经费投入、办学条件保障及发展水平与特色等方面展开。国家教育督导团根据国家有关职业教育法律、法规、方针、政策制定《中等职业教育督导评估指标体系》和《中等职业教育督导评估标准》，督导评估内容与标准根据职业教育发展的目标任务进行动态调整。

2. 评估标准

中职教育督导评估指标体系分为一级指标和二级指标两个层级。一级指标分为政策制度、经费投入、办学条件和发展水平 4 个维度，涉及政策建设、制度创新、总量投入、专项投入、基础设施、教师队伍、发展规模、教育质量 9 个方面（指标分类），下设 30 个二级指标。其中，教育质量主要是通过中职毕业生一次就业率、中职教育的社会满意度和中职教育发展特色三项指标表达，具体评估指标体系如表 3—4 所示[②]。

进一步分析国家中职教育督导评估指标体系可见，中职教育质量评价指标中的"中职毕业生一次就业率"没有考虑到"就业稳定率""薪金待遇"等就业质量指标，单纯以"中职毕业生一次就业率"评价中职教育质量显然不够全面；"中职教育的社会满意度"调查极易出现"微笑问

---

① 教育部：《关于印发〈中等职业教育督导评估办法〉的通知》，http://www.moe.gov.cn/publicfiles/business/htmlfiles/moe/moe_764/201203/xxgk_131750.html.

② 吴伟成、张焱：《我国中职教育财政保障政策的必要性与纵深研究》，《职业教育研究》2012 年第 6 期，第 9—11 页。

卷",也难以准确、完整地表达中职教育质量;中职教育办学主体多为县(区)政府,具有强烈的区域性,"中职教育发展特色"很难确定,因为某特征在此区域可能被称为特色,而在彼区域可能就不能称为特色,显然会影响不同地域的中职教育质量评价的公平性。可见,现行的国家中职教育督导评估指标体系有关中职教育质量的指标也未能满足《国家中长期教育改革和发展规划纲要(2010—2020年)》所提出的"对学生的综合素质进行评价"的要求。

3. 评估过程

教育部规定,中职教育督导评估工作由国家教育督导团组织实施,省级教育行政部门具体实施,采用"省级抽查、市级督察、县级自查"的方法。

县(区)级自查由中职学校自身依照教育部《中等职业教育督导评估办法》要求,按照《中等职业教育督导评估指标体系》和《中等职业教育督导评估标准》逐项做出客观评估,并针对存在问题制订整改方案,撰写自评报告逐级上报。

表3—4　　　　　　　　　　国家中职教育督导评估指标体系

一级指标	指标分类	二级指标	指标权重
A1 政策制度(25)	政策建设	B1 职业教育规划	4
		B2 联席会议制度	3
	制度创新	B3 就业准入与职业资格	3
		B4 教产合作与校企合作	4
		B5 学生资助与免学费	4
		B6 质量保障与评价考核	3
		B7 教育管理与教师队伍管理	4
A2 经费投入(25)	总量投入	B8 中职预算内教育经费占预算内教育经费总量的比例	4
		B9 教育费附加安排用于职业教育的比例	4
		B10 中职生均预算内教育事业费与普通高中之比	4
		B11 中职生均预算内公用经费占生均预算内教育事业费的比例	4
	专项投入	B12 师资队伍建设师均投入经费年增长率	3
		B13 免学费的中职学生数占在校生总数的比例	3
		B14 获得国家助学金的中职学生数占在校生总数的比例	3

一级指标	指标分类	二级指标	指标权重
A3 办学条件 (35)	基础设施	B15 中等职业学校办学条件达标率	4
		B16 生均实训基地建筑面积	3
		B17 生均仪器设备值	3
		B18 教学用计算机拥有量	3
	教师队伍	B19 专任教师师生比	4
		B20 省市级专业带头人或骨干教师的比例	2
		B21 "双师型"教师比例	4
		B22 高级专业技术职务教师比例	3
		B23 教师学历达标率	3
		B24 兼职教师比例	3
		B25 教师培训规模	3
A4 发展水平 (15)	发展规模	B26 高中阶段招生职普比	3
		B27 职业培训规模	3
	教育质量	B28 中职毕业生一次就业率	3
		B29 中等职业教育的社会满意度	2
		B30 中等职业教育发展特色	4

市级督察由市级教育行政部门依照教育部《中等职业教育督导评估指标体系》和《中等职业教育督导评估标准》进行逐项对比，查缺补漏，督促整改和判定政府有关部门、相关单位及学校的责任。而后，在汇总全市中职教育发展情况的基础上写出督察报告，上报省级教育行政部门。

省级抽查由省教育行政部门组织实施，按照各县职业教育发展规划重点抽查未通过验收的县（区）。在此基础上，总结在督导评估中统计的各县（区）落实职业教育投入的情况和解决实际问题的成效，并接受教育部抽查。

教育部抽查由教育部相关部门组织实施，核实部分县（区）上报情况的真实性和准确性，对发现问题将采取相关措施，并向省级教育行政部门通报。

由以上分析可见，中职教育督导评估工作也仅在教育系统内部实施，未能实现"政府、学校、家长及社会各方面参与"的要求。

五　国外职业教育质量评价的启示

与发达国家比较，不难发现我国中职教育质量评价体系尚处于落后状态。基于我国中职教育发展的现实状况和社会各界对提高中职教育质量的现实诉求，构建中职教育质量评价体系是当前中职教育发展迫切需要解决的问题，既是我国从人力资源大国向人力资源强国转变的历史任务，也是推动中职教育实现可持续发展、促进企业转型升级的现实需求。构建中职教育质量评价制度，应借鉴发达国家先进经验，做到六个结合。

（一）内部评价和外部评价相结合

发达国家职业教育质量评价体系均以职业教育机构的自我评价为起点，把内部评价（School self-evaluation）体系和外部评价（External evaluation）体系有效地结合在一起。部分国家的周期性评估也将评价工作重点放在职业教育机构的内部评价体系建设方面，通过系列整改获得了理想的效果。而外部评价认定了职业教育机构改革与发展的成绩，增强了职业教育机构的社会影响力。发达国家经验表明，任何一种单独的评价方式都不能实现"以评促改、以评促进"，进而达到提升职业教育质量的目的。构建融合内、外部评价体系为一体的中职教育质量评价体系，已经成为当前教育质量评价体系发展的新趋势。学习国外经验，我国应分别构建中职教育质量内部评价制度和外部评价制度，并立足二者之间的有效融合，实现相互促进。内部评价体系中的评价者由学校内部成员组成，外部评价体系中的评价者则由政府职业教育质量监管机构、行业企业和学生及其家长代表组成。内部评价体系构建应以质量生成过程评价为重点，外部评价体系应以总结性、结果性评价为重点①。内部评价体系和外部评价体系融为一体，构成中职教育质量评价体系。

（二）过程评价与结果评价相结合

发达国家职业教育质量评价不仅注重对学生的学习程序及影响学习结果因素的过程评价，还注重学生通过接受教育活动能达到的最后状态的结果评价，毕业生就业率、毕业生满意度、雇主满意度、学生满意度和毕业

---

① 卢立涛：《走向对话：促进学校内外部评价的互动与合作》，《宁波大学学报》（教育科学版）2008 年第 30 卷第 4 期，第 28—33 页。

率等数据都是评价环节中的重要参考数据，集中反映了学生接受职业教育的结果。实践证明，中职教育质量的过程评价与结果评价应该相辅相成，缺一不可①。学习国外经验，我国各省（市、自治区）教育行政部门应引导中职教育机构加强过程评价体系建设，构建由教育主管部门牵头，由行业企业、家长、学生及其家长参与的结果质量评价体系，使过程评价与结果评价前后呼应，构成完善的中职教育质量评价体系。同时，结合我国经济社会发展区域差别较大的实际，按照《国家中长期教育改革和发展规划纲要（2010—2020年)》的要求，将结果评价回归到"对学生的综合素质评价"上来。

（三）社会评价与政府评价相结合

发达国家职业教育质量评价不仅有官方机构，还有政府承认的非官方机构。即便是政府评估机构，也由政府和社会各界代表所组成。有的国家不同专业的职业教育分别由对应专业的评估机构实施，有效增强了评价的科学性。而我国目前实施的中职教育质量评价几乎都是政府教育行政部门评价，既是"运动员"，也是"裁判员"。社会"第三方"评价的作用尚未得到充分发挥，中职学校专业建设、课程建设评价几乎为空白。借鉴国外经验，应按照《国家中长期教育改革和发展规划纲要（2010—2020年)》的要求，尽快以省（市、自治区）为单位建立融教育行政部门、行业企业、学生及其家长为一体的中职教育质量评价组织，实现各种评估力量的有效结合，提高社会各界对中职教育质量评价的参与度以及认同感。

（四）基本标准与激励标准相结合

发达国家均制定了职业教育机构的最低认证标准和复评制度，复评环节不合格机构或进行整改重新认证，或退出职业教育领域，为提升职业教育质量提供了基础保障。而我国由于中职教育机构准入门槛较低，且复评机制不完善，使各地中职教育质量参差不齐。政府教育行政部门应尽快改变这一状况，建立全国统一的中职学校基本标准和复评制度。鉴于我国中职学校具有很强的地域性，且各地经济发展水平不一的实际状况，可考虑

---

① 教育部：《关于全面推进素质教育，深化中等职业教育教学改革的意见》，http://www.moe.edu.cn/publicfiles/business/htmlfiles/moe/moe_405/200412/472.html。

建立中央和地方两套中职学校最低认证标准和复评基本标准,现有的中职教育改革发展示范学校和国家级重点中职学校的评选应作为激励标准继续实施。各省(市、自治区)也可仿效中央政府的做法,建立地方中职学校设置标准,激励区域内中职学校不断提升教育质量。

(五)基础认证与阶段评价相结合

基础认证是依据基础标准进行的职业教育机构进入职业教育领域的"入门"认证,阶段评价是职业教育机构运行过程中实施的评价。世界发达国家在严格进行基础认证的同时,非常重视阶段评价工作,一般每五年进行一次,成为确保职业教育高质量运行的必要前提。阶段评价评估合格者可继续从事职业教育,不合格者则由政府教育行政部门责令其停止招生。而我国的现实状况却是,基础认证由各市(设区市)级教育行政部门审核,各地掌握的具体标准不一。相对而言,经济发达地区标准掌握较为严格,而经济不发达地区"入门"标准较低。特别是目前我国尚未确定阶段评价标准,也未推行相关评价措施,各地中职学校在专业设置、教材选用、课程建设等方面处于各行其是的状态,直接影响了中职教育质量。国家和省(自治区、直辖市)教育行政部门应加快建立以基础认证和阶段评价并重的中职学校认证体系和中职教育运行监管体系,督促中职学校不断改善办学条件,提升教育质量。

(六)市场机制与政府调控相结合

发达国家的职业教育质量评价结果作为职业教育机构的质量标签,主要用于市场营销活动,促进职业教育机构招生及学生就业等工作,给职业教育机构带来了巨大利益,也是市场竞争有序性的具体表现。目前,我国中职教育发展最突出的问题是"招生难"和学生就业质量不高,其根本原因在于中职教育质量评价体系和保障机制的缺失。部分中职学校依靠做广告"自吹自擂",搞"生源大战",扰乱了职业教育市场竞争秩序。部分中职学校依靠本地教育行政部门搞"提前招生",导致"九年义务教育"变成了"八年半义务教育"。名曰提前分流,实际上违反了国家《义务教育法》相关规定。解决这些问题,必须遵循市场竞争规则,加强中职教育质量评价体系建设工作,逐步建立和完善中职教育市场公平竞争机制,进而保证中职教育实现可持续发展。

第二节 国外中职教育质量保障机制及其经验

一 国外职业教育质量的保障机制

(一) 美国

美国职业教育质量保障机制主要由董事会制度、专业指导委员会制度、课程融入职业资格标准制度、第三方评估制度、校企合作制度、专兼教师制度和学生职业生涯指导制度等构成①，州董事会和社区学院董事会联合管理职业教育质量。其中，州董事会负责制定本州职业教育发展的相关政策、分配社区学院经费、审议课程设置、规定学费标准等，社区学院董事会具体负责确保规范办学和服务质量等工作；社区学院专业指导委员会负责根据社会需求决定专业设置及开发，保证教学内容的科学性和实用性；职业技术课程融入职业资格标准制度使学生在修完相关课程后即可参加相应的职业资格证考试，促进了学生就业。同时，职业资格标准在课程中的体现使课程开发实现了标准化；第三方评估制度保证了职业教育质量评价的客观性与公正性，评估结果与政府拨款挂钩，督促社区学院不断提高办学水平和教育质量；校企合作制度推动社区学院注重与行业企业建立良好的合作关系，加强实习实训基地建设，提高了学生的实际操作能力，保证了人才培养质量；专兼职教师制度对社区学院教师考核、聘任、培训、管理等做出了具体规定，社区学院专职教师必须具备硕士以上学位，兼职教师必须为具有丰富工作经验的企业技术管理人员。目前，美国社区学院专兼职教师比例已达到1：2，保证了教学内容的适用性；各社区学院均设立了专门的咨询机构，指导学生做好职业生涯规划。为确保职业教育吸引到优秀生源，社区学院重视在职业教育中增加学术性教育内容，形成了与本科院校相融、学分互认的转学教育，满足了人们多元化的教育需求。2006年美国颁布《卡尔·D. 帕金斯2006生涯与技术教育修订案》，强调职业教育要兼顾升学预备性教育与就业预备性教育两个方面，实现了学术性课程与职业性课程的结合及"普职融通"，维护了职业教育与普通

---

① 转引自冯海明《美国社区学院质量保障体系及启示》，《北京工业职业技术学院学报》2011年第1期，第49—50页。

教育的等值性①；该法案同时强调，增强职业教育吸引力的核心是质量保障，国家及州政府依据教育质量相关数据拨付资助经费。此外，该法案还对职业教育质量实施了问责制度，保障社区学院能够为民众提供优质的职业教育，夯实了职业教育"引力源"。

在投入保障方面，早在 1958 年美国制定的《国防教育法》就明确规定政府要对职业教育提供资助。"二战"后颁布的《职业教育法》鼓励私有企业参与职业教育，引发了各种形式的基金会的相继出现，企业捐资或赞助职业学校运行与发展成为一大亮点，形成了政府补助、企业捐资、学校主导的职业教育投资体制。1994 年，美国颁布《学校——工作多途径法案》，使财产税、州政府拨款、联邦政府资助和学生学费成为职业教育经费的主要来源②。由于美国各地区差异很大，不同职业学校（含社区学院）经费来源渠道及数额不尽相同。以职业教育较为发达的威斯康星州为例，该州的职业教育经费约 45% 来自地方税收，约 20% 为州政府拨款，10% 来自联邦政府，10% 来自学生学费，其余则来自企业、私人赞助和学校有关产业收入。从美国职业教育经费筹措渠道看，主要来源是州政府、当地政府、学生学费和联邦政府，其投入份额分别占总投资的 45%、20%、20% 和 5%，其余 10% 则来源于校友和社会捐赠③。

（二）德国

德国职业教育质量保障机制由制度保障体系、运行保障体系、师资保障体系、教学保障体系四个系统构成。其中，制度保障体系通过立法的形式实施。早在 1969 年，德国就颁布了《职业教育法》，就保障职业教育质量问题做出了相关规定。此后，又相继颁布了《职业教育专业培训及考试细则》《职业教育改革计划》等一系列法律，保证了职业教育管理、监督与组织制度的实施；运行保障体系方面，政府职业教育管理机构建立

①　Department of Elementary and Secondary Education Division of Career Education. Perkins Summary and Future Plans for Implementation Fiscal Years 2008—2013［R］. Missouri Career Education，2008：17.

②　Samuel Morison. A Concise History of the American Republic［M］. New York：Oxford University Press，1993：163.

③　转引自刘合行《美国职业教育开放性办学的研究与思考》，《中国职业技术教育》2012年第 6 期，第 89—93 页。

了具有高度权威的职业教育质量考核评价委员会，具体负责制定职业教育质量评估体系，定期组织评估和监督等①。行业协会在认定企业培训资格、组织技能考试等方面发挥着重要作用，企业承担了 75% 的职业教育经费，且数额逐年增加②；师资保障体系方面，职业学校师资与企业实训师资采取不同的培养渠道，强调职业学校教师必须具有一定的实际工作经验。职业院校教师纳入公务员管理，具有较高的薪资待遇和社会地位，工作稳定，教育教学积极性高，成为保障职业教育质量的重要因素；教学保障体系方面，"双元制"教育模式秉承了培养学生关键能力的教学理念，实施"学习领域"课程方案和"行动导向"的学习组织模式，使职业院校格外注重企业实习环节，注重训练学生可迁移的知识架构和实际能够运用的职业能力。

20 世纪末，德国"双元制"实施主体对"双元制"需求及其必要性的认识产生了分化，认为"双元制"适应市场及行业变化的速度太慢，费用较高③，使该模式实施面临了重重困难。为吸引更多的优秀生源接受职业教育，2003 年德国政府发起了职业教育"攻势行动"，并将每年的 6 月 24 日定为"职业教育日"。当日，政府部门及行业企业等均实施大规模的宣传活动，激荡了职业教育的"引力波"。此后，德国政府进一步加强了职业教育实施力度，政府、经济联合会及工会组织等联合向企业提出了增加培训席位的要求，保障了学生在企业的学习时间，进而提升了职业教育质量。

在投入保障方面，政府（联邦和州）及企业是德国"双元制"职业教育经费的主要承担者，每年投入经费占国民生产总值的 7% 左右④。德国中职教育也属于义务教育的一部分，实行多元化投资体制，联邦政府、

---

① 转引自黄令《德国职业教育质量保障体系的认识和启示》，《宁波广播电视大学学报》2012 年第 2 期，第 80—81 页。

② 转引自姜志坚《德国职业教育质量保障体系及其对我国的启示》，《当代职业教育》2013 年第 3 期，第 94—96 页。

③ Cockrill, Antje, Scott, et al., Vocational Education and Training in Germany: Trends and Issues [J]. Journal of Vocational Education & Training, 1997 (49): 337–350.

④ 转引自黄日强《德国职业教育经费的主要来源》，《世界教育信息》2016 年第 10 期，第 37—39 页。

经济部门、行业协会、各类公共部门和教会均为中职教育的直接投资者[①]。私立学校得到国家承认,也会获得州政府给予的业务和人员费用补助[②]。企业资助通过"双元制"渠道实施,所提供的经费占全国职业教育经费总额的 85% 左右。企业外筹资则通过建立中央基金、劳资双方基金以及行业、企业协会基金等形式实现。同时,国家通过对企业实行税收优惠制度,建立了职业教育混合资助体系,国民接受中职教育一律免费。国家制定了完善的教育法规,有效地保证了职业教育经费的专款专用[③]。

(三) 加拿大

加拿大职业教育质量保障机制由教学质量保障体系、法律保障体系、社区学院管理体系及社会评价体系四部分构成。在教学质量保障体系方面,加拿大实行多元化的办学形式,社会各个方面可直接参与职业院校办学。社区学院可按照雇主要求,自行开设雇主所需要的专业,无须地方政府教育行政管理部门的批准。课程设置强调以培养学生职业能力为核心,将从美国引进的 CBE(Competency based education)模式实效化,与 OBE(Outcomes-based Education)模式相结合,成为世界上成效最为显著的课程模式之一。不同学校之间实现了学分互认,学生只要连续或间断地修完某一专业规定的学分,就可获得相应层次的毕业(或结业)证书[④]。法律保障体系较为完善,联邦《技术和职业训练援助法》保证了职业教育经费筹集具有灵活性,通过政府投入、企业赞助、学生学费及社会捐赠等多个渠道保证了职业教育经费。各省立法机关均可立足本区域社会经济发展实际,独自颁布省内适用的职业教育法律规制;社区学院管理实行董事会制度,由校外名流、社区学院教师以及学生代表组成,专门监督社区学院运行工作。各专业均设立由本行业专家组成的专业指导委员会,确保专业

---

① 转引自胡永东《德国职业教育的经费模式》,《中国职业技术教育》1996 年第 5 期,第 39—40 页。

② 转引自段玉青《德国职业教育经费保障体系对我国西部职业教育的启示》,《教育财会研究》2012 年第 3 期,第 40—43 页。

③ 转引自辛儒《德国职业教育"双元制"及其对我国职业教育的启示》,《河北大学成人教育学院学报》2006 年第 1 期,第 36—37 页。

④ 转引自陆春妹《加拿大职业教育对我国高职教育的启示》,《苏州教育学院学报》2009 年第 5 期,第 84—86 页。

设置与雇主需要的适应性及教学内容的先进性①。专任教师实行聘任制，要求社区学院教师必须具有本行业工作背景；职业教育质量社会评价组织成员由省级教育行政机构、行业协会和学校三方代表组成。社区学院各专业也建有由专业教师、在校学生及毕业生组成的评审委员会，评估指标涉及毕业生就业率、学生满意度、学生毕业率等多个方面。

（四）澳大利亚

澳大利亚职业教育质量保障机制由外部保障机制和内部保障机制两部分构成。外部保障机制由职业教育法律法规体系、国家职业教育与培训框架和职业教育课程质量标准三个部分组成。在法律规制建设方面，1974 年颁布了《坎甘报告》，使职业教育实现了学校、企业和政府的共同参与。此后，还陆续颁布了《培训保障法》《技术教育法》等，为职业教育发展提供了全方位保障；通过建立国家职业教育与培训框架，实行了全国统一的职业教育质量标准，做到了普通教育与职业教育相互贯通，民众可根据自身需求灵活选择；内部保障机制由职业学校内部审核机制、课程开发标准、课程资源、教学方式四部分组成。其中，在内部审核机制方面，各 TAFE 学院均配备了专门评估人员，具体负责教学质量监督工作②。建有完善的实习实训基地，培养学生的实际操作能力。课程开发标准包括课程注册和认证标准、办学质量标准和教师资格标准，由各州课程认证机构负责审定、注册及审批③。TAFE 学院教师必须同时具备专业资格证书和职业教育教师资格证书，具有至少 3—5 年的行业工作经历。

有中职学校校长参观后得知，澳大利亚职业学校每年资金预算均在1 亿澳元以上④。澳大利亚中职教育体现于高中阶段，学生通过 TAFE 学院的学习，可获得相当于高中毕业文凭的、职业教育部门颁发的学历资格

---

① 转引自杨丽、胡克祖《加拿大职业教育教学质量外部保障体系评介》，《厦门城市职业学院学报》2013 年第 2 期，第 38—41 页。

② 转引自郭晶晶、黄瑞《澳大利亚职业教育质量保障机制探究》，《人力资源开发》2013年第 10 期，第 76—77 页。

③ 转引自赵岩铁《澳大利亚职业教育的外部质量保障体系与启示》，《职教研究》2013 年第 13 期，第 1—3 页。

④ 转引自尹恒虚《企业、行业对中等职业学校的影响和作用——赴澳大利亚职业教育考察随笔》，《科学咨询：教育科研》2006 年第 12 期，第 63—64 页。

Ⅰ—Ⅳ级证书①。职业教育经费也主要来源于政府拨款、学校筹集、企业投资和个人投入，全国职业技术培训总局接受并分配来自联邦和州一级政府的职业教育经费，政府拨款总额约占职业教育总经费的50%。职业院校通过开展有偿服务和海外培训等方式，自行筹集的经费占总经费的25%—30%。行业、企业都将职业培训看作一种投资，一方面通过奖学金形式向学生提供经费，另一方面通过帮助 TAFE 学院建设实训基地或以接受学生实习等方式参与学院的实践教学。为得到掌握先进技术的员工，企业愿意将最先进的生产设备提供给 TAFE 学院使用。学生交纳的学费约占培养成本的20%，但并不直接交给学校，而是通过税务部门上缴给政府，由政府根据不同情况再返还给学校②。此外，澳大利亚政府还设有一种专门的教育基金用于支持职业教育。

（五）日本

日本职业教育质量保障机制包括法律保障体系、教育投入保障体系、校企合作保障体系、师资力量保障体系和教育质量评价体系五个部分。普通高中和综合高中均设立农、工、商、水产及家政等职业学科，部分区域设立了专门职业高中，成为高中阶段职业技术教育的重点③。第二次世界大战后，日本先后颁布了《高等专门学校设置基准》《专修学校设置标准》《短期大学设置基准》等一系列法律规制。文部省作为全国主管教育的最高行政机构，负责职业教育质量管理工作，并提供了全国统一的质量标准，使职业学校能够在高质量起点上运作④；在投入保障方面，1951年，日本颁布实施了《产业教育振兴法》，从法律层面保证了对中职教育的财政投入。1961年，日本修改《学校教育法》，使学校参与"产学合作"成为制度化，使中职教育发展得到了日本财界、企业界的大力支持。1976年公布《关于改革高中职业技术教育》的报告，强调培养学生的劳

①　转引自周红利《澳大利亚职业教育体系研究》，《教育学术月刊》2013年第1期，第45—49页。

②　Damon Anderson. Measuring the Impact and Outcomes of Market Reform in VET ［EB/OL］. http：//www. ncver. edu. au/regearch/proj/nr2202.

③　转引自梁忠义《战后日本教育——日本的经济现代化与教育》，吉林教育出版社1988年版，第69页。

④　转引自孙颖、刘红、杨英英等《日本职业教育质量外部评价的经验与启示——以短期大学为例》，《比较教育研究》2013年第12期，第48—54页。

动观和职业观。1981 年的《关于今后高中阶段职业技术教育形式》提出了中职教育发展的具体目标。20 世纪 90 年代后，日本开始建立"选修制综合科高中"和"科学技术高中"，并形成多元化的投资体制。政府负责公立中职学校的运行经费，按照产业教育设备配备标准拨付。私立学校经费由学校法人承担，学费为学校的主要经费来源，政府按招生人数给予一定的补助。目前，政府拨付的经费总额占全日本国民生产总值的 0.03%左右。同时，由于日本实行终身雇佣体制，企业负责中职学生实习实训的场地、师资、教育训练费用，投入总额远高于政府，大口径职业教育经费占国民生产总值的 0.08% 左右。除了上述资金来源渠道外，日本政府也积极倡导和鼓励民间团体与个人捐款，部分资金来源于中职学校的社会服务费、医院收入以及不动产租用费等；在校企合作方面，许多实力雄厚的企业为接受职业教育的学生提供了实习实训场所和实习实训岗位，注重培养学生的职业能力、职业意识等素质，保证学生实现多元技能的提升；在师资队伍建设方面，政府实行严格的职业教育师资准入制度，所有教师必须获得职业教育许可证后才具备从事职业教育的资格。教育质量评价实行内部评价和外部评价相结合的办法，内部评价是职业学校必须履行的义务，通过自评的方法监测教育质量。外部评价由独立于政府和学校的第三方评价机构实施，文部省负责对第三方评价机构资质进行认证。

二 国外质量保障机制的主要经验

（一）质量保障法制化

发达国家多通过立法的形式保障职业教育质量。德国通过颁布《职业教育法》《职业教育专业培训及考试细则》等法律，确保了"双元制"职业教育体系的顺畅运行；澳大利亚通过颁布《培训保障法》《职业教育法》等法律，建立了完善的职业教育质量保障体系，确保了 TAFE 学院的高质量运行；加拿大通过颁布《英联邦北美法案》《技术和职业训练援助法》等法律，使职业教育经费通过政府投入、企业赞助、学生学费及社会捐赠等多种渠道给予了保证。各省立法机关可结合自身实际独自创立职业教育法律规制并实施；日本通过颁布《专修学校设置标准》《短期大学设置基准》等法律规制，使大量失业者能够转化为技能型人才，促进了日本经济的快速发展。

（二）教师准入制度化

发达国家均将加强职业教育师资管理作为保障职业教育质量的首要任务，实现了制度化管理。德国将职业学校教师分为理论课教师和实习课教师两种类型，采取不同的培养渠道，只有通过相关考试才能获得职业教育师资资格证书。同时，规定职业教育机构教师必须具有 3—5 年的实际工作经验，有效地保障了职业教育师资队伍的整体质量；美国职业教育专兼职教师制度对社区学院教师学位、工作经验等均做出了明确规定，为学生学习理论与技能操作奠定了坚实基础；澳大利亚不但要求 TAFE 学院教师同时具备专业资格证书和职业教育四级资格证书，对行业工作经历也做出了具体规定；日本职业院校教师实行选拔制，严格控制职业院校的教师质量。职业院校教师必须通过初试和复试等相关考试，才能获取执教许可证，且考试内容丰富，涉及性格检测、知识水平考试、技能操作测试等各个方面，职业教育师资大多是社会优秀人才。

（三）课程开发标准化

发达国家职业教育课程开发均实现了标准化。美国通过设立国家层面的职业教育专业指导委员会，将职业资格标准融入职业教育课程之中，确保课程开发具备了较高水准；德国职业教育采取“行动导向”的教学组织模式，全面推行“学习领域”课程，使接受职业教育的学生实现了理论知识与技能操作的“双增进”；澳大利亚推行的职业教育“培训包”制度由行业技能委员会开发，国家教育科学培训部提供资助，成为国家统一的职业教育质量标准。“培训包”每三年修订一次，确保其始终具备先进性；加拿大社区学院实行 CBE 与 OBE 相结合的课程开发模式①，强调以市场需求为前提，以职业能力为导向，关注学生在真实工作场景下应具备的技术能力。

（四）人才培养模式化

发达国家职业教育人才培养模式先进，有效保证了教育质量。德国的“双元制”模式享誉世界，强调理论知识学习与实践技能训练的密切结合，突出技能培养，注重生产实践，有效保证了教学质量；美国、加拿大的

———————————

①　转引自卢竹《加拿大社区学院 CBE 模式与 OBE 模式的比较研究》，《职教通讯》2014 年第 15 期，第 75—77 页。

CBE 模式从岗位需要出发确定了能力目标,充分考虑了学生的自身需要。同时,注重充分利用各方面的信息,提高学生职业综合技能训练的效率;日本职业院校与产业界联合形成的产学合作模式,保证了人才培养质量。

(五)运行管理体系化

发达国家职业教育均实行权责明确的分工合作制度,注重利益相关者的共同参与,保证了职业教育质量的生成过程。澳大利亚由民间发起成立"教育质量保障委员会"独立于 TAFE 学院和政府之外,其评价结果已经作为财政拨款的重要依据。国家质量委员会负责颁布职业教育技能标准和课程开发标准,TAFE 学院内均设有专门的质量监控和保障机构,实现了教育质量的全程管理;美国和加拿大社区学院管理实行董事会制,有效保证了学校内部管理的科学性和规范性。同时,职业教育质量的评估与监控均由第三方实施,充分发动社会力量广泛参与,激励社区学院不断提高教育质量。

(六)教育投入多元化

发达国家职业教育投入主体多元,来源广泛。美国社区学院来源于州政府、当地政府、学生学费、联邦政府、校友和社会捐赠的经费比例分别为 45%、20%、20%、5%、10%;德国联邦政府、经济实体、行业协会、各类公共部门和教会都是职业教育的直接投资者,政府和企业是主要承担者;澳大利亚职业教育投入主要来源于政府拨款、学校筹集、企业投资和个人投入,政府拨款约占投入总量的 50%。此外,政府还设立了专门的教育基金支持职业教育,鼓励 TAFE 学院不断改善办学条件;加拿大社区学院经费也主要来源于政府投入,企业赞助和社会捐赠占经费总额的20% 左右。

三 国外质量保障经验的借鉴意义

(一)健全职业教育质量法规

我国先后颁布了《教育法》《职业教育法》《劳动法》等,对提升职业教育质量发挥了一定的作用。但是,由于现行法律法规有关教育质量保障方面的内容过于宏观,对违法行为的制裁亦无明确规定,导致相关法律规制未能发挥应有的效应。国务院及相关职能部门先后颁布的"计划""决定""纲要""办法"等多为"号召"型措施,缺乏足够的约束力。

《中华人民共和国产品质量法》《质量振兴纲要（1996—2010）》等缺乏对职业教育质量，特别是对中职教育质量方面的具体要求。借鉴发达国家经验，适应现代职业教育发展的需要，我国应尽快修订《职业教育法》，或直接颁布《职业教育质量保障法》等，不仅从宏观方面制定职业教育质量的保障措施，还要从教师准入、经费投入、评估标准、机构认证等各方面做出具体规定，增强其可操作性。

（二）完善中职教育机构监管

为加强对职业教育机构运行的监督管理，我国应尽快建立独立于政府教育行政部门之外的职业教育质量监督管理委员会，具体负责研究职业教育质量保障方法、制定职业教育质量保障框架等工作。监督管理委员会组成人员应包括质量管理方面的专家、教育行政管理人员和企业技术人员、学生及其家长代表等。为增强职业教育质量评价的科学性与公正性，应尽快建立职业教育质量第三方评价机构，负责定期组织职业教育质量监测和评估，并及时向社会各界反馈；各级政府应高度重视职业教育质量的评价结果，将之作为中职学校拨款的重要依据，督促中职学校不断提升教育质量；各中职学校应建立健全内部教育教学质量保障和监管机构，负责监督教学质量、审议课程设置、促进校企合作等。

（三）中职教育投入实现多元

与发达国家比较，我国中职教育还存在政府投入总量不足、社会投入规模较小、个人投资热情不高等现象。按照中共十八大要求，应注重发挥政府调控与市场调节的双重作用，尽快建立多元化的中职教育投入机制，为职业教育质量提供坚强保障。借鉴发达国家经验，我国应尽快制定《教育投入法》[①]，以法律的形式将多元化的中职教育投资体制固定下来，确立各类投资主体的权利、义务及其法律责任，构建中职教育经费投入的长效保障机制。

（四）推行专任教师准入制度

目前，我国中职教育师资多依据《教师法》相关规定准入，只要具备高等师范院校本科或综合大学本科及以上学历，取得《教师资格证书》即可到中职学校任教，形成了"学校—学校"的中职学校教师准入模式，

---

① 周洪宇：《尽快制定〈教育投入法〉》，《教育与职业》2012 年第 34 期，第 5 页。

难以满足中职学校培养技能型人才的要求。借鉴发达国家经验,我国应尽快改革中职学校教师准入制度,要求中职学校教师除具备相应的学历和教师资格证书外,还必须具备 3—5 年的相关企业、相关专业工作经历,杜绝直接招聘应届毕业生担任中职学校教师,形成"学校—企业—学校"的准入模式。对于高学历人才,即使具有博士学位也应要求其具备相应专业的工作经历,保证中职教师具备一定的实际操作能力。对于外聘教师和兼职教师,除要求必须具备所任课程的实践能力外,还应通过教育学、心理学等知识考试,取得教师资格证书后方可上岗。

（五）建立课程开发标准体系

我国尚未建立统一的中职教育课程开发标准体系,各中职学校制定的课程标准及课程内容差异极大,直接影响到中职教育质量。尽管教育部颁发的中、高等职业教育专业目录可作为课程设置的宏观依据,但多数中职学校未能具体落实到位,核心课程设置凌乱,辅助课程设置具有较大随意性。借鉴发达国家经验,我国应尽快建立国家层面的中职教育课程开发委员会,制定全国统一的中职教育课程标准,并监督中职学校付诸实施。在课程开发过程中,应注意调动教育行政部门、行业企业、课程专家的积极性,确保职业教育课程开发标准与教学过程相衔接,与产业需求、职业标准等相衔接。同时,随着社会发展和企业技术进步,应每隔 3—5 年对课程开发标准进行修订,使职业教育质量符合时代需求。

（六）强化人才培养过程机制

借鉴发达国家经验,积极推行中职学校治理结构改革。通过建立董事会制度、专业指导委员会等方式,让行业企业、学生及其家长等利益相关者直接参与到中职学校人才培养过程中来,共同管理中职学校运行事宜。遵循"育人为本、德育为先"的中职教育理念,引导中职学校将"立德树人"作为根本任务,建立职业教育人文素质培养标准体系。通过建立公开、透明的信息转播机制,让中职学校人才培养的运行过程处于社会各界监督之下,增强社会对中职教育质量现状的认知。建立企业参与中职教育办学的激励政策,完善校企合作、工学结合、顶岗实习的人才培养体系,使全社会各类教育教学资源实现有效集聚。通过实施全面质量管理,加强人才培养每一个环节的质量考核,以人才培养的过程质量保障人才培养的结果质量。

第 四 章

中职教育质量现状：学生满意度的调查

满意度调查是世界各国普遍采用的教育质量评价方法之一，其结果直接反映了学生对所接受教育类型的满意程度。我国提出的"兴办人民满意的教育"，也隐含着满意度调查的重要性。教育部制定的《国家中职教育督导评估指标体系》将中职教育的社会满意度作为评价教育质量的三个指标之一，足见中职教育满意度调查的重要性。遵循"以人为本"原则，中职教育服务于学生，中职学生的满意度是中职教育社会满意度的集中反映，也是中职教育质量的集中表达。中职学生可分为在校生和毕业生两类，国外研究显示调查对象确定为毕业生要优于在校生。因为在校生受就读学校和老师的影响，回答调查问卷时容易隐瞒自己真实的感受，此类问卷称为"微笑问卷"。同时，在校生尚未走向社会，难以通过有关途径对自己就读学校的教育服务与其他学校进行质量比较，只能凭自己的主观印象及自身感知回答调查问卷设定的问项，导致调查结果不够准确，也不客观。此外，在校生没有工作经验，缺乏对学校所传授的知识及技能的实践验证，在回答问项时只能凭现有感受作答。而毕业生已经参加工作，可有效解决上述面向在校生调查时存在的问题。分析以往研究结果发现，上述结论多为逻辑推理而得，缺乏明显的实践支撑。在当前我国大力发展现代职业教育的形势下，分别面向中职毕业生和中职在校生实施满意度调查，既可全面了解中职教育质量的现实状况，为各级教育行政部门和中职学校制定相关政策、实施相关决策提供参考，也可增强全社会对中职教育质量状况的认知，还可为改进教育质量满意度调查方法提供实践依据。

第一节 调查与分析方法

一 调查方法

采用问卷调查法分别调查了中职在校生和中职毕业生对中职教育服务质量的满意度,采取访谈法探究了中职在校生和中职毕业生满意度产生差异的原因。

(一) 问卷设计

首先,参考美国《Noel-Levitz 学生满意度调查表》、加拿大《安大略省学生满意度调查问卷》、英国《全国高校满意度调查问卷》和澳大利亚《阿德莱德大学学生满意度调查表》(SELT 问卷)以及欧阳河《高等职业教育质量服务学生满意度调查表》等,归纳了学生满意度调查所涉及的维度及问项。其次,走访了河北省部分职业教育质量测评专家,对初步设计的中职教育质量满意度调查问项进行了审核。最后,访谈了部分中职学校一线教师、在校生和毕业生,验证了调查问卷的全面性和可行性。

为体现中职教育的服务职能,按中职学校一线教师意见,将"中职教育质量调查"改为"中职教育服务质量调查"。在此基础上,分别设计了面向中职在校生和中职毕业生实施的《中职教育服务质量调查问卷》。问卷内容分为基本信息、封闭式问项和开放式问项三部分。在校生《中职教育服务质量满意度调查问卷》基本信息分为性别、年龄、所学专业三个问项,毕业生《中职教育服务质量满意度调查问卷》增设了就业时间、就业岗位等问项。在校生和毕业生《中职教育服务质量满意度调查问卷》封闭式问项和开放式问项一致,内含教材与教学、教师、实习实训、学生管理、职业能力培养、基础设施、学生就业七个维度、24 个问项。将在校生或毕业生对每个问项的满意度设定为"很满意""满意""基本满意""不满意"和"很不满意"五个级次。

(二) 问卷检验

正式施测两周前,分别在河北省唐山市选择两所、在秦皇岛市选择一所(共三所)中职学校的在校生和近五年上述学校的毕业生进行了问卷检验。毕业生均为已就业人员,主要在唐山市、秦皇岛市 21 家中型企业工作。在校生共发放调查问卷 150 份,回收 139 份,问卷回收率为

92.67%。按问卷填写是否完整、有无错漏项等标准确定有效问卷 112 份,问卷有效率为 74.67%;毕业生调查问卷也发放 150 份,回收 131 份,问卷回收率为 87.33%。确定有效问卷 107 份,问卷有效率为 81.68%。而后以此对问卷进行了信度和效度检验。

运用 SPSS19.0 统计软件,按薛薇的方法①分别对在校生、毕业生《中职教育服务质量满意度调查问卷》的内在信度进行了分析。分析结果表明,在校生满意度调查问卷一级指标 α 系数均高于 0.80,表明问卷信度较好;毕业生满意度调查问卷一级指标 α 系数均高于 0.90,表明问卷信度非常好。

采用巴特利特球度检验和 KMO（Kaiser-Maiser-Olkin）检验方法②,按 Kaiser 给出的常用的 KMO 度量标准对调查问卷进行了效度测定。测定结果表明,在校生和毕业生调查问卷巴特利特球度检验统计卡方统计量分别为 7 832.839、6 714.793,df 值分别为 1 265、1 378,P = 0.00 < 0.01,说明两问卷各一级项目间达到了极显著差异水平。KMO 值分别为 0.884、0.826,根据 Kaiser 给出的 KMO 度量的标准可知原有变量适合进行因子分析。量表累计有效程度为 63.19%,确认在校生和毕业生调查问卷均在可接受范围之内。

（三）调查实施

在河北省石家庄市、保定市、唐山市、秦皇岛市、张家口市分别选择了两所（共 10 所）中职学校及 52 家企业,面向在校生和毕业生实施了中职教育服务质量满意度调查。

在校生共发放调查问卷 1 500 份,回收问卷 1 414 份,问卷回收率为 94.3%。确定有效问卷 1 178 份,问卷有效率为 83.3%。其中,男、女生分别为 479 人、699 人,分别占被调查在校生总数的 40.7%、59.3%。在校生所学专业涉及财会、学前教育、计算机应用、机电技术应用、酒店服务与管理、汽车维修、电子商务、市场营销、焊接技术应用、建筑工程施工、动漫设计与游戏制作、物流管理、数控技术应用、电脑美术设计、机械制造技术、医学检验技术、旅游服务与管理、电子技术应用、畜牧兽

---

① 薛薇:《SPSS 统计分析方法及应用》,电子工业出版社 2007 年版。
② 吴明隆:《问卷统计分析实务——SPSS 操作与应用》,重庆大学出版社 2010 年版。

19 个。

　　毕业生调查问卷也发放了 1 500 份，回收 1 382 份，问卷回收率为 92.1%。确定有效问卷 1 123 份，问卷有效率为 81.2%。其中，男生 459 人，占总数的 40.6%，女生 667 人，占总数的 59.4%。这与中职学校在校生男女性别比例基本一致。由于调查企业类型限制，问卷调查所涉专业包括农林类、资源与环境类、信息技术类、加工制造类、财经类、商贸与旅游类、医药卫生类、交通运输类、能源类、文化艺术与体育类、社会公共事务类、土木水利工程类 12 个，比在校生少 7 个。

二　分析方法

　　采用李克特量表五等级评定的形式[①]，按问项将中职教育服务质量满意度分为"很满意""满意""基本满意""不满意"和"很不满意"五个级次，依次分别赋值 5 分、4 分、3 分、2 分和 1 分。利用 Excel 软件，对确认有效的调查问卷进行了汇总，并建立了数据库。利用 SPSS19.0 软件，按问卷设定的维度和问项，对在校生和毕业生对中职教育服务质量的满意度分别进行了分析和比较。

第二节　调查结果及分析

一　总体满意度

（一）按维度汇总

1. 在校生满意度

　　将在校生满意度调查结果按维度汇总为表 4—1 所示。可见，在校生对中职教育服务质量的平均满意度达到 3.261 分，表明处于"基本满意"状态，距"满意"程度还有一定差距。满意度从高到低依次为：教材与教学（3.544 分），教师（3.376 分），学生管理（3.256 分），实习实训（3.254 分），学生能力培养和学生就业（两维度均为 3.210 分），基础设施（3.152 分）。

　　在教材与教学维度，满意度最低项为思想道德教育，需要中职学校进

---

① 彭云飞、沈曦：《经济管理中常用数量方法》，经济管理出版社 2011 年版。

一步加强相关方面的工作。在教师维度,满意度最低项为教师指导实习实训情况,说明中职学校亟须加强"双师"型教师队伍建设。在实习实训维度,满意度最低项为学校提供顶岗实习情况,说明中职学校亟须强化校企合作事宜,为学生提供更多的实习岗位。在学生管理维度,满意度最低项为学校校风校纪,说明中职学校需要进一步加强校园文化建设,完善各项规章制度,全面加强学生管理工作。在学生能力培养维度,满意度最低项为自主创业能力培养,这与当前国家推行的双创(创新、创业)教育极不相符,需要中职学校加强有关方面工作。在基础设施维度,学生最不满意的是学校体育设施,需要中职学校持续改进。在学生就业维度,满意度最低项为学校推荐就业情况,需要引起各级政府教育主管部门和中职学校的高度重视。

表 4—1　　　　　在校生对中职教育服务质量满意度调查结果

维度	问项	均值	标准差	满意度低项
教材与教学	5	3.544	0.975	思想道德教育
教师	3	3.376	0.990	教师指导实习实训情况
实习实训	3	3.254	1.068	学校提供顶岗实习情况
学生管理	3	3.256	1.040	学校校风校纪
学生能力培养	4	3.210	1.042	自主创业能力培养
基础设施	3	3.152	1.069	学校体育设施
学生就业	2	3.210	1.044	学校推荐就业情况
总体满意度	1	3.261	1.029	—

2. 毕业生满意度

将毕业生满意度调查结果按维度汇总为表 4—2 所示。可见,毕业生对中职教育服务平均满意度达到 2.430 分,处于"不满意"状态,距离"基本满意"还有较大差距。满意度从高到低依次为:基础设施(2.444分),实习实训(2.418分),学生就业(2.373分),学生能力培养(2.346分),学生管理(2.326分),教师(2.267分),教材与教学(2.110分),与在校生表现出较大差别。

表4—2   毕业生对中职教育服务质量满意度调查结果

指标	问项	均值	标准差	满意度低项
教材与教学	5	2.110	0.861	思想道德教育
教师	3	2.267	0.851	教师教学态度
实习实训	3	2.418	0.962	校内实习实训设施情况
学生管理	3	2.326	0.321	学校校风校纪
学生能力培养	4	2.346	0.940	专业实践能力培养
基础设施	3	2.444	1.287	学校文化设施
学生就业	2	2.373	0.917	就业指导教育
总体满意度	1	2.430	0.850	——

在教材与教学维度，满意度最低项为思想道德教育，与在校生相同。在教师维度，满意度最低项为教师教学态度，说明中职学校亟须加强师德建设；在实习实训维度，满意度最低项为校内实习实训设施情况，需要中职学校进一步加强相关建设。在学生管理维度，满意度最低项为学校校风校纪，与在校生相同。在学生能力培养维度，满意度最低项为专业实践能力培养，说明中职学校亟须推进工学结合等人才培养方式，加大学生专业实践能力培养力度。在基础设施维度，学生最不满意的是学校文化设施，需要中职学校持续改进。在学生就业维度，满意度最低项为就业指导教育，需要中职学校切实加强学生就业指导工作。

3. 在校生与毕业生的差异

比较表4—1和表4—2可见，在校生对中职教育服务质量的满意度高于毕业生，说明在校生和毕业生对中职教育服务质量满意度调查的结果存在较大差异，证实了满意度调查确实存在"微笑问卷"的现象。

按各维度分析，毕业生对基础设施建设的满意度最高，而在校生满意度却最低，说明在校生和毕业生对中职学校基础设施的认知程度不一，毕业生对此问项的认知更为全面、理性。在校生满意度低项是学校体育设施，而毕业生满意度低项为学校文化设施，说明中职学生毕业后对基础设施建设的关注点发生了明显变化；毕业生对教材与教学的满意度最低，而在校生对其的满意度却最高。显然，这也与两类学生回答此问项的出发点有关，毕业生重点关注的是所学与所用衔接情况，而在校生关注的是其难易程度,似乎越简单越好。在校生和毕业生均关注思想道德教育,但毕业生更为理性,对加强思想道德教育的要求最为强烈。毕业生在实践过程中对学校的教材选用和教学方法的选择产生了新的思考,认为当前中职学校的教材和教学与实际工作需要还有较大的距离,对学生管理、教师的满意度排序明显落后于在校生,说明毕业生走向工作岗位后对学生管理、教师素质的认知更为明确,而在校生存在"微笑问卷"现象。在校生和毕业生对学生管理满意度的最低项均为学校校风校纪,中职学校应给予高度关注,采取有效措施加以解决。相对于在校生而言,毕业生对实习实训、学生就业和学生能力培养的满意度排序明显靠前。

（二）按问项汇总

1. 在校生满意度

将在校生和毕业生满意度调查结果按问项汇总为表4—3。由表4—3可见,在校生对中职教育服务满意度较高的前10项从高到低依次为:专业课教学（3.660分）,专业课教材（3.573分）,教师教学态度（3.504分）,基础文化课教学（3.499分）,基础文化课教材（3.495分）,思想道德教育（3.493分）,学校周边环境（3.343分）,教师授课方式（3.342分）,学校文化设施（3.328分）和校内实习实训设施情况（3.326分）;满意度较低的10项从高到低依次为:团队协作能力培养（3.243分）,专业实践能力培养（3.231分）,学生管理状况（3.229分）,独立工作能力培养（3.216分）,学校体育设施（3.209分）,学校校风校纪（3.196分）,学校提供顶岗实习情况（3.152分）,学校推荐就业情况（3.149分）,自主创业能力培养（3.148分）和学校医疗服务（2.918分）。

2. 毕业生满意度

由表4—3可见,毕业生对中职教育服务满意度较高的前10项从高到低依次为:学校提供顶岗实习情况（2.483分）,学校医疗服务（2.473分）,学校体育设施（2.445分）,学校总体教育质量（2.430分）,学校提供校外实习机会情况（2.418分）,学校文化设施（2.415分）,学校推荐就业情况（2.408分）,独立工作能力培养（2.395分）,自主创业能力培养（2.378分）和学校周边环境（2.358分）;满意度最低的10项从高到低依次为:教师指导实习实训情况（2.308分）,基础文化课教学（2.285分）,学校校风校纪（2.283分）,教师授课方式（2.258分）,专业实践能力培养（2.255

分),专业课教学(2.248 分),基础文化课教材(2.235 分),教师教学态度(2.235 分),专业课教材(1.893 分)和思想道德教育(1.888 分)。

表 4—3　　　　　　　　学生对中职教育服务质量满意度情况

序号	在校生满意度			毕业生满意度		
	项目	均值	标准差	项目	满意度	标准差
1	专业课教学	3.660	0.975	学校提供顶岗实习情况	2.483	0.950
2	专业课教材	3.573	0.969	学校医疗服务	2.473	1.161
3	教师教学态度	3.504	0.952	学校体育设施	2.445	1.723
4	基础文化课教学	3.499	0.952	学校总体教育质量	2.430	0.850
5	基础文化课教材	3.495	0.959	提供校外实习机会情况	2.418	0.972
6	思想道德教育	3.493	1.022	学校文化设施	2.415	0.977
7	学校周边环境	3.343	1.010	学校推荐就业情况	2.408	0.894
8	教师授课方式	3.342	1.001	独立工作能力培养	2.395	0.947
9	学校文化设施	3.328	0.987	自主创业能力培养	2.378	0.950
10	校内实习实训设施情况	3.326	1.054	学校周边环境	2.358	0.958
11	教师指导实习实训情况	3.283	1.018	校内实习实训设施情况	2.355	0.965
12	提供校外实习机会情况	3.283	1.101	团队协作能力培养	2.355	0.941
13	就业指导教育	3.271	1.072	学生管理状况	2.338	0.917
14	学校总体教育质量	3.261	1.029	就业指导教育	2.338	0.941
15	团队协作能力培养	3.243	1.049	教师指导实习实训情况	2.308	0.917
16	专业实践能力培养	3.231	1.006	基础文化课教学	2.285	0.898
17	学生管理状况	3.229	1.080	学校校风校纪	2.283	0.964
18	独立工作能力培养	3.216	1.046	教师授课方式	2.258	0.770
19	学校体育设施	3.209	1.062	专业实践能力培养	2.255	0.920
20	学校校风校纪	3.196	1.030	专业课教学	2.248	0.832
21	学校提供顶岗实习情况	3.152	1.050	基础文化课教材	2.235	0.813
22	学校推荐就业情况	3.149	1.015	教师教学态度	2.235	0.867
23	自主创业能力培养	3.148	1.067	专业课教材	1.893	0.862
24	学校医疗服务	2.918	1.158	思想道德教育	1.888	0.898

3. 毕业生与在校生的差异

由表 4—3 可见,在毕业生与在校生满意度较高的 10 个问项中,仅有学校周边环境、教师授课方式两个问项重叠，其余 8 个问项均不一致；在毕业生与在校生满意度较低的 10 个问项中，仅有专业实践能力培养和学校校风校纪两个问项重叠，其余 8 个问项均不一致。

　　将在校生与毕业生对中职教育服务满意度差异状况的统计分析结果整理为表 4—4。由表 4—4 可见，在校生对中职教育服务的满意度显著高于毕业生（P ＜ 0.01），二者比例约为 1：0.70。在教材与教学维度，在校生与毕业生对专业课教材、基础文化课教材、专业课教学、基础文化课教学、思想道德教育五个问项的满意度比例分别为 1：0.53、1：0.64、1：0.61、1：0.65 和 1：0.54；在教师情况维度，在校生与毕业生对教师授课方式、教师教学态度和教师指导实习实训情况三个问项的满意度比例分别为 1：0.68、1：0.64 和 1：0.70；在实习实训情况维度，在校生与毕业生对校内实习实训设施情况、学校提供顶岗实习情况、学校提供校外实习机会情况三个问项的满意度比例分别为 1：0.71、1：0.79 和 1：0.74；在学生管理维度，在校生与毕业生对学校校风校纪、学校周边环境和学生管理三个问项的满意度比例分别为 1：0.71、1：0.71 和 1：0.72；在学生能力培养维度，在校生与毕业生对专业实践能力培养、独立工作能力培养、团队协作能力培养和自主创业能力培养四个问项的满意度比例分别为 1：0.70、1：0.74、1：0.73 和 1：0.76；在基础设施维度，在校生与毕业生对学校体育设施、学校文化设施和学校医疗服务三个问项的满意度比例分别为 1：0.76、1：0.73、1：0.85；在学生就业服务维度，在校生与毕业生对就业指导教育和学校推荐就业情况四个问项的满意度比例分别为 1：0.71 和 1：0.76。

表 4—4　　　　在校生和毕业生中职教育服务质量满意度比较

序号	项目	满意度		在校生与毕业生满意度比例	显著性
		在校生	毕业生		
1	专业课教材	3.573	1.893	1：0.53	0.000
2	基础文化课教材	3.495	2.235	1：0.64	0.000

序号	项目	满意度		在校生与毕业生 满意度比例	显著性
		在校生	毕业生		
3	专业课教学	3.660	2.248	1:0.61	0.000
4	基础文化课教学	3.499	2.285	1:0.65	0.000
5	思想道德教育	3.493	1.888	1:0.54	0.000
6	教师授课方式	3.342	2.258	1:0.68	0.000
7	教师教学态度	3.504	2.235	1:0.64	0.000
8	教师指导实习实训情况	3.283	2.308	1:0.70	0.000
9	校内实习实训设施情况	3.326	2.355	1:0.71	0.000
10	学校提供顶岗实习情况	3.152	2.483	1:0.79	0.000
11	学校提供校外实习机会情况	3.283	2.418	1:0.74	0.000
12	学校校风校纪	3.196	2.283	1:0.71	0.000
13	学校周边环境	3.343	2.358	1:0.71	0.000
14	学生管理状况	3.229	2.338	1:0.72	0.000
15	专业实践能力培养	3.231	2.255	1:0.70	0.000
16	独立工作能力培养	3.216	2.395	1:0.74	0.000
17	团队协作能力培养	3.243	2.355	1:0.73	0.000
18	自主创业能力培养	3.148	2.378	1:0.76	0.000
19	学校体育设施	3.209	2.445	1:0.76	0.000
20	学校文化设施	3.328	2.415	1:0.73	0.000
21	学校医疗服务	2.918	2.473	1:0.85	0.000
22	就业指导教育	3.271	2.338	1:0.71	0.000
23	学校推荐就业情况	3.149	2.408	1:0.76	0.000
24	学校总体教育质量	3.261	2.430	1:0.75	0.000

进一步分析在校生与毕业生对中职教育服务满意度的调查结果发现,在校生对与校园生活相关的基础设施以及教学教材等较为关注,将满意度视野局限于"当前"及"校内"。而毕业生更加关注与职业技能相关的实习实训教学以及在校期间中职学校生活服务等情况,满意度视野目标更加"长远"。可见,对没有求职经历、工作经验及社会认知的在校生而言,对中职学校实习实训等教学环节认识不足;而毕业生具有求职经历和一定的岗位工作经验,对社会认知也更为深刻,更加关注与

自身相关的职业能力培养工作，降低了对教学教材和学校基础设施的要求。中职学校应高度重视毕业生满意度调查所反映的有关实习实训等方面的问题，加强在校生生活服务，让学生在优良的生活环境中增长知识、掌握技能。

二 学校建设状况

调查问卷将中职学校建设情况设定为校内实习实训设施情况、学校周边环境建设情况、学校体育设施建设情况、学校文化设施建设情况和学校医疗服务情况五个问项，调查结果如表4—3所示。

在校生对中职学校建设情况满意度为3.225分，处于"基本满意"状态。其中，对学校周边环境的满意度最高（3.343分），学校文化设施次之（3.328分），再次为校内实习实训设施情况（3.326分）和学校体育设施（3.209分），对学校医疗服务尚未达到基本满意状态（2.918分）。可见，在校生对中职学校建设状况基本满意，但医疗服务还不能满足学生需求，应引起政府教育行政部门及中职学校的高度重视。

毕业生对中职学校建设情况满意度为2.409分，处于"不满意"状态。其中，对学校医疗服务满意度最高（2.473分），其次是学校体育设施和学校文化设施，满意度分别为2.445分和2.415分，再次为校内实习实训设施（2.355分），学校周边环境得分最少（2.358分），均处于"不满意"状态，需政府教育行政部门及中职学校进一步加大基础建设投入，提升相关问项的建设水平。

比较毕业生与在校生对中职学校建设情况的满意度差异可见，在校生满意度最高项为学校周边环境，而在毕业生满意度中，该问项排在倒数第二位。显然，毕业生更加注重学校周边环境建设；毕业生满意度最高项为学校医疗服务，但在校生对该问项的满意度却排在最后，集中反映了在校生和毕业生对学校环境建设的认知差异。加强中职学校建设不仅要重视在校生的意见，更要关注毕业生的感受。

三 学校教学情况

调查问卷将中职学校教学情况设定为专业课教材、基础文化课教材、专业课教学、基础文化课教学、思想道德教育、就业指导教育六个问项，调查结果如表4—3所示。

在校生对中职学校教学情况的满意度为3.499分,处于"基本满意"状态。其中,对专业课教学和专业课教材满意度较高,分别为3.660分和3.573分。对基础文化课教学和基础文化课教材的满意度次之,分别为3.499分和3.495分。再次为思想道德教育(3.493分),对就业指导教育的满意度最低(3.271分)。中职学校应高度重视就业指导教育,引导中职学生树立正确的择业观和就业观。

毕业生对中职学校教学情况的平均满意度为2.148分,处于"不满意"状态。其中,对就业指导教育满意度最高(2.338分),其次为基础文化课教学(2.285分),再次为专业课教学(2.248分)和基础文化课教材(2.235分),均处于"不满意"状态。专业课教材及思想道德教育满意度仅分别为1.893分和1.888分,处于"很不满意"状态。中职学校应高度关注专业课教材选用工作,更加重视中职学生的思想道德教育。

比较毕业生与在校生对中职学校教学情况的满意度差异可见,毕业生对就业指导教育满意度最高,而在校生则最低,反映了在校生和毕业生的关注点和评价标准的变化。思想道德教育是毕业生满意度的最低项,也是在校生满意度的倒数第二项,应引起中职学校的高度重视。在校生对专业课教学和专业课教材满意度较高,而毕业生对专业课教学处于"很不满意"状态,说明毕业生经过岗位实践后对中职学校专业课教学的缺点有了更为深刻的认识,中职学校在推进教学改革时应重点听取毕业生的意见,加强有关方面工作。

四　实习实训情况

调查问卷将实习实训情况设定为教师指导实习实训情况、校内实习实训设施情况、学校提供顶岗实习情况和学校提供校外实习机会四个问项,调查结果如表4—3所示。

在校生对实习实训情况的满意度为3.261分,处于"基本满意"状态。其中,对校内实习实训设施情况满意度最高(3.326分),说明近年来中职学校实习实训基地建设取得了较大成效。其次为教师指导实习实训情况和学校提供校外实习机会,均为3.283分。对学校提供顶岗实习情况的满意度最低，仅为3.152分。说明中职学校需要进一步加强校企合作等工作，为中职学生提供更多的顶岗实习机会。

毕业生对中职学校（学生）实习实训情况的满意度为2.391分，处于"不满意"状态。其中，对学校提供顶岗实习情况的满意度最高（2.483分），其次为学校提供校外实习机会情况（2.418分），再次为校内实习实训设施情况（2.355分）。对教师指导实习实训情况的满意度最低（2.308分）。说明中职学校应进一步加强"双师"型教师队伍建设，加强教师对学生实习实训的指导能力。

比较毕业生与在校生对实习实训情况的满意度差异可见，毕业生对学校提供顶岗实习情况的满意度最高，而在校生满意度最低。在校生对校内实习实训设施情况满意度最高，而毕业生则为倒数第二位。以上情况反映了在校生和毕业生对实习实训情况不同的态度，并在认知上存在较大差异。因此，中职学校在推进学生实习实训工作时，应综合考虑在校生和毕业生的意见，全方位提升学生对学校实习实训情况的满意度。

五　教师行为状况

调查问卷将教师行为状况设定为教师授课方式、教师授课态度和教师指导实习实训情况三个问项[1]，调查结果如表4—3所示。

在校生对中职学校教师行为状况的满意度为3.376分，处于"基本满意"状态。其中，对教师教学态度的满意度最高（3.504分），对教师授课方式的满意度次之（3.342分），对教师指导实习实训情况的满意度最低（3.283分）。

毕业生对中职学校教师行为状况的满意度为2.267分，处于"不满意"状态。其中，对教师指导实习实训情况的满意度最高（2.308分），对教师授课方式的满意度次之（2.258分），对教师教学态度的满意度最低（2.235分），说明中职学校应进一步加强教师队伍建设，不断激发教师教学热情，改善教师教学态度，不断提升教育教学水平。

比较毕业生与在校生对中职学校教师行为状况的满意度差异可见，毕

---

[1]　教师行为状况满意度并非指教师自身对于工作、学校、学生等方面的满意度，而是指学生对于教师工作行为的满意度。

业生对教师指导实习实训情况的满意度最高,而在校生却最低,说明毕业生对中职教师指导实习实训情况的认知更为理性。在校生出于对掌握技术技能的渴望,对教师指导实习实训的愿望更为迫切,要求标准更高,对教师的依赖性更强。在校生对教师教学态度的满意度最高,而毕业生却最低,可能与调查存在"微笑问卷"有关。

六　学校管理情况

调查问卷将中职学校管理情况设定为校风校纪、学校周边环境和学生管理状况三个问项,满意度调查结果如表4—3所示。

在校生对中职学校管理情况的满意度为3.256分,处于"基本满意"状态。其中,对学校周边环境的满意度最高(3.343分),对学生管理状况的满意度次之(3.229分),对学校校风校纪的满意度最低(3.196分)。中职学校应进一步加强校风校纪建设,形成良好的制度文化。

毕业生对中职学校管理情况的满意度为2.326分,处于"不满意"状态。其中,对学校周边环境的满意度最高(2.358分),对学生管理状况的满意度次之(2.338分),对学校校风校纪的满意度最低(2.283分),与在校生认知一致。

比较毕业生与在校生对中职学校管理情况的满意度差异可见,学校周边环境建设得到了在校生与毕业生的共同认可。满意度最低项为校风校纪建设,需要政府教育行政部门及中职学校采取有效措施,进一步完善学校制度建设,为中职学生提供良好的学习氛围。

七　学生能力培养

调查问卷将学生能力培养情况设定为学生专业实践能力培养、独立工作能力培养、团队协作能力培养和自主创业能力培养四个问项,调查结果如表4—3所示。

在校生对学生能力培养情况的满意度为3.210分,处于"基本满意"状态。其中,对团队协作能力培养的满意度最高(3.243分),对专业实践能力培养状况的满意度次之(3.231分),再次为独立工作能力的培养(3.216分),对自主创业能力培养的满意度最低(3.148分)。中职学校应进一步加强中职学生自主创业能力培养工作,推动大众创业、草根创业目标①的实现。

　　毕业生对学生能力培养情况的满意度为 2.346 分，处于"不满意"状态。其中，对独立工作能力培养的满意度最高（2.395 分），对自主创业能力培养的满意度次之（2.378 分），再次为对团队协作能力培养（2.355 分），对专业实践能力培养的满意度最低（2.255 分）。

　　比较毕业生与在校生对学生能力培养情况的满意度差异可见，在校生对团队协作能力培养的满意度最高，而毕业生满意度排在倒数第二位。毕业生对独立工作能力培养的满意度最高，而在校生则排在第二位。毕业生对专业实践能力培养的满意度最低，而在校生对自主创业能力培养的满意度最低。说明毕业生在参加工作实践后，对中职学校加强学生专业实践能力培养的认识程度和要求标准明显提升，需要中职学校加强相关方面的工作。

第三节　调查的主要结论

一　在校生与毕业生满意度存在差异

　　调查结果表明，在校生、毕业生对中职教育服务的满意度分别为 3.261 分、2.430 分，二者之间差异达极显著水平（P < 0.01）。在校生对中职教育服务达到"基本满意"水平，而毕业生则处于"不满意"水平。在校生对中职学校教育服务的满意度高于毕业生，说明面向在校生的满意度调查存在"微笑问卷"。毕业生对中职教育服务质量的满意度较低，说明中职学校亟待提升教育质量。特别是国家目前实施的各类评估评价办法，应将学生满意度调查对象确定为以毕业生为主，在校生为辅，以求更为真实可靠的调查结果。

　　按调查问卷各维度分析，在校生与毕业生对中职教育服务的满意度表现出极显著差异（P < 0.01）。在校生对中职教育服务的满意度从高到低依次为：教材与教学，教师，学生管理，实习实训，学生能力培养，学生就业服务（与学生能力培养相同），基础设施。毕业生对中职教育服务的

---

　　①　郭金超：《李克强：掀起大众创业、草根创业的新浪潮》，http://www.chinanews.com/gn/2014/09 - 10/6578897.shtml。

满意度从高到低依次为：基础设施，实习实训，学生就业服务，学生能力培养，学生管理，教师，教材与教学。在校生对教材与教学的满意度最高，对教师行为的满意度次之，对基础设施建设的满意度最低。而毕业生对基础设施建设的满意度最高，对教材与教学的满意度最低，对教师行为的满意度列为倒数第二位。毕业生在实践过程中对学校的教材选用和教学方法产生了新的思考，认为当前中职学校的教材和教学无法满足工作需要，感知更为理性。同时，毕业生对学生管理、教师的满意度排序明显落后于在校生，说明毕业生走向工作岗位后对学生管理、教师素质要求标准更高。由于中职学校毕业生工作地点分散，调查难度较大。因此，在满意度调查具体实践中，可根据中职学校在校生对教育服务质量满意度情况和调查数据获取的中职在校生满意度与毕业生满意度的比例，推导出毕业生对中职教育服务质量的满意度状况。

在校生与毕业生对中职教育服务满意度产生差异的原因较多。一方面，在校生和毕业生对学校感情的不同造成了不同的调查结果。在校生的身份依然是学生，"微笑问卷"居多，带有浓厚的个人感情色彩，难以直面问题；毕业生已经成为独立的社会人和职业工作者，具有工作和生活实践，看待问题更为理性，可有效地避免"微笑问卷"，调查结论更为客观、准确。另一方面，校园文化和企业文化不同，校园文化能够充分顾及学生个性发展，而企业文化更强调合作精神、工作绩效以及员工日常行为的标准化。学生的学习成绩是个人的事，而企业员工的工作业绩则会影响组织的整体绩效。所有这些，均导致在校生和毕业生看待问题的角度不同，必然会导致满意度调查结果的不同。面对这些差异，政府教育行政部门及中职学校应科学分析、理性看待，依据满意度调查结果进一步加强基础设施建设，改进教育教学方法，不断提升中职教育质量。更为重要的是，毕业生是中职教育服务状况的"代言人"，对中职教育服务质量的满意度直接影响到某中职学校的社会形象。面向毕业生开展中职教育服务满意度调查，一方面可了解目前中职教育质量状况，进而发现不足，确立改进方向，提高中职学校的服务能力和社会影响力（吸引力）。另一方面，也可增强毕业生与学校的情感，引导毕业生为中职学校改进服务、提升能力建言献策，为学校改革与发展贡献应有的力量。

二　中职学校仍需加强基础设施建设

调查结果表明，在校生对中职学校建设情况处于"基本满意"状态，对各问项的满意度从高到低依次为：学校周边环境，学校文化设施，校内实习实训设施，学校医疗服务。其中，前三项处于"基本满意"状态，而对学校医疗服务处于"不满意"状态。部分学生反映，中职学校医务室条件差，医务人员服务态度欠缺，专业水平较低，特别是晚上经常出现无人值班的现象。在校生对校内实习实训设施建设情况满意度较低，部分学生反映中职学校实习实训设备陈旧、数量少，多停留在 20 世纪六七十年代水平，或为 80 年代国有企业改革的淘汰设备，难以满足教育教学工作需要。毕业生对中职学校建设情况处于"不满意"状态，对各问项的满意度从高到低依次为：学校医疗服务度，学校体育设施，学校文化设施，校内实习实训设施，学校周边环境。部分毕业生反映中职学校周边环境混乱，网吧、小商小贩较多，甚至经常有一些社会闲杂人员在校园周围游逛。特别是小商小贩所售食品无人检查，难以保证质量，直接危及中职学生的人身健康。对实习实训设施的认知状况与在校生基本一致，不满意的焦点集中于实习实训时间短、实习基地工位少、教师指导不到位等方面。

马克思在批判、继承前人优秀思想成果的基础上精辟地指出，"人创造环境，同样环境也塑造人"①。中职学校环境建设的重点是基础设施建设，并直接影响育人效果，可对学生产生潜移默化的效果。同时，社会环境对提升中职教育质量也具有至关重要的作用。部分在校生和毕业生反映，目前社会对中职学生存在严重的就业歧视现象，中职毕业生难以得到社会应有的尊重。中职毕业生高就业率背后隐藏着一些重大问题亟须解决，如部分工作岗位技术含量低、工资福利待遇低、工作环境较差以及学生所学与所用"不对口"等，学生就业多依靠"体能"而不是"技能"。分析其原因，关键在于中职毕业生技术技能未能达到应有的水平，中职学校实习实训条件尚未满足培养合格毕业生的需要。针对在校生和毕业生均

---

① 转引自李春华《文化的"化人"与思政的"育人"》，《马克思主义研究》2012 年第 9 期，第 138—144 页。

对中职学校实习实训条件不满意的状况，政府教育行政部门以及中职学校应进一步加强相关方面的建设。

三　中职学校尚需推进教育教学改革

调查结果表明，在校生对中职学校教学情况处于"基本满意"状态，对各问项的满意度从高到低依次为：专业课教学，专业课教材，基础文化课教学，基础文化课教材，思想道德教育，就业指导教育。在校生对就业指导教育、思想道德教育的满意度较低，均涉及学生基础素质、文化素质等问题，直接影响学生可持续发展的能力。中职学校应采取相关措施，切实加强就业指导教育和思想道德教育工作，努力培养社会需要、企业满意的技术技能性人才，同时又有利于学生实现可持续发展。在校生对学生能力培养情况也处于"基本满意"状态，各问项满意度从高到低依次为：团队协作能力，专业实践能力，独立工作能力，自主创业能力。在校生对自主创新能力培养的满意度最低，与当前国家鼓励大众创业、万众创新的号召极不相符，这也与部分中职学校对"以就业为导向"办学目标的理解有关，部分学校领导居然认为中职学生创业不是就业。毕业生对教学情况处于"不满意"状态，对各问项的满意度从高到低依次为：就业指导教育，基础文化课教学，专业课教学，基础文化课教材，专业课教材，思想道德教育。特别是专业课教材和思想道德教育，处于"很不满意"的状态。中职学校应加强关注专业课教材选用工作，更加重视思想道德教育。在学生能力培养方面也处于"不满意"状态，各问项的满意度从高到低依次为：独立工作能力，自主创业能力，团队协作能力，专业实践能力。中职学校人才培养目标为社会需要的技术技能型人才，专业实践能力的培养直接关联到中职毕业生能否实现顺利就业及就业质量。毕业生对中职学生的专业实践能力"满意度"较低，直接反映了学生对中职教育质量内容的现实诉求。

部分在校生和毕业生反映，中职学校重理论教学、轻实践教学现象比较突出。毕业生普遍反映实际操作能力的训练太少，难以实现与未来工作岗位的有效"对接"。中职学校思想道德教育、就业指导教育等未能与专业教育融合在一起，多数思想道德教育课程及就业指导课程流于形式，未能发挥应有的作用，学生满意度不高。部分中职教师反映，中职学生文化基础知识薄弱，中职学校目前采用的教育部或人力资源和社会保障部推荐的理论课程教材内容较深，学生厌学情况严重，教学阻力较大。多数毕业生反映，中职学校教学内容过于强调针对性、实用性，出现了轻人文教育和素质教育的倾向，忽视了人的发展需求；与科技、经济快速发展的外在要求相比，课程内容严重滞后，理论与实践衔接不够紧密，导致毕业生适应岗位能力及职业能力较差。针对这种状况，中职教育应积极推进教育教学改革，不断创新人才培养模式、办学模式、教学模式等，尽快改变各门课程"各自为战"的状况，使相关课程内容融合、衔接，将思想道德教育、就业指导教育融入专业教育，努力提升教育教学效果。

四　中职学校亟待加强教师队伍建设

调查结果表明，在校生对教师的行为状况处于"基本满意"状态，对各问项的满意度从高到低依次为：教师教学态度，教师授课方式，教师指导实习实训情况。其中，对教师指导实习实训情况满意度较低，说明了中职学校加强"双师"型教师队伍建设的重要性。毕业生对教师的行为状况处于"不满意"状态，各问项满意度从高到低依次为：教师指导实习实训，教师授课方式，教师教学态度。其中，对教师教学态度的满意度最低，说明了中职学校加强教师队伍建设、不断提升教育教学水平的重要性。

师资是中职学校的重要资源和核心要素，加强教师队伍建设是提高人才培养质量的关键。中职教师具有多样化的角色，需要具备较高的职业素质、较强的专业能力、良好的个人品质和较高的学识水平[①]。部分在校生和毕业生反映，目前部分中职学校专业课教师存在授课敷衍的现象，课堂气氛死气沉沉，与学生沟通较少，对实习实训学生的指导不够。同时，课程讲授内容陈旧，不能与时俱进。在校生和毕业生对于中职教师的满意度普遍不高，除了表达出希望得到教师的指导和关注外，还反映出中职教师专业水平有待提升等现实问题。

[①]　高利兵：《中职专业教师队伍的现状及可持续发展对策研究——以安徽省为例》，《职教论坛》2011年第16期，第67—70页。

五　中职学校亟须加强各项管理工作

调查结果表明，在校生对中职学校管理情况处于"基本满意"状态，各问项的满意度从高到低依次为：学校周边环境，学生管理状况，学校校风校纪。在校生对校风校纪的满意度较低，说明了中职学校加强校风校纪建设、形成良好制度文化的重要性。毕业生对中职学校管理情况的平均满意度处于"不满意"状态，各问项满意度从高到低依次为：学校周边环境，学生管理状况，学校校风校纪，与在校生认知情况一致，再次说明了校风校纪建设的重要性，需引起政府教育行政部门及中职学校的高度重视。

部分在校生和毕业生反映，中职学校存在乱收费现象，上级主管部门督察力度不够。学校与家长、学生沟通较少，部分职教员工服务意识淡薄，引发学生产生了逆反心理，导致部分学生退学。部分中职教师认为，中职学生难以管理，难免出现各种各样的问题。有的中职学校采取准军事化管理的方式，使学生失去了自由、自有空间，反而加重了学生的逆反心理。中职学校应改变强硬的学生管理模式，从学生的根本利益出发，真正做到"以学生为本"，耐心施教。教师在管理学生过程中，要关心、爱护学生，不仅要做学习上的"良师"，也要成为生活上的"益友"，遵循"有教无类"理念，用"心"去对待每一位学生。

六　中职学校需要全面提升服务质量

缩小在校生和毕业生对中职教育服务质量的认知差异，提高在校生和毕业生的满意度，需要从根本上提升中职学校教育质量。满意度是需求与供给的契合，如果中职学生的需求得到满足，满意度就高，反之亦然。中职学校要坚持"以学生为本"理念，全面、及时、准确地了解中职学生的需求，制定提升服务质量的具体策略，完善质量标准，建立相关保障机制，全面、全员、持续地提高教育质量。

提升服务质量，需要中职学校既要重视基础设施建设，还要重视学校文化建设。通过运用市场机制，不断优化资源配置。中职学校要从强调学生数量增长过渡到注重"质"与"量"两个方面并重，不断强化为区域经济发展服务职能，关注中职学生的全面发展与可持续发展。通过建立内部评价和外部评价相结合、过程评价与结果评价相结合、社会评价与政府评价相结合、基本标准与激励标准相结合、市场机制与政府调控相结合的中职教育服务质量评价机制，及时发现服务弱点，并采取有力措施加以改进。政府应通过立法等手段，保障中职学生的合法权益，督促中职学校始终将学生利益置于首位。

学生就业是中职教育的生命线，既影响到中职教育的社会吸引力，也影响到中职学校的生存和发展。目前，中职学生的高就业率只是一个"量"的指标，需要从"质"的方面去审视。客观而言，中职毕业生高就业率背后的就业质量极不乐观，就业稳定性较差，难以实现专业技术的持续发展。中职学校应大力推进校企合作，提高专业实习实训课的有效性和时效性。同时，建立毕业生就业跟踪机制，不断改进就业指导工作，提升学生对中职教育服务质量的满意度。

第 五 章

中职教育质量现状：基于升学导向调查

《国务院关于加快发展现代职业教育的决定》强调，"推进中等和高等职业教育紧密衔接""加强职业教育与普通教育沟通"，为中职学生搭建了多样化选择、多路径成才的"立交桥"。教育部等六部门制定的《现代职业教育体系建设规划（2014—2020年）》提出，"系统构建从中职、专科、本科到专业学位研究生的培养体系，满足各层次技术技能人才的教育需求""拓宽高等职业学校招收中等职业学校毕业生、应用技术类型高等学校招收职业院校毕业生通道，打开职业院校学生的成长空间"，强调"完善职业人才衔接培养体系，推进中等和高等职业教育培养目标、专业设置、课程体系、教学过程等方面的衔接"。对口升学是中高职衔接、职业教育与普通教育沟通的主要模式，也是中职毕业生进一步求学的主要通道。完成这一过程，学生综合素质培养的衔接至为关键。本章以河北省六所参与对口升学的高校（其中：2所高职院校，2所高专学校，2所本科院校）为研究对象，采取问卷调查和现场访谈相结合的方法，以对口升学生源学生与普通高考生源学生为二元变量，由高校任课教师对学生综合素质情况进行了评判，明确了对口升学与普通高考学生素质的主要差异，对中职教育质量做出了总体评价。

第一节 调查与分析方法

一 调查方法

采取问卷调查和访谈调查两种方法。问卷调查法面向河北省六所实施对口招生的高校实施，调查了教师对中职生源学生（以下简称中职学生）

和普通高中学校生源学生（以下简称普高学生）素质的评价状况。访谈调查法主要征询了高校相关教师对中职学校和普通高校改进教育教学工作，加强学生素质教育等方面的意见。

（一）问卷设计

在总结前人研究成果的基础上，汇集了表示中职生源学生和普通高中生源学生素质的主要指标，并确定了各指标的内涵。在此基础上，走访了河北省六所实施对口招生的高等学校（高职院校、高专学校、本科院校各两所），访谈了30名（每校5名）既了解普高生源学生素质状况，又了解中职生源学生素质状况的专任教师，对各项指标做了进一步核实，将相关指标汇聚在一起，形成了学生素质表达的各个维度，制定了调查问卷初稿。而后，面向河北师范大学、河北科技师范学院10名职业教育专家再次征求了意见，形成了《中职学校生源和普通高中生源学生素质状况调查问卷》。问卷包括被调查教师的基本信息和单选题（问项）两部分。其中，被调查教师基本信息包括教师性别、年龄、职称、专业领域及工作岗位五个问项，单选题（问项）设置为学生德育素质、文化素质、智育素质、能力素质、身心素质、社交素质和其他素质七个维度、54个问项。采用 Likert 的五等级评定法[1]，将各项素质指标评定结果设定为"非常好""较好""一般""差"和"非常差"五个级次。

（二）问卷检验

初始问卷确定后，在河北省六所实施对口招生的高校选择了100名既了解普高生源素质状况，又了解中职生源素质状况的专任教师进行了预调查，在整理相关调查结果、获取相关数据的基础上，对问卷进行了信度、效度检验。

利用预调查获取的相关数据，按照薛薇的方法[2]，运用 SPSS19.0 对问卷信度进行统计分析。计算获取的问卷的 α 系数值为 0.972，大于 0.90，表明该问卷具有非常好的信度。

效度检验采用巴特利特球度检验（Bartlett Test of Sphericity）法和 KMO（Kaiser-Maiser-Olkin）检验法实施。按 Kaiser 给出的常用 KMO 度量

---

① 彭云飞、沈曦：《经济管理中常用数量方法》，经济管理出版社 2011 年版。
② 薛薇：《SPSS 统计分析方法及应用》，电子工业出版社 2007 年版。

标准①，该问卷的卡方统计量为 23 506.385，各因子差异达到显著水平（P = 0.000 < 0.01），确认该问卷完全可以接受。

（三）调查实施

正式调查委托河北省六所实施对口招生的高校党委学工部（学生处）组织实施，由既了解普高生源素质状况，又了解中职生源素质状况的专任教师对学生综合素质表现状况按问项进行评价。每校发放调查问卷 150份，共发放问卷 900 份。回收 867 份，问卷回收率为 96.33%。按缺项、漏项等标准剔除无效问卷，确定有效问卷 837 份，问卷有效率 96.54%。

二　分析方法

按学生素质"非常好""较好""一般""差"和"非常差"五个级次，分别赋值 5 分、4 分、3 分、2 分和 1 分，利用 Excel 统计软件对问卷调查结果进行统计、汇总，建立了数据库；利用 SPSS19.0 统计软件按问卷设定的维度和问项，对不同生源学生的总体素质状况及各项素质指标均值、差异值及其显著性等进行了分析。与第四章满意度调查不同的是，当问卷某问项得分高于本级次赋值分数 0.50 分（不含 0.5 分）时，认定该项指标具有上一级次趋向；当某项指标得分高于本级次赋值分数 0.50 分（含 0.5 分）时或低于本级次 0.50 分（不含 0.50 分）时，认定该项指标得分即为本级次。

第二节　调查结果及分析

一　中职生源和普高生源素质表现差异

（一）总体差异

中职生源学生与普高生源学生素质调查结果如表 5—1 所示。可见，中职学生总体素质得分为 3.25 分，而普高学生总体素质得分为 3.47 分，中职学生总体素质得分显著低于普高学生（P < 0.05）。中职学生、普高学生素质各指标评价分别在 3.22—3.41 分、3.43—3.64 分，普高学生素

---

① Stevens J. , Applied Multivariate Statistics for the Social Sciences ［M］. New Jersey：Lawrence Erlbaum Associates, 1986：45 – 99.

质各指标得分区间高于中职学生。

按问卷各维度分析,中职学生能力素质与普高学生无显著差异,但其他六个维度均低于普高学生。其中,德育素质、智育素质、身心素质和其他素质四个维度得分差异达到极显著水平(P<0.01);文化素质和社交素质两个维度得分差异达到显著水平(P<0.05)。

表5—1 **中职生源与普高生源学生素质差异比较**

维度	问项	中职生源素质		普高生源素质		中职与普高生源素质均值差	F 值	P 值
		均值	标准差	均值	标准差			
德育素质	7	3.39	0.929	3.64	0.759	-0.25	16.323	0.000
文化素质	7	3.28	0.838	3.58	0.758	-0.30	17.087	0.017
智育素质	7	3.22	0.808	3.50	0.747	-0.28	8.628	0.001
能力素质	9	3.30	0.847	3.48	0.931	-0.18	9.496	0.069
身心素质	12	3.39	0.849	3.53	0.830	-0.14	17.544	0.005
社交素质	5	3.41	0.791	3.47	0.826	-0.06	9.607	0.017
其他素质	7	3.30	0.847	3.43	0.799	-0.13	21.232	0.000
总体状况	54	3.25	0.849	3.47	0.801	-0.22	14.273	0.016

(二)指标差异

1. 德育素质

调查问卷将德育素质设定为人生观与价值观、责任感、事业心、关心他人情况、公私观、诚实守信情况和遵规守纪情况七项指标,调查及分析结果如表5—2所示。可见,中职学生德育素质各项指标得分均显著低于普高学生(P<0.01)。中职学生、普高学生德育素质各项指标分别在3.26—3.50分、3.41—3.84分,普高学生素质各指标得分区间高于中职学生。中职学生遵规守纪得分最高,普高学生人生观、价值观得分最高。无论是中职生源还是普高生源,得分最低指标均为公私观。

2. 文化素质

调查问卷将文化素质设定为艺术欣赏能力、了解中华文化情况、记忆力、注意力、观察力、想象力和思维力七项指标,调查及分析结果如表5—3所示。可见,除注意力外,中职学生文化素质其他六项指标得分均显著低于普高学生（P<0.01）。中职学生、普高学生文化素质各项指标分别在 3.09—3.39 分、3.46—3.69 分。其中，中职学生记忆力得分最高，普高学生注意力指标得分最高；无论是普高学生还是中职学生，文化素质中得分最低项均为艺术欣赏能力；中职学生与普高学生注意力得分差异虽为最大，但未达到显著性差异水平（P>0.05）。

表5—2 中职生源与普高生源学生德育素质差异比较

项目	中职生源素质		普高生源素质		中职与普高生源德育素质均值差	F 值	P 值
	均值	标准差	均值	标准差			
人生观、价值观	3.49	0.753	3.84	0.653	−0.35	27.978	0.000
责任感	3.39	0.832	3.70	0.815	−0.31	15.153	0.000
事业心	3.31	0.905	3.51	0.724	−0.20	10.087	0.000
关心他人情况	3.35	0.869	3.70	0.883	−0.35	17.280	0.000
公私观	3.26	0.804	3.41	0.733	−0.15	19.585	0.000
诚实守信情况	3.43	0.801	3.64	0.674	−0.21	13.335	0.000
遵规守纪情况	3.50	1.541	3.70	0.837	−0.20	10.849	0.000

表5—3 中职生源与普高生源学生文化素质差异比较

项目	中职生源素质		普高生源素质		中职与普高生源文化素质均值差	F 值	P 值
	均值	标准差	均值	标准差			
艺术欣赏能力	3.09	0.901	3.46	0.747	−0.37	63.124	0.000
了解中华文化情况	3.16	0.753	3.50	0.839	−0.34	29.286	0.000
记忆力	3.39	0.806	3.56	0.696	−0.17	5.383	0.000
注意力	3.23	0.809	3.69	0.799	−0.46	1.849	0.120
观察力	3.34	0.793	3.59	0.688	−0.25	6.710	0.000
想象力	3.38	0.885	3.68	0.759	−0.30	5.008	0.001
思维力	3.35	0.921	3.56	0.779	−0.21	8.249	0.000

3. 智育素质

问卷将智育素质设定为学习目标、学习态度、学习方法、学习成绩、实习成绩、研究问题能力和开拓创新能力七项指标，调查及分析结果如表5—4所示。可见，中职学生智育素质各项指标得分均显著低于

普高学生（P＜0.01）。中职学生、普高学生德育素质各指标分别在
3.06—3.46 分、3.42—3.58 分。其中，中职学生实习成绩得分最高，
研究问题能力得分最低；普高学生研究问题能力得分最高，学习态度得
分最低。

表 5—4　　　　　　　　中职生源与普高生源学生智育素质差异比较

项目	中职生源素质		普高生源素质		中职与普高生源智育素质均值差	F 值	P 值
	均值	标准差	均值	标准差			
学习目标	3.15	0.813	3.47	0.714	− 0.32	14.919	0.000
学习态度	3.14	0.836	3.42	0.749	− 0.28	7.821	0.000
学习方法	3.16	0.830	3.43	0.675	− 0.27	6.463	0.000
学习成绩	3.29	0.795	3.56	0.765	− 0.27	12.601	0.000
实习成绩	3.46	0.743	3.55	0.671	− 0.09	12.241	0.000
研究问题能力	3.06	0.854	3.58	0.813	− 0.52	6.353	0.000
开拓创新能力	3.27	0.785	3.51	0.843	− 0.24	3.696	0.006

4. 能力素质

问卷将能力素质设定为自学能力、专业学习能力、基础课学习能力、
技能课学习能力、勤工俭学积极性、实践能力、分析问题能力、自我管理
能力和自我生活能力九项指标，调查及分析结果如表 5—5 所示。可见，
中职学生、普高学生能力素质各指标分别在 3.06—3.52 分、3.23—3.72
分。中职学生勤工俭学积极性得分最高，普高学生自我生活能力得分最
高。无论是中职学生还是普高学生，能力素质中得分最低项均为自学能
力。中职学生勤工俭学积极性、自我生活能力得分与普高学生得分无显著
性差异（P＞0.05），技能学习能力得分显著高于普高学生（P＜0.01），
基础课学习能力得分显著低于普高学生（P＜0.05），其他各项指标得分
与普高学生具有极显著差异（P＜0.01）。

表5—5 中职生源与普高生源学生能力素质差异比较

项目	中职生源素质		普高生源素质		中职与普高生源能力素质均值差	F 值	p 值
	均值	标准差	均值	标准差			
自学能力	3.23	0.838	3.06	0.887	-0.17	9.969	0.000
专业学习能力	3.59	0.868	3.24	0.900	-0.35	4.405	0.002
基础课学习能力	3.55	0.727	3.32	0.900	-0.23	2.780	0.027
技能课学习能力	3.38	0.831	3.45	0.820	0.07	6.927	0.000
勤工俭学积极性	3.58	0.772	3.52	0.893	-0.06	1.640	0.164
实践能力	3.34	0.832	3.24	1.146	-0.10	39.559	0.000
分析问题能力	3.53	0.776	3.32	0.810	-0.21	11.370	0.000
自我管理能力	3.36	0.797	3.19	0.893	-0.17	7.846	0.000
自我生活能力	3.72	1.937	3.44	0.828	-0.28	0.964	0.428

5. 身心素质

问卷将身心素质设定为体能素质、运动技能、健康意识、锻炼积极性、乐观性、独立性、挑战性、合作性、坚持性、进取心、心理承受能力和综合心理素质12项指标，调查及分析结果如表5—6所示。可见，中职学生心理承受能力得分与普高学生无显著性差异（$P > 0.05$），运动技能、锻炼积极性、综合心理素质得分均显著高于普高学生（$P < 0.01$），其他指标得分均显著低于普高学生（$P < 0.01$）。中职学生、普高学生身心素质各指标分别在3.22—3.64分、3.11—3.73分。中职学生和普高学生身心素质中得分最高指标均为体能素质，得分最低指标均为综合心理素质。

表5—6 中职生源与普高生源学生身心素质差异比较

项目	中职生源素质		普高生源素质		中职与普高生源身心素质均值差	F 值	P 值
	均值	标准差	均值	标准差			
体能素质	3.64	0.759	3.73	0.808	-0.09	29.406	0.000
运动技能	3.51	0.748	3.33	0.888	0.18	22.729	0.000
健康意识	3.47	0.803	3.64	0.736	-0.17	25.383	0.000
锻炼积极性	3.48	0.893	3.40	0.803	0.08	20.297	0.000

续表

项目	中职生源素质		普高生源素质		中职与普高生源身心素质均值差	F 值	P 值
	均值	标准差	均值	标准差			
乐观性	3.47	0.799	3.70	0.722	-0.23	9.552	0.000
独立性	3.36	0.865	3.56	0.779	-0.20	8.296	0.000
挑战性	3.28	0.877	3.47	0.790	-0.19	16.464	0.000
合作性	3.34	0.806	3.62	0.848	-0.28	6.322	0.000
坚持性	3.29	0.881	3.65	0.905	-0.36	15.438	0.000
进取心	3.28	0.942	3.58	0.865	-0.30	9.552	0.000
心理承受能力	3.39	0.81	3.59	0.789	-0.20	2.253	0.064
综合心理素质	3.22	1.007	3.11	1.030	0.11	44.843	0.000

6. 社交素质

问卷将社交素质设定为协商能力、交往能力、适应能力、决策能力、组织领导能力五项指标,调查及分析结果如表5—7所示。可见,中职学生、普高学生社交素质各指标分别在3.34—3.66分、3.18—3.62分。中职学生适应能力得分最高,组织领导能力得分最低。普高学生交往能力得分最高,协商能力得分最低;中职学生交往能力得分与普高学生无显著性差异（$P > 0.05$）,组织领导能力得分显著低于普高学生（$P < 0.01$）,其他指标得分均显著高于普高学生（$P < 0.01$）。

表5—7 中职生源与普高生源学生社交素质差异比较

项目	中职生源素质		普高生源素质		中职与普高生源社交素质均值差	F 值	p 值
	均值	标准差	均值	标准差			
协商能力	3.40	0.939	3.18	0.770	-0.22	14.204	0.000
交往能力	3.59	0.749	3.62	0.847	0.03	2.077	0.084
适应能力	3.66	0.748	3.52	0.761	-0.14	8.634	0.000
决策能力	3.40	0.866	3.34	0.756	-0.06	15.945	0.000
组织领导能力	3.34	0.829	3.40	0.824	0.06	7.179	0.000

7. 其他素质

问卷将其他素质设定为谈恋爱情况、择业观、就业观、业余时间利用、参加课外活动、阅读课外书籍和业余爱好七项指标,调查及分析结果如表 5—8 所示。可见,中职学生、普高学生其他素质各指标分别在3.04—3.51 分、3.27—3.57 分。中职学生谈恋爱情况得分最高,普高学生参加课外活动得分最高。无论是中职学生还是普高学生,其他素质中得分最低项均为阅读课外书籍。中职学生谈恋爱情况得分明显高于普高学生($P < 0.01$),其他各项指标得分均显著低于普高学生($P < 0.01$)。

表 5—8　　　　　　　中职生源与普高生源学生其他素质差异比较

项目	中职生源素质		普高生源素质		中职与普高生源其他素质均值差	F 值	p 值
	均值	标准差	均值	标准差			
谈恋爱情况	3.51	0.860	3.45	0.838	0.06	21.378	0.000
择业观	3.34	0.853	3.49	0.860	− 0.15	29.342	0.000
就业观	3.24	0.868	3.51	0.791	− 0.27	16.186	0.000
业余时间利用	3.19	0.915	3.36	0.805	− 0.17	11.273	0.000
参加课外活动	3.46	0.780	3.57	0.711	− 0.11	14.733	0.000
阅读课外书籍	3.04	0.881	3.27	0.807	− 0.23	34.371	0.000
业余爱好	3.33	0.773	3.41	0.781	− 0.08	21.346	0.000

二　中职生源学生素质评价的院校差异

在了解高校教师对中职生源学生和普高生源学生素质评价及其差异状况的基础上,进一步分析了不同类型高校对中职生源学生素质的评价状况。填写有效问卷的高职院校、高专学校和本科院校教师分别为 558 人、165 人和 114 人,分别占被调查教师总数的 66.67%、19.71% 和 13.62%。

(一)　德育素质

由表 5—9 可见,高职院校、高专学校、本科院校教师对中职学生德育素质评价分别为 3.37 分、3.40 分和 3.49 分,均在 3.50 分以下,说明中职学生德育素质仅为"一般"水平;在中职学生德育素质的七项指标中,人生观与价值观得分为 3.54 分,说明该指标趋于"较好"状态。其他六项指标均在 3.50 分以下,说明仅为"一般"水平。高职院校、高专学校、本科院校教师对中职生源学生德育素质七项指标的评价结果基本一致,无显著性差异($P > 0.05$)。

表5—9 不同类型高校教师对中职生源学生德育素质的评价

指标	高职教师评价		高专教师评价		本科教师评价		指标均值	F值	P值
	均值	标准差	均值	标准差	均值	标准差			
人生观与价值观	3.44	0.784	3.58	0.629	3.61	0.854	3.54	1.343	0.263
责任感	3.33	0.848	3.45	0.765	3.63	0.819	3.47	2.300	0.102
事业心	3.25	0.945	3.29	0.854	3.61	0.718	3.38	2.434	0.090
关心他人情况	3.34	0.824	3.40	1.029	3.37	0.852	3.37	0.110	0.896
公私观	3.22	0.792	3.27	0.827	3.45	0.828	3.31	1.264	0.284
诚实守信情况	3.40	0.781	3.47	0.813	3.50	0.893	3.46	0.326	0.722
遵规守纪情况	3.61	1.774	3.33	0.840	3.24	0.943	3.39	1.357	0.259
评价均值	3.37	—	3.40	—	3.49	—	3.42	—	—

（二）文化素质

由表5—10可见，高职院校、高专学校、本科院校教师对中职学生文化素质评价分别为3.22分、3.38分和3.45分，均在3.50分以下，说明中职学生文化素质仅为"一般"水平；中职学生文化素质七项指标得分均在3.50分以下，说明中职学生文化素质各项指标均处于"一般"水平。

表5—10 不同类型高校教师对中职生源学生文化素质的评价

项目	高职教师评价		高专教师评价		本科教师评价		指标均值	F值	P值
	均值	标准差	均值	标准差	均值	标准差			
艺术欣赏能力	2.90	0.925	3.55	0.689	3.37	0.751	3.27	14.047	0.000
了解中华文化	3.13	0.685	3.27	0.870	3.16	0.886	3.19	0.772	0.463
记忆力	3.38	0.838	3.27	0.781	3.63	0.633	3.43	2.316	0.101
注意力	3.13	0.828	3.35	0.751	3.58	0.683	3.35	5.733	0.004
观察力	3.30	0.767	3.53	0.762	3.38	0.892	3.40	1.415	0.245
想象力	3.34	0.941	3.47	0.790	3.47	0.725	3.43	0.713	0.491
思维力	3.35	0.988	3.24	0.816	3.53	0.687	3.37	1.114	0.330
评价均值	3.22	—	3.38	—	3.45	—	3.35	—	—

高职院校、高专学校、本科院校教师对中职学生艺术欣赏能力、注意力两项指标的评价表现出显著差异（P<0.05）。对中职学生艺术欣赏能力高专学校教师评价最高，本科院校教师评价次之，高职院校教师评价最低；对中职学生的注意力，本科院校教师评价最高，高专学校教师评价次之，高职院校教师评价最低。对中职生源学生文化素质其他五项指标，各类高校教师评价结果无显著差异（P>0.05）。

（三）智育素质

由表5—11可见，高职院校、高专学校、本科院校教师对中职学生智育素质评价分别为3.16分、3.31分和3.38分，均在3.50分以下，说明中职学生智育素质仅为"一般"水平；在中职学生智育素质七项指标中，实习成绩为3.51分，说明该指标趋于"较好"状态；其他6项指标均在3.50分以下，说明中职学生智育素质多数指标趋于"一般"水平。

表5—11　　不同类型高校教师对中职生源学生智育素质的评价

项目	高职教师评价		高专教师评价		本科教师评价		指标均值	F值	P值
	均值	标准差	均值	标准差	均值	标准差			
学习目标	3.09	0.810	3.22	0.738	3.34	0.909	3.22	1.747	0.176
学习态度	3.06	0.846	3.22	0.738	3.45	0.860	3.24	3.750	0.025
学习方法	3.15	0.906	3.20	0.621	3.16	0.718	3.17	0.075	0.928
学习成绩	3.29	0.833	3.20	0.704	3.42	0.722	3.30	0.869	0.421
实习成绩	3.41	0.725	3.45	0.741	3.68	0.809	3.51	2.107	0.124
研究问题能力	2.91	0.847	3.42	0.738	3.29	0.867	3.21	9.464	0.000
开拓创新能力	3.23	0.773	3.45	0.760	3.31	0.836	3.33	1.335	0.265
评价均值	3.16	—	3.31	—	3.38	—	3.28	—	—

高职院校、高专学校、本科院校教师对中职学生智育素质中的学习态度、研究问题能力两项指标的评价表现出显著差异（P<0.05）。对中职学生的学习态度，本科院校教师评价最高，高专学校教师评价次之，高职院校教师评价最低；对中职生源研究问题能力，高专学校教师评价最高，本科院校教师评价次之，高职院校教师评价最低。对中职生源学生智育素质其他五项指标，各类院校教师的评价结果无显著差异（P>0.05）。

（四） 能力素质

由表5—12可见，本科院校教师对中职学生能力素质评价为3.61分，认为中职生源能力素质近于"较好"状态；高职院校和高专学校教师对中职生源学生能力素质评价分别为3.22分和3.41分，均在3.50分以下，均认为中职学生能力素质仅为"一般"水平；在中职生源学生能力素质九项指标中，技能课学习能力3.61分，勤工俭学积极性3.55分，实践能力3.56分，自我生活能力3.55分，说明中职学生上述指标表现出趋于"较好"的状态；自学能力、专业学习能力、基础课学习能力、分析问题能力和自我管理能力五项指标均在3.50分以下，说明上述指标表现为"一般"。

表5—12　　不同类型高校教师对中职生源学生能力素质的评价

项目	高职教师评价		高专教师评价		本科教师评价		指标均值	F 值	P 值
	均值	标准差	均值	标准差	均值	标准差			
自学能力	2.99	0.876	3.11	0.854	3.37	0.942	3.16	3.011	0.051
专业学习能力	3.17	0.871	3.35	0.865	3.45	1.058	3.32	1.925	0.148
基础课学习能力	3.36	0.944	3.24	0.666	3.26	0.978	3.29	0.496	0.609
技能课学习能力	3.31	0.798	3.56	0.834	3.97	0.677	3.61	11.751	0.000
勤工俭学积极性	3.50	0.926	3.42	0.738	3.74	0.921	3.55	1.528	0.219
实践能力	2.93	1.190	3.80	0.803	3.95	0.613	3.56	24.033	0.000
分析问题能力	3.28	0.778	3.35	0.799	3.45	0.978	3.36	0.669	0.513
自我管理能力	3.08	0.860	3.38	0.828	3.50	1.033	3.32	5.251	0.006
自我生活能力	3.34	0.778	3.51	0.979	3.79	0.741	3.55	4.958	0.008
评价均值	3.22	—	3.41	—	3.61	—	3.41		

高职院校、高专学校、本科院校教师对中职学生能力素质中的技能课学习能力、实践能力、自我管理能力、自我生活能力四项指标的评价均表现出显著差异（P < 0.05），本科院校教师评价最高，高专学校教师评价次之，高职院校教师评价最低。对中职学生自学能力、专业学习能力、基础课学习能力、勤工俭学积极性和分析问题能力五项指标的评价结果无显

著差异（P > 0.05）。

（五）身心素质

由表5—13可见，本科院校教师对中职学生身心素质评价高于3.50分，认为中职学生身心素质趋于"较好"状态；而高职院校和高专学校教师对中职学生身心素质的评价均在3.50分以下，认为中职学生身心素质仅为"一般"水平；在中职学生身心素质的12项指标中，体能素质、运动技能、锻炼积极性、乐观性和独立性等均超过3.50分，说明中职学生上述素质指标趋于"较好"状态；而合作性、健康意识、挑战性、坚持性、进取心、心理承受能力和综合心理素质七项指标均在3.50分以下，仅为"一般"水平。

表5—13   不同类型高校教师对中职生源学生身心素质的评价

项目	高职教师评价		高专教师评价		本科教师评价		指标均值	F 值	P 值
	均值	标准差	均值	标准差	均值	标准差			
体能素质	3.65	0.773	3.62	0.757	3.66	0.708	3.64	0.037	0.964
运动技能	3.46	0.743	3.45	0.765	3.84	0.679	3.58	4.467	0.012
健康意识	3.48	0.827	3.36	0.825	3.55	0.645	3.46	0.688	0.503
锻炼积极性	3.40	0.955	3.58	0.738	3.71	0.732	3.56	2.435	0.090
乐观性	3.40	0.821	3.53	0.813	3.76	0.590	3.56	3.516	0.031
独立性	3.21	0.872	3.55	0.789	3.82	0.730	3.53	9.942	0.000
挑战性	3.21	0.897	3.36	0.868	3.47	0.762	3.35	1.782	0.170
合作性	3.20	0.763	3.49	0.836	3.82	0.766	3.50	11.196	0.000
坚持性	3.28	0.899	3.22	0.809	3.47	0.893	3.32	1.019	0.362
进取心	3.22	0.981	3.35	0.821	3.50	0.893	3.36	1.546	0.215
心理承受能力	3.32	0.840	3.40	0.710	3.71	0.732	3.48	3.693	0.026
综合心理素质	2.99	1.045	3.51	0.742	3.92	0.673	3.47	18.425	0.000
评价均值	3.31	—	3.45	—	3.69	—	3.48	—	—

高职院校、高专学校、本科院校教师对中职学生身心素质中的运动技

能、乐观性、独立性、合作性、心理承受能力、综合心理素质等指标的评价均表现出显著差异（P<0.05）。对中职学生运动技能，本科院校教师评价最高，高职院校教师评价次之，高专学校教师评价最低；对中职生源乐观性、独立性、合作性、心理承受能力、综合心理素质五项指标，均为本科院校教师评价最高，高专学校教师评价次之，高职院校教师评价最低。对中职学生体能素质、健康意识、锻炼积极性、挑战性、坚持性和进取心六项指标的评价结果无显著差异（P>0.05）。

（六）社交素质

由表5—14可见，高专学校、本科院校教师对中职学生社交素质的评价均高于3.50分，均认为中职学生社交素质趋于"较好"状态；高职院校教师对社交素质评价低于3.50分，认为中职学生社交素质处于"一般"水平。在中职学生社交素质五项指标中，各类学校教师对交往能力、适应能力和组织领导能力的评价均高于3.50分，说明中职学生社交素质上述指标表现趋于"较好"状态；对协商能力和决策能力指标评价均在3.50分以下，说明各类学校教师均认为中职学生协商能力和决策能力为"一般"水平。

表5—14　　不同类型高校教师对中职生源学生社交素质的评价

项目	高职教师评价		高专教师评价		本科教师评价		指标均值	F值	P值
	均值	标准差	均值	标准差	均值	标准差			
协商能力	3.03	1.005	3.47	0.716	3.50	0.688	3.33	7.709	0.001
交往能力	3.58	0.733	3.56	0.764	3.89	0.764	3.67	3.086	0.047
适应能力	3.40	0.737	3.73	0.732	3.82	0.692	3.65	7.935	0.000
决策能力	3.26	0.930	3.42	0.686	3.61	0.718	3.43	2.766	0.065
组织领导能力	3.31	0.830	3.49	0.767	3.74	0.828	3.51	4.778	0.009
评价均值	3.31	—	3.53	—	3.71	—	3.51		

高职院校、高专学校、本科院校教师对中职学生社交素质中协商能力、交往能力、适应能力、组织领导能力评价表现出显著差异（P<0.05）。对中职学生协商能力、适应能力、组织领导能力，均为本科院校教师评价最高，高专学校教师评价次之，高职院校教师评价最低；对中职

学生交往能力，本科院校教师评价最高，高职院校教师评价次之，高专学校教师评价最低；各类院校教师对中职学生社交素质中决策能力的评价结果无显著差异（P > 0.05）。

（七）其他素质

由表5—15可见，本科院校教师对中职学生其他素质评价为3.53分，认为中职生源学生其他素质趋于"较好"状态；高职院校和高专学校教师对该项素质的评价分别为3.21分和3.46分，均低于3.50分，均认为中职学生该项素质近于"一般"水平。在中职学生其他素质的七项指标中，恋爱观为3.60分，趋于"较好"状态；而其他五项指标的得分均低于（或等于）3.50分，趋于"一般"水平。

表5—15　　不同类型高校教师对中职生源学生其他素质的评价

项目	高职教师评价		高专教师评价		本科教师评价		指标均值	F 值	P 值
	均值	标准差	均值	标准差	均值	标准差			
恋爱观	3.42	0.898	3.64	0.778	3.74	0.724	3.60	2.985	0.052
择业观	3.28	0.881	3.44	0.788	3.47	0.797	3.40	1.285	0.278
就业观	3.11	0.894	3.47	0.690	3.58	0.826	3.39	7.361	0.001
业余时间利用	3.09	0.896	3.35	0.907	3.47	0.951	3.30	3.898	0.021
参加课外活动	3.40	0.745	3.64	0.847	3.45	0.828	3.50	1.910	0.150
阅读课外书籍	2.91	0.887	3.25	0.844	3.34	0.781	3.17	6.154	0.002
业余爱好	3.24	0.764	3.42	0.786	3.66	0.708	3.44	5.133	0.006
评价均值	3.21	—	3.46	—	3.53	—	3.40		

高职院校、高专学校、本科院校教师对中职学生其他素质中的就业观、业余时间利用、阅读课外书籍、业余爱好的评价表现出显著差异（P < 0.05），各项指标均为本科院校教师评价最高，高专学校教师评价次之，高职院校教师评价最低。各类院校教师对中职生源恋爱观、择业观和参加课外活动三项指标的评价结果无显著差异（P > 0.05）。

三　中职生源学生素质评价的专业差异

在分析中职学生与普高学生素质差异及不同类型高校教师对中职学生

素质评价差异的基础上,进一步对不同科类领域教师对中职学生素质评价的差异状况进行了统计分析。填写有效问卷的文科、理科和农科的高校教师分别为414人、309人和114人,分别占被调查教师总数的49.46%、36.92%和13.62%。

(一)德育素质

由表5—16可见,不同科类教师对中职学生德育素质评价均低于3.50分,均认为中职学生德育素质处于"一般"水平;中职学生德育素质中的人生观与价值观、遵规守纪情况等两项指标分别为3.51分、3.66分,均趋于"较好"状态;其他五项指标均低于3.50分,均为"一般"水平。

表5—16　　　　不同科类高校教师对中职生源学生德育素质评价

项目	文科教师评价		理科教师评价		农科教师评价		指标均值	F 值	P 值
	均值	标准差	均值	标准差	均值	标准差			
人生观与价值观	3.56	0.745	3.35	0.789	3.61	0.638	3.51	2.834	0.060
责任感	3.48	0.890	3.32	0.782	3.29	0.732	3.36	1.414	0.245
事业心	3.30	0.814	3.33	0.954	3.29	1.088	3.31	0.048	0.953
关心他人情况	3.37	0.846	3.31	0.950	3.42	0.722	3.37	0.262	0.770
公私观	3.32	0.725	3.25	0.915	3.08	0.749	3.22	1.339	0.264
诚实守信情况	3.46	0.785	3.43	0.836	3.32	0.775	3.40	0.508	0.602
遵规守纪情况	3.48	1.915	3.26	0.939	4.24	1.051	3.66	5.780	0.003
评价均值	3.42	—	3.32	—	3.46	—	3.40	—	—

不同科类高校教师对中职学生德育素质中的遵规守纪情况评价表现出显著差异（P<0.05）。农科教师对中职学生遵规守纪情况评价最高,文科教师评价次之,理科教师评价最低;不同科类教师对中职生源学生德育素质中的其他六项指标的评价无显著差异（P>0.05）。

各科类专业教师均对中职学生德育素质中的公私观指标评分最低。文科类教师对人生观与价值观评分最高（3.56分）,理科类教师对诚实守信情况评分最高（3.43分）,农科类教师对遵规守纪情况评分最高（4.24分）。中职学生德育素质各项指标得分从高到低依次为:遵规守纪情况,人生观与价值观,诚实守信情况,关心他人情况,责任感,事业心,公私观。

（二）文化素质

由表5—17可见，不同科类教师对中职学生文化素质评价均低于3.50分，均认为中职学生文化素质处于"一般"水平；对中职学生文化素质七项指标评价分值也均低于3.50分，均认为各项指标也均处于"一般"水平。

表5—17　　　　不同科类高校教师对中职生源学生文化素质评价

项目	文科教师评价		理科教师评价		农科教师评价		指标均值	F值	P值
	均值	标准差	均值	标准差	均值	标准差			
艺术欣赏能力	3.20	0.775	3.22	0.885	2.34	1.021	2.92	17.078	0.000
了解中华文化情况	3.14	0.717	3.19	0.817	3.16	0.718	3.16	0.165	0.848
记忆力	3.35	0.780	3.36	0.838	3.66	0.781	3.46	2.382	0.094
注意力	3.27	0.797	3.28	0.857	2.97	0.677	3.17	2.290	0.103
观察力	3.37	0.784	3.34	0.869	3.26	0.601	3.32	0.269	0.764
想象力	3.33	0.822	3.29	0.935	3.82	0.865	3.48	5.480	0.005
思维力	3.37	0.820	3.30	1.027	3.45	0.978	3.37	0.384	0.682
评价均值	3.29	—	3.28		3.24		3.27	—	—

不同科类教师对中职生源文化素质中的艺术欣赏能力、想象力等两项指标的评价表现出显著差异（P < 0.05）。理科教师对艺术欣赏能力评价最高，文科教师评价次之，农科教师评价最低；农科教师对中职生源学生想象力评价最高，文科教师评价次之，理科教师评价最低。对其他五项指标的评价无显著差异（P > 0.05）。

文科和理科教师均对中职学生文化素质中的了解中华文化情况评价最低（分别为3.14分和3.19分），农科教师对中职学生的艺术欣赏能力评价最低；文科和理科教师均对中职学生的观察力评价最高（分别为3.37分和3.34分），农科教师对中职学生的想象力评分最高。中职学生文化素质各项指标得分从高到低依次为：想象力，记忆力，思维力，观察力，注意力，了解中华文化情况，艺术欣赏能力。

（三）智育素质

由表5—18可见，文科、理科和农科教师对中职学生智育素质评价分别为 3. 21 分、3. 30 分和 3. 02 分，总体评价为 3. 18 分，均认为中职学生智育素质为"一般"水平；对中职学生智育素质七项指标的评价也均低于 3. 50 分，处于"一般"水平。

表 5—18　　不同科类专高校教师对中职生源学生智育素质评价

项目	文科教师评价		理科教师评价		农科教师评价		指标均值	F 值	P 值
	均值	标准差	均值	标准差	均值	标准差			
学习目标	3. 15	0. 791	3. 19	0. 805	3. 03	0. 915	3. 12	0. 591	0. 555
学习态度	3. 12	0. 858	3. 28	0. 845	2. 84	0. 638	3. 08	4. 000	0. 019
学习方法	3. 09	0. 791	3. 27	0. 757	3. 11	1. 110	3. 16	1. 454	0. 235
学习成绩	3. 19	0. 720	3. 36	0. 850	3. 47	0. 862	3. 34	2. 563	0. 079
实习成绩	3. 48	0. 776	3. 49	0. 726	3. 32	0. 662	3. 43	0. 817	0. 443
研究问题能力	3. 10	0. 804	3. 18	0. 860	2. 61	0. 887	2. 96	6. 919	0. 001
开拓创新能力	3. 37	0. 755	3. 32	0. 744	2. 79	0. 843	3. 16	8. 922	0. 000
评价均值	3. 21	—	3. 30	—	3. 02	—	3. 18	—	—

不同科类专业教师对中职学生智育素质中的学习态度、研究问题能力、开拓创新能力三项指标的评价结果表现出显著差异（P < 0.05）。理科教师对学习态度的评分最高，文科教师的评价次之，农科教师的评分最低；理科教师对研究问题能力评分最高，文科教师评价次之，农科教师评价最低；文科教师对中职学生开拓创新能力评价最高，理科教师评价次之，农科教师评价最低。各科类教师对中职学生智育素质其他指标的评价无显著差异（P > 0.05）。

文科教师对中职学生智育素质中的学习方法指标评价最低（3.09分），理科和农科教师对研究问题能力指标评价最低（分别为 3. 10 分和2.61 分）；文科和理科教师对实习成绩评价最高（分别为 3. 48 分和 3. 49分），农科教师对学习成绩评价最高（3.47 分）。中职学生智育素质各项指标得分从高到低依次为：实习成绩，学习成绩，学习方法和开拓创新能力（2 项指标得分相同），学习目标，学习态度，研究问题能力。

（四）能力素质

由表 5—19 可见，文科、理科和农科教师对中职学生能力素质的评价分别为 3.34 分、3.34 分和 3.14 分,总体评价为 3.27 分,均认为中职学生能力素质处于"一般"水平;不同科类专业教师对中职学生能力素质中的九项指标评价均低于 3.50 分,均认为中职生源学生能力素质各项指标处于"一般"水平。

表 5—19   不同科类高校教师对中职生源学生能力素质评价

项目	文科教师评价		理科教师评价		农科教师评价		指标均值	F 值	P 值
	均值	标准差	均值	标准差	均值	标准差			
自学能力	3.09	0.900	3.07	0.899	2.97	0.822	3.04	0.243	0.785
专业学习能力	3.27	0.909	3.26	0.928	3.11	0.798	3.21	0.520	0.595
基础课学习能力	3.24	0.909	3.30	0.850	3.68	0.933	3.41	3.768	0.024
技能课学习能力	3.46	0.821	3.55	0.789	3.13	0.844	3.38	3.773	0.024
勤工俭学积极性	3.64	0.828	3.42	0.858	3.34	1.146	3.47	2.660	0.072
实践能力	3.41	0.994	3.42	1.071	2.16	1.285	3.00	22.694	0.000
分析问题能力	3.28	0.781	3.37	0.863	3.34	0.781	3.33	0.409	0.665
自我管理能力	3.20	0.943	3.23	0.866	3.08	0.784	3.17	0.412	0.662
自我生活能力	3.44	0.837	3.42	0.823	3.47	0.830	3.44	0.068	0.934
评价均值	3.34	—	3.34	—	3.14	—	3.27	—	—

文科、理科和农科教师对中职学生能力素质中的基础课学习能力、技能课学习能力、实践能力三项指标的评价表现出显著差异($P < 0.05$)。农科教师对基础课学习能力评价最高,理科教师评价次之,文科教师评价最低;理科教师对技能课学习能力、实践能力评价最高(分别为 3.55 分、3.42 分),文科教师评价次之(分别为 3.46 分、3.41 分),农科教师评价最低(分别为 3.13 分、2.16 分)。各科类教师对其他能力素质指标的评价无显著差异($P > 0.05$)。

文科和理科教师对中职学生能力素质中的自学能力评价最低(分别为 3.09 分和 3.07 分),农科教师对实践能力评价最低;文科教师对勤工俭学积极性评分最高,理科教师对技能课学习能力评分最高,农科教师对基础课学习能力评分最高。中职学生能力素质各项指标得分从高到低依次为:勤工俭学积极性,自我生活能力,基础课学习能力,技能课学习能力,分析问题能力,专业学习能力,自我管理能力,自学能力,实践能力。

（五）身心素质

由表5—20可见,文科、理科和农科教师对中职生源学生身心素质评价分别为3.44分、3.39分和3.25分,均认为中职生源学生身心素质处于"一般"水平。在中职学生身心素质的12项指标中,体能素质为3.68分,不同科类教师均认为中职生源学生体能素质近于"较好"状态;其他11项指标均低于3.50分,均认为处于"一般"水平。

表5—20   不同科类高校教师对中职生源学生身心素质评价

项目	文科教师评价		理科教师评价		农科教师评价		指标均值	F 值	P 值
	均值	标准差	均值	标准差	均值	标准差			
体能素质	3.64	0.714	3.57	0.812	3.84	0.754	3.68	1.760	0.174
运动技能	3.56	0.755	3.48	0.790	3.42	0.599	3.49	0.658	0.519
健康意识	3.51	0.839	3.44	0.800	3.37	0.675	3.44	0.598	0.551
锻炼积极性	3.46	0.847	3.50	0.873	3.47	1.109	3.48	0.086	0.918
乐观性	3.60	0.710	3.34	0.913	3.37	0.714	3.44	3.605	0.028
独立性	3.40	0.824	3.40	0.932	3.11	0.798	3.30	1.895	0.152
挑战性	3.36	0.844	3.31	0.875	2.89	0.924	3.19	4.335	0.014
合作性	3.42	0.743	3.37	0.863	2.97	0.788	3.25	4.802	0.009
坚持性	3.25	0.855	3.25	0.849	3.55	1.032	3.35	1.908	0.150
进取心	3.30	0.842	3.26	1.048	3.26	1.005	3.27	0.069	0.934
心理承受能力	3.37	0.829	3.43	0.847	3.37	0.633	3.39	0.165	0.848
综合心理素质	3.40	0.940	3.27	0.842	2.42	1.266	3.03	15.798	0.000
评价均值	3.44	—	3.39	—	3.25	—	3.36	—	—

不同科类教师对中职学生身心素质中的乐观性、挑战性、合作性和综合心理素质四项指标评价存在显著差异（$P < 0.05$）。文科教师对中职学生上述四项指标中的乐观性指标的评分最高,农科教师评价次之,理科教师评价最低;文科教师对中职学生上述四项指标中的挑战性、合作性和综合心理素质评价最高,理科教师评价次之,农科教师评价最低。对中职学生身心素质的其他指标,不同科类专业教师的评价无显著差异（P >

0.05）。

文科教师和理科教师对中职学生身心素质中的坚持性指标评价最低（均为 3.25 分），农科教师对综合心理素质指标评分最低；各科类专业教师均对体能素质评分最高。中职学生身心素质各项指标得分从高到低依次为：体能素质，运动技能，锻炼积极性，乐观性和健康意识（两指标得分相同），心理承受能力，坚持性，独立性，进取心，合作性，挑战性，综合心理素质。

（六）社交素质

由表 5—21 可见，文科、理科和农科教师对中职学生社交素质的评价分别为 3.38 分、3.50 分和 3.29 分，均认为中职学生社交素质近于"一般"水平；在中职学生社交素质的五项指标中，交往能力为 3.68 分，趋于"较好"状态；其他四项指标均低于 3.50 分，均处于"一般"水平。

不同科类教师对中职学生社交素质中的协商能力、交往能力的评价存在显著差异（P < 0.05）。理科教师对中职学生社交素质中的协商能力评价最高，文科教师评价次之，农科教师评价最低；农科教师对中职学生社交素质中的交往能力评价最高，理科教师评价次之，文科教师评价最低。各科类教师对中职学生的适应能力、决策能力、组织领导能力三项指标的评价无显著差异（P > 0.05）。

各科类专业教师均对中职生源学生社交素质中的协商能力评分最低，对交往能力评分最高。中职生源学生社交素质各项指标得分从高到低依次为：交往能力，适应能力，组织领导能力，决策能力，协商能力。

表 5—21   不同科类专业高校教师对中职生源学生社交素质评价

项目	文科教师评价		理科教师评价		农科教师评价		指标均值	F 值	P 值
	均值	标准差	均值	标准差	均值	标准差			
协商能力	3.21	0.875	3.27	0.962	2.82	1.036	3.10	3.484	0.032
交往能力	3.51	0.737	3.66	0.811	3.87	0.529	3.68	3.674	0.027
适应能力	3.48	0.737	3.64	0.790	3.34	0.627	3.49	2.662	0.072
决策能力	3.31	0.844	3.44	0.800	3.18	1.087	3.31	1.336	0.265
组织领导能力	3.38	0.803	3.49	0.850	3.26	0.860	3.38	1.119	0.328
评价均值	3.38	—	3.50	—	3.29	—	3.39		

（七）其他素质

由表5—22可见，文科、理科和农科教师对中职学生其他素质的评价分别为3.30分、3.38分、3.08分，均认为中职学生其他素质处于"一般"水平；各科类教师对中职学生其他素质七项指标的评价均低于3.50分，也均处于"一般"水平。

表5—22　　　不同科类专业高校教师对中职生源学生其他素质评价

项目	文科教师评价		理科教师评价		农科教师评价		指标均值	F值	P值
	均值	标准差	均值	标准差	均值	标准差			
恋爱观	3.52	0.812	3.62	0.909	3.13	0.811	3.42	4.668	0.010
择业观	3.33	0.785	3.38	0.951	3.26	0.828	3.32	0.275	0.760
就业观	3.23	0.795	3.37	0.939	2.95	0.868	3.18	3.356	0.036
业余时间利用	3.19	0.940	3.28	0.833	2.95	1.012	3.14	1.862	0.157
参加课外活动	3.44	0.820	3.52	0.778	3.32	0.620	3.43	1.030	0.358
阅读课外书籍	3.04	0.923	3.14	0.852	2.76	0.751	2.98	2.513	0.083
业余爱好	3.34	0.769	3.38	0.768	3.18	0.801	3.30	0.890	0.412
评价均值	3.30	—	3.38		3.08	—	3.25	—	

不同科类教师对中职学生其他素质中的恋爱观、就业观两项指标的评价存在显著差异（P<0.05）。理科教师对中职生源学生的恋爱观、就业观评价最高（分别为3.62分、3.37分），文科教师评价次之（分别为3.52分、3.23分），农科教师评价最低（分别为3.13分、2.95分）。各科类教师对中职学生其他素质指标的评价无显著差异（P>0.05）

各科类教师均对中职学生其他素质中的阅读课外书籍情况评价最低，文科和理科教师对中职学生的恋爱观评价最高（分别为3.52分和3.62分），农科教师对中职学生参加课外活动情况的评分最高。中职学生社交素质中各项指标得分从高到低依次为：参加课外活动，恋爱观，择业观，业余爱好，就业观，业余时间利用，阅读课外书籍。

第三节 调查的主要结论

一 中职生源学生总体素质亟待提升

调查结果表明,就整体状况而言,对口招生高校中职生源学生在德育、智育、文化、身心、社交和其他素质等方面得分均显著低于普高生源,占调查项目总量的 85.71%,说明中职生源学生整体素质弱于普高生源。在问卷设定的 54 项指标中,中职学生有 42 项指标得分显著低于普高生源,占问卷设定指标总量的 77.78%。这些弱项指标在德育、智育、文化、能力、社交、身心和其他素质中均有体现,需要中职学校加强相关方面的教育培养工作。

由不同类型高校教师对中职生源学生素质的评价差异可见,各类高校教师对中职生源学生素质的评价均没有达到"较好"水平,近于"较好"状态的指标仅有 15 项,占问卷设定指标总数的 27.78%,其他 39 项指标均被评价为"一般"水平,占问卷设定指标总数的 72.22%,说明中职学生综合素质亟待提升。中职学校需要加强中高职教学与课程衔接、普职沟通等工作,使有志于继续深造的中职学生素质逐渐与对口升学院校要求相适应。

对口招生高校不同专业领域的教师认为中职生源学生素质 50 项指标均处于"一般"水平,占问卷设定指标总数的 92.59%。处于"较好"水平的指标仅有 4 项,占问卷设定指标总数的 7.41%,分别是德育素质中的人生观与价值观,遵规守纪情况,身心素质中的体能素质,社交素质中的交往能力。说明对口升学中职毕业生综合素质未能满足对口招生高校的要求,需要中职学校进一步加强对口升学学生的综合素质教育工作。

二 中职学校亟须建立素质教育体系

调查发现,无论是中职生源学生还是普高生源学生,德育素质中的公私观,文化素质中的艺术欣赏能力,能力素质中的自学能力,身心素质中的综合心理素质,其他素质中的阅读课外书籍得分均为最低指标,说明以上五项素质指标是当前我国高中阶段素质教育的弱点。中职学生和普高学生身心素质中的体能素质均为最高得分指标,说明我国高中阶段教育对学生的体能训练状况得到高校教师的广泛认可。中职学校应按照对口升学高校对学生素质的要求,加快构建符合中职教育特点的学生素质教育体系,全面提升对口升学毕业生整体素质。

由不同类型高校教师对中职学生素质状况的评价差异可见,高职院校教师对中职学生德育素质、文化素质、智育素质、能力素质、身心素质、社交素质以及其他素质评价均为"一般"水平;高专学校教师对中职学生在德育素质、文化素质、智育素质、能力素质、身心素质以及其他素质评价也均为"一般"水平,与高职院校教师评价一致。但对中职生源学生社交素质评价近于"较好"状态,与高职院校教师评价体现出差别;本科院校教师对中职生源学生德育素质、文化素质、智育素质评价也仅为"一般"水平,但对中职生源学生能力素质、身心素质、社交素质及其他素质评价近于"较好"状态。由此可见,中职学生素质在高专、本科院校的表现优于高职学校。部分中职学校教师反映,目前中职学校对口升学学生多依照省级教育行政部门安排的对口招生考试大纲实施教学,该大纲与高专学校、本科院校对学生素质的要求更为紧密。部分中职学校教师猜测,这个对口招生考试大纲本身就是本科院校专家教授制定、政府采纳的。显然,这与国家推进中高职衔接的本意不尽符合。

不同科类教师对中职学生素质各项指标评价在 2.16—4.24 分,处于"差"到"较好"水平。农科教师对中职生源学生的艺术欣赏能力、实践能力、综合心理素质的评价均低于 2.50 分,趋向于"差"的水平。中职学校应注重因材施教,根据不同专业学生素质培养需求设置相关教学内容,逐步加强对工科、农科类专业学生相应素质的教育。此外,各科类教师对中职生源学生文化素质中的艺术欣赏能力、智育素质中的研究问题能力、其他素质中的阅读课外书籍三项指标的评价均低于 3.0 分,文科和理科教师对中职学生德育素质中的公私观、文化素质中了解中华文化情况、能力素质中的自学能力、身心素质中的坚持性、社交素质中的协商能力、其他素质中的阅读课外书籍七项指标评分均为最低,农科教师对中职学生的艺术欣赏能力、实践能力、综合心理素质的评分也较低,说明中职学校亟待加强人文教育(或称通识教育)工作,促进学生素质的全面提升。

三 中职学校亟须改进教育教学目标

由中职生源学生与普高生源学生素质比较分析结果可见，中职生源学生在能力素质方面的技能学习能力，身心素质方面的运动技能、锻炼积极性和综合心理素质，社交素质方面的组织领导能力，其他素质方面的谈恋爱情况六项指标得分均显著高于普高生源学生，占问卷设定指标总量的9.26%。说明中职学校在上述学生素质指标培养方面取得了良好效果。分析其原因，关键在于中职学校根据学生就业、升学目标的需要，分别依据对口招生高校、就业企业需求实施了相关素质的培养。鉴于此，中职学校应逐步改进教育教学目标，从促进学生成长与发展的角度，积极推进就业、升学两个目标的统一实现。

不同类型高校教师对中职学生文化素质中的艺术欣赏能力和注意力等22项指标评价均表现出显著差异，占问卷设定指标总量的40.74%。说明高职院校、高专学校、本科院校对中职学生素质的要求不尽一致，也说明省级教育行政部门组织制定的对口升学教育教学大纲未能体现高职院校、高专学校、本科院校对中职学生素质的共同要求。应对这种情况，省级教育行政部门应进一步修订现有中职学校对口升学教育教学大纲，引导中职学校根据自身实际设置相应专业，完善教学目标，全面提升中职学生的整体素质水平，满足不同类型对口招生高校对中职学生素质的共同需求。

不同科类高校教师对中职学生素质17项指标的评价表现出显著差异，占问卷设定指标总量的31.48%。文科教师对中职学生智育素质中的学习方法指标评价最低，理科教师则对研究问题能力评价最低，而农科教师对中职学生实践能力、综合心理素质的评价近于"差"的水平，说明对口招生高校不同专业对中职学生素质的要求也不尽相同，需要省级主管部门在修订现有中职学校对口升学教育教学大纲时，充分顾及各专业对中职生源学生素质的要求，引导中职学校根据不同专业要求并参考对口招生高校教师的意见，设置相应专业的素质教育目标。需要说明的是，对口招生高校不同专业对中职学生的素质要求不尽相同，也反映出不同专业在推进中高职衔接、普职沟通的方面进程不一。

四　中职学校亟须加强学生教育管理

由中职生源学生与普高生源学生素质状况比较分析可见,中职学生的能力素质得分与普高学生未表现出显著差异,说明中职学校在实施"能力本位"教育方面取得显著成效。但是,中职学生与普通高中生源学生在德育素质、文化素质、智育素质、身心素质、社交素质、其他素质方面均存在显著性差异,反映出中职学校在相关方面的欠缺。当然,这些方面的欠缺与九年义务教育阶段有极大关系,很难由中职学校全面担责,但毕竟中职学校在学生上述素质教育方面尚有较大的改进空间,应加强与不同类型对口招生高校之间的信息交流,切实加强学生教育管理、中职学生的课余生活习惯和学习习惯等的培养,努力缩小中职学生与普高生源学生素质之间的差距。

中职学生在文化素质方面的注意力,在能力素质方面的勤工俭学积极性和自我生活能力,在身心素质方面的心理承受能力,在社交素质方面的交往能力等指标的得分均与普高学生无显著性差异,甚至某些素质指标的得分高于普高生源。不同类型院校教师对中职生源学生的人生观与价值观等32项指标的评价均无显著性差异,占问卷设定指标总量的59.26%;不同科类教师对中职学生事业心等34项指标的评价也不存在显著性差异,占问卷设定指标总量的68.52%,在一定程度上反映出中职学校相应管理机制的科学性。中职学校在推行教学改革时,应注重发挥现有教育优势,提高中职学生在相关素质方面的自信心。

第 六 章

中职教育质量现状：基于就业导向调查

严格意义上而言，中职学生只有在毕业后获得某一职业、走上工作岗位之后，才能使其所掌握的技术技能与生产资料结合，表现出中职教育效能，体现出中职教育质量。中职学生的就业能力与职业能力相辅相成，是企事业等用人单位以及中职学校格外关注的重点。中职毕业生的职业能力如何，需要在具体的工作环境中实施评价，评价主体确定为用人单位的相关人员较为适宜，因为他们对中职学生职业能力的表现状况最为了解，也最具话语权。中职毕业生职业能力评价应归结为中职教育质量结果评价范围，可间接反映"以就业为导向"的中职教育质量状况。

职业能力是指一个人成功地进行职业活动所必须具备的知识、技能、态度和个性心理特征的整合[1]。依据徐国庆对德国职业能力划分标准的研究，从能力内容角度，可将职业能力分为专业能力、方法能力和社会能力；从能力性质角度，可将职业能力分为基本职业能力和关键职业能力[2]。为探究中职学生职业能力培养的现状，在征求河北省职业教育研究所、河北科技师范学院职业教育研究所部分专家教授以及部分用人单位人事管理人员、中职学校就业指导部门教师意见的基础上，编制了《中职毕业生职业能力评价调查问卷》，面向全国已经就业的中职毕业生所在的工作单位进行了调查，明确了中职毕业生的职业能力现状，提出了加强中职学生职业能力培养的具体措施。

---

[1] 吴晓义：《"情境—达标"式职业能力开发模式研究》，博士学位论文，东北师范大学，2006 年。

[2] 徐国庆：《职业教育原理》，上海教育出版社 2007 年版。

第一节　调查与分析方法

一　调查方法

（一）问卷设计

依据徐国庆介绍的德国职业能力分类[①]，确定职业能力分为基本职业能力和关键职业能力两项一级指标，每项一级指标下设专业能力、方法能力和社会能力三项二级指标，共六项。为便于调查分析，将六项二级指标依次命名为专业基本职业能力、方法基本职业能力、社会基本职业能力、专业关键职业能力、方法关键职业能力和社会关键职业能力。

走访部分中职学校教师和用人单位人力资源管理人员，搜集了各项指标的具体内含指标，而后将意义相近的指标进行整合，在六项二级指标下设定了24项三级指标，编制了《中职毕业生职业能力评价调查问卷》。问卷共分为三个部分，第一部分为"用人单位基本情况"，共设计了五个问项，分别为调查单位所在地、单位类型、单位所属行业、毕业生从事岗位类型、下年度是否有中职毕业生招聘计划。其中，用人单位类型和所属行业分类以国家统计局《关于划分企业登记注册类型的规定》和行业分类标准为依据[②]。第二部分为"用人单位对中职毕业生职业能力的评价"，分为六项二级指标、24个问项。采用李克特量表五等级评定的形式[③]，将各问项的重要程度分为"很重要""重要""一般""不重要"和"很不重要"五个等级，中职毕业生职业能力表现情况评价分为"很强""强""一般""不强"和"很弱"五个等级。第三部分为开放性问题，列于各问项之后，确保中职毕业生职业能力评价的完整性。

（二）问卷检验

初始问卷编制完成后，选取河北省20家用人单位进行了试测，共获取50份问卷。试测过程中，详细询问了调查人员对问卷的认知情况，确

[①]　徐国庆:《职业教育原理》，上海教育出版社2007年版。

[②]　国家统计局:《国家工商行政管理总局关于划分企业登记注册类型的规定调整的通知》，http：//www.gov.cn/zwgk/2011 - 11/17/content_ 1995548. htm。

[③]　彭云飞、沈曦:《经济管理中常用数量方法》，经济管理出版社2011年版。

保被调查者所理解的问项内容和调查内容一致。而后，依据 50 份调查问卷获取的相关信息，对问卷进行了信度和效度分析。信度分析采用内部一致性系数法（即 Cronbach'α 系数法）进行[1]，运用 SPSS 19.0 统计软件求得调查问卷 α = 0.931 > 0.90，确认本问卷具有较高的信度。采用参与者检验法、专家评价法和反馈法检验了问卷效度[2]，确认问卷具有较高的效度，可接受。

（三）调查实施

相关统计数据显示，2011 年全国普通中专、职业高中、成人中专三类中职学校毕业生到各种所有制企事业单位就业人数为 406.17 万人，占中职毕业生就业总人数的 77.26%。其中，本省就业的中职毕业生有 358.34 万人，占就业学生总人数的 68.16%[3]。2012 年三类中职学校毕业生到各种所有制企事业单位就业人数为 392.50 万人，占中职毕业生就业总人数的 75.40%。其中，本省就业的中职毕业生有 363.01 万人，占中职毕业生就业总人数的 69.74%[4]。调查得知，技工学校毕业生就业率略高于上述三类中职学校，且以本省就业为主。综合相关数据及访谈调查情况得知，中职毕业生就业以本地（县域）各种所有制企事业单位为主。

基于上述分析，将问卷调查范围确定于各种所有制企事业单位，被调查企事业单位分布于三区八省市，即：发达地区的北京市、上海市、广东省，沿海地区的河北省、山东省、江苏省，中部地区的河南省和山西省。

为保证调查结果的有效性，确定被调查企事业单位近五年内聘用的中职毕业生应超过 50 人以上，并请企业人力资源主管人员或车间主任以及班、组长等直接与中职毕业生（在本单位就业人员）接触（交往）的人员填写问卷。调查共发放问卷 370 份，收回 335 份，回收率为 90.54%；确定有效问卷 322 份，问卷有效率为 96.12%。其中，北京市、上海市、广东省分别为 29 份、29 份、42 份，河北省、山东省、江苏省分别为 35

---

① 薛薇：《SPSS 统计分析方法及应用》，电子工业出版社 2007 年版。

② 陈向明：《质的研究方法与社会科学研究》，教育科学出版社 2000 年版。

③ 教育部：《2011 年全国中职毕业生就业率 96.71%》，http://www.Chinanews.com/edu/2012/07 - 24/4053310.shtml。

④ 《2012 年全国中等职业学校毕业生就业状况良好》，http://www.gov.cn/gzdt/2013 - 08/29/content_ 2477113.htm。

份、52 份、32 份,河南省和山西省分别为 48 份和 55 份。经理、部门主管、车间主任、班组长分别填写问卷 46 份、104 份、37 份、135 份,分别占有效问卷总量的 14.29%、32.30%、11.49%、41.93%。本年度有招聘中职毕业生计划的企业有 216 家,没有招聘计划的 42 家,其余待定。

调查企事业单位所有制类型多样,私营企业为 128 份,占问卷总数的 39.75%,其他类型企业调查问卷从多到少依次为有限责任公司(42 份),国有企业(38 份),股份有限公司(31 份)。涉及行业除国际组织外,其他也均有涉及。其中,制造业 95 份,占有效问卷总量 29.50%。其次按调查问卷从多到少依次为批发与零售业(37 份),建筑业(25 份),住宿与餐饮业(23 份)。比较发现,上述企业类型与行业和教育部 2012 年公布的中职毕业生就业单位类型及行业分布情况基本一致。

二　分析方法

采用李克特量表五等级评分法,按各问项的重要程度"很重要""重要""一般""不重要"和"很不重要"五级,职业能力表现情况按"很强""强""一般""不强"和"很弱"五级,分别赋值 5 分、4 分、3 分、2 分和 1 分[1]。若高于本级 0.5 分(不含),则认为趋于上一级状态,若低于本级 0.5 分(不含),则认为本级状态。

利用 Excel 软件,对 322 份有效问卷获取的相关信息进行整理、汇总,建立数据库。运用 SPSS19.0 统计分析软件对各省企事业用人单位对中职学生各项职业能力的评价结果分别进行两独立样本卡方检验。假设不同省、市用人单位对中职学生职业能力评价无显著差异(H_0),显著性水平 $\alpha = 0.05$。若相伴概率 $P > 0.05$,则接受 H_0,即认为不同省、市用人单位对中职毕业生职业能力的评价不存在显著差异;若相伴概率 $P < 0.05$,则拒绝 H_0,即不同省、市用人单位对中职学生职业能力的评价存在显著差异,其他二元变量也以此方法处理[2]。

---

[1]　薛薇:《SPSS 统计分析方法及应用》,电子工业出版社 2007 年版,第 330—367 页。

[2]　同上。

第二节　调查结果及分析

一　指标重要程度

(一) 二级指标

将中职毕业生六项职业能力二级指标重要程度及表现状况调查结果整理为表6—1。可见，各项二级指标重要程度平均在4.293—4.500分，说明用人单位均认为中职学生各项职业能力"重要"，中职学校应高度重视学生职业能力的培养工作。其中，职业能力中得分最高的为专业关键职业能力，且标准差最小，说明被调查者均认为专业关键职业能力更为重要。

表6—1　　中职毕业生各项职业能力二级指标重要程度及表现状况

序号	职业能力	问项数量	重要性		表现状况	
			得分均值	标准差	得分均值	标准差
1	专业基本职业能力	4	4.320	0.794	3.671	0.835
2	方法基本职业能力	3	4.293	0.748	3.493	0.822
3	社会基本职业能力	4	4.380	0.700	3.675	0.770
4	专业关键职业能力	4	4.500	0.662	3.668	0.818
5	方法关键职业能力	4	4.305	0.760	3.568	0.834
6	社会关键职业能力	5	4.314	0.756	3.670	0.844

(二) 三级指标

将中职学生24项职业能力三级指标重要程度及表现状况的调查结果整理为表6—2。可见，各项职业能力三级指标的重要程度在3.845—4.773分。其中，职业道德、信息处理能力、统筹规划能力、实践操作能力、安全意识五个问项均在4.50分以上，趋于"极为重要"状态，受到企事业等用人单位格外关注；而创新能力、环境意识两项指标均在4.0分以下、3.5分以上，趋于"重要"的程度；其他职业能力指标得分均在4.0以上、4.5分以下，处于"重要"程度。由此推断，用人单位格外看重中职毕业生的职业道德、信息处理能力、统筹规划能力、专业实践能力和安全意识等指标,而对中职毕业生的创新能力、环境意识要求相对较低。

二 总体表现状况

(一) 二级指标

由表6—1可见,中职毕业生六项职业能力二级指标表现状况在3.493—3.675分,均未达到"强"的状态。其中,方法基本职业能力表现在3.5分以下,处于"一般"状态,而专业基本职业能力、社会基本职业能力、专业关键职业能力、方法关键职业能力、社会关键职业能力均高于3.5分,趋于"强"的状态。说明中职毕业生能够满足用人单位的"一般"要求,但据"强"的职业能力还有较大的提升空间。

(二) 三级指标

由表6—2可见,中职毕业生24项职业能力三级指标表现状况在3.264—4.053分,平均分数为3.845分,说明用人单位基本认可中职毕业生的职业能力。其中,计算机基本操作能力达到4.053分,处于"强"的状态;而专业知识、人格素养、基础知识、分析综合能力、组织管理能力、创新能力六项指标得分均未超过3.5分,处于"一般"状态,应引起中职学校的高度重视,加强上述六项指标的培养工作;其他职业能力均超过3.50分、低于4.0分,趋于"强"的状态,表明尚有较大提升空间。

表6—2 　　　　中职学生各项职业能力指标重要程度及表现状况

二级指标	三级指标	重要程度		表现状况		差值
		得分均值	标准差	得分均值	标准差	
专业基本 职业能力	计算机基本操作能力	4.314	0.756	4.053	0.715	0.261
	实践操作能力	4.593	0.723	3.665	0.900	0.928
	专业知识	4.311	0.826	3.500	0.866	0.811
	基础知识	4.071	0.871	3.466	0.858	0.605

续表

二级指标	三级指标	重要程度		表现状况		差值
		得分均值	标准差	得分均值	标准差	
方法基本职业能力	解决问题能力	4.450	0.678	3.528	0.809	0.922
	学习能力	4.311	0.759	3.519	0.847	0.792
	组织管理能力	4.121	0.806	3.435	0.811	0.686
社会基本职业能力	职业道德	4.773	0.455	3.752	0.774	1.021
	环境意识	3.845	0.999	3.677	0.802	0.168
	人际交往能力	4.441	0.705	3.665	0.753	0.776
	团结协作能力	4.469	0.642	3.615	0.749	0.854
专业关键职业能力	安全意识	4.537	0.688	3.714	0.816	0.823
	工作适应能力	4.348	0.708	3.686	0.804	0.662
	统筹规划能力	4.637	0.587	3.655	0.851	0.982
	工作效率	4.472	0.666	3.624	0.800	0.848
方法关键职业能力	信息处理能力	4.689	0.555	3.783	0.779	0.906
	逻辑思维能力	4.385	0.821	3.770	0.833	0.615
	分析综合能力	4.146	0.809	3.463	0.782	0.683
	创新能力	3.988	0.854	3.264	0.942	0.724
社会关键职业能力	语言及文字表达	4.463	0.646	3.733	0.767	0.730
	社会责任感	4.425	0.779	3.730	0.899	0.695
	积极上进	4.329	0.795	3.720	0.880	0.609
	心理素质	4.233	0.760	3.689	0.807	0.544
	人格素养	4.118	0.800	3.478	0.869	0.640

注：差值为用人单位需要与学生实际表现差值。

三　基本职业能力

（一）具体表现

1. 专业基本职业能力

问卷将专业基本职业能力设置为基础知识、计算机基本操作能力、专业知识和实践操作能力四项指标，调查及分析结果如表6—2所示。中职毕业生专业基本职业能力四项指标得分从高到低依次为：计算机基本操作能力，实践操作能力，专业知识和基础知识。其中，计算机基本操作能力达到"强"的状态，实践操作能力趋于"强"的状态，而专业知识和基础知识得分均在 3.5 分以下，均处于"一般"状态，需要中职学校引导学生加强专业知识和基础知识的学习。

2. 方法基本职业能力

问卷将方法基本职业能力设置为解决问题能力、学习能力和组织管理能力三项指标，调查及分析结果如表 6—2 所示。可见，中职毕业生基本职业能力各项指标得分从高到低依次为：解决问题能力，学习能力，组织管理能力。其中，解决问题能力和学习能力均在 3.5 分以上，趋于"强"的状态。而组织管理能力低于 3.5 分，趋于"一般"状态，说明中职毕业生的组织管理能力未能得到用人单位的认可，需要中职学校加强相关方面的培养工作。

3. 社会基本职业能力

问卷将社会基本职业能力设置为职业道德、环境意识、人际交往能力和团结协作能力四项指标，调查及分析结果如表 6—2 所示。可见，中职毕业生社会基本职业能力各项指标得分从高到低依次为：职业道德，环境意识，人际交往能力，团结协作能力。各项指标得分均超过 3.5 分，趋于"强"的状态，但距离"强"的标准（4.0 分）还有较大提升空间。

（二）差异分析

1. 不同省（市）评价

不同省（市）用人单位对中职毕业生基本职业能力各项指标评价结果的差异性分析表明，在基本职业能力所包含的 11 项三级指标中，专业知识、专业实践操作能力、解决问题能力、学习能力、组织管理能力、职业道德和环境意识 7 项指标均存在显著性差异，说明不同省份中职学校在上述学生职业能力指标培养方面存在着不平衡现象。

综合用人单位对各项职业能力指标的重视程度和中职毕业生表现得分情况，选取专业知识、专业实践操作能力、组织管理能力和职业道德四项指标进一步实施了差异性分析，分析结果如表 6—3 所示。

从专业知识指标看，北京市、广东省、河南省和上海市用人单位评为 4 分的人员所占比例最大，河北省、山东省和山西省用人单位评价 3 分的人员所占比例最大，而江苏省用人单位评价 3 分与 4 分的人数相等；从专业实践操作能力指标看，北京市、河北省、江苏省、山东省和上海市用人单位评为 4 分的人员所占比例最大，广东省用人单位评价 5 分的人员所占比例最大,河南省和山西省用人单位评价为 3 分的人员所占比例最大;从组织管理能力指标看,北京市、广东省和上海市用人单位的评价为 4 分的人员所占比例最大,其余五省用人单位的评价为 3 分的人员所占比例较大;从职业道德指标看,调查省(市)用人单位评价为 4 分的人员所占比例最大。

表6—3　　　　　　不同省(市)用人单位评价得分所占比例　　　　　(%)

省市	分(数)	专业知识	专业实践操作能力	组织管理能力	职业道德
北京	1	0.0	0.0	0.0	0.0
	2	9.1	0.0	0.0	0.0
	3	27.3	36.4	9.1	9.1
	4	45.5	45.5	81.8	63.6
	5	18.2	18.2	9.1	27.3
广东	1	0.0	0.0	0.0	0.0
	2	0.0	12.5	0.0	12.5
	3	25.0	0.0	25.0	0.0
	4	62.5	25.0	62.5	75.0
	5	12.5	62.5	12.5	12.5
河北	1	0.7	0.7	0.0	0.0
	2	13.2	6.9	11.1	3.5
	3	36.1	32.6	52.8	30.6
	4	34.0	40.3	25.0	50.7
	5	16.0	19.4	11.1	15.3
河南	1	0.0	0.0	0.0	0.0
	2	4.1	4.1	12.2	2.0
	3	34.7	42.9	40.8	30.6
	4	55.1	34.7	38.8	46.9
	5	6.1	18.4	8.2	20.4

续表

省（市）	分数	专业知识	专业实践操作能力	组织管理能力	职业道德
江苏	1	0.0	0.0	7.7	0.0
	2	0.0	7.7	0.0	0.0
	3	46.2	7.7	46.2	23.1
	4	46.2	76.9	38.5	69.2
	5	7.7	7.7	7.7	7.7
山东	1	6.7	13.3	0.0	3.3
	2	26.7	16.7	13.3	30.0
	3	46.7	23.3	43.3	16.7
	4	16.7	30.0	26.7	46.7
	5	3.3	16.7	16.7	3.3
山西	1	0.0	0.0	0.0	0.0
	2	0.0	3.6	1.8	0.0
	3	54.5	43.6	61.8	38.2
	4	34.5	40.0	29.1	50.9
	5	10.9	12.7	7.3	10.9
上海	1	0.0	0.0	0.0	0.0
	2	16.6	0.0	16.7	0.0
	3	25.0	41.7	25.0	25.0
	4	41.7	50.0	41.7	50.0
	5	16.7	8.3	16.7	25.0

可见，发达地区"北上广"和江苏省用人单位相关人员对中职学生职业能力的评价多集中于 4 分，而其他省份的评价得分则较为零散。综合以上分析，发达地区"北上广"对中职毕业生专业知识、实践操作能力、组织管理能力和职业道德四项指标的评价普遍较高，而沿海地区与中部地区差异则不明显。

2. 不同单位评价

根据国家统计局《关于划分企业登记注册类型的规定》①，问卷将用

---

①　国家统计局:《国家工商行政管理总局关于划分企业登记注册类型的规定调整的通知》，http：//www.gov.cn/zwgk/2011 - 11/17/content_ 1995548. htm。

人单位分为 11 种类型。方差分析结果表明，在基本职业能力所含的 11 项指标中，不同类型用人单位仅对计算机基本操作和专业实践操作能力两项指标的评价存在显著性差异，分数分布比例统计结果如表 6—4 所示。

对计算机基本操作能力指标，除外商投资企业评价为 5 分的人员所占比例最大外，其余用人单位均为评价为 4 分的人员所占比例最大，说明不同类型用人单位均认可中职毕业生的计算机基本操作能力。对专业实践操作能力指标，不同类型用人单位评价均集中在 3 分和 4 分，所占比例分别为 33.9% 和 40.1%。其中，机关、事业单位评价为 5 分的人员所占比例最大，国有企业、集体企业、联营企业、股份有限公司、私营企业和港澳台商投资企业评价为 4 分的人员所占比例最大，股份合作企业、其他企业和外商投资企业类型的用人单位评价为 3 分、4 分的人员所占比例相等，有限责任公司评价为 3 分的人员所占比例最大。

表 6—4　　　　　　　　不同类型用人单位评价得分所占比例　　　　　　　（%）

企业类型	计算机基本操作能力					专业实践操作能力				
	1	2	3	4	5	1	2	3	4	5
机关、事业单位	0.0	4.3	4.3	56.5	34.8	4.3	8.7	30.4	21.7	34.8
国有企业	0.0	0.0	26.3	50.0	23.7	0.0	2.6	31.6	34.2	31.6
集体企业	0.0	0.0	0.0	60.0	40.0	0.0	10.0	10.0	60.0	20.0
股份合作企业	0.0	0.0	28.6	57.1	14.3	0.0	4.8	33.3	33.3	28.6
联营企业	0.0	0.0	16.7	50.0	33.3	16.7	16.7	16.7	33.3	16.7
有限责任公司	0.0	0.0	21.4	47.6	31.0	0.0	0.0	54.8	38.1	7.1
股份有限公司	0.0	0.0	12.9	64.5	22.6	0.0	3.2	29.0	64.5	3.2
私营企业	0.0	0.0	22.7	49.2	28.1	2.3	10.2	32.8	39.1	15.6
其他企业	11.1	0.0	22.2	55.6	11.1	0.0	11.1	33.3	33.3	22.2
港澳台商投资企业	0.0	0.0	0.0	100	0.0	0.0	0.0	0.0	75.0	25.0
外商投资企业	0.0	0.0	30.0	30.0	40.0	0.0	0.0	40.0	40.0	20.0
占所有问卷比例	0.3	0.3	20.2	52.2	27.0	1.6	6.5	33.9	40.1	18.0

综合以上分析，中职毕业生的计算机基本操作能力和专业实践操作能力均得到机关，事业单位，国有企业，集体企业，联营企业，股份有限公司，私营企业和港澳台商投资企业八类用人单位的共同认可，而进入有限

责任公司、股份合作企业、外商投资企业和其他企业类型就业的中职毕业生计算机基本操作能力和专业实践操作能力尚有较大提升空间。中职学校应根据中职学生就业的各类型企业的愿望，加强相关职业能力培养工作。

　　3. 不同行业评价

　　根据国家统计局行业分类标准，问卷将中职毕业生就业岗位分为 19 个行业。方差分析结果表明，在基本职业能力 11 项三级指标中，不同行业人员仅对中职毕业生计算机基本操作能力和环境意识两项指标评价存在显著差异（$P < 0.05$），详细统计分析结果如表 6—5 所示。

表 6—5　　　　　　不同行业用人单位评价各得分所占比例　　　　　（％）

行业	计算机基本操作					环境意识				
	1	2	3	4	5	1	2	3	4	5
制造业	1.1	0.0	22.1	49.5	27.4	2.1	4.2	43.2	33.7	16.8
建筑业	0.0	0.0	12.0	72.0	16.0	0.0	0.0	44.0	40.0	16.0
采矿业	0.0	0.0	0.0	50.0	50.0	0.0	0.0	66.7	16.7	16.7
金融业	0.0	0.0	28.6	57.1	14.3	0.0	0.0	71.4	14.3	14.3
批发和零售业	0.0	0.0	21.6	56.8	21.6	0.0	2.7	32.4	43.2	21.6
房地产业	0.0	0.0	21.4	57.1	21.4	0.0	0.0	28.6	50.0	21.4
住宿和餐饮业	0.0	0.0	13.0	56.5	30.4	0.0	0.0	39.1	52.2	8.7
教育	0.0	0.0	15.0	45.0	40.0	0.0	0.0	35.0	30.0	35.0
农林牧渔业	0.0	0.0	7.7	61.5	30.8	0.0	15.4	38.5	46.2	0.0
文化、体育和娱乐业	0.0	0.0	7.7	69.2	23.1	0.0	0.0	7.7	61.5	30.8
租赁和商务服务业	0.0	0.0	11.1	55.6	33.3	0.0	11.1	0.0	88.9	0.0
交通运输、仓储和邮政	0.0	0.0	57.1	14.3	28.6	0.0	0.0	57.1	14.3	28.6
卫生和社会	0.0	0.0	20.0	30.0	50.0	0.0	0.0	50.0	40.0	10.0
居民服务、修理和其他服务业	0.0	0.0	71.4	28.6	0.0	0.0	0.0	71.4	28.6	0.0
科学研究和技术服务业	0.0	33.3	0.0	33.3	33.3	33.3	0.0	33.3	33.3	0.0
信息传输、软件和信息技术服务业	0.0	0.0	33.3	40.0	26.7	0.0	0.0	66.7	33.3	0.0
公共管理、社会保障和社会组织	0.0	0.0	12.5	62.5	25.0	0.0	0.0	25.0	75.0	0.0

行业	计算机基本操作					环境意识				
	1	2	3	4	5	1	2	3	4	5
水利、环境和公共设施管理业	0.0	0.0	50.0	50.0	0.0	0.0	50.0	50.0	0.0	0.0
电力、热力、燃气及水生产供应业	0.0	0.0	12.5	50.0	37.5	0.0	0.0	0.0	87.5	12.5
占问卷总数比例	0.3	0.3	20.2	52.2	27.0	0.9	2.8	39.4	41.3	15.5

对计算机基本操作能力指标，卫生和社会行业评价为 5 分的人员所占比例最大，采矿业、科学研究和技术服务业两个行业评价为 4 分和 5 分所占比例相等（分别为 50% 和 33.33%），水利、环境和公共设施管理业评价为 3 分和 4 分人员所占比例相等（均为 50%），居民服务、修理和其他服务业，交通运输、仓储和邮政等行业均为评价为 3 分的人员所占比例最大，其余 13 个行业均为评价为 4 分的人员所占比例最大。

对环境意识指标，批发和零售业，房地产业，住宿和餐饮业，农林牧渔业，文化、体育和娱乐业，租赁和商务服务业，公共管理、社会保障和社会组织，电力、热力、燃气及水生产供应业评价为 4 分的人员所占比例最大，其余 11 个行业用人单位评价 3 分所占比例最大。

可见，不同行业对中职毕业生基本操作能力及环境意识有着不同的要求，中职学校应依据设置专业对学生相关指标的培养有所侧重。

四 关键职业能力

（一）具体表现

1. 专业关键职业能力

问卷将专业关键职业能力设置为工作适应能力、统筹规划能力、工作效率和安全意识四项指标，调查及分析结果如表 6—2 所示。可见，四项指标得分从高到低依次为：安全意识，工作适应能力，统筹规划能力，工作效率，均趋于"强"的水平，但距"强"标准仍有较大提升空间。在专业关键职业能力四项指标中，安全意识得分最高，说明中职学校安全意识教育取得了良好效果。

2. 方法关键职业能力

问卷将方法关键职业能力设置为逻辑思维能力、分析综合能力、创新能力和信息处理能力四项指标,调查及分析结果如表6—2所示。可见,四项指标得分从高到低依次为:信息处理能力,逻辑思维能力,分析综合能力,创新能力。其中,信息处理能力和逻辑思维能力两项指标得分高于3.5分,趋于"强"的状态。而分析综合能力、创新能力两项指标得分均高于3.0分、低于3.5分,仅处于"一般"水平。教育部强调,要加强中职学生创新精神、创新意识和创造力等的培养,中职学校应大力加强这方面的工作。

3. 社会关键职业能力

问卷将社会关键职业能力设置为社会责任感、语言及文字表达、积极上进、心理素质和人格素养五项指标,调查及分析结果如表6—2所示。可见,五项指标得分从高到低依次为:语言及文字表达、社会责任感、积极上进、心理素质、人格素养。其中,语言及文字表达、社会责任感、积极上进、心理素质四项指标均超过3.5分、低于4.0分,趋于"强"的状态,但尚有较大提升空间。人格素养指标得分低于3.5分、高于3.0分,仅处于"一般"水平,应引起中职学校的高度重视。

(二)差异分析

1. 不同省(市)评价差异

不同省(市)在中职毕业生关键职业能力13项指标中,工作适应能力、统筹规划能力、工作效率、安全意识、分析综合能力、创新能力、信息处理能力、社会责任感和心理素质九项指标存在显著差异($P < 0.05$)。综合考虑用人单位对职业能力各项指标的重视程度和各项指标相对评价得分两个因素,选取工作效率和信息处理能力两项指标进行了较为详细的差异性分析,结果如表6—6所示。可见,各省(市)中职毕业生关键职业能力工作效率指标的评价主要集中在3分和4分,所占比例分别为38.2%和41.6%。除山东省、山西省评价3分所占比例较大外,其余六省份的评价均为4分所占比例较大;信息处理能力指标评价主要集中于4分,所占比例为47.8%。其中,广东省评价5分所占比例较大,山东省评价均匀分布在2分、3分、4分,其余六省(市)的评价4分所占比例较大。综合分析结果表明,发达地区和沿海地区用人单位对中职毕业生工

作效率和信息处理能力两项关键职业能力评价分数较高。

表6—6　　　　**不同省市用人单位评价各得分所占的比例**　　　　（％）

省（市）	工作效率				信息处理能力			
	2	3	4	5	2	3	4	5
北京	0.0	36.4	54.5	9.1	0.0	18.2	45.5	36.4
广东	12.5	0.0	50.0	37.5	0.0	25.0	12.5	62.5
河北	9.0	36.8	38.9	15.3	3.5	31.3	45.8	19.4
河南	6.1	36.7	49.0	8.2	0.0	26.5	61.2	12.2
江苏	0.0	30.8	61.5	7.7	0.0	15.4	69.2	15.4
山东	13.3	40.0	20.0	26.7	30.0	36.7	30.0	3.3
山西	0.0	50.9	41.8	7.3	0.0	32.7	52.7	14.5
上海	0.0	33.3	58.3	8.3	0.0	41.7	41.7	16.7
占所有问卷比例	6.5	38.2	41.6	13.7	4.3	30.4	47.8	17.4

2. 不同单位评价差异

方差分析结果表明，不同单位在关键职业能力 13 项指标中，仅有信息处理能力和心理素质两项指标存在显著差异（$P < 0.05$），不同类型用人单位评价得分所占比例情况如表 6—7 所示。可见，机关、事业单位，联营企业，其他企业和外商投资企业四种类型用人单位评价 3 分所占比例最大，其他用人单位评价 4 分比例最大，说明机关、事业单位，联营企业，其他企业和外商投资企业对中职学生的信息处理能力要求较高；心理素质指标评价集中在 3 分和 4 分，所占比例分别为 37.0% 和 42.5%。其中，集体企业、股份合作企业、联营企业、有限责任公司和外商投资企业用人单位评价 3 分所占比例最大，其余六种类型用人单位评价 4 分所占比例最大，说明集体企业、股份合作企业、联营企业、有限责任公司和外商投资企业对中职毕业生心理素质要求较高。

表6—7　　　　　　不同类型用人单位评价各得分所占的比例　　　　　　（%）

企业类型	信息处理能力					心理素质				
	1	2	3	4	5	1	2	3	4	5
机关、事业单位	0.0	4.3	39.1	30.4	26.1	0.0	4.3	26.1	39.1	30.4
国有企业	0.0	0.0	10.5	65.8	23.7	0.0	5.3	36.8	47.4	10.5
集体企业	0.0	10.0	20.0	60.0	10.0	0.0	0.0	40.0	20.0	40.0
股份合作企业	0.0	0.0	28.6	57.1	14.3	0.0	4.8	52.4	33.3	9.5
联营企业	0.0	0.0	50.0	33.3	16.7	0.0	33.3	50.0	16.7	0.0
有限责任公司	0.0	0.0	42.9	45.2	11.9	0.0	0.0	40.5	38.1	21.4
股份有限公司	0.0	0.0	19.4	54.8	25.8	0.0	6.5	38.7	48.4	6.5
私营企业	0.0	9.4	29.7	46.1	14.8	0.8	3.1	35.9	44.5	15.6
其他企业	0.0	0.0	55.6	22.2	22.2	11.1	11.1	11.1	44.4	22.2
港澳台商投资企业	0.0	0.0	0.0	75.0	25.0	0.0	0.0	0.0	100	0.0
外商投资企业	0.0	0.0	70.0	20.0	10.0	0.0	0.0	50.0	40.0	10.0
占所有问卷比例	0.0	4.3	30.4	47.8	17.4	0.6	4.0	37.0	42.5	15.8

3. 不同行业评价差异

方差分析结果表明，不同行业类型单位对中职毕业生关键职业能力13项指标的评价结果均无显著性差异（P<0.05）。

五　表现状况与重要程度比较

为准确了解用人单位对中职毕业生职业能力各项指标的重视程度与中职毕业生各项职业能力表现情况二者之间的差异，运用曼－惠特尼（Mann-Whitney）U检验法对两独立样本进行了非参数检验[①]。检验统计量Z得分均为负值，相伴概率均小于0.01。说明用人单位对中职毕业生职业能力的重视程度与中职毕业生各项职业能力的表现情况均存在显著性差异。由此可确定，中职毕业生各项职业能力指标均未达到用人单位的要求。差异较大的前五项指标依次为职业道德、统筹规划能力、信息处理能力、解决问题能力和专业实践操作能力，中职学校应以上述指标为重点，

---

① 孙允午:《统计学:数据的搜集、整理和分析》，上海财经大学出版社2006年版，第211—242页。

加强学生素质培养工作。差异较小的前五项指标依次为环境意识、计算机基本操作能力、心理素质、基础知识和积极上进，说明中职学校已在上述指标培养方面取得了较大成绩。

第三节 调查的主要结论

一 用人单位对中职毕业生职业能力的需求

服务社会是中职教育的重要职能之一，人才培养是中职学校服务社会的重要形式，满足用人单位需求是中职学校人才培养的首要任务。

在基本职业能力方面，调查结果表明，用人单位均认为中职学生各项基本职业能力"重要"，但更看重的是社会基本职业能力，专业基本职业能力次之，方法基本职业能力的重要程度略低。问卷设定的基本职业能力11项指标有两项指标趋于"非常重要"的状态，分别为职业道德和实践操作能力。有九项达到"重要"状态，有一项为趋于"重要"状态。

在关键职业能力方面，调查结果表明，用人单位均认为中职学生各项关键职业能力"重要"，但更看重的是专业关键职业能力，社会关键职业能力次之，方法关键职业能力的重要程度略低。问卷设定的13项职业能力指标有三项指标趋于"非常重要"的状态，分别为信息处理能力、统筹规划能力和安全意识。有九项达到"重要"状态，有一项为趋于"重要"状态。

可见，中职学生基本职业能力的培养强调社会性，关键职业能力的培养强调专业性。在基本职业能力方面，用人单位格外重视中职毕业生的职业道德和实践操作能力；在关键职业能力方面，用人单位格外重视中职毕业生的信息处理能力、统筹规划能力和安全意识。以上应作为中职学校学生职业能力培养的重点。

二 用人单位对中职毕业生职业能力的评价

在基本职业能力方面，调查结果表明，中职毕业生专业基本职业能力、方法基本职业能力和社会基本职业能力表现分别为3.671分、3.493分、3.675分，处于"一般"和"强"，距用人单位的期望还存在较大差距。其中，专业基本职业能力四项指标得分在3.466—4.053分，除计算机基本操作能力能够得到用人单位的认可外，其余三项指标均在 3.5 分左右。基础知识得分最低，既没有满足用人单位需求，也不利于毕业生实现可持续发展。方法基本职业能力三项指标得分在 3.435—3.528 分，均在 3.5 分左右。其中，组织管理能力仅 3.435 分，用人单位对该项指标评价趋于"一般"态度。社会基本职业能力四项指标得分在 3.615—3.752 分，接近于 4 分，说明用人单位对中职毕业生社会基本职业能力表现评价趋向于"强"的状态。但职业道德评价分数较低，据用人单位期望差距较大。

在关键职业能力方面，调查结果表明，中职毕业生专业关键职业能力、方法关键职业能力、社会关键职业能力分别为 3.668 分、3.568 分、3.670 分，均为趋于"强"的状态，尚有较大提升空间。专业关键职业能力四项指标在 3.624—3.714 分；方法关键职业能力四项指标在 3.264—3.783 分，创新能力和分析综合能力均未达到 3.5 分，说明用人单位评价趋于"一般"的状态；社会关键职业能力五项指标得分在 3.478—3.733。其中，人格素养指标的得分最低，仅为 3.478 分。显然，在关键职业能力培养方面，中职学校应将学生的创新能力、分析综合能力以及人格素养等作为工作重点。

三　中职毕业生职业能力与企业需求的差异

明确中职毕业生基本职业能力的现实，并与用人单位需求进行比较，可进一步清晰中职学校在学生基本职业能力培养方面的工作重点。

在基本职业能力方面，调查结果表明，企业等用人单位对中职学生基本职业能力各指标重要程度的认知与中职毕业生基本职业能力各项指标的实际表现情况评价均存在较大的差异。差异较大的四项基本职业能力指标分别为：职业道德（1.021 分），解决问题能力（0.928 分），团结协作能力（0.845 分）和专业知识（0.811 分）。中职学校应在全面加强学生职业基本能力培养的同时，将上述指标的培养列为工作重点。

在关键职业能力方面，调查结果表明，企业等用人单位对中职学生关键职业能力各指标重要程度的认知与中职学生关键职业能力的表现情况评价也存在较大的差异。关键职业能力差异最大的四项指标分别为：统筹规划能力（0.982 分），信息处理能力（0.906 分），工作效率（0.848 分）

和安全意识（0.823分），应引起中职学校的高度重视，重点强化学生相关职业能力指标的培养工作。

四　中职毕业生职业能力评价存在一定差异

不同省（市）、不同类型、不同行业用人单位对中职毕业生职业能力的评价存在一定差异。

在基本职业能力方面。不同省（市）用人单位对中职学生基本职业能力所包含的专业知识、专业实践操作能力、解决问题能力、学习能力、组织管理能力、职业道德和环境意识七项指标的评价存在显著差异。发达地区"北上广"评价普遍较高，而沿海地区和中部地区的差异未达到显著水平；不同类型用人单位对中职学生基本职业能力所包含的计算机基本操作能力和实践操作能力两项指标的评价存在显著差异；各类用人单位均认可中职毕业生计算机基本操作能力，但评价分数呈现出的差异达到显著水平。各类用人单位对实践操作能力指标评价4分最多，所占比例达到40.1%。但有限责任公司类型的用人单位评价为3分的所占比例最大；不同行业用人单位对中职学生基本职业能力所包含的计算机基本操作能力和环境意识两项指标的评价存在显著差异。计算机基本操作指标评价为4分所占比例最大，为52.2%。居民服务、修理和其他服务业，交通运输、仓储和邮政等行业用人单位评价3分所占比例最大，批发和零售业，房地产业，住宿和餐饮业，农林牧渔业，文化、体育和娱乐业，租赁和商务服务业，公共管理，社会保障和社会组织，电力、热力、燃气及水生产供应业等行业用人单位评价4分所占比例最大。

在关键职业能力方面。不同省（市）用人单位对中职学生关键职业能力内含的工作适应能力、统筹规划能力、工作效率、安全意识、分析综合能力、创新能力、信息处理能力、社会责任感和心理素质九项指标的评价均表现出显著差异。通过对工作效率和信息处理能力两项指标进行具体分析发现，发达地区和沿海地区用人单位评价得分最高；不同类型用人单位对中职学生关键职业能力内含的信息处理能力和心理素质两项指标的评价存在显著差异。机关事业单位、联营企业、其他企业和外商投资企业等类型的用人单位评价3分的所占比例最大，而其余类型的用人单位评价4分所占比例最大。心理素质指标评价得分整体集中在3分和4分，集体企业、股份合作企业、联营企业、有限公司和外商投资企业类型的用人单位评价 3 分所占比例最大，其余六种类型的用人单位评价 4 分所占比例最大；不同行业用人单位对中职学生关键职业能力各项的评价结果不存在显著差异。

中职毕业生职业能力评价存在一定的差异，一方面反映了不同行业、企业对中职毕业生职业能力的要求不同，另一方面也反映了不同省（市）中职教育质量存在一定的差异。从上述分析推断，发达地区及沿海地区中职毕业生职业能力表现好于其他地区，可能与当地企业众多、校企合作紧密以及中职学校更为重视学生职业能力培养有关。

第 七 章

中职教育质量：生成过程与评价模型

众所周知，产品的质量决定于其生产过程，若某一环节失误，最终的产品不是次品就是废品。次品难以满足消费者需求，废品则失去了其应有价值，直接影响了企业的经济效益。因此，企业总是倡导抓好产品生产的过程质量。中职教育质量也是如此，最终的结果质量也由过程质量所决定。1967 年，美国芝加哥大学斯克里芬（Scriven M.）首次提出了质量生成评价（formative assessment）的概念。此后，美国教育家布卢姆（Bloom B. S.）将生成过程评价运用于教育评价，取得了良好效果。随之，国内外学者在该领域进行了广泛研究，并取得多项成果。但总体看，有关中职教育质量生成评价的研究较少。张庆林等（2002）将生成过程评价定义为学生学习进展评价，是为了改进教与学的评价。生成过程评价注重对学习过程的指导和改进，强调评价信息的及时反馈①。

生成是由非存在到存在，或由某种质到另一种质的过程②。生成性思维认为，事物及其本质是在其发展过程中形成的，而不是在发展之前就存在的③。中职教育质量也是逐步生成的而非预成的，生成评价极为重要。一般认为，生成评价可以采用灵活多样的方式，帮助学生了解自身知识、能力等增进状况，进而发掘自我兴趣和需求，促进身心健康，实现全面发展。同时，教师可以通过各种途径及时获得反馈信息，用以指导和改进教

---

① 张庆林、杨东：《高效率教学》，人民教育出版社 2002 年版。
② 王军红：《职业教育质量生成及其机制研究》，博士学位论文，天津大学，2013 年。
③ 李文阁：《生成性思维：现代哲学的思维方式》，《中国社会科学》2000 年第 6 期，第 45—53 页。

学行为，实现教育教学目标。基于中职教育的特殊性，确定中职教育质量
生成过程评价体系，需要明确中职教育质量生成过程的主要活动，分析确
定中职教育的时空特征。

第一节　中职教育质量生成
过程的主要活动

　　教育质量的生成过程依赖于教育实施主体（包括教育主管部门、学
校及教师）与教育客体（学生）的良性互动。中职教育活动可分为课业
活动、课外活动和顶岗实习活动三个部分。课业活动指上课时间所发生的
教师"教"与学生"学"的活动，课外活动指学校（或班级）利用课余
时间组织学生进行的各种各样的教育活动，顶岗实习活动是指初步具备岗
位独立工作能力的学生到相应实习岗位相对独立地参与实际工作的活
动[1]。为探究各项活动的具体内容，在唐山、秦皇岛两市分别选择了普通
中专、职业高中（职教中心）和技工学校各一所，以汽车维修（以下简
称"汽修"，代表理科专业）和会计（代表文科专业）两个专业为例，按
时间维度，调查了中职教育质量生成过程的主要活动。

一　课业活动

（一）汽修专业

　　第一学期：由表7—1可见，第一学期职业高中、普通中专、技工学
校分别开设了10门、9门和8门课程，学时安排分别为558学时、540学
时和427学时。普通中专开设通识教育类课程最多，技工学校次之，职业
高中最少。职业高中开设专业知识课程最多，普通中专次之，技工学校最
少。职业高中安排学生实训实习学时最多，技工学校次之，普通中专没有
安排实训实习。

---

　　① 教育部等五部门关于印发《职业学校学生实习管理规定》的通知，http：//
www. moe. edu. cn/srcsite/A07/moe_ 950/moe_ 721/201604/t20160426_ 240252. html。

表7—1　　各类中职学校汽修专业第一学期课程设置情况

序号	普通中专		职业高中		技工学校	
	课程名称	学时	课程名称	学时	课程名称	学时
1	体育	36	体育	18	体育	14
2	语文一	72	汽车文化	18	邓小平理论	28
3	数学一	72	礼仪修养	18	心理健康	28
4	英语一	36	传统文化	36	通用素质训练	28
5	计算机基础	72	汽车发动机构造与维修	36	求职择业与创业指导	28
6	职业生涯规划	36	汽车底盘构造与维修	36	汽车机械制图	28
7	机械基础（含公差）	72	电控发动机	36	汽车电工电子技术基础	28
8	电工基础	72	机修制图	36	汽车维修生产实习	245
9	汽车识图	72	汽车材料	36		
10			技能实训	288		
	总学时	540	总学时	558	总学时	427

　　第二学期：由表7—2可见，第二学期普通中专、职业高中、技工学校分别开设了10门、9门、7门课程，学时安排分别为612学时、540学时、515学时。普通中专开设通识教育课程最多，职业高中次之，技工学校未开设。技工学校开设专业知识课程最多，职业高中和普通中专开设知识课程一致，均开设了5门。职业高中安排学生实训实习学时最多，技工学校次之，普通中专未安排。技工学校未开设通识教育课程，普通中专、职业高中则开设了大量的通识教育课程。

表7—2　　各类中职学校汽修专业第二学期课程设置情况

序号	普通中专		职业高中		技工学校	
	课程名称	学时	课程名称	学时	课程名称	学时
1	语文一	72	体育	18	汽车机械制图	36
2	数学一	72	职业道德	18	汽车机械基础	36
3	英语一	36	传统文化	36	汽车发动机构造与维修	54
4	职业道德与法律	36	汽车发动机构造与维修	36	汽车底盘构造与维修	54
5	体育	36	汽车底盘构造与维修	36	汽车电气设备构造与维修	54

续表

序号	普通中专		职业高中		技工学校	
	课程名称	学时	课程名称	学时	课程名称	学时
6	汽车构造（发动机）	108	汽车构造	36	汽车自动变速器原理与维修	36
7	汽车构造（底盘）	72	汽车机修制图	36	汽车维修生产实习	245
8	汽车电气设备	72	公差与配合	36		
9	钳工	72	技能实训	288		
10	汽车故障与诊断	36				
	总学时	612	总学时	540	总学时	515

第三学期：由表7—3可见，第三学期普通中专开设10门课程，职业高中和技工学校均开设了8门课程。职业高中安排学时数最多，普通中专次之，技工学校最少。普通中专和职业高中均开设了3门通识教育课程，但学时数量不同。以体育课为例，普通中专安排了36个学时，而职业高中仅安排了18个学时。部分课程名称及内容也不相同，普通中专为"经济政治与社会"和"艺术/色彩"，而职业高中为"计算机"和"普通话"课程，技工学校未开设通识教育课程。普通中专和技工学校均开设了7门专业知识课程，学时安排数量差距较大（分别为504学时、270学时），职业高中开设了4门专业知识课程（160学时）。职业高中安排实习实训学时最多（408学时），技工学校与第一、第二学期相同，普通中专仍未安排实习实训课程。普通中专、职业高中仍继续开设了部分通识教育课程，技工学校仍未开设。普通中专的专业课程数量逐步增多，职业高中课程重点向实习实训转移，技工学校重点课程仍为专业基础课及专业实习课。

表7—3　　　　各类中职学校汽修专业第三学期课程设置情况

序号	普通中专		职业高中		技工学校	
	课程名称	学时	课程名称	学时	课程名称	学时
1	经济政治与社会	36	体育	18	汽车发动机构造与维修	36
2	艺术/色彩	36	计算机	36	汽车底盘构造与维修	36
3	体育	36	普通话	36	汽车底盘电控技术	36

续表

序号	普通中专		职业高中		技工学校	
	课程名称	学时	课程名称	学时	课程名称	学时
4	金属材料	36	汽车自动变速器	54	汽车车身电控技术	36
5	汽车构造（发动机）	36	汽车空调	54	汽车自动变速器原理与维修	54
6	汽车构造（底盘）	72	汽车电器	54	汽车故障检测与诊断	36
7	汽车电气设备	72	技能实训	288	汽车营销	36
8	钣金/冷做工	108	车间实习	120	汽车维修生产实习	245
9	汽车故障与诊断	108				
10	汽车营销	72				
	总学时	612	总学时	660	总学时	515

第四学期：由表7—4可见，第四学期职业高中、技工学校、普通中专分别开设了8门、4门、2门课程，课时数量分别为678学时、443学时、720学时。职业高中仍开设了"体育""计算机""应用文写作"三门通识教育课程，90学时，普通中专、技工学校均未开设。技工学校和职业高中均开设了3门专业知识教育课程，分别为198学时、180学时，而普通中专未开设。普通中专安排实训实习学时数量最多，职业高中次之，技工学校最少。

表7—4　　　　各类中职学校汽修专业第四学期课程设置情况

序号	普通中专		职业高中		技工学校	
	课程名称	学时	课程名称	学时	课程名称	学时
1	汽车保养实习	360	体育	18	汽车空调构造与维修	72
2	钣金喷漆实习	360	计算机	36	汽车底盘电控技术	72
3			应用文写作	36	汽车车身电控技术	54
4			汽车检测与故障诊断	54	汽车维修生产实习	245
5			汽车安全舒适系统	54		
6			汽车维护与保养	72		
7			技能实训	288		
8			车间实习	120		
	总学时	720	总学时	678	总学时	443

（二）会计专业

第一学期：由表7—5可见，第一学期技工学校开设了10门课程，安排了420学时。普通中专与职业高中均开设了9门课程，均安排了576学时。各类型中职学校均开设了6门通识教育课程，职业高中课时量最多，普通中专次之，技工学校最少。普通中专和技工学校均开设了3门专业知识课程，职业高中开设了2门。职业高中和技工学校分别安排了"基本技能培养"和"岗位实训"，分别为54学时、30学时，而普通中专未安排实习实训。

各类型中职学校开设的课程名称不尽一致。以"计算机知识"为例，普通中专直接称为"计算机"，而职业高中和技工学校分别称为"微机基础"和"计算机文化基础"。同时，学时安排也存在一定的差异，普通中专、职业高中和技工学校分别安排了72学时、54学时和52学时。

表7—5　　　　各类中职学校会计专业第一学期课程设置情况

序号	普通中专		职业高中		技工学校	
	课程名称	学时	课程名称	学时	课程名称	学时
1	语文	36	语文	72	语文	26
2	数学	72	数学	36	数学	26
3	英语	72	英语	72	英语	26
4	形体	36	体育	72	体育	26
5	计算机	72	微机基础	54	计算机文化基础	52
6	职业生涯规划	36	政治	36	社会主义市场经济	26
7	基础会计	108	基础会计	90	基础会计	104
8	经济法基础	72	统计基础	90	经济法	52
9	成本会计	72	基本技能	54	财经应用文写作	52
10					岗位实训	30
	总学时	576	总学时	576	总学时	420

第二学期：由表7—6可见，第二学期技工学校开设了10门课程，普通中专与职业高中均开设9门课程。职业高中、技工学校、普通中专分别安排课时558学时、540学时、522学时。普通中专开设了7门通识教育

课程，342 学时；职业高中开设了 6 门，360 个学时；技工学校仅开设
了 2 门，136 学时。技工学校开设了 6 门专业知识课程，374 学时。普
通中专和职业高中均开设 2 门专业课程，分别为 180 学时、144 学时。
职业高中和技工学校分别安排了"基本技能培养"和"岗位实训"，分
别为 54 学时、30 学时。普通中专未安排实训实习，与第一学期情况
一致。

表 7—6　　　　各类中职学校会计专业第二学期课程设置情况

序号	普通中专		职业高中		技工学校	
	课程名称	学时	课程名称	学时	课程名称	学时
1	语文	54	语文	72	数学	34
2	数学	36	数学	72	体育	34
3	英语	72	英语	72	计算机文化基础	68
4	形体	36	体育	36	珠算	34
5	计算机	72	微机基础	72	企业管理（财经类）	68
6	普通话	36	政治	36	统计基础	68
7	职业道德	36	基础会计	90	财务会计	102
8	基础会计	108	统计基础	54	税收	68
9	文书基础	72	基本技能培养	54	市场营销	34
10					岗位实训	30
	总学时	522	总学时	558	总学时	540

第三学期：由表 7—7 可见，第三学期职业高中开设了 10 门课程，普
通中专与技工学校均为 9 门，普通中专、职业高中、技工学校分别安排
648 学时、630 学时、540 学时。职业高中开设了 7 门通识教育课程，432
学时；技工学校开设了 2 门通识教育课程，68 学时；普通中专仅开设 1
门通识教育课程，36 学时。普通中专开设了 7 门专业知识课程，576 学
时；技工学校开设了 6 门专业知识课程，442 学时；职业高中开设了 3 门
专业知识课程，198 学时。普通中专和技工学校分别安排了"会计基本技
能"实习和"岗位实训"，分别为 36 学时和 30 学时，职业高中未安排实
训实习。

表7—7　　　　　　各类中职学校会计专业第三学期课程设置情况

序号	普通中专		职业高中		技工学校	
	课程名称	学时	课程名称	学时	课程名称	学时
1	哲学人生	36	语文	72	体育	34
2	财经法规	108	英语	72	职业指导	34
3	企业财务会计	108	体育	18	珠算	34
4	税收基础	72	数学	72	Foxpro	68
5	统计学原理	72	写作	72	财务会计	102
6	审计基础知识	72	法规	54	管理会计	68
7	财政与金融基础	72	微机过级	72	税收	68
8	会计电算化	72	经济法	54	财务管理	102
9	会计基本技能	36	电算化	54	岗位实训	30
10			财务会计	90		
	总学时	648	总学时	630	总学时	540

　　第四学期:由表7—8可见,第四学期职业高中开设13门课程,普通中专与技工学校分别为9门和8门。职业高中、普通中专、技工学校分别安排862学时、540学时、480学时。职业高中开设了7门通识教育课程,396学时;普通中专开设了5门通识教育课程,180学时;技工学校开设了1门通识教育课程,30学时。职业高中和技工学校均开设了5门专业知识课程,分别为306学时、360学时;普通中专开设了4门专业课程,360学时。职业高中和技工学校分别安排了"会计综合实训"和"岗位实训",分别为160学时、30学时,普通中专未安排实训实习。需要说明的是,普通中专所列本学期课时实际上属于实习实训学时量。为保持资料的完整性,调查时将之仍纳入本学期所设课时范围之内。

表7—8　　　　　　各类中职学校会计专业第四学期课程设置情况

序号	普通中专		职业高中		技工学校	
	课程名称	学时	课程名称	学时	课程名称	学时
1	心理健康	36	语文	72	体育	30
2	公共关系	36	英语	72	会计法规	60

序号	普通中专		职业高中		技工学校	
	课程名称	学时	课程名称	学时	课程名称	学时
3	应用文写作	36	体育	18	成本会计	60
4	书法训练	36	数学	72	审计	90
5	商务礼仪	36	写作	72	会计电算化	60
6	会计模拟实验	180	礼仪	36	收银员	90
7	办公软件	72	法规	54	技能鉴定复习	60
8	出纳	36	经济法	54	岗位实训	30
9	财务管理	72	财务会计	90		
10			税收	72		
11			电算化	54		
12			Excel在会计实务中的应用	36		
13			会计综合实训	160		
	总学时	540	总学时	862	总学时	480

二 课外活动

(一) 汽修专业

第一学期:由表7—9可见,第一学期技工学校安排课外活动最多(11项),普通中专次之(10项),职业高中最少(7项)。从组织主体看,普通中专校级课外活动最多(8项),技工学校次之(6项),职业高中最少(5项)。技工学校班级课外活动最多(5项),普通中专和职业高中均为2项。

表7—9　　　各类中职学校汽修专业第一学期主要课外活动情况

序号	普通中专		职业高中		技工学校	
	活动名称	组织主体	活动名称	组织主体	活动名称	组织主体
1	入学教育	学校	入学教育	学校	入学教育	学校
2	安全教育	学校	安全教育	学校	安全教育	学校
3	开学第一课	学校	合唱比赛	班级	爱国励志影片观赏	班级
4	才艺大赛	学校	纪律教育	班级	德育晨会	班级

序号	普通中专		职业高中		技工学校	
	活动名称	组织主体	活动名称	组织主体	活动名称	组织主体
5	法制教育	班级	卫生纪律检查	学校	校园艺术节	学校
6	社团活动	学校	学生值周	学校	篮球比赛	学校
7	元旦晚会	学校	社团活动	学校	学习经验交流会	班级
8	卫生纪律检查	学校			专业教育	班级
9	参观4S店	班级			企业参观	班级
10	学生值周	学校			学生值周	学校
11					社团活动	学校

注:1. 安全教育包括安全知识教育及消防演习、避震演习、紧急疏散演练等。下同。

2. 所有课外活动未包括班主任利用课余时间召开的各种主题班会。下同。

第二学期:由表7—10可见,第二学期技工学校课外活动安排最多(11项),普通中专次之(10项),职业高中最少(7项)。从组织主体看,普通中专校级课外活动最多(8项),技工学校次之(6项),职业高中最少(5项)。技工学校班级课外活动最多(5项),普通中专和职业高中均为2项。

表7—10　　　各类中职学校汽修专业第二学期主要课外活动情况

序号	普通中专		职业高中		技工学校	
	活动名称	组织主体	活动名称	组织主体	活动名称	组织主体
1	入学教育	学校	入学教育	学校	入学教育	学校
2	安全教育	学校	安全教育	学校	安全教育	学校
3	开学第一课	学校	合唱比赛	班级	爱国励志影片观赏	班级
4	才艺大赛	学校	纪律教育	班级	德育晨会	班级
5	法制教育	班级	卫生纪律检查	学校	校园艺术节	学校
6	社团活动	学校	学生值周	学校	篮球比赛	学校
7	元旦晚会	学校	社团活动	学校	学习经验交流会	班级
8	卫生纪律检查	学校			专业教育	班级
9	参观4S店	班级			企业参观	班级
10	学生值周	学校			学生值周	学校
11					社团活动	学校

第三学期:由表7—11可见,第三学期职业高中、技工学校课外活动安排最多(均为7项),普通中专次之(5项)。从组织主体看,技工学校校级课外活动最多(5项),普通中专次之(4项),职业高中最少(2项)。职业高中班级课外活动最多(5项),技工学校次之(2项),普通中专最少(1项)。

表7—11   各类中职学校汽修专业第三学期主要课外活动情况

序号	普通中专		职业高中		技工学校	
	活动名称	组织主体	活动名称	组织主体	活动名称	组织主体
1	安全教育	班级	安全教育	班级	安全教育	班级
2	歌咏比赛	学校	教师节感恩	班级	演讲比赛	学校
3	社团活动	学校	环保志愿服务	班级	广播体操比赛	学校
4	卫生纪律评比	学校	社团活动	学校	学生组织建设	学校
5	校企合作论坛	学校	专业社会服务	班级	诚信教育	学校
6			技能展示	学校	元旦晚会	学校
7			礼仪展示	班级	专业教育	班级

第四学期:由表7—12可见,第四学期技工学校安排课外活动最多(8项),职业高中次之(7项),普通中专最少(6项)。从组织主体看,技工学校校级课外活动最多(7项),普通中专次之(5项),职业高中最少(4项)。职业高中班级组织活动最多(3项),普通中专、技工学校均为1项。

表7—12   各类中职学校汽修专业第四学期主要课外活动情况

序号	普通中专		职业高中		技工学校	
	活动名称	组织主体	活动名称	组织主体	活动名称	组织主体
1	春季运动会	学校	春季运动会	学校	春季运动会	学校
2	歌咏比赛	学校	歌咏比赛	学校	歌咏比赛	学校
3	安全教育	学校	安全教育	学校	安全教育	学校
4	主题讲座	班级	内务大比武	班级	系列主题教育	学校
5	社团活动	学校	法制讲座	班级	学生组织建设	学校
6	卫生纪律评比	学校	入企教育	班级	母亲节征文	学校

续表

序号	普通中专		职业高中		技工学校	
	活动名称	组织主体	活动名称	组织主体	活动名称	组织主体
7			社团活动	学校	手抄报展示	学校
8					诚信教育	班级

（二）会计专业

第一学期：由表7—13可见，第一学期普通中专安排课外活动最多（13项），技工学校次之（11项），职业高中最少（9项）。从组织主体看，普通中专校级课外活动最多（9项），技工学校次之（6项），职业高中最少（5项）。技工学校班级课外活动最多（5项），普通中专和职业高中均为4项。

表7—13　　　　各类中职学校会计专业第一学期主要课外活动情况

序号	普通中专		职业高中		技工学校	
	活动名称	组织主体	活动名称	组织主体	活动名称	组织主体
1	入学教育	学校	入学教育	学校	入学教育	学校
2	开学第一课	学校	安全教育	学校	安全教育	学校
3	安全教育	学校	合唱比赛	班级	演讲比赛	学校
4	国庆诗朗诵	学校	财会数字书写	班级	仪容仪表教育	班级
5	才艺大赛	学校	点钞比赛	班级	学生组织建设	学校
6	法制教育	班级	纪律教育	班级	打字比赛	班级
7	社团活动	学校	卫生纪律检查	学校	元旦晚会	学校
8	礼仪大赛	班级	学生值周	学校	专业教育	班级
9	趣味运动会	班级	社团活动	学校	诚信教育	班级
10	元旦晚会	学校			企业参观	班级
11	早读晚写	班级			学生值周	学校
12	卫生纪律检查	学校				
13	学生值周	学校				

第二学期：由表7—14可见，第二学期技工学校安排课外活动最多（10项），普通中专次之（8项），职业高中最少（7项）。从组织主体看，

技工学校校级课外活动最多（7项），普通中专、职业高中均为6项。技工学校班级课外活动最多（3项），普通中专次之（2项），职业高中最少（1项）。

表7—14   各类中职学校会计专业第二学期主要课外活动情况

序号	普通中专		职业高中		技工学校	
	活动名称	组织主体	活动名称	组织主体	活动名称	组织主体
1	春季运动会	学校	春季运动会	学校	春季运动会	学校
2	歌咏比赛	学校	歌咏比赛	学校	歌咏比赛	学校
3	安全教育	学校	安全教育	学校	安全教育	学校
4	早读晚写	班级	珠算比赛	班级	仪容仪表教育	班级
5	广播体操比赛	学校	学雷锋活动	学校	一日常规教育	班级
6	学生技能节	学校	学生值周	学校	系列主题教育	学校
7	献爱心活动	班级	社团活动	学校	社团活动	学校
8	学生值周	学校			手抄报展示	学校
9					诚信教育	班级
10					学生值周	学校

第三学期：由表7—15可见，第三学期普通中专安排课外活动最多（9项），技工学校次之（7项），职业高中最少（5项）。从组织主体看，普通中专校级课外活动最多（6项），技工学校次之（5项），职业高中最少（4项）。普通中专班级课外活动最多（3项），技工学校次之（2项），职业高中最少（1项）。

表7—15   各类中职学校会计专业第三学期主要课外活动情况

序号	普通中专		职业高中		技工学校	
	活动名称	组织主体	活动名称	组织主体	活动名称	组织主体
1	歌咏比赛	学校	学生值周	学校	安全教育	学校
2	社团活动	学校	元旦晚会	学校	合唱演讲比赛	学校
3	早读晚写	班级	社团活动	学校	广播体操比赛	学校
4	元旦晚会	学校	安全教育	学校	社团活动	学校

续表

序号	普通中专		职业高中		技工学校	
	活动名称	组织主体	活动名称	组织主体	活动名称	组织主体
5	卫生纪律评比	学校	礼仪展示	班级	诚信教育	班级
6	安全教育	学校			元旦晚会	学校
7	校企合作论坛	学校			专业教育	班级
8	实习就业指导	班级				
9	实习双选会	班级				

　　第四学期:由表7—16可见,第四学期技工学校安排课外活动最多(8项),普通中专次之(6项),职业高中最少(5项)。从组织主体看,技工学校校级课外活动最多(7项),普通中专、技工学校均为5项。普通中专、技工学校班级课外活动均为1项,职业高中未开展班级课外活动。

表7—16　　　各类中职学校会计专业第四学期主要课外活动情况

序号	普通中专		职业高中		技工学校	
	活动名称	组织主体	活动名称	组织主体	活动名称	组织主体
1	春季运动会	学校	春季运动会	学校	春季运动会	学校
2	歌咏比赛	学校	歌咏比赛	学校	歌咏比赛	学校
3	早读晚写	班级	应用写作比赛	学校	安全教育	学校
4	社团活动	学校	安全教育	学校	系列主题教育	学校
5	卫生纪律检查	学校	社团活动	学校	社团活动	学校
6	安全教育	学校			母亲节征文	学校
7					手抄报展示	学校
8					诚信教育	班级

三　顶岗实习

(一) 时间安排

　　各类型中职学校均实施了"2+1"人才培养模式,即学生在校学习两年,第三年到专业对口企业进行顶岗实习,且均为带薪实习,时间长度为第五学期和第六学期。学生顶岗实习结束后,可在顶岗实习企业直接就业，也可另选其他企业就业。调查结果表明，2014 年技工学校直接留在顶岗实习企业就业的毕业生最多，职业高中次之，普通中专最少。

（二）活动过程

各类型中职学校、不同专业学生顶岗实习过程存在一定的差异，但程序基本相同，一般分为顶岗实习准备、顶岗实习实施和顶岗实习总结三个阶段，具体过程如图 7—1 所示。

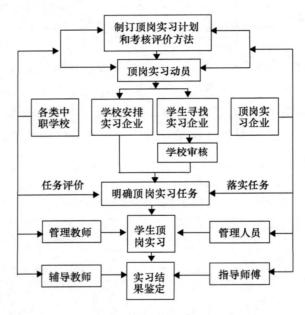

图 7—1 中职学生顶岗实习过程

第一阶段为准备阶段。该阶段主要包括背景营造、联系企业及实习投入等工作。各类型中职学校均按政府教育行政部门的有关规定，制订了较为详细的中职学生顶岗实习计划和考核评价方法，并进行了顶岗实习动员，明确了顶岗实习任务。大部分学生选择了学校合作企业，但也有部分中职学生自行确定了顶岗实习企业。对自行确定顶岗实习企业的学生，学校主管部门均进行了审核。

第二阶段为学生顶岗实习阶段，学生在企业委派的指导教师和学校委派的指导教师双重指导下实施顶岗实习工作。

第三阶段为实习结果评价阶段，各类中职学校均采取了学生递交顶岗实习企业鉴定（报告）的方法。该鉴定或由企业指导教师（师父）直接作出，或由企业人力资源管理部门作出，各类型学校均要求企业在学生顶岗实习报告上加盖公章。

第二节　中职教育质量生成过程的主要特征

教育界人士普遍认为，我国中职教育为初中毕业生分流教育，属于高中阶段教育。尽管普通高中和中职学校学制期均为三年，但普通高中学生学制内均在学校，而中职教育学生则多为在校两年，第三年在企业顶岗实习。可见，中职教育与普高教育不同，具有独特的时空特征和活动特征。

一　时间特征

中职教育的时间特征主要体现在其学制期方面，时间长度为中职学生入学之日至毕业离校之日。目前，我国中职教育的三类实施主体——普通中专、职业高中、技工学校招收的九年义务教育毕业生（即初中毕业生）学制期多为三年，毕业后颁发中职学校毕业证书。在校期间，学生通过国家认定的职业技能资格考试，还可获得表达其具备中级技能水平的职业技能（资格）证书。按照教育部推行的"工学结合、校企合作、顶岗实习"的中职教育人才培养模式，中职学生需要在校学习2学年，一般分为4个学期，每学期20周，第三学年到企业顶岗实习，其时间特征如图7—2所示。

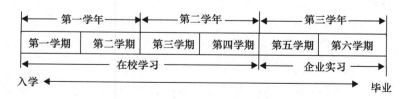

图7—2　中职教育（初中生源）的时间特征

二　空间特征

宏观而言，按照教育部推行的"工学结合、校企合作、顶岗实习"

人才培养模式，中职教育具有更为广泛的空间特征。由图7—2可见，中职教育的空间变化主要体现在第三学年，教育空间延伸至校园之外的合作企业。按技术技能型人才的培养目标，合作企业是中职教育不可或缺的空间，也是中职教育质量生成的重要场所。

微观而言，中职教育需要贯彻"学中做、做中学"的教学理念，即使学生在校园内，中职教育活动的空间也不仅限于教室，而是在教室与实验室（或实习、实训车间）交替进行。部分中职学校将教室与实习、实训车间合二为一，以此方便学生"边学边做"，与普通高中教育形成了明显区别。

中职教育的空间特征，也直接凸显了外部环境建设以及校企合作等因素对中职教育质量生成过程的影响。

三　活动特征

中职教育质量的最终结果体现于凝集在中职学生身上的 KSAIBs 增量，直接与人才培养过程相关。分析中职学校汽修和会计两个专业的人才培养过程发现，各类中职学校人才培养过程不尽一致，无论是课程内容还是课程安排均存在较大的差异，这必将导致三类中职学校的教育质量不一。

（一）课业活动特征

1. 教师劳动集聚情况

商品的价值与劳动者付出的劳动强度、劳动时间等密切关联。以此推断，中职学生的 KSAIBs 增量也与教师付出的劳动量呈正相关关系。将政府教育行政部门相关人员、中职学校教师对中职学生实施的教育统称为教师劳动，并假设劳动质量及复杂程度相同，教师劳动凝聚于中职学生的时间越长，中职教育质量理应越高，这也是国外职业认证机构强调学生"累计学习时间"的主要原因。

表7—17为各类中职学校汽修专业课时量情况，普通中专、职业高中、技工学校学生课时量分别为2 484学时、2 416学时和1 882学时。由此推断，普通中专教育质量应该最高，职业高中次之，技工学校最低。普通中专、职业高中、技工学校通识教育课时量分别为684学时、288学时和126学时。以此推断，普通中专应具有较高的通识教育水准，职业高中

次之，技工学校最低；普通中专、职业高中、技工学校专业知识课时量分别为1 080学时、736学时和776学时。以此推断，普通中专学生应具有更强的专业知识水平，技工学校次之，职业高中最低；普通中专、职业高中、技工学校实习实训学时数安排分别为720学时、1 392学时和980学时。以此推断，职业高中学生实践动手能力应该最强，技工学校次之，普通中专最低。

表7—17 各类中职学校汽修专业学时数量安排情况

学校类型	通识教育				专业知识教育				专业实习实训				总学时
	一	二	三	四	一	二	三	四	一	二	三	四	
普通中专	324	252	108	0	216	360	504	0	0	0	0	720	2 484
职业高中	72	72	54	90	198	180	160	198	288	288	408	408	2 416
技工学校	126	0	0	0	56	270	270	180	245	245	245	245	1 882

注："一、二、三、四"分别指第一学期、第二学期、第三学期、第四学期。下同。

表7—18为各类中职学校会计专业课时量情况，普通中专、职业高中、技工学校学生课时量为2 646学时、2 762学时和2 250学时。由此推断，职业高中教育质量应该最高，普通中专次之，技工学校最低。普通中专、职业高中、技工学校通识教育课时量分别为882学时、1 530学时和416学时。以此推断，职业高中应具有较高的通识教育水准，普通中专次之，技工学校最低；普通中专、职业高中、技工学校专业知识课时量分别为1368学时、818学时和1384学时。以此推断，技工学校学生应具有更强的专业知识水平，普通中专次之，职业高中最低；普通中专、职业高中、技工学校专业实习实训课时量分别为396学时、414学时和450学时。以此推断，技工学校学生实践动手能力应该最强，职业高中次之，普通中专最低。

2. 教育活动实施情况

中职学校的课业活动主要包括通识课教育、专业课教育和专业实践教育三类活动，不同类型中职学校存在较大差异。

表 7—18　　　　　　各类中职学校会计专业学时数量安排情况

学校类型	通识教育				专业知识教育				专业实习实训				总学时
	一	二	三	四	一	二	三	四	一	二	三	四	
普通中专	324	342	36	180	252	180	576	360	0	0	36	360	2 646
职业高中	342	360	432	396	180	144	188	306	54	54	0	306	2 762
技工学校	182	136	68	30	208	374	442	360	30	30	30	360	2 250

　　在通识知识教育方面，由表7—1至表7—4可见，普通中专、职业高中和技工学校汽修专业分别开设了9门、8门和5门通识教育课程，分别为678学时、342学时和126学时，差别较大。由表7—5至表7—8可见，普通中专、职业高中和技工学校会计专业分别开设了11门、10门和7门通识教育课程，分别为774学时、1 602学时和416学时，也表现出较大差别。教育部于2012年5月曾下发文件，规定"德育课"，"语文"、"数学"、"外语"（"英语"等）、"计算机应用基础课"，"体育与健康课"，"艺术"（或"音乐"、"美术"）课等为中职学校的公共基础课程（即通识教育课程）的必修课。可见，各类中职学校并未执行教育部统一规定，开设的"数学""英语""语文""体育""计算机"等课程内容也各有侧重。此外，各类中职学校通识教育课程的名称也存在较大差异。如"计算机课程"，普通中专、职业高中、技工学校分别称为"计算机""微机基础"和"计算机文化基础"。可见，建立中职教育统一的、与专业相适应的人才培养"课程包"，对保障中职教育质量具有极为重要的意义。

　　在专业知识教育方面，由表7—1至表7—4可见，各类中职学校汽修专业知识教育课程设置情况不一，普通中专、职业高中、技工学校分别设置了15门、16门和18门，分别为1 080学时、702学时和794学时。显然，中专学校专业知识教育质量最高，技工学校次之，职业高中最低。由表7—5至表7—8可见，各类中职学校会计专业知识教育课程设置也不尽一致，普通中专、职业高中、技工学校分别设置了18门、9门和19门（实际上，技工学校除去技能鉴定复习外，也为18门课程），分别为1 440学时、792学时和1 444学时。普通中专与技工学校学时数相近，专业知识教育得到有效时间保障，而职业高中明显过低，仅为中专学校和技工学校的 1/2。

在专业实践教育方面,由表 7—1 至表 7—4 可见,普通中专将汽修专业实习实训集中安排在了第四学期,分成了"汽车保养实习"和"钣金喷漆实习"两个板块,各 360 学时,总计 720 学时;职业高中汽修专业实习实训分成"技能实训"和"车间实习"两个板块,其中,"技能实训"分散于各个学期实施,共 1152 学时。"车间实习"在第三、第四学期实施,共 240 学时,专业实践课达 1 392 学时;技工学校汽修专业实训实习课程为"汽车维修生产实习",分散在四个学期实施,共计 980 学时。可见,职业高中专业实践安排课时量最多,技工学校次之,普通中专最少。由表 7—5 至表 7—8 可见,普通中专将会计专业实习实训集中安排在第三学期,共 36 学时;职业高中设计了"基本技能"和"会计综合实训"两个实践模块。其中,"基本技能"安排在第一、第二学期实施,共 108 学时;"会计综合实训"安排在第四学期实施,共 160 学时,两类实践活动共 268 学时;技工学校将实践教学名称设定为"岗位实训",共 120 学时,分散在四个学期实施,每学期 30个学时。可见,职业高中实践教学时间安排最多,技工学校次之,普通中专最少。

3. 教育空间建设情况

中职教育质量生成过程中除通识教育、专业知识教育、专业实践教育等活动外,还受到包括学校硬件设施及校园文化建设等环境因素的影响。就"大环境"而言,包括校园周边环境建设等硬环境以及各级政府对中职教育发展的重视程度等软环境。教育部已于 2010 年制定了《中等职业学校设置标准》,各地应严格落实,确保达标。

中职教育第三年主要实施顶岗实习,其质量与企业环境、相关人员责任心、技能水平等直接相关。但是,由于各地经济发展水平不一,产业发展水平各异,需要国家制定区域统一的顶岗实习企业标准,并给企业一定的补偿,以此保障中职学生顶岗实习的实际效果。与此同时,中职学校也应实施开放办学策略,全面实施"校企合作、工学结合、顶岗实习"的人才培养模式,大力推进"订单培养",全面保障顶岗实习质量。

（二）课外活动特征

课外活动指教学活动之外，学校（或班级）举办的各种具有教育养成性质的活动，对学生知识积累及技术运用等具有重大的作用，也会直接影响中职教育质量的生成。基于目前学界对课外活动概念的认知，将中职学校课外活动定义为完成课堂教学任务以外的所有教育活动。实际上，中职学校还有开学典礼、军训等共有课外活动，但由于其占用了课业活动时间，故未将此纳入课外活动范围之内。

1. 课外活动的类型

敬菊华等（2007）将学生课外活动分为思想政治与道德素养类、学术科技与创新创业类、文化艺术类与身心发展、社会实践与志愿服务类、社团活动与技能培训类五类[①]。苟克娟（2007）将学生课外活动分为思想教育引导型活动、社会型活动、自我教育型活动、应用能力型活动、文体娱乐型活动五类[②]。以上分类方法虽不冲突，但需要整合。一是思想政治类与道德素养类课外活动具有密切关联性，与思想教育引导型活动一致，可将此类活动统一称为"思想政治类"课外活动。二是学术科技与创新创业类课外活动包括科学技术研究和创新创业两个方面，中职学校以培养一线技术技能型人才为己任，教育与教学工作的重点在于技术传承，为学生创新创业做好各项准备，而科学技术研究则多在本科院校实施，因而将此类活动称为"应用能力型活动"更为贴切。但为了更为直观地表达此类课外活动，将之修订为"就业创业类"课外活动。三是文化艺术类课外活动与学生身心发展有着密切的关系，以娱乐的形式陶冶情操，实现自我教育，促进身心发展，故可将文化艺术类课外活动理解为过程，促进身心发展理解为结果。同时，由于文化艺术类活动包括体育活动，而身心发展状况很难量化衡量，故将文化艺术类课外活动与文体娱乐型课外活动统一称为"文化体育类"课外活动比较适宜。四是就中职学生而言，志愿服

---

① 敬菊华、张珂：《关于学生课外活动的类型及其作用分析》，《重庆工学院学报》（自然科学版）2007年第3期，第122—124页。

② 苟克娟：《注重素质教育，开展好课外活动》，《佳木斯大学社会科学学报》2007年第19卷第5期，第128—129页。

务、社团活动等与社会实践有着密切关系,很难将其明确区分,故将志愿服务、社团活动类等课外活动统一归为"社会实践类"课外活动。五是技能培训类课外活动本身就是就业创业类活动的主要内容,也是课业活动的具体目标,不宜再单独列出。综合上述观点,可将中职学校主要课外活动分为四类,其内涵及活动的具体形式如表7—19所示。

表7—19 中职学校主要课外活动分类及内容

类型	内涵	形式
思想政治类	围绕相关主题,通过理论学习、系列讲座、报告会、演讲以及辩论等形式,提高学生的思想认识和政治觉悟,增强其理论素质和道德素养	安全教育,诚信教育,法制教育,主题讲座,德育晨会等
就业创业类	结合学生所学专业,组织开展与就业创业有关的各类竞赛及实践活动,增强学生的就业创业能力	应用写作比赛,实习就业指导,专业练习,点钞比赛,珠算比赛,入企教育,企业参观等
文化体育类	组织学生参加各种校园文化活动以及有益于身心健康发展的各项文化艺术活动,提升学生的文化艺术水平和身体素质、心理素质	春季运动会,歌咏比赛,广播操比赛,演讲比赛,母亲节征文,手抄报展示,卫生评比等
社会实践类	组织中职学生运用所学知识、技能参加校内外的实践及各种志愿服务活动,指导学生运用所学知识技能服务社会,培养学生综合素质,积累社会经验	学生值周,青年志愿者,环保志愿服务,专业社会服务、社团活动等

2. 课外活动的形式

中职学校思想政治类课外活动形式多样。第一学期主要开设入学教育、安全教育、开学第一课和法制教育等,第二学期主要开设纪律教育、爱国主义教育、诚信教育等,第三学期主要开设教师节感恩、诚信教育等,第四学期主要开设系列主题教育等。各类型中职学校均将安全教育、诚信教育等重要活动安排在一个学期,职业高中在第二学期安排的思想政治类课外活动明显多于普通中专和技工学校。就思想政治类课外活动总量而言，普通中专、职业高中、技工学校均为 6 项，表明各类中职学校均高度重视思想政治类活动。

中职学校就业创业类课外活动具有明显的就业指向。第一学期汽修专业安排学生入企参观，会计专业安排打字比赛、点钞比赛、财会数字书写活动等。第二学期主要围绕提升学生技能展开，如汽修专业对学生进行专业教育、举办校企合作论坛、实习就业指导及实习双选会等，会计专业举办珠算比赛等。第三学期各专业主要安排了专业练习、技能展示等活动，为学生展示专业技能提供了平台。第四学期则安排了专业比赛活动，为学生顶岗实习奠定了专业发展基础。如会计专业开展应用写作比赛等。比较各类型中职学校就业创业活动安排数量发现，职业高中活动最多，达到 8 项；普通中专、技工学校次之，均为 4 项。表明职业高中更为重视就业创业类课外活动的开展。

中职学校文化体育类课外活动内容丰富。第一学期主要开展了才艺大赛、国庆诗朗诵、元旦晚会、礼仪大赛、校园艺术节、篮球赛、趣味运动会等；第二学期主要安排了春季运动会、歌咏比赛、学雷锋活动、仪容仪表教育、一日常规教育等；第三学期主要开展了演讲比赛、广播体操比赛、早读晚写、卫生纪律评比等；第四学期主要安排了内务大比拼、母亲节征文、手抄报展示等。就文化艺术类主要课外活动的数量而言，技工学校最多，达到 11 项；普通中专次之，达到 10 项；职业高中最少，仅为 7 项。表明技工学校更加注重开展文化体育活动，这与前述技工学校课业总学时安排较少有关。

中职学校社会实践类课外活动的实践性较强。第一学期主要安排了学生值周、学习经验交流会等；第二学期主要开展了青年志愿者活动、献爱心活动等；第三学期主要组织了开展环保志愿服务、专业社会服务等。就社会实践类主要课外活动的数量而言，职业高中最多，达到 5 项；普通中专、技工学校次之，均为 3 项。可见，职业高中更为重视学生社会实践工作。

3. 课外活动的过程

依据课外活动开展的过程，将中职学校课外活动分为阶段性课外活动和全程性课外活动两类。

在阶段性课外活动方面，思想政治类课外活动具有阶段性、持续性的双重特征，阶段性特征体现在分阶段实施，持续性特征表现在各阶段活动内容实现了循序渐进。第一学期入学教育内容具有全面、系统的特点，通过开展电影欣赏等活动实施爱国教育和励志教育；第二学期则重点实施了纪律、法律教育，拓展和深化了入学教育。部分中职学校还在开展法律讲座的基础上，实施了诚信教育；第三学期通过开展教师节感恩等活动，让中职学生学会包容，赢得真爱，建立师生之间、同学之间的友谊；第四学期则通过系列主题教育，使教育内容由普适性转向专题性，触及每一个中职学生的心灵，为走向社会奠定坚实的基础。

就业创业类课外活动均得到了各类中职学校的高度重视。其中，普通中专、技工学校汽修专业第一学期就安排了参观4S店活动，技工学校还分别在第一学期、第二学期安排了专业教育活动，使学生感受了职业氛围，增加了对所学专业的认识。各类中职学校会计专业对就业创业类课外活动安排时间较早，普通中专在第二学期安排了学生技能节活动，第三学期安排了校企合作论坛、实习就业指导、实习双选会等系列活动。职业高中则在第一学期安排了财会数字书写、点钞比赛等基础性技能训练活动，第二学期后则安排了专业练习、珠算比赛等活动，第三学期、第四学期继续安排了专业练习等。各项专业课外活动为学生提供了展示技能的平台，提高了学生实操能力，为顺利就业打下基础。

基于中职学生处于少年向成年过渡期诸多生理特点，各类中职学校均广泛开展了文化体育类活动。其中，技工学校安排的文化体育类活动最多。第一学期开展了校园艺术节、篮球比赛、演讲比赛、元旦晚会等文化体育活动，第二学期、第三学期安排了歌咏比赛、广播体操比赛等，第四学期开展了手抄报展示、母亲节征文等活动。各项文化体育活动的内容实现了层层递进，活动难度也逐步增加。普通中专文化体育类课外活动也具有阶段性特色，如在第一学期就开展了才艺大赛、礼仪大赛活动等；职业高中的文化体育类课外活动保持了传统性，如第二学期坚持开展学雷锋活动等，有效地陶冶了学生的文化情操。总之，各类中职学校开展的文化体育类活动难度均实现了随学生年龄的增长和知识水平的提升而提高，如后期的母亲节征文、手抄报展示等课外活动均具有一定的难度。

基于中职教育的实践要求，各类中职学校从第一学期开始，就安排了学生值周活动，强化了学生自我管理、自我教育意识，增强了归属感。普通中专会计专业在第二学期开展了献爱心活动，职业高中在第二学期开展了环保志愿者、专业社会服务等活动，服务内容丰富，服务形式多样。这些活动虽具有阶段性，但却促使学生与社会接触实现了经常化，有利于培养中职学生助人为乐的精神，增强了中职学生的社会责任感与使命感。技工学校汽修专业在第一学期举办了学习经验交流会，邀请往届毕业生来校"现身说法"，增强了学生的专业认知和学习热情。

在全程性课外活动方面，各类中职学校均安排了一系列活动。一是安全教育活动。基于中职教育培养技能型人才、实践教学比例较大的现实，各类中职学校均将安全教育贯穿于各个学期，体现了全程性。中职学生的安全问题涉及校园安全、专业实践安全、心理安全、交通安全、自然灾害安全、急救安全等诸多方面。如对于汽修专业学生，力求通过安全教育活动促使学生系统掌握安全知识，养成安全习惯，为其走上工作岗位实现安全生产奠定基础。二是学生社团活动。各类中职学校均将学生社团活动贯穿于各个学期，如组织学生参加"青年志愿者协会"组织的公益活动、献爱心活动、专业服务社会活动、环保志愿服务活动等，促使中职学生树立正确的价值观和世界观，树立为人民服务的思想，培养艰苦奋斗的精神。学生还可根据自己所学专业及兴趣爱好，参加各类科研类社团组织，让具有发明创造潜质的同学聚集在一起，共同实践、研究、创造。学生通过参加实践类、志愿类、科研类等社团的活动，走出校门，走向社会，深入企业，更为广泛地了解社会，增强适应社会的能力与素质。三是早读晚写活动。早读晚写是普通中专开展课外活动的特色，以班级为单位组织实施，贯穿于各个学期。普通中专针对中职学生的文化基础，按照"低起点、严要求"的原则，积极打造"书香校园"，帮助学生养成早读晚写的习惯，促进其身心健康。案例学校组织学生早读的主要内容为国学经典书籍，读背古诗文、经典名著、励志文章等。通过对经典字词的理解和反复的诵读，使中华民族传统文化入耳入脑，内化于心，外见于行，有效塑造了中职学生人格，提升了道德修养。晚写主要是组织中职学生每天以日记或读书笔记的形式对一日行为进行回顾与反思，自我检查一日内收获，帮助学生养成写作习惯，增强自我教育的能力，达到了提高自身素质和挖掘自身潜能的目的。四是重大节日活动。各类中职学校利用重大节日、纪念日开展庆祝、纪念活动，将德育教育贯穿于学生在校的整个时空领域，形成主题鲜明的教育活动。特别是国庆节、元旦等重大节日，中职学校都会组织大型文化活动以示庆祝或纪念，向学生展示我国社会主义建设的伟大成就，强化其爱国主义情怀。同时，使学生在参与活动的过程中增强各方面的能力，促进了中职学生的心智发展，提高了学生的艺术修养，充分展示了中职学生的精神风貌和艺术才华。每年开展的母亲节、教师节感恩活动，弘扬了中华民族传统文化。

4. 课外活动的作用

课外活动在推动学生知识、技能、能力、情感增进以及行为改进等方面具有十分重要的作用，会直接影响中职教育质量。

在知识增进方面，课外活动以更为灵活的形式丰富了教育内容。同时，松弛了学生紧张的神经，调解了疲惫的学习状态，活跃了学习气氛，调动了学生学习兴趣。美国当代心理学家威廉·格拉塞（William Glasser）研究表明，学生参加课外活动，多表现出和课堂学习所不同的精神状态，都能主动地学习，出色地完成任务[①]。课外活动多为小组活动，满足了学生归属感、向心力和娱乐等基本心理需要，而学生这种需要在课堂上常被教师所忽视。课外活动立足于学生的兴趣点实施，具有开阔学生视野、拓宽知识面等功能，充分调动了中职学生学习的积极性，补充了课业知识的不足，促进了学生知识的增进。如普通中专安排的早读晚写活动，可以使学生更多地了解国学经典，受到教育和启发。技工学校开展的母亲节征文活动，提高了学生的写作水平，也让学生回顾了成长过程，感受到了母亲的伟大。通过开展主题手抄报展示活动，学生通过各种形式搜集资料，深入了解相关主题，展示收获和感悟，提高了审美情趣及动手、动脑、收集资料的能力。

在技能增进方面，课外活动能让学生手脑并用，使课堂中学到的书本

[①]　转引自孟素香《课外活动的启示——合作学习》，《晋中师专学报》1991 年第 2 期，第 115—118 页。

知识得到巩固和迁移，并向技能转化。课外活动以小组为单位，"差生"在学习小组里有了一个得到别人帮助的机会，可提升自尊心和自信心。优秀学生通过帮助他人可实现双向互动，提升自己的知识技能水平。此外，学生在课外活动中完全处于一种放松的状态，可显示出其天赋，展现出其最强的一面，学生在某一方面的成功，也会促使其他方面的成功，实现素质的全面增进。如职业高中安排的学生技能展示活动，普通中专开展的学生技能节活动，均为学生提供了展示技能水平的平台，锻炼了学生的职业技能和与他人的合作协调能力。再如职业高中会计专业开展的财会数字书写比赛和点钞比赛等，有效地激发了学生学习会计技能的热情，提升了岗位操作技巧和实践动手能力。

在能力增进方面，课外活动多以比赛形式进行，有效调动了学生参与课外活动的主动性和积极性，提高了学生的积极向上、争先创优意识，促进了各项能力的发展。如通过开展技能节活动，促进了小组学习和团队力量的形成，培育了学生的方法能力，增强了人际交往能力，提升了适应社会的能力。此外，普通中专汽修专业安排的4S店参观、职业高中汽修专业开展的入企教育及技工学校开设的企业参观等活动，均有利于学生感受职业氛围，增加专业认识、增强职业意识。普通中专进行的实习就业指导会，则可帮助学生了解国家政策、认清就业形势。职业高中开展的青年志愿者活动、环保志愿服务等，让学生在行动中传递爱心，在服务中了解社会、接受教育、增长才干、感受使命，培养了中职学生的敬业精神和顽强毅力，提高了身体素质和心理品质。

在情感增进方面，课外活动是对中职学生进行思想品德教育的重要途径。通过开展各种兴趣活动，让学生从生动、形象的活动中受到思想教育。事实上，课外活动的这种教育效果往往比课堂教育还要好。赵中朝（1988）研究指出，参加课外活动能有效地松弛课堂集中学习后产生的脑紧张，恢复活力，有助于接受新知识[1]。现代情感心理学研究表明，情感的动力功能影响着人行为活动的积极性[2]。美国现代情感心理学家汤姆金

---

[1]　赵中朝：《关于中学课外活动的初步调查》，《江西教育科研》1988年第4期，第35—38页。
[2]　孙燕：《以"情感教育"提高学生主体自学能力》，《四川职业技术学院学报》2012年第2期，第114—116页。

斯（Silvan Tomkins）研究发现，情感具有"放大"内驱力的作用①。中职学校开展的课外活动在具备其他效能的同时多与情感效能密切相关，大多数学生参加课外活动感到愉快，具有良好的情绪体验，如果经常激励并保持这种情感状态，会形成良性循环。中职学生心智尚不成熟，对于社会的认知能力还很低，容易受到不良风气的影响。面对青少年违法犯罪急剧增加的事实，中职学校开展的法制教育活动，能够培养学生的自觉守法意识。特别是针对中职学生自律性不强的问题，职业高中会计专业在第一学期就开设了纪律教育课外活动，培养了学生自觉遵守纪律的习惯。技工学校组织的爱国教育活动形式多样，可培养学生树立正确的世界观、人生观、价值观以及劳动观。开展的教师节感恩活动，可帮助学生增强感恩情怀，养成感恩习惯。

在行为改进方面，课外活动注重培养学生良好行为习惯的养成。已有研究表明，良好的思想品德的养成一般要经过"知、情、意、行"四个阶段，而"行"是品德形成的结果②。课外活动的显著特点就是学生将书本知识与实际问题相结合动脑、动手的过程，以广泛的内容和多彩的形式，激发学生自主参与的意识，学生可以根据自己的兴趣、爱好和特长，自愿选择参加，能使外在的道德要求与学生内在的思想、情感发生交互作用，使课外活动由外在的教育形式变为内在的行为养成，促进行为改进。社会实践是满足学生成才需求的有效途径，在培养人才的综合素质过程中起着其他任何活动均难以替代的作用。如普通中专开展的才艺大赛、元旦晚会等活动提高了中职学生的艺术修养，培养艺术才能。普通中专开展的趣味运动会、技工学校开展的广播体操比赛等活动丰富了学生的文体生活，增强了学生的健康意识和身心素质，展示了班级学生团结向上的精神风貌。职业高中会计专业开展的礼仪大赛给学生提供了展示自己的机会，技工学校汽修专业开展的篮球比赛不但增强了学生的身体素质，还培养了学生的团结协作的意识。职业高中学生通过专业社会服务活动，将书本知识运用到社会实践中，尽其所能为当地百姓服务。同时，让学生了解自己

---

① 卢家楣:《情感教学心理学》（第二版），上海教育出版社 2000 年版。
② 张琳、段鸿斌:《课外活动与素质教育》，《信阳农专学报》1998 年第 2 期，第 59—60 页。

所学知识与实践要求的差异，看到了自己的不足，进而产生了学习压力和动力，激发了学习热情，达到了改善个人行为的目的。

第三节　中职教育质量生成
过程的评价体系

一　质量生成过程评价现状

目前，各类中职学校有关质量生成过程的评价仍分为课业活动、课外活动和顶岗实习三个部分。

（一）课业活动评价

综合各类中职学校汽修专业课业活动的评价方法如表7—20所示。可见，汽修专业通识教育多数课程评价仍以传统的考查法为主，占通识教育课程总量（门数，下同）的31.25%；"语文""数学""英语""计算机基础""传统文化"5门课程评价为考试法，占通识教育课程总量的68.75%。不同学期同一课程采取的评价方法略有差异。以普通中专为例，第一学期"英语"课程评价为考查法，第二学期为考试法；专业理论课程评价以考试法为主，考查法为辅。其中，采用考试法评价有22门，占专业理论课程总量的95.65%。采用考查法的仅有"汽车营销"一门课程，占专业理论课程总量的4.35%；"汽车保养实训""钣金喷漆实训""技能实训""汽车维修生产实习"等专业实践课程均采用了考查法。

综合各类中职学校会计专业课业活动的评价方法如表7—21所示。可见，会计专业通识课程评价也多采用传统的考试法，占通识课程总量的31.25%；"语文""数学""英语""计算机基础""法律法规"5门课程为考试法，占通识课程总量的68.75%。同一学科不同学期采取的评价方式也略有差异。以普通中专为例，第一学期"语文""英语"课程评价均采取了考试法。第二学期专业课开设数量逐步增多，"语文""英语"课程评价改为考查法；专业理论课程评价以考试法为主，考查法为辅。采用考试评价的专业理论课程有19门，占专业理论课程总量的82.61%。采用考查法评价的有4门，占专业理论课程总量的17.39%；"会计基本技能""会计综合实训""岗位实训"三项专业实践课程也采用考查评价法。

表 7—20　　　　　　　**中职学校汽修专业课业活动质量评价方法**

课程类型	具体课程	评价方法
通识教育	语文、数学、英语、计算机基础（计算机）、传统文化	考试法
	汽车文化、礼仪修养、普通话、应用文写作、邓小平理论、心理健康、通用素质训练、体育、职业生涯规划（求职择业与创业指导）、职业道德与法律（职业道德）、经济政治与社会、艺术/色彩	考查法
专业理论	汽车机械基础（机械基础）、汽车识图、汽车构造（发动机，汽车发动机构造与维修）、汽车构造（底盘，汽车底盘构造与维修）、汽车电气设备（汽车电气设备构造与维修）、汽车故障与诊断（汽车检测与故障诊断，汽车故障检测与诊断）、钳工、金属材料（汽车材料）、汽车电气设备、钣金/冷做工、电控发动机、汽车构造、汽车机修制图（汽车机械制图）、公差与配合、汽车自动变速器原理与维修（汽车自动变速器）、汽车电器、汽车安全舒适系统、汽车维护与保养、汽车电工电子技术基础（电工基础）、汽车底盘电控技术、汽车车身电控技术、汽车空调构造与维修（汽车空调）	考试法
	汽车营销	考查法
专业实践	汽车保养实训、钣金喷漆实训、技能实训、汽车维修生产实习（车间实习）	考查法

注：具体课程名称后括号内容为不同类型中职学校开设该课程的名称，下同。

表 7—21　　　　　　　**中职学校会计专业课业活动质量评价方法**

课程类型	具体课程	评价方法
通识教育	语文、数学、英语、计算机基础（微机基础）、法律法规	考试法
	体育（形体）、职业生涯规划（职业指导）、普通话、职业道德、哲学人生、心理健康、公共关系、政治、写作、礼仪、社会主义市场经济	考查法
专业理论	基础会计、经济法基础（经济法）、成本会计、财经法规（会计法规、法规）、财务会计（企业财务会计）、税收基础（税收）、统计基础（统计学原理）、审计基础知识（审计）、财政与金融基础、会计电算化（电算化）、会计模拟实验、办公软件（Foxpro）、出纳、财务管理、珠算、企业管理（财经类）、管理会计、收银员、技能鉴定复习	考试法
	文书基础、商务礼仪、财经应用文写作、市场营销	考查法
专业实践	会计基本技能（基本技能）、会计综合实训、岗位实训	考查法

(二) 课外活动评价

综合各类中职学校汽修专业课外活动的评价方法如表7—22所示。可见，中职学校汽修专业思想政治类课外活动评价以观察法为主，评分法为辅。采用观察法评价的思想政治类课外活动数量有13项，占思想政治类课外活动总量（或称项目，下同）的86.67%；采用评分法评价的有2项，占思想政治类课外活动总量的13.33%；就业创业类课外活动评价以观察法为主，比赛法为辅。其中，采用观察法评价的就业创业类课外活动数量有5项，占就业创业类课外活动总量的71.73%；采用比赛法评价的就业创业类课外活动数量有2项，占就业创业类课外活动总量的28.57%；文化体育类课外活动评价以比赛法为主，观察法和评分法为辅。采用比赛法评价的文化体育类课外活动数量有10项，占文化体育类课外活动总量的76.93%。采用观察法和评分法评价的文化体育类课外活动数量分别有2项和1项，分别占文化体育类课外活动总量的15.38%和7.69%；社会实践类6项课外活动均采用观察法评价。

表7—22   中职学校汽修专业主要课外活动质量评价方法

活动类型	具体活动	评价方法
思想政治	入学教育、安全教育、开学第一课、法制教育、主题讲座、纪律教育、爱国主义教育、教师节感恩、爱国励志影片观赏、德育晨会、系列主题教育、仪容仪表教育、一日常规教育	观察法
	卫生纪律评比、内务大比拼	评分法
就业创业	参观4S店、入企教育、企业参观、校企合作论坛、专业教育	观察法
	学生技能节、技能展示	比赛法
文化体育	才艺大赛、广播体操比赛、春季运动会、歌咏比赛、合唱比赛、校园艺术节、篮球比赛、演讲比赛、母亲节征文、手抄报展示	比赛法
	元旦晚会、学雷锋活动	观察法
	早读晚写	评分法
社会实践	学生值周、社团活动、青年志愿者、环保志愿服务、专业社会服务、学习经验交流会	观察法

综合各类中职学校会计专业课外活动评价方法如表7—23所示。中职

学校会计专业思想政治类课外活动评价也以观察法为主,评分法为辅。其中,采用观察法评价的思想政治类课外活动数量有 8 项,占思想政治类课外活动总量的 88.89%。采用评分法评价的思想政治类课外活动数量有 1 项,占思想政治类课外活动总量的 11.11%;与汽修专业不同,会计专业就业创业类课外活动评价以比赛法为主,观察法为辅。采用比赛法评价的就业创业类课外活动数量有 6 项,占就业创业类课外活动总量的 54.55%。采用观察法评价的就业创业类课外活动数量有 5 项,占就业创业类课外活动总量的 45.45%;文化体育类课外活动评价以比赛法为主,以观察法和评分法为辅。采用比赛法评价的文化体育类课外活动数量有 12 项,占文化体育类课外活动总量的 80.00%。采用观察法和评分法评价的文化体育类课外活动数量分别有 2 项和 1 项,分别占文化体育类课外活动总量的 13.33% 和 6.67%;学生值周、献爱心活动、社团活动等社会实践类课外活动均采用了观察法评价。

表 7—23　　　　中职学校会计专业主要课外活动质量评价方法

活动类型	具体活动	评价方法
思想政治	入学教育、安全教育、开学第一课、法制教育、纪律教育、系列主题教育、仪容仪表教育、一日常规教育	观察法
	卫生纪律检查	评分法
就业创业	企业参观、专业教育、校企合作论坛、实习就业指导、实习双选会	观察法
	学生技能节、财会数字书写、点钞比赛、珠算比赛、应用写作比赛、打字比赛	比赛法
文化体育	国庆诗朗诵、才艺大赛、礼仪大赛、趣味运动会、春季运动会、歌咏比赛、广播体操大赛、合唱比赛、礼仪展示、演讲比赛、手抄报展示、母亲节征文	比赛法
	学雷锋活动、元旦晚会	观察法
	早读晚写	评分法
社会实践	学生值周、献爱心活动、社团活动	观察法

（三）顶岗实习评价

目前,各类型中职学校各种专业学生顶岗实习质量评价均采用综合评定法（或分项记分）评价。该方法将学生整个实习过程分解成若干个阶段性活动，而后确定各项活动的分值，并结合实习进度等情况对学生顶岗实习质量进行评价。但是，在实际操作过程中，各类型中职学校并未严格执行综合评定法所规定的各个步骤，多在学生顶岗实习结束时，由实习单位对学生顶岗实习情况做出综合鉴定（评定）。按综合评定法确定的标准，学生顶岗实习质量一般应分为优秀、良好、合格、不合格四个等级。从评价效果考察看，多数顶岗实习企业仅给出了优秀和良好两个档次，明显存在着"微笑评价"。中职学校部分教师和学生对顶岗实习的课程属性认识不足，部分学校对顶岗实习学生采取了"放羊式"管理方式，未能建立健全符合中职教育特点的学生顶岗实习质量评价体系。专业指导教师或管理人员（多为班主任）对顶岗实习学生的管理多为打电话、发短信及实地探访等形式。顶岗实习结束后，学生只要上交顶岗实习报告和顶岗实习单位的鉴定即为合格。评价结果为学生实习结束后进行的一次性评价，实习过程中的及时反馈和交流互动环节缺失，难以发挥顶岗实习质量评价的反馈功能以及激励和约束作用。对于顶岗实习质量评价结果的分析，各类中职学校多为顶岗实习企业的考勤统计，忽略了学生技能训练和职业素养的提升过程。

二 过程评价存在问题分析

（一）评价观念方面

生成过程评价是中职教育质量评价的重要组成部分，反映了中职教育质量评价的核心要素和指标体系。目前，中职教育质量评价观多为需求导向，体现为中职教育产品满足雇主（用人单位）和顾客（学生）需要的程度。这种质量评价观的缺点在于忽视了中职教育质量是一个多维度、多层面的概念系统，且这种质量观容易使中职学校丧失教育的独立性，成为企业发展的忠诚"侍从"，忽视学生本身的可持续发展，同时也会影响中职教育质量评价的科学性和公正性[①]。从伦理学视角出发，企业有"关门"与"开张"，物质产品质量不合格可以"回炉"再造，购买

[①] 李义丹、马君：《职业教育质量评价的困境及其消解》，《中国职业技术教育》2012 年第 33 期，第 18—21 页。

的商品不合格可以退换，但中职学生却可能因为中职教育质量而影响其一生。

（二）评价主体方面

在中职教育质量生成过程中，课业活动和课外活动评价多为学校评价，有的项目为班级评价或教师个人评价，尽管实现了校内授权评价[1]，促进了学校特色的形成，但明显存在公开和公平问题。评价方案由学校制定，评价实施由学校组织，评价主体单一，缺乏社会相关人士的参与，难以保障评价的效果，并得到社会各界的广泛认可。教师在评价过程中发挥决定性作用，难免带有主观色彩。学生参与评价的机会较少，评价主体意识及主观能动性发挥等明显不够。动员包括企业代表、学生家长在内社会各界力量参与中职教育质量生成过程评价，实现评价主体的科学授权，已成为中职教育质量生成过程评价面临的现实问题。特别是中职学生顶岗实习质量评价，往往是实习企业几句评语，流于形式，无法全面衡量学生顶岗实习的成效，也忽略了学校相关教师，特别是相关专业课教师的参与，难以保证评价结果的完整性和科学性。因为教师无从得知所授知识和技能的运用情况，无法将评价结果应用于教育教学改革实践。

（三）评价标准方面

教育质量标准是关于教育教学领域活动或活动结果的规定，包括人才培养质量标准、教学质量标准和工作质量标准等[2]。随着我国现代职业教育体系的构建，中职教育的人才培养目标出现了"双向裂变"。"一向"为学生继续上学深造，通过"对口升学"途径进入更高一级层次的教育机构学习。另"一向"为学生毕业后直接就业。但是，目前中职学校并未根据人才培养目标的不同而采取不同的质量标准进行过程性评价。中职教育利益相关者所倚重的质量标准主要体现于教育结果方面，对中职教育质量的生成过程关注不够。特别是在顶岗实习质量评价方面，多以顶岗实习单位开具的实习证明为评价依据，而这些证明多为

---

[1]　Fetterman D. M. , Foundations of Empowerment Evaluation ［M］. Thousand Oaks, CA: Sage, 2001: 147.

[2]　刘晓欢、刘骋:《论职业教育的质量标准与质量评价》,《职业技术教育》2005 年第 26 卷第 19 期,第 32—35 页。

对学生实习表现的综合评价，难以客观反映学生通过顶岗实习实现素质增进的情况。

（四）评价目的方面

中职教育质量生成过程评价存在"为评价而评价"的现象，将评价最终目的与工作目标混为一谈，使评价偏离了正常轨道。中职教育质量生成过程评价的目的是为了更好地实施中职教育，旨在找出被评价对象是否遵循了中职教育质量的理念、准则、价值观，实现对现有问题的"纠偏"，为改进中职教育工作提供科学依据。但是，在实际操作过程中，多数中职教育质量生成过程评价并非以学生发展为本位，而是以学生管理为目的，评价结果的奖惩色彩浓厚，忽视了被评价对象的进步程度，难以体现中职教育质量的变化过程以及中职学生自身素质的持续增进。

（五）评价方法方面

现有中职教育过程性评价多采用传统的评价方法，实际上这些评价方法多为测量方法。不可否认，测量是评价的基础，但测量更注重"量"的变化，难以达到评价"质的分析"的目标。尽管测量方法操作简单，使用方便，但难以判定学生整体素质的提升状况。相关测量结果未能有效联系在一起，反映每一位中职学生的成长过程。测量多为事后静态、总结性评价测量，其过程处于封闭状态。被评价对象多处于被动地位，配合评价者按要求提供所需要的各类信息，最终获得的评价结果对完善中职教育质量生成过程似乎意义不大。特别是对中职学生顶岗实习的评价仍然没有摆脱传统应试教育思想的束缚，尚未构建起与中职教育人才观、质量观和教学观相适应的评价指标体系与评价标准，存在着主观随意性和盲目性。现有的中职学生顶岗实习质量评价指标多关注于学生专业技能方面，对学生在实习期间的方法能力、社会能力提升的状况等关注不够，不利于学生综合素质和综合职业能力的提高，也不利于学生的可持续发展。

三　质量生成过程评价模型

（一）构建原则

1. 全面反映过程原则

中职教育质量评价应不仅关注学生课业习得结果，而应基于伦理学视角，更加关注结果的生成过程。过程评价应该是持续性的，能够全面反映所有教育活动的成果。普通教育过程时空单一，时间限于学生入校之日至离校之日，空间方面限于校园之内。而中职教育涉及校企合作、工学结合、顶岗实习等各个环节，其空间更为开放、广阔。因此，中职教育质量过程评价的内容也更为宽泛，不仅包括相关课程学习所取得的成果评价，还包括学生课外活动的评价以及学生顶岗实习期间的表现评价。构建中职教育质量生成过程评价体系，必须全面反映中职教育质量生成过程的实际状况。

2. 结论便于集合原则

事物发展多为循序渐进，即使是突发事件，前期也多有细小事件积累。中职教育的结果质量也是如此，必然由过程质量积累而成。因此，实施中职教育质量生成过程评价，所有阶段性评价结论应便于集合，能够从结论中推导出中职学生的学业总体情况、发展情况。换言之，中职教育质量过程评价的结论集合应与最终结果评价的结果相吻合，这样才能准确反映每一名中职学生的成长过程。同时，由于学生在学习过程中表现出来的动机和情感态度、思维方式的转变等非智力因素很难凭借终结性的评价反映出来，而这恰恰是学生作为完整的人的发展的重要组成部分。中职教育质量过程性评价结论便于集合，目的在于方便中职学校及相关教师能够把握教育重点，实现精准教育，做到"因生制宜"，促进学生的全面发展。

3. 运用现代技术原则

现代技术发展对改进中职教育质量评价技术、实现精准评价意义重大，通过校园网可将中职学校各个授权评价主体联系在一起，共同了解学生成长过程的全貌。目前，多数中职学校建立了学校网站，但多侧重于社会宣传。即使部分学校建立了中职学生管理平台，也多为日常事务管理。应用互联网＋技术，开发建立中职学生成长过程评价平台，可有效集合各方面工作质量的评价结果，便于各评价主体针对发现的问题及时"开方抓药"，提出促进学生全面发展的措施建议，进而防止出现"头痛医头、脚痛医脚"现象。此外，对中职学生学业情况实施相关测量（测验）也可以通过计算机网络系统完成，这种测量（测验）呈现出的被试题目比通常在纸笔测验中的题目更加真实、更具有针对性和科学性。

4. 多元主体参与原则

美国评价协会前任主席、斯坦福大学评价专家费特曼（Fetterman D. M.）于1993年正式提出了授权评价理论，强调教育质量评价应关注利益相关者愿望、注重过程控制而非调查结果①。中职教育质量生成过程评价应科学确定利益相关者，分解质量评价权，动员各利益相关者共同参与。目前，政府各部门服务意识逐步增强，应经常邀请相关部门负责同志及时为中职教育质量生成过程评价把关定向。如邀请司法部门帮助中职学校确定学生法律教育重点，举办法律讲座等，一方面可调动中职学生的参与兴趣，另一方面可提升中职学校法律教育的指向性。应邀请企业人力资源管理部门人员到校帮助实施德育教育、岗位责任教育等。此外，作为学生监护人的学生家长也是最重要的利益相关者，中职学校应及时与他们沟通，使学校教育与家庭教育密切配合，共同促进学生成长。

（二）构建依据

1. 政策依据

中职教育质量生成过程评价应依据国家及教育行政部门发布的相关政策规定实施。2010年以来，国务院及相关部门对教育质量评价出台了一系列政策，与中职教育质量评价的相关内容如表7—24所示，可作为改进中职教育质量形成过程评价的指南。

表7—24　　　中职教育质量过程评价政策的相关政策文本及内容

年份	发布者	题目	政策要点
2010	国务院	国家中长期教育改革和发展规划纲要	①开展由政府、学校、家长及社会各方面参与的教育质量评价活动；②建立健全职业教育质量保障体系，吸收企业参加教育质量评估。
2014	国务院	关于加快发展现代职业教育的决定	①完善职业教育质量评价制度，定期开展职业院校办学水平和专业教学情况评估，实施职业教育质量年度报告制度；②积极支持第三方机构开展评估；③行业组织要推进校企合作、参与指导教育教学、开展质量评价等。

---

① Fetterman D. M., Foundations of Empowerment Evaluation [M]. Thousand Oaks, CA: Sage, 2001: 147.

年份	发布者	题目	政策要点
2014	教育部等六部门	现代职业教育体系建设规划（2014—2020）	①健全职业教育质量评价制度；②以学习者的职业道德、技术技能水平和就业质量为核心，建立职业教育质量评价体系；③完善学校、行业、企业、研究机构和其他社会组织共同参与的职业教育质量评价机制。加强对职业教育的督导和评估；④支持行业协会开展职业院校人才培养质量评估，鼓励企业、用人单位开展毕业生就业质量、满意度等评价；⑤积极支持各类专业组织等第三方机构开展质量评估；⑥发挥行业在推进校企合作、参与指导教育教学、开展质量评价等方面的重要作用。

在评价主体方面，国家要求多元主体参与，开展由政府、学校、家长及社会各方面参与的教育质量评价活动，完善学校、行业、企业、研究机构和其他社会组织共同参与的职业教育质量评价机制，积极支持各类专业组织等第三方机构开展质量评估；在评价制度化方面，国家要求完善职业教育质量评价制度，定期开展职业院校办学水平和专业教学情况评估，实施职业教育质量年度报告制度；在评价内容方面，国家要求体现促进中职学生全面发展的原则，强调以学习者的职业道德、技术技能水平和就业质量为核心。所有这些，均为构建中职教育质量生成过程评价体系提供了政策依据。

2. 现实基础

构建中职教育质量生成过程评价体系，需要经历从简单到复杂、从单一到全面的具体过程，更需要实施广泛而又深入的调研，立足中职学校的现实状况。目前，中职教育亟待建立质量生成过程评价体系，评价观念尚需转变，评价主体尚需多元，评价标准尚需建立，评价目的尚需清晰，评价手段尚需提升。构建中职教育质量生成过程评价体系需要在逐一化解上述问题的基础上，科学确定评价体系的具体内容及实施措施，进而实现国家提出的完善职业教育质量评价制度的目标。

（三）体系内容

中职教育质量生成过程评价体系应由校内学习质量评价体系和校外学

习质量评价体系（又称顶岗实习评价体系）两部分组成，具体如图 7—3 所示。

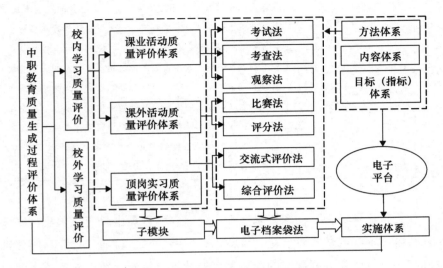

图 7—3 中职教育生成过程质量评价体系

1. 校内学习评价体系

（1）目标体系

基于 KSAIBs 人力资源开发个体素质评价模型，将中职教育过程评价的目标定位于个体素质的持续增进。K 表示知识（Knowledge），以中职学生所学文化知识、理论知识科目的考试成绩确定，由测量手段完成；S 表示技能（Skills），以中职学生所学专业的技能状况表示，通常由学生获得相关的技能证书判定；A 表示能力（Abilities），指中职学生完成某种活动的心理特性，包括逻辑推理、学习、思维、创造、理解等要素；I 为中介变量（Intervening variables），包括中职学生个人品质、职业动机、职业价值观、求职主动性和积极性、自尊心、自信心等，需要运用心理学手段判定；B 表示行为（Behavior），指中职学生在学习过程中和技能操作过程中的具体行为表现；s 表示其他关联因素以及其他未尽事宜。

（2）方法体系

中职教育质量生成过程评价总体方法宜采用互联网＋技术，应用电子档案评定法（Profolio assessment）评价。传统档案法是利用多种形式收集有关学生的记录，并对记录进行分析，针对学生学业进程及发展情况进行的一种评价方式①，其内容可由学生自己选择，并积极评价和记录自己的进步状况。同时，教师通过建议对其选择进行指导。现代电子档案袋评定法应是一种利用互联网＋技术的汇总记录法，将中职学生的整个成长过程汇集于一个"电子档案"之中，用以描述每一位学生的成长历程。

目前，中职教育质量生成过程评价采用的具体方法主要有考试法、考查法、观察法、比赛法、评分法五种方法，这些方法虽多为测量方法，但在某种程度上仍可直接反映中职教育质量形成过程中各个环节的教育教学效果。为适应现代科技发展的新形势，中职学校应对传统评价方法加以改进，不断优化评价手段。可适当增加交流式评价法、综合评价法等内容，使中职教育质量生成过程评价实现多种方法的集成。综合利用互联网＋技术，将学生平时作业情况、课程考试考核成绩、技能考核成绩等都记录在案，通过设定相对层级指标和权重，综合评价中职学生各项素质的增进情况。同时，还可以利用互联网＋技术推进"无纸化"考试、模拟考核等，设计生产经营的仿真系统和一系列生产技术问题，由学生处理解决，可增强考试考核的场景性、灵活性，考核学生解决实际问题的能力。

（3）实施主体

中职教育与经济、政治、社会、文化、科技等领域具有千丝万缕的联系，其生存与发展必须关注所有利益相关者，必须适应中职教育校企合作、工学结合、顶岗实习人才培养模式运行的要求，体现中职教育合作办学、合作育人、合作就业、合作发展的特点。中职教育质量生成过程评价必须坚持开放性，做到面向社会各界、面向行业企业、面向学生及其家长乃至社会传媒授权，突出评价主体的多元化。政府评价（估）主要侧重于贯彻党的教育方针以及学校办学条件等评价，学生评价侧重于教师教学水平、专业设置、课程设置等方面的评价，行业企业侧重于人才培养规格、标准以及毕业生综合素质等方面的评价。各级政府教育行政部门应采取有效措施，积极开展第三方评价，评价结果应向社会及时公开，接受社会监督。中职学校内部应成立质量管理委员会，广泛开展授权评价，及时了解教育

---

① 刁洪斌：《基于能力本位的高职生顶岗实习评价模式》，《职教论坛》2011 年第 11 期，第 21—23 页。

质量方面的不足之处，进而确定教育教学的工作重点，实现可持续发展。

2. 顶岗实习评价体系

顶岗实习是指初步具备实践岗位独立工作能力的学生，到相应实习岗位，相对独立地参与实际工作的活动，其时间占学生接受中职教育时间总量的1/3左右，是中职学校人才培养的关键环节。2016年4月，教育部等五部门制定了《职业学校学生实习管理规定》，强调"坚持理论与实践相结合，强化校企协同育人，将职业精神养成教育贯穿学生实习全过程，促进职业技能与职业精神高度融合，服务学生全面发展，提高技术技能人才培养质量和就业创业能力"[1]。落实这一目标，需要做好中职学生顶岗实习质量评价工作，达到"以评促改"的效果。但是，以往有关中职学生顶岗实习质量的研究，或基于某一专业，或基于顶岗实习最终效果，未能彰显顶岗实习整个过程的重要性。目前实施的企业开具学生顶岗实习鉴定表的方法，难以表达学生顶岗实习质量生成过程及结果，必须构建中职学生顶岗实习质量生成过程评价体系。

（1）构建方法及过程

走访河北省秦皇岛、唐山两市15名职业教育专家（其中：中职学校国家、省级骨干教师10名，职业技术教育界专家5名），确定了顶岗实习评价的各项指标。基于CIPP评价理论的背景评价（Context evaluation）、投入评价（Input evaluation）、过程评价（Process evaluation）及结果评价（Product evaluation）[2] 四个维度，对各评价指标进行了归类，最终形成了以顶岗实习质量为一级指标（目标层），背景、投入、过程及结果为二级指标（中间层），各项具体评价指标为三级指标（指标层）的中职学生顶岗实习质量评价指标体系，构建了各级评价指标"倒树状图"。而后，制定了各项指标重要性调查问卷，由15名专家判断了各项评价指标的重要性。利用Excel软件对获取各项评价指标重要性进行了汇总，运用层次分析法（AHP）[3] 将数据导入Yaahp软件进行了两两矩阵分析，确定了各项

① 教育部等五部门关于印发《职业学校学生实习管理规定》的通知，http://www.moe.edu.cn/srcsite/A07/moe_950/moe_721/201604/t20160426_240252.html。

② Stufflebeam D. L., Madaus G. F., KellaghanT. Evaluation Models: Viewpoints on Educational and Human Services Evaluation (2nd ed.) [M] . Boston: Kluwer Academic Publishers. 2000: 280.

③ 谢承华：《AHP及其应用》，《兰州商学院学报》2001年第17卷第2期，第79—82页。

评价指标的权重,构建了中职学生顶岗实习质量及其形成过程评价模型。

(2) 指标体系的构建

中职学生顶岗实习指标体系"倒树状图"如图7—4所示。第一层次为目标层,即"中职学生顶岗实习质量指标体系",体现了建模的目的;第二层次为中间层,主要分为背景、投入、过程和结果四个二级指标,形成中职学生顶岗实习质量评价的四个子系统;指标层为中间层(二级指标)的进一步细化。

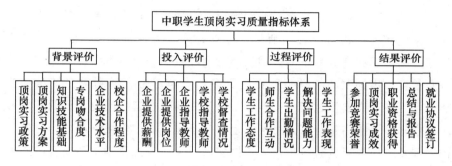

图7—4 中职学生顶岗实习质量指标体系

背景评价(子系统1)是顶岗实习顺利开展的前提,可对顶岗实习质量产生重要影响,包括顶岗实习政策、顶岗实习方案、知识技能基础、专岗吻合度、企业技术水平和校企合作程度六项具体指标。政府有关政策对中职学生顶岗实习活动的实施具有重大指导意义;学校顶岗实习方案是政府顶岗实习政策的具体落实,直接关系到顶岗实习各项制度的制定和实施等;学生只有通过在校期间的学习,具备一定的知识技能基础,才能实现理论与实践的结合,达到融会贯通的效果;实习岗位与学生所学专业相吻合,才能使学生应具有的技能得到锻炼。同时,学生顶岗实习所在企业具有先进技术水平,可保证学生学到的技能最新。校企合作程度是中职学生顶岗实习质量的重要依赖。

投入评价(子系统2)是顶岗实习顺利进行的保障,也关系到学生顶岗实习的质量效果,包括企业提供薪酬、企业提供岗位、企业指导教师、学校指导教师及学校督察情况五项具体指标。一般而言,企业支付的薪酬越高,学生顶岗实习的积极性就越大,可有效提升学生顶岗实习的工作效率和学习效率；企业提供岗位的多少以及专业吻合程度，也会直接影响顶岗实习的效果；企业及学校投入数量充足，且素质较高顶岗实习学生指导教师，能及时对学生顶岗实习活动实施答疑解惑，会直接提升学生专业知识和技能水平。此外，中职学校对顶岗实习学生及时进行督导检查，有利于及早发现问题并及时解决，进而提升中职学生顶岗实习质量。

过程评价（子系统3）是顶岗实习质量生成过程的评价，会直接影响中职学生顶岗实习目标的达成，包括学生工作态度、师生合作互动、学生出勤情况、学生解决问题能力和工作表现五项指标。学生工作态度至为关键，无论外部环境如何，学生达到顶岗实习的目标首先需要认真的工作态度；学生和指导教师（企业师父）互动越多，关系越融洽，学生就越容易接受新知识和掌握新技能；学生出勤情况直接反映学生参加顶岗实习的时间长度，出勤率高的学生能得到更多的岗位锻炼，学到更多知识和技能；学生在顶岗实习过程中，能够及时发现问题、解决问题，说明其能够对所学知识及能力进行深入思考，也有利于提升实习质量。此外，学生工作表现及工作效果也直接表达了顶岗实习质量。如工科学生顶岗实习所生产的产品合格率越高，数量越多，顶岗实习的质量也就越高。

结果评价（子系统4），集中反映了学生通过顶岗实习活动综合素质的增进情况，包括学生参加竞赛获得荣誉情况、顶岗实习成效、顶岗实习总结与报告、签订就业协议情况五项指标。其中，学生参加各种技能竞赛获得的荣誉表达了社会对学生技能增进情况的认可，直接反映了顶岗实习质量；顶岗实习成效指标虽然与其他指标有所重叠，但综合反映了学生顶岗实习目标的实现状况。有些专业国家或省（市）未举行过各类技能大赛，可用该指标予以补充表达；学生获得职业资格证书状况，可说明其是否具备了相应岗位的从业能力及技能水平；顶岗实习结束后，学生向学校递交的总结与报告，可直接反映了顶岗实习的质量状况。此外，学生与顶岗实习企业（用人单位）签订了就业协议，说明学生顶岗实习表现得到了用人单位的认可，也反映了用人单位对其素质的满意状况，也间接表达了顶岗实习质量。

（3）评价模型的构建

问卷调查将中职学生顶岗实习评价指标的重要程度设定为"1，2，…，9"等9个级次，数值越大，重要性越大。收回问卷后，将15名专家判断的各项评价指标的重要程度值进行了统计,求得重要程度平均值。如指标 1 相对指标 2 的重要性之比为 a,则指标 2 相对指标 1 的重要性为 a 的倒数 1/a。以此构建了两两比较判断矩阵（即指标权重资源配置表）,利用特征根法得到具体结果。检验结果表明,各判断矩阵一致性比例 CR < 0.10,满足一致性检验要求,说明两两判断矩阵中各指标权重分配合理,各级指标权重情况汇总为表 7—25 所示。

表 7—25　　　　　　　中职学生顶岗实习质量评价指标权重

二级指标	二级指标权重	三级指标	三级指标权重	
			对二级指标权重	对一级指标权重
背景评价	0.288 6	顶岗实习政策	0.170 7	0.049 3
		顶岗实习方案	0.170 7	0.049 3
		知识技能基础	0.170 7	0.049 3
		专岗吻合度	0.146 3	0.042 2
		企业技术水平	0.146 3	0.042 2
		校企合作程度	0.195 1	0.056 3
投入评价	0.225 4	企业提供薪酬	0.218 8	0.049 3
		企业提供岗位	0.250 0	0.056 4
		企业指导教师	0.125 0	0.028 2
		学校指导教师	0.218 8	0.049 3
		学校督查情况	0.187 5	0.042 3
过程评价	0.260 5	学生工作态度	0.216 2	0.056 3
		师生合作互动	0.189 2	0.049 3
		学生出勤情况	0.216 2	0.056 3
		解决问题能力	0.189 2	0.049 3
		学生工作表现	0.189 2	0.049 3
结果评价	0.225 5	参加竞赛荣誉	0.187 5	0.042 3
		顶岗实习成效	0.218 8	0.049 3
		职业资格获得	0.187 5	0.042 3
		总结与报告	0.187 5	0.042 3
		就业协议签订	0.218 8	0.049 3

将各项三级指标得分命名为 F_i，相对总目标（一级目标）的权重系数为 a_i（$i = 1$，2，$\cdots$，21），中职学生顶岗实习质量为 S，构建评价模型为：

$$S = \sum_{i=1}^{21} a_i \times F_i \; (i = 1, \, 2, \, \cdots, \, 21)$$

若在实际评价过程中各项三级指标采用 10 分制，求得的中职学生顶岗实习质量分值亦为 10 分制，即满分为 10 分。若各项三级指标采用百分制或 5 分制，求得的中职学生顶岗实习质量分值亦为百分制或 5 分制，即满分为 100 分或 5 分。

（4）评价模型的应用

第一，确定评价主体。由政府职业教育行政部门（如教育局、人力资源和社会保障局、安全生产监督管理局等）相关人员、中职学校教师、企业人力资源管理人员及部分学生代表、学生家长代表等组成中职学生顶岗实习质量评价组织，对各项评价指标进行评价（打分）。

第二，设定评分区间。以中职学生顶岗实习质量评价采用 10 分制为例，21 项评价指标满分为 10 分，可分为"完全达标""基本达标""一般达标""不达标"四个级别。其中："完全达标"的分值区间可设定为 9—10 分（左开右闭，下同），"基本达标"的分值区间可设定为 7—9 分，"一般达标"的分值区间可设定为 6—7 分，"不达标"的分值区间可设定为 0—6 分。

第三，统一评价标准。在获取相关数据的基础上，对所有人员的评价分数进行平均处理，将各指标平均分值与该指标对应权重之积进行加和，最终得到顶岗实习指标质量分数。若质量分数在 9—10 分区间，表明顶岗实习质量"优秀"，若分值落在 7—9 分区间，则表明顶岗实习质量"良好"；若分值落在 6—7 分区间，则表明顶岗实习质量"一般"；若分值落在 0—6 分区间，则表明顶岗实习质量"较差"。

第四，运用评价结果。若学生顶岗实习质量评价结果达到"优秀"状态，则应做好质量维持工作；若评价结果类属于其他三个级别，则说明中职学生顶岗实习质量有较大的提升空间。当顶岗实习质量为"一般"或"较差"时，相关责任主体应对相关指标进行分析，提出该指标的保障措施并付诸实施。

（5）评价结果的分析

中职学生顶岗实习质量指标体系及评价模型可直接用于评价中职学生顶岗实习质量。一方面，根据评价结果，可清晰中职学生顶岗实习质量的现状，确定中职学生顶岗实习质量的薄弱环节，制定提升中职教育质量的具体措施；另一方面，亦可依据各指标权重，确定提升中职学生顶岗实习质量的重点工作。

就二级指标权重而言，背景评价所占权重最大，过程评价次之，再次为结果评价，投入评价最小。因此，提升中职学生顶岗实习质量的关键在于强化背景、注重过程。强化背景亦可理解为优化中职学生顶岗实习的基础环境，涉及政府、企业、学校、学生等多个主体，需要各方协同运作；加强中职学生顶岗实习过程评价较为重要，能够促进教师的"教"与学生的"学"存在的问题及时得以解决，进而实现顶岗实习过程的不断优化，保证学生达到顶岗实习的目的。

就三级指标权重而言，在背景评价中，校企合作程度权重最大，在中职学生顶岗实习质量系统中具有重要影响。政府职业教育主管部门应协调其他相关部门，制定激励政策，引导中职学校与相关企业不断拓展合作的广度和深度，以此优化中职学校专业设置及学生顶岗实习方案，增强中职学校专业设置与企业实习岗位的吻合度。同时，通过校企之间的紧密合作，不断提升中职教育水平，为中职学生顶岗实习奠定良好的知识基础和技能基础。在投入评价中，企业提供岗位情况是所有三级指标中权重最大的指标，说明该指标是提升中职学生顶岗实习质量的核心工作。政府应完善相关政策，激励企业为中职学生提供更多的实习岗位，并做到与学生所学专业对口。其次为企业提供薪酬情况，各地应按照教育部《职业学校学生实习管理规定》的要求，确保实现顶岗实习学生薪酬不低于正式员工80%的标准。此外，中职学校教师指导情况也具有较高的权重，说明中职学校亟待改进对顶岗实习学生管理失之于宽的现状，绝不可有将顶岗实习学生管理完全推给企业的思想。在过程评价中，学生出勤情况和工作态度两项指标所占权重较大，中职学校应与顶岗实习单位一起，加强对顶岗实习学生的管理，引导其树立良好的工作态度，保障出勤率；在结果评价中，就业协议签订和顶岗实习成效两项指标所占权重最大，中职学校应加大学生就业指导工作力度，促使更多的学生留在顶岗实习企业直接就业，全方位呈现顶岗实习的成效。

第 八 章

中职教育质量：结果表达与评价模型

　　教育评价是依据教育目标、运用科学手段对教育活动进行价值判断的过程。前章所述的中职教育质量生成过程评价，是基于各项教育活动"静态"实施的评价。实际上，中职学校管理水平、学校文化环境建设以及教师教学水平等均会影响教育质量，中职教育质量处于不断变化的"动态"过程之中，"静"是相对的，"动"是绝对的。因此，在实施中职教育质量评价时，评价者会发现过程评价模式（模型）、评价标准、评价步骤等很难完整地完成预期的评价功能，中职教育过程评价的结果不等于最终的教育结果。

　　为改变这种尴尬局面，20 世纪 70 年代开始，发达国家开始借助计算机系统和统计程序，对学生接受某类型教育后相关素质指标的增进量进行评价，以此反映教育的效果。同时，随着"新职业主义"的兴起，基于职业教育的就业导向，开始以学生职业能力状况表达职业教育的结果质量，研究制定了多种职业能力测评工具。前者适用于各级各类教育，集中表达了教育结果；后者适用于以就业为导向的职业教育，以职业能力表达了教育效果。遵循两种评价思路，本章应用人力资源开发理论中的个体素质 KSAIBs 评价模型①，基于学生素质增进结果，提出了中职教育质量评价指标体系及评价模型。借鉴域外经验，立足我国中职教育发展实际，构建了中职学生职业能力评价模型，也用于表达中职教育结果质量。

---

① 谢晋宇：《人力资源开发导论》，清华大学出版社 2011 年版。

第一节　基于学生素质增进的中职 教育质量评价模型

基于学生素质增进的中职教育质量评价实质上是教育增值评价（Value-added Assessment），以学生接受中职教育后自身素质的增进量表达中职教育结果。目前，世界发达国家已将教育增值评价广泛运用于普通教育，有关职业教育领域的实践也开始起步。

一　理论基础

（一）教育增值评价的发展

教育增值评价源于学校效能研究，以"科尔曼报告"为起点，逐渐在世界范围内广泛兴起。由于不同学校的学生原始成绩（入学成绩）不同，如果单独考察学生的毕业成绩，则不能反映学生的学业进步情况，难以公正、客观地反映出学校教育的效果。毕业成绩好的学校往往认为自身运作良好，对改进教学不屑一顾。而毕业成绩差的学校多认为是因学生入学成绩差所致，将学校的管理失误均归为不可控制因素。同时，如果仅仅考察学生的毕业成绩，学生家长也难以准确地了解学校对学生帮助的多少以及学生在校是否获得了学业进步。

为解决这些问题，1984 年美国田纳西大学威廉·桑德斯（Sanders W. L.）等提出了采用学生成绩数据评价教育效果的增值评价模型（Value-added Assessment Model），付诸实践后产生了广泛的社会影响[1]。此后，美国相关学者针对不同评价需要、发明了多种教育增值评价模式。如西北评估委员会（Northwest Evaluation Committee）的增长模型（Growth Model）、哈罗德·多兰（Harold Doran）的达到模型（Reach）等。1992 年，英国开始在兰开夏郡（Lancashire）开展学校效能增值评价项目（Lanca-

---

[1] Sanders W. L., Horn S. P., The Tennessee Value-added Assessment system（TVAAS）: Mixed-Model Methodology in Educational Assessment［J］. Journal of Personnel Evaluation in Education, 1994（8）: 299 – 311.

shire Value Added Project，LVAP)[①]，产生了较好效果。2002 年，英国又在全英格兰和威尔士推行了学校增值评价模式，有效地激励了落后学校的发展[②]。近年来，英国政府开始推行"层层教育问责制"，实行国家标准化考试，按净增值（增值 = 输出 - 输入）公布考试成绩排行榜，引发了世界各国的争相效仿。

相对于西方国家，我国有关教育增值评价的研究起步较晚。20 世纪 80 年代中后期，香港地区开始对学校效能评价进行研究。20 世纪 90 年代初期，国内学者孙绵涛（1993）正式提出学校效能评价概念，张煜等（1993）提出了评价学校效能的多元回归统计法、典型相关分析法、时间序列分析法、多层分析法等。其中，多层分析法就是教育增值评价方法的具体运用。1996 年，中央教育科学研究所与英国伦敦大学（University of London）、布里斯托大学（University of Bristol）等联合开展了中英"学校评价创新和改善学校教育质量的策略"合作研究项目[③]，成为到目前为止我国教育增值评价研究领域最具影响的尝试。2009 年，浙江省温岭市教育局制订了《温岭市中小学教学质量增值评价方案（试行）》，收到较好的应用效果。中央教科所教育督导与评估研究中心将青岛市市南区、成都市青羊区作为学校教育增值评价的全国实验区[④]，示范推广了教育增加评价经验。从 2010 年开始，天津市已全面实施了高中学生学业水平考试"增值"评价，通过对获得的数据实施"教育增值"量化分析，实现了对各级各类学校发展状况的科学认定。同时，明确学生升学率不再是学校评价和考核的唯一指标。但总体而言，我国有关中职教育增值评价的研究与实践仍然较少。

（二）教育增值评价的内涵

由于教育评价的角度及内容不同，学界对教育增值评价概念内涵的界定尚未统一。特克维（Tekwe D. C. ）等研究指出，教育增值评价是用来

---

① 陈剑光、牛月蕾、徐丹等：《英国中小学教育增值评价改革及启示——基于兰开夏郡学校效能增值评价的实验研究》，《教育研究与实验》2013 年第 3 期，第 22—26 页。

② 郭蕊、聂威：《教育增值评价的研究现状及其应用》，《长春师范学院学报》（人文社会科学版）2010 年第 29 卷第 5 期，136—139 页。

③ 张亮：《普通高中学生增值评价研究》，博士学位论文，山东师范大学，2010 年。

④ 青岛市市南区教育政务网，http://www.sn.qdedu.net/news Info.aspx? pkid = 13978。

标注学校或教师效能评价的方法，通过测量单个学生连年知识的进步作为效能评价的基础[①]。也有学者认为，教育增值评价是将学生入学时的学业水平状况考虑在内的评价，以比较入学时与接受学校教育后学生的学业成绩增进状况表达教育质量。评价内容不仅包括测量学生智力发展状况的记忆、想象、思维等认知方面，还包括实践操作等动作技能提升等方面，以及通过创设情境进行情感态度方面的量化评价，通过器械测量进行生理方面的量化评价等[②]。还有学者认为，教育增值是指一定时期学校教育对学生成长发展所带来的积极影响，或一定时期内学校教育活动给学生增加的价值[③]。

综合以上学者的观点，可将教育增值评价分为两类。一是"成绩说"，即接受一定时间的教育后学生学业成绩的增进幅度，这在普通教育领域已经产生广泛的社会认知；二是"全面说"，即学生接受一定阶段教育后智力、情感和社会实践能力等方面的全面发展、全面进步的幅度，这为职业教育领域应用教育增值评价奠定了基础。但是，职业教育并非单纯的技能教育，也包括知识教育、人文素质教育，因此无论是前者还是后者解释都是片面的。世界经合组织（Organization for Economic Cooperation and Development，OECD）认为，教育应该"在考虑学生社会经济地位、家庭背景和先前学习状况的同时，在一个广泛范围的智力、社会和情感的成果里促进学生的进步"。就教育增值评价的应用范围而言，已有研究与实践可分为学校效能增值评价、教师增值评价和学生增值评价三类。由于教育增值评价源于学校效能评价，因此有关学校效能增值评价的研究与实践较多。相对而言，以学生素质增进幅度表达职业教育质量的研究较少。

但是，教育增值评价归根结底是以学生的学业成就为评价依据，通过相关的统计分析技术，将学校对学生发展的影响从诸多相关因素中分解出来，消除了生源因素、家庭因素对学生最终学习效果的影响，实现了对学

---

① 张亮、张振鸿:《学校"增值"评价的内涵与实施原则》，《当代教育科学》2010年第10期，第7—8页。

② 洪松舟:《论增值评价法与教师有效教学》，《当代教育科学》2007年第9期，第35—37页。

③ 沈玉顺、卢建萍:《制定教育评价标准的若干方法分析》，《高等师范教育研究》2000年第12卷第2期，第21—26页。

校教育质量（即教育教学的效果）的"净"评价①。学生是教育的对象，也是学校和教师教育成果展现的载体。教育增值评价无论是作为学校评价方式，还是学校效能增值评价方式，以及教师教学增值评价方式，学生的素质提升均是实施教育增值评价不可缺少的重要组成部分。

（三）教育增值评价的意义

在西方国家，教育增值评价的结果多用于政府制定教育政策和学校教育教学质量改进方面，两者的关注点均放在学生身上。对学校而言，以学生学业进步幅度或素质增进量判定教育质量，而不是以一次考试成绩来衡量教育质量，是教育质量评价的重大革新。教育增值评价能够帮助学校检查教育教学效果，及时查找相关方面存在的不足，进而制定有效措施加以改进。教育增值评价着眼于学生成长历程，是符合素质教育要求的评价方式。对政府教育行政部门而言，通过实施教育增值评价能够了解不同学校工作的实际效果，可对具有不同生源基础的学校教育质量实施比较。特别是在我国，重点学校学生入学成绩较高，而非重点学校学生入学成绩相对较低。这样，如果仅以学生毕业成绩评价学校教育质量，对普通学校而言显然有失公平。通过采用增值评价的方法，则可有效增强评价的公正性，甚至普通学校的教育质量还可能因学生学业增值幅度较大而高于重点学校。同时，通过实施教育增值评价，可使政府教育行政部门了解本区域影响学生学习进步的主要因素，发现特别需要关注的学校，有利于加强学校管理，调动普通学校的积极性。这样，政府教育行政部门可以更加客观、准确地评估学校效能，更加有效地实施相关决策，更加合理地进行教育投入。对社会而言，实施教育增值评价有利于促进教育公平，引导社会给学生入学成绩相对较低、生源素质相对较差的学校以公正评价，有利于鼓励这些学校的教育行为。对教师而言，通过实施教育增值评价可及时了解学生的学业进步状况，对学习困难的学生及时给予个别指导，对进步较快的学生及时给予个别鼓励。对学生而言，通过实施教育增值评价可及时了解自己学业进步的幅度，看到自己与他人的差距，进而明确学习目标，增强学习信心。

---

① 马小强：《尝试以学校增值评价推进教育公平》，《中国教育报》2006 年 11 月 25 日。

（四）教育增值评价的难点

1. 明确质量的表达指标较为困难

当前，学校效能增值评价的指标主要以学生学业成绩为主，缺少非认知方面的指标，如教师满意度、组织承诺、教师与家长之间互动等。特别是中职教育，学生面临着就业和升学的双重目标，且不同专业对学生的素质要求也不尽相同，选择哪些指标表达中职教育质量，本身就是难以决定的问题。

2. 建立恰当的评价模型较为困难

为确保评价结果的公正、公平和可靠，美、英等国在推行教育增值评价时主要依赖于多项选择题的常模参照测试。但常模参照测试属于教育测量范畴，本身就带有诸多弊端。这些弊端集合在一起，必然会引起结果评价的偏差，进而减弱教育增值评价的信度。

3. 消除其他因素的影响较为困难

事实上，学校或教师仅是影响学生学业进步的部分因素，其他影响学生学业进步的因素还有学生家庭或家长的影响、社会环境的影响、遗传基因的影响等，将学生某一阶段的进步全部归结为学校或教师的教育也不尽科学，这与人们反驳的"教育万能论"观点基本一致。如部分在校生利用课余时间接受校外教育机构辅导，学生学业成绩的提升是学校或教师的作用还是校外教育机构的作用，这是难以区别的。最后，"增值"本来是经济学术语，是投入和最终成品销售价之差。教育评价中的"增值"是指一定时期学校教育对学生学业进步所带来的积极影响。但有时候，学校教师行为、同学行为、家庭其他成员行为对学生的影响也可能是负面的，此时"增值"就是"减值"了。

二　指标设计

基于学生素质增进构建中职教育质量评价模型，必须首先做好质量评价指标的设计工作，这也是保证中职教育质量评价具有准确性、全面性、先进性和创新性的基础。设计中职教育质量评价指标，必须依据国务院颁布的《国家中长期教育改革和发展规划纲要（2010—2020年)》和教育部制订的《中等职业教育改革创新行动计划》等相关政策及教育增值理论、教育评价理论、利益相关者理论等实施。

（一）指标设计的基本原则

1. 多方参与原则

基于利益相关者理论，提出中职教育质量评价的多方参与原则。1963年，美国斯坦福研究中心首次提出了"利益相关者"概念，引发了学界的高度重视。此后，相关学者进行了深入研究，经历了"利益相关者影响""利益相关者参与"和"利益相关者共同治理"三个阶段，逐渐形成"利益相关者"理论。弗里曼（Freeman，1984）研究认为，"利益相关者是能够影响组织目标的实现或能够对组织实现目标过程施加影响的人"[①]。延伸到中职教育质量评价问题上，中职教育质量不仅关系到学生自身的发展，对学生家庭、企业发展乃至社会进步等都会产生重要影响，政府、行业企业、学校、学生及其家长等都是利益相关者。因此，确定中职教育质量指标及评价模型，应兼顾各方面的利益，吸收相关方面积极参与，进而实现《国家中长期教育改革和发展规划纲要（2010—2020年）》提出的"开展由政府、学校、家长及社会各方面参与的教育质量评价活动"的要求。

2. 全面发展原则

全面发展原则强调在中职教育质量评价模型设计过程中，各级指标内容的设定、指标权重数值的配置应以有利于学生全面发展为前提。人力资源开发个体素质评价的 KSAIBs 模型涉及中职学生知识、技能、能力、中介变量及行为五个变量，较为全面地表达了中职学生素质指标状况。其中，中介变量为中职学生情感、态度等隐形要素，将这些要素置入中职教育质量评价模型之中，可从外在与内在两个方面评价学生，使评价结果更有利于考察中职学生整体素质提升状况。利用 KSAIBs 模型，结合教育增值理论评价中职教育质量，不以学生某一时间点的成绩为评价结果，而是以某时间段成绩的增加值为评价结果，体现了发展性。将 KSAIBs 模型和教育增值理论引入中职教育质量评价，有利于实现教育部提出的"完善对学生的综合素质评价"以及"引导学生全面发展"的目标。

---

① 转引自杨瑞龙、周业安《企业的利益相关者理论及其应用》，经济科学出版社 2000 年版。

3. 客观公平原则

客观公平是中职教育质量评价必须遵循的一个重要原则,直接关联到评价结果的社会认可度。一般而言,中职学生在智力水平、个人能力等多个方面会存在显著差异,如果不以增加量评价学生接受中职教育的效果,会加大后进学生的挫败感,影响其上进心。同时,区域经济社会发展水平差异也会导致中职教育质量存在显著差异,特别是在影响学生就业机会与就业质量等方面的表现会更加突出。此外,学校之间由于基础设施建设水平不一,也会导致校际教育质量存在一定的差异。在这种情况下,横向进行不同区域、不同生源基础中职教育质量的比较显然有失公平。基于学生素质增进的中职教育质量评价模型比较的是增值量,即以中职学生入学时(或某一时间节点)KSAIBs 状况为起点,以中职学生毕业后(或某一时间节点)的 KSAIBs 状况为终点,计算其 KSAIBs 增进量用以表达中职教育质量,可消除由于区域经济社会发展状况差异等外界因素对中职教育质量评价的影响,使中职教育质量评价更趋客观。

(二) 指标体系的确立过程

1. 确立一级指标

借鉴人力资源开发个体素质评价的 KSAIBs 模型,将凝聚在中职学生自身的 KSAIBs 总量视为一级指标。

2. 确立二级指标

分析国内外有关 KSAIBs 人力资源个体素质评价指标的研究文献,以及我国政府及各级教育行政部门有关提高中职教育质量问题的通知、意见及规划等,明确了 KSAIBs 指标与中职教育人才培养目标的关系。从河北省唐山市、秦皇岛市选取四所(每市两所)中职学校,每所学校选取 10 名熟悉企业需求,且具有丰富教学经验、与学生接触密切的教师(共 40 名教师)实施访谈,确认人力资源开发个体素质评价 KSAIBs 模型与中职教育人才培养目标存在高度的一致性。所有被访谈教师均认为构建以 KSAIBs 为基础的中职教育质量评价指标体系具有较强的可行性。据此,将知识、技能、能力、中介变量、行为五项指标作为二级指标,对应于 KSAIBs 一级指标之下。

3. 确定三级指标

首先,采用头脑风暴法,请河北省唐山市、秦皇岛市 40 名中职学校骨干教师集思广益,基于 KSAIBs 各要素(二级指标)提出其认为重要的三级指标,并记录在一张表格上。而后,运用德尔菲法(Delphi Method),将头脑风暴法获取的中职教育质量各级指标以电子邮件形式再次发送给河北省唐山市、秦皇岛市 10 所中职学校的 100 名教师和 30 家企业人力资源主管人员,请其对中职教育质量各级指标内容进行修改,收集后再次进行整理。如此反复进行两次,将最后拟定的中职教育质量各级评价指标"倒树状图"再次以电子邮件形式发给各位教师及企业人力资源主管人员征询意见,最终设计出认可度较高的基于 KSAIBs 的中职教育质量指标体系如图 8—1 所示。

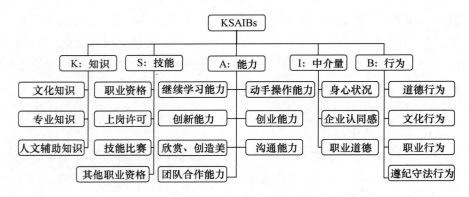

图 8—1　基于 KSAIBs 的中职教育质量指标体系

(三)指标的定义及其测评

依据国务院及教育部相关政策文件,并征询有关职业教育专家的意见,确定了各评价指标的定义、内容、实现途径及测评手段,具体如表 8—1 所示。

表 8—1　　　　中职教育质量评价指标的实现途径及测评手段

二级指标	三级指标	实现途径	实现目标	测评手段
K 知识	K_1	通过学习语文、数学等课程实现	具有基本科学文化素养、文化基础知识	考试
	K_2	通过开设专业课、专业实践课实现	掌握必需专业知识	考试、实训
	K_3	通过开设历史、文学等课程实现	掌握人文知识和辅助知识	考试

续表

二级指标	三级指标	实现途径	实现目标	测评手段
S 技能	S_1	通过开设专业课及实训课获得	具有证书要求的水平	国家等级考试
	S_2		具有证书要求的操作水平	国家技能考试
	S_3		具有较高的技能水平	获奖证书
	S_4		具有证书要求的技能水平	国家等级考试
A 能力	A_1	基础知识学习,加强自身职业修养	具有一定的学习能力,适应能力	企业测评
	A_2	通过专业实践及实习	能熟练操作设备	等级考试 + 企业测评
	A_3	自身想象力通过动手操作实现	具有一定的创新能力	实训教师 + 企业测评
	A_4	参加创业指导、创业实践等实现	能自主创业并有较好收益	名次及创收额度
	A_5	通过思想政治课、美学课以及自身对美的感知和认识实现	具有欣赏美、创造美的能力	实训教师 + 企业测评
	A_6	创设良好沟通交流环境,使学生逐渐形成良好沟通能力	表达自我意愿,与群体实现良性沟通	同学互评
	A_7	通过集体活动产生团队合作意识	协调合作,团队最大效率	同学互评
I 中介变量	I_1	通过体育锻炼、思想品德教育获得	身心健康	身心测试、平时表现
	I_2	通过企业文化学习获得	以企业为家	企业评价
	I_3	通过良好的学校环境、课堂教学及企业实习等实现	良好的职业道德	企业评价
B 行为	B_1	通过知识、技能、能力、态度情感等的培养实现	正确的价值观	教师评价 + 企业评价
	B_2		具有文明的文化行为	教师评价 + 企业评价
	B_3		正确的就业观,爱岗敬业	企业评价
	B_4		守法守纪	教师 + 企业评价

注:A_2动手操作能力需要通过等级考试和企业评价共同实现,由于在技能中已进行等级考试的评分,此处只计算企业的评价。

1. 知识 (K) 指标

K 为知识指标,下设文化知识 (K_1)、专业知识 (K_2) 和人文辅助知识 (K_3) 三项三级指标。

(1) 文化知识

按教育部 2009 年下发的《关于印发新修订的中等职业学校语文等七门公共基础课程教学大纲的通知》[①] 要求,中职学校文化基础课包括语文、数学、英语、计算机应用基础、体育与健康、物理、化学七门课程。中职学生通过学校组织的课程学习及考试,可达到国家对中职学生文化知识基本素养要求。

(2) 专业知识

专业知识指中职学生学习某一专业所需要的专门知识,不同专业学生需要掌握不同的专业知识,但均可通过专业课和实践课相结合的学习方式完成。与此相对应,专业知识测评可采取试卷测试和专业实践测评相结合的方式。中职学生通过国家相关部门或学校组织的专业知识测评后,才能被认定是否达到了培养质量标准。

(3) 人文辅助知识

人文辅助知识 (也可称为通识教育知识) 包括人文知识和辅助知识两部分,主要是关于精神生活和社会领域的基本知识,如历史知识、文学知识、政治知识、法律知识、艺术知识等,对提升中职学生的整体素质尤为重要。中职学生掌握人文辅助知识,主要通过中职教师在教学活动中融入人文思想实现,也可通过中职学校设定专门的课程完成。同时,学校和班级组织的各种集体活动 (包括课外活动),对提高中职学生的人文辅助知识水平也具有一定的促进效果。学生掌握此类知识的状况,可由中职学校通过考试、考核的方式完成。

2. 技能 (S) 指标

S 为技能指标,下设职业资格 (S_1)、上岗许可 (S_2)、技能比赛 (S_3) 和其他职业资格 (S_4) 四项三级指标。

---

① 关于印发新修订的《中等职业学校语文等七门公共基础课程教学大纲》的通知,http://www.moe.gov.cn/publicfiles/business/htmlfiles/moe/moe_ 963/201001/xxgk_ 79143.html。

（1）职业资格

职业资格是对从事某一职业所必备的学识、技术和能力的基本要求，反映了劳动者适应职业岗位需要而具备特定的知识、技术和技能。中职学生学习国家设定职业资格的专业，必须通过相关职业资格考试，获取相应专业的职业资格证书，方能毕业并顺利实现就业。如中职学校开设的机电一体化专业，学生毕业需要获得表示其具备中级技能操作水平的《电工证》或《车工证》等。此类知识及技能主要通过中职学校的教学与实践活动获得，由国家职业资格鉴定部门考核与评价。

（2）上岗许可

中职毕业生实现顺利就业，还需要获取国家相关部门颁发的上岗许可证书，证明其达到了具备独立操作水平。如机电一体化专业学生实现就业，需要获取政府相关部门颁发的《安全生产证书》等。此类知识及技能也通过中职学校教学与实践活动获得，由政府相关部门或政府指定的相关机构负责考核与评价。

（3）技能比赛

为充分展示职业教育改革发展的丰硕成果，集中展现职业院校师生的风采，每年各级职业教育主管部门均联合其他相关部门、相关社会组织举行中职学生技能比赛活动，以此推动中职学校教育教学工作。比赛分为国家、省、市三个层级，实行层层选拔。中职学生参加技能比赛活动的获奖层级越高，表明其技能水平越高。此项指标考核由各级技能大赛组委会负责。

（4）其他职业资格

中职学生获取的职业资格证书越多，表明其具有更强的职业应变能力。将该项指标纳入中职教育质量评价指标，有利于拓展中职学生的知识面及技能覆盖面，为职业转换奠定基础，有利于自身的可持续发展。此类技能主要通过教育教学及实习实践获得，考试、考核亦由国家指定的职业技能鉴定机构等组织实施。

3. 能力（A）指标

A 为能力指标，下设终身学习能力（A_1）、动手操作能力（A_2）、创新能力（A_3）、创业能力（A_4）、欣赏和创造美的能力（A_5）、沟通能力

（A₆）和团队合作能力（A₇）七项三级指标。

（1）终身学习能力

为适应社会发展和自我发展的双重需要，中职学生应具备较强的终身学习能力（继续学习能力），包括养成良好的学习习惯、较强的自学能力及信息技术应用能力等，这也是对口招生高校格外看重的中职学生素质指标，也是就业企业要求的目标之一。该项指标的考核由企业（或实习单位，或上一层级学校）通过评价中职学生掌握新知识和新技术能力的状况给予表达。

（2）动手操作能力

动手操作能力是技术技能型人才必备的一项实践技能，主要通过学校开设的实践性教学课程以及通过校企合作实施的认识实习、跟岗实习和顶岗实习获得。该项能力的考核，主要通过国家职业技能鉴定部门组织的技能考试或由企业指导师父评价完成。

（3）创新能力

创新能力指中职学生运用所学知识与技能，在实践活动中不断提供新思想、新方法和新发明的能力[1]。主要通过中职学校组织有意义的创新实践活动，中职学生参与创新实践获得。具体考核可由中职学校实施，也可由企业（或实习单位）实施，考核的主要内容为对学生作品的创新性做出评价。

（4）创业能力

中职学生创业能力包括决策能力、经营管理能力、社会交往能力以及组织协调能力等，通过中职学校开设专门的创业课程、组织学生参加创业比赛活动等途径获得，目的在于使中职学生充分发掘自身潜能，培育创业意愿，培养创业技能，为毕业后创业做好相关准备。此项指标由中职学校组织考核，主要内容为对学生在创业比赛活动中的各项表现状况及创收额度等进行评价。

（5）欣赏和创造美的能力

中职学生应能感受并欣赏生活、自然、艺术之美，具有健康的审美情

---

① 王颜芳:《企业人力资源开发活动的评估研究》;《中国石油大学学报》（社会科学版）2008 年第 24 卷第 1 期，第 17—21 页。

趣。中职学校通过开设思想政治教育课程、美学指导课程等指导和帮助学生认识美、创造美。此项指标由中职学校或合作企业进行考核,对中职学生的美学作品进行评价,或对中职学生就某一事物的美学评价进行"再评价"。

(6) 沟通能力

沟通能力是现代社会民众必须具备的一种能力,对中职学生实现自我发展有着巨大的推动作用。沟通能力也反映了中职学生的人际交往能力,主要通过在校期间参加小组活动、班级活动及团队合作等人际交往活动实践获得。中职学生的沟通能力由与其交往过的其他学生进行匿名评价,采取学生互评的方式实现。

(7) 团队合作能力

团队合作能力建立在团队精神、互帮互助基础之上,可使团队达到最大的工作效率,取得最佳的工作业绩。该项能力主要通过学生在校期间参加小组活动、班级活动及企业团队工作实践习得。某学生的团队合作能力,由与其合作过的其他学生进行匿名评价,采取学生互评的方式实现。

4. 中介变量 (I) 指标

I 为中介变量,下设身心状况 (I_1)、企业认同感 (I_2) 和职业道德 (I_3) 三项三级指标。

(1) 身心状况

健康的身体和良好的精神状态是中职学生就业、创业的必要条件,中职学校通过开展体育课程、组织体育活动等加强学生的体能训练,使之具有健康的体魄,能够适应未来工作岗位的需要;通过建立心理咨询机构,帮助学生及时解决日常生活中遇到的各种疑难问题,培养学生良好的心理素质。该项指标考核由中职学校及医疗机构负责实施。

(2) 企业认同感

企业认同感 (Corporate identity/Organizational commitment) 又称"组织认同感",指员工对企业各种目标的信任、赞同以及愿意为之奋斗的程度。中职学校应通过构建"工学结合、校企合作、顶岗实习"的人才培养模式,加强企业文化与校园文化的融合,增强学生对企业文化的了解,进而提升其企业认同感。该项指标的考核与评价由顶岗实习企业或就业企业组织实施。

（3）职业道德

职业道德指从事某种职业的人必须具备的品德、遵守的纪律等内容的总称①。中职学生的职业道德主要体现在对职业道德规范的认知及遵守状况方面，具体包括爱岗敬业、诚实守信、办事公道、服务群众、奉献社会等情况。中职学校通过开设专门的通识教育课程以及组织相关的课外活动等，使学生养成良好的职业道德。此项指标的考核与评价由中职毕业生就业企业组织实施。

5. 行为（B）指标

B 为行为指标，下设道德行为（B_1）、文化行为（B_2）、职业行为（B_3）和遵纪守法行为（B_4）四项三级指标。

（1）道德行为

道德行为指中职学生在一定的道德认识、道德情感和道德意志的指引和激励下，表现出对他人或对社会所履行的具有道德意义的一系列具体行动。中职学校应建立完整的德育体系，加强对学生规范性道德行为的培养，使其牢固树立社会主义核心价值观，并体现于生活与工作实践之中。中职学生的道德行为在就业前、就业后均会得以表现，可由中职学校、就业企业分段考核。

（2）文化行为

文化行为是指在生活或工作的大环境下，人们在生活、工作中所贡献的、有价值的、促进文明、文化以及人类社会发展的经验及创造性活动②。落实到中职学生的具体行为上，主要指中职学生在所接触到的社会文化、校园文化等的影响下，在文化意识的驱动下做出的符合社会发展要求的并能够对周围群体产生连带影响的行为。中职学生的文化行为是自身文化素质的重要体现，也反映了中职学生受社会环境的影响程度。中职学生的文化行为整体上可提升为行为文化，成为包括精神文化、物质文化、

---

① 罗金彪:《浅析职业道德对提升高职学生就业竞争力的作用》,《佳木斯职业学院学报》2016 年第 3 期, 第 190—191 页。

② 张睿麒:《中国传统文化观念对大学生文化行为的影响》,《学习月刊》2016 年第 4 期, 第 71—72 页。

制度文化和行为文化等在内的文化层次的重要组成部分。中职学校应通过加强校园文化建设,用先进的思想文化占领学校文化阵地,引导中职学生自觉抵制低俗文化、不良文化的侵袭,进而养成规范的、先进的文化行为。与道德行为一样,中职学生的文化行为在就业前、就业后均会得以表现,可由中职学校、就业企业分段考核。

（3）职业行为

职业行为是中职学生就业后对职业劳动的认识、评价、情感和态度等心理过程的行为反映,是中职学生职业目标达成的基础。职业行为由人与职业环境、职业的要求所决定,具体包括职业创新行为、职业竞争行为、职业协作行为和职业奉献行为等。中职学校应加强学生职业生涯规划教育、就业指导教育,形成正确的就业观和择业观,增强其社会责任感,促进其由"自然人"向"社会人"的转变,确保其能够在就业后认真履行岗位职责,爱岗敬业,具有良好的职业行为。此项指标由中职学生就业企业（或实习企业）考核。

（4）遵纪守法行为

中职学生实现个人价值及人生追求,必须严格遵守企业纪律和国家法律。中职学校通过开设必要的法律、法规课程,邀请社会法律界人士对学生进行经常性的法律法规教育,使中职学生的遵纪守法意识表征于遵纪守法行为之上。鉴于中职学生的遵纪守法行为在就业前、就业后均会得以表现的状况,该项指标可由中职学校、就业企业分段考核。

三　模型构建

中职教育质量评价指标的权重表明了相应质量指标的重要程度,在一定程度上也影响着中职教育质量评价的结果。通过问卷调查法及层次分析（AHP）法,对已形成的中职教育质量评价指标体系中的各项指标进行了权重配置。在此基础上,构建了中职教育质量评价模型。

（一）问卷调查

1.问卷设计

依据专家访谈法形成的基于KSAIBs的中职教育质量评价指标体系,设计了各项评价指标的重要性调查问卷。而后,按专家访谈同样标准,在秦皇岛市技工学校选择了42名教师进行初测。运用SPSS19.0统计软件对问卷调查结果进行了统计分析。结果表明，指标重要性调查问卷信度为 0.844，KMO 值为 0.742。采用 Cronbach'α 系数法对调查数据进行信度分析[①]，表明该调查问卷的测量值高于 0.8，具有该问卷较高的效度和信度。

2. 调查实施

2014 年 3—4 月，分别选择河北省秦皇岛市三所、唐山市四所中职学校（共七所）、210 名教师进行了中职教育质量评价指标重要性问卷调查。调查对象包括专业课教师、实习指导教师、文化课教师、辅导员、管理岗位人员、后勤岗位人员七种类型。每所学校选择 30 名，共发放调查问卷 210 份，回收问卷 201 份，问卷回收率为 95.71%。按缺项、漏项等标准剔除无效问卷，确定有效问卷共有 187 份，问卷有效率为 93.03%。有关中职教师调查样本的基本情况如表 8—2 所示。而后，对调查问卷进行数据整理，获得教师对各评价指标重要程度的平均数，具体结果如表 8—3 所示。

表 8—2　　　　　　　　　　　　　调查教师基本情况

个人信息	分类	样本数	百分比（%）	个人信息	分类	样本数	百分比（%）
性别	男	121	64.36	工作岗位	实践课教师	35	18.62
	女	67	35.64		其他岗位	14	7.45
年龄	25 岁以下	10	5.32	教学年限	5 年以内	46	24.55
	26—30 岁	23	12.23		5—10 年	107	56.67
	31—35 岁	19	10.11		10—15 年	23	12.12
	36—40 岁	40	21.28		15 年以上	4	2.12
	41—45 岁	61	32.45	学历	博士	10	5.32
	46—50 岁	17	9.04		硕士	65	34.57
	51—55 岁	11	5.85		本科	107	56.91
	56 岁以上	7	3.72		专科	5	2.66
工作岗位	专业课教师	66	35.11		其他	1	0.53
	文化课教师	73	38.83				

---

① 黄光扬：《教育测量与评价》，华东师范大学出版社 2003 年版。

表8—3　　　　　　中职教育质量评价指标重要性调查结果

二级指标	重要度	三级指标	重要度
K，知识	7.58	K_1，文化基础知识	7.26
		K_2，专业基础知识	8.70
		K_3，人文等辅助知识	7.10
S，技能	8.84	S_1，职业资格证书	8.59
		S_2，职业上岗证书	8.78
		S_3，技能比赛获奖证书	7.65
		S_4，其他职业资格证书	6.47
A，能力	8.91	A_1，终身学习能力	8.48
		A_2，动手操作能力	9.12
		A_3，创新能力	8.15
		A_4，创业能力	7.64
		A_5，欣赏美、创造美的能力	7.18
		A_6，沟通能力	8.72
		A_7，团队合作能力	8.98
I，中介变量（态度、情感、健康等）	9.06	I_1，身心健康	9.38
		I_2，企业认同感	8.46
		I_3，职业道德	9.42
B，行为	8.79	B_1，道德行为	9.45
		B_2，文化行为	8.11
		B_3，职业行为	8.91
		B_4，遵纪守法行为	9.55

（二）确定指标权重

应用两两判断矩阵方法（即层次分析法）确定各个指标的权重。设定某一指标的相对重要性为"1，2，…，10"及其倒数，如指标1相对指标 2 的重要性之比为 a,则指标 2 相对指标 1 的重要性为 a 的倒数 $1/a$[①]。根据中职学校教师对各项指标重要性的判定结果,构建判断矩阵,利用特征根法得到具体的两两判断矩阵结果。将中职学生 KSAIBs 指标体系模型分为目标层、中间层、指标层三个层次。其中,目标层体现建模目的,即"中职学生 KSAIBs 体系指标"(一级指标);中间层为评价因素层(K、S、A、I、B,二级指标);指标层为所列各项评价指标(三级指标)。计算求得的各指标权重如表 8—4 所示。

表 8—4　　　　　基于 KSAIBs 的中职教育质量评价指标权重

一级指标	权重	二级指标及权重		
		二级指标	相对于评价因素的权重	相对于总目标的权重
K（知识）	0.185 8	K_1 文化基础知识	0.312 5	0.058 1
		K_2 专业基础知识	0.332 1	0.061 7
		K_3 人文等辅助知识	0.355 4	0.066 0
S（技能）	0.202 7	S_1 职业资格证书	0.242 4	0.049 1
		S_2 职业上岗证书	0.245 1	0.049 7
		S_3 技能比赛获奖证书	0.244 2	0.049 5
		S_4 其他职业资格证书	0.268 3	0.054 4
A（能力）	0.203 0	A_1 终身学习能力	0.145 1	0.029 5
		A_2 动手操作能力	0.153 3	0.031 1
		A_3 创新能力	0.145 4	0.029 5
		A_4 创业能力	0.144 2	0.029 3
		A_5 欣赏、创造美的能力	0.146 2	0.029 7
		A_6 沟通能力	0.134 2	0.027 3
		A_7 团队合作能力	0.131 6	0.026 7
I（中介变量）	0.202 4	I_1 身心健康	0.345 0	0.069 8
		I_2 企业认同感	0.333 4	0.067 5
		I_3 职业道德	0.321 6	0.065 1

---

① 谢承华:《AHP 及其应用》,《兰州商学院学报》2001 年第 17 卷第 2 期,第 79—82 页。

续表

一级指标	权重	二级指标及权重		
		二级指标	相对于评价因素的权重	相对于总目标的权重
B（行为）	0.206 1	B₁道德行为	0.267 1	0.055 0
		B₂文化行为	0.247 3	0.051 0
		B₃职业行为	0.246 7	0.050 8
		B₄遵纪守法行为	0.238 9	0.049 2

（三）构建评价模型

按照"矩阵一致性"检验方法对随机一致性比例进行了检验，各判断矩阵一致性比例 CR < 0.10[①]，满足一致性检验，说明两两判断矩阵中各指标权重分配合理。设二级指标各项得分分别为 F_i，相对总目标的权重系数为 a_i（$i=1$，2，…，21），中职学生 KSAIBs 总量为 S，构建评价模型为：

$$S = \sum_{i=1}^{21} a_i \times F_i \ (i=1, 2, \cdots, 21)$$

（四）模型运用方法

在进行社会调查获取相关数据的基础上，运用该模型可计算出相应年度、相应学校中职毕业生的 KSAIBs 状况。基于目前各地中职学校取消了各种入学条件的限制，故可以假设各中职学校具有相同基础素质的生源，在统计总量时视中职学生基础素质为 0（当然，现实状况不可能为 0，仅为方便统计和实施各中职学校之间比较教育质量使用），所调查的 KSAIBs 总量即为增进量，也就是中职学校的"产出"效果——教育质量。在评价某一中职学校的教育质量时，按年份设定毕业生调查数量。调查样本数量越大，结果越精确。某中职学校毕业生的 KSAIBs 增进量越高，说明该学校的教育质量越好。在实际操作中，既可调查某一年份，也可调查所有年份，对应反映该中职学校在该年份或该中职学校的总体教育质量。

---

① 卫铁林:《基于 AHP 的高校毕业生就业质量评价模型构建》，《教育与经济》2013 年第 2 期，第 43—47 页。

四　模型检验

为确保该评价模型的实用性、准确性、可行性，对构建的模型进行了实践验证，旨在进一步完善该评价模型，使其更加符合当前我国中职教育实际。

（一）检验样本

通过随机抽样的方式，抽取了河北省唐山、秦皇岛两市三所中职学校作为评价对象，利用基于学生素质增进的中职教育质量评价模型进行了教育质量评价。为了保证评价结果的可比性，选取三所学校共有的骨干专业——机械加工制造专业实施。为保护三所学校的隐私，在实测中以 A、B、C 命名三所学校，并对涉及的学生姓名进行了事后匿名处理。为取得真实效果，在数据获得过程中让相关教师、学生和企业相关人员能够对中职学生的 KSAIBs 进行客观评价，事先未告知教师、学生和企业问卷内容将用于各中职学校之间的教育质量比较。

（二）分数设定

三级知识指标采用定量原则设置，主要以试卷成绩进行标度。依据"国际学生质量评价项目体系"（PISA）、美国教育部建立的"国家教育进步评价系统"（NAEP）和欧盟的"欧洲教育质量指标"中有关教育质量评价指标分数设计的标准，对三级指标分数进行设定。

数据来源为学生期中、期末及结业考试成绩。对专业知识的测评，除了采用笔试的方式，还进行了实践操作评价，由实践指导教师依据学生"产品"进行评分。依据秦皇岛技工学校的评价标准，专业知识的评分为专业知识、实践操作各占 50%。文化课、专业课及实习课为三所学校均开设的课程，满分为百分，通过均值方式获得 K_1（文化知识）、K_2（专业知识）、K_3（人文辅助知识）的分数。

中职学生毕业需要取得本专业相关的中级职业资格证，因此每获得一项本专业的中级职业资格证书获得 60 分（60 分为学生的及格分数，学生获得一项本专业的中级职业资格证书，说明其技能已达到及格标准，故将每项中级职业资格证书设为 60 分），S_1 为本专业中级职业资格证书的累积分数；S_2 上岗证书与 S_4 非本专业职业资格证书的评分方式同 S_1。S_3 为获奖证书，不同级别获奖证书的分值如表 8—5 所示，该项指标所获分数可进行累加。

表8—5　　　　　　　　　　　　获奖证书分值表

等级	市级	省级	国家级
特等奖	70	85	100
一等奖	65	80	95
二等奖	60	75	90
三等奖	55	70	85

能力、中介变量及行为等三项指标采用定性标度，主要通过满意度问卷调查的方式进行。将满意度分为"非常满意""满意""一般""不满意""非常不满意"五个等级，分别量化为100分、80分、60分、40分和20分五个级次。其中A_1、A_2、I_2、I_3、B_3五项指标通过企业满意度调查获得；A_3、A_5、B_1、B_2、B_4五项指标通过教师及企业两项满意度均值获得。A_6、A_7两项指标通过学生之间互评测得，每位同学为本班内除自己以外的其他学生评分，将所得数据求均值，最终得到两项指标的分数；I_1通过学校体检（百分制）及心理教师评价均值获得。由于三所学校均未开设创业大赛课程，也未组织学生参加国家、省、市技能大赛，故两项指标未纳入评价。

（三）检验结果

依据实测方式获得具体数据，利用基于学生素质增进的中职教育质量评价模型对数据进行分析整理，最终得出 A、B、C 三所学校的具体数据。

依据公式 $S = \sum_{i=1}^{21} a_i \times F_i$ 对以上三个班的每位学生进行分数统计，最后求得全班同学的平均分，即为该班的教育质量总分。经过计算 A、B、C 三校教育质量分数分别为 72.80 分、69.73 分、65.42 分，进而确认 A 学校教育质量最高，B 学校次之，C 学校教育质量最低。

（四）运用方法

基于学生素质增进的中职教育质量评价模型以国家教育部提出中职教育人才培养目标为预期指标，并将其细化、量化，弥补了中职教育质量仅有系统表述和对结果预期的不足，具体运用方法可分为六个步骤。

1. 评价对象的选定

应用该模型评价中职教育质量，首先需要确认评价对象，即是对某所中职学校的评价，还是对某一专业、某一班级的评价。如果是针对某一个专业的教育质量进行评价，就把调查工作局限在该专业毕业生（或在校生）内。如果是对中职学校整体教育质量进行测评，首先要设计好评价方案，包括该校的毕业生人数及调查样本人数以及毕业生的就业去向等。同时，还要明确该学校所有专业的课程设置及培养目标等情况。以此类推，可以延伸到某一区域所有中职学校的教育质量评价，以及该区域内相同专业之间、不同中职学校之间的教育质量评价，甚至可以延伸到区域间的不同中职学校、不同专业的教育质量评价与比较。

2. 评价时间的选择

实施中职教育质量评价，选择评价时间是较为棘手的问题。以KSAIBs 为基础中职教育质量评价模型具有较大的灵活性，由于该体系采用了试卷、测评、体检等多种手段和形式，既可以在学生接受中职教育之前评价，也可以在学生接受中职教育过程中评价，还可以在学生接受中职教育之后评价。由于中职教育质量评价为阶段性评价，将某一时间段学生的 KSAIBs 增量作为评价值，故选择任何时段对中职教育进行评价均具有效性，只不过评价结果反映的是对应时间段内的中职教育质量。如果能在中职学生入学之初就采用 KSAIBs 评价模型对学生进行素质评价，并计算出结果，而后经过一个学期或一个学年的学习再次进行测定，就可计算出每一名学生和某一群体的 KSAIBs 增长量，作为中职教育质量的有效表达。如某一区域教育行政部门想了解各年度本区域中职教育质量状况，则应该在中职学生毕业后半年到一年内实施。此时，中职毕业生的 KSAIBs 素质能够在工作岗位上表现出来，评价结果也更为准确。

3. 评估场所的选择

中职教育质量评价实施场所主要包括中职学校或学生就业单位（实习单位）。由于基于 KSAIBs 增进的中职教育质量评价模型的评价结果主要由中职学校的培养对象（中职学生）的 KSAIBs 增进量实施表达，故可以对任意两所或多所水平、层次不同的中职学校教育效果的 KSAIBs 增量进行评价，不会出现评价学校之间由于软、硬件建设的差异造成的不公平性。但是，以企业为场所进行评价时，要注意妥善处理各企业之间的文化差异。

4. 评价组织的确立

基于 KSAIBs 增进的中职教育质量评价模型的评价主体是多元的，所有与中职教育的利益相关者都可以作为实施主体，包括学校（学生、教师）、企业及社会各界人士（如学生家长等）等。为了保障评价结果的有效性和权威性，应建立专门评价组织。如果是对学校内不同专业教育质量进行评价，本学校即可自主完成。如果是区域间中职教育质量进行比较评价，需要有一个较权威的部门（如政府教育行政部门等）牵头，建立由各类评价主体组成的评价组织，包括教育行政部门、学校、行业、企业、学生和家长等，提高社会各界对中职教育质量评价的认同感及参与度。在评价对象——学生的挑选上应注意不能只选择差生或是优等生，需要兼顾各种水平，使评价对象遍布各个层次，增强评价的信度和效度。

5. 评价环境的创设

为保证基于 KSAIBs 增进的中职教育质量评价的有效实施，需要各利益相关者共同努力创设一个有利于该模型实施的内部环境和外部环境。对学校而言，应使学生和教师均成为评价的主体，引导学生认识到实施以 KSAIBs 为基础的中职教育质量评价可确立自己今后的努力方向，鼓励学生通过相关方面的学习提升自己的 KSAIBs 缺陷，推动职业生涯规划的实施；引导教师认识到利用基于 KSAIBs 增进的中职教育质量评价模型，可实施"全面发展"的素质教育，通过"因材施教"提升中职教育整体效果。企业作为中职教育最大的利益相关者，应积极选派相关人员参与中职教育质量评价。对社会而言，需要构建良好的舆论环境，转变对中职教育质量的认知。当然，实施以 KSAIBs 为基础的中职教育质量评价体系，还需要政府教育行政部门的大力支持与统筹协调。

6. 评价方案的实施

在评价对象、评价时间、评价环境、评估场所确定之后，即可开始对中职教育质量实施评价。需要强调的是，基于 KSAIBs 增进的中职教育质量评价需要一定的时间段，应至少在三个月及以上。在评价过程中，可依据专业类型对相关评价指标进行适当的修改，增强评价指标的时效性和针对性。运用基于 KSAIBs 增进的中职教育质量评价可重复多次，进而保证评价结构的准确性。

此外，虽然利用 KSAIBs 增进量表达中职教育质量是一种结果评价，但对中职教育质量的生成过程评价、分项评价等也具有重要的借鉴意义。一方面，该模型提供了一种公平的评价方式，弥补了以往中职教育质量评价的不足；另一方面，也对中职教育质量实施了量化。通过该评价模型，可以促进过程评价、教学评价等评价体系的完善，推动中职教育质量的全面提升。评价过程中发现的一些问题及解决办法，可供国家教育行政部门制定中职教育质量标准及提升策略参考。

五 常见问题及解决办法

（一）评价指标不一问题

利用基于 KSAIBs 增进的中职教育质量评价模型对河北省唐山市、秦皇岛市三所中职学校进行评价的过程中发现，该模型涉及的各项评价指标完全适用，但部分指标仍存在一定的问题。如创业能力指标，虽然各校举办了少量的创业比赛，但参加人数较少，不具备普遍性。再如上岗证书（S_2）指标，在实测过程中发现部分专业不涉及此项。因此，应用该模型对不同专业进行质量评价时，应对指标体系进行适当调整。在不影响整体模型使用的前提下，需要针对不同专业制定一些特色指标，如修改上岗证书（S_2）为专业特需证书，将钳工、焊工、高空作业等工种的专业特许证书视为上岗证书等；同时，随着教育目标、教育标准要求的变化以及新专业的出现，评价指标也会出现不适应的现象。在这种情况下，评价组织应及时对该评价模型指标进行及时、必要的调整，保证各项指标与教育标准、教育目标等一致。

（二）课程安排不一问题

在对河北省唐山市、秦皇岛市三所中职学校进行教育质量评价过程中发现，各学校"机械加工专业"在课程设置方面存在着很大差异，并未执行教育部规定的七门文化课程设置标准，即使三所中职学校均开设了数学、英语、语文三门课程，但也各有侧重。同时，各中职学校专业课名称也存在差异,如制图、机械制图、CAD 等,而讲授的内容却相差无几;专业课程体系也存在一定差异。这给中职教育质量带来一定的困难。可见,建立各专业统一的人才培养"课程包"对实施中职教育质量评价及学生培养均具有十分重要的意义。

（三）专业名称不一问题

尽管教育部对中职教育专业名称作出了统一、规范性规定,但因其约束力较差,各中职学校专业名称仍然多种多样,这也增强了制定评价目标的难度,影响了各中职学校教育质量的比较。特别是普通中专、职业高中与技工学校之间差异极大,给中职教育总体质量评价带来一定困难。究其原因,是由于三类学校主管部门不一造成的。普通中专、职业高中由各级教育部门管理,执行的是教育部门制定的相关标准。而技工学校归属各级劳动部门管理,执行的是劳动部门颁布的相关标准。

（四）优化测量方法问题

测量是评价的基础,评价需要以一系列测量数据为依据。目前,基于KSAIBs 增进实施的中职教育质量评价,相关指标的测量方法主要涉及传统的考试成绩、专业测评、满意度调查等,这些评价多为定量评价,定性评价比较少。今后,应重点探讨定性评价与定量评价相结合的方法,厘清不同性质指标间的差异;同时,采用问卷调查法对有关指标进行测量,也存在主观意识影响问题,应将其改进为以统计理论和数理理论为主、问卷调查为辅的方式。

第二节 基于学生职业能力的中职教育质量评价模型

人力资源开发理论表明,职业能力是劳动者自身素质的综合体现。由于用人单位格外重视中职毕业生的职业能力,因而职业能力直接表达了基于就业导向的中职教育质量。发达国家高度重视职业院校学生职业能力培养工作[1],并在实践中积累了宝贵经验。我国教育部于 1988 年首次引用

---

[1] 转引自黄令《德国职业教育质量保障体系的认识和启示》,《宁波广播电视大学学报》2012 年第 1 期,第 79—81 页。

了"职业能力"的概念①，学界也开始对此进行了广泛研究，为构建基于
职业能力的中职教育质量（结果）评价奠定了理论基础。

一 现状分析

（一）国外职业能力评价工具的研究与应用

职业能力评价的研究兴起于 20 世纪初。早在 1905 年，法国心理学家
比奈（Binei A.）就编制了一套"比奈—西蒙智力量表"，用于测量个人
的综合素质状况。但是，由于该量表未涉及诸如机械操作能力和文书写作
能力等特殊能力，使其应用范围受到局限②。20 世纪 20 年代，美国学者
帕特森（Paterson G. D.）对人们操作机械的能力进行了分析，提出了
"明尼苏达机械拼合测验"（Minnesota Mechanical Assembly Test）等能力
测评工具③。1926 年，美国大学入学考试委员会编制了用于测试言语和数
学推理能力的"学业能力倾向测验"（Scholastic Aptitude Test，SAT），用
于预测高中毕业生升学学习能力和就读志愿专业的选择④。经过数年的发
展，SAT 在内容、形式和统计程序等方面不断进行了修订完善，并用以测
量学生的推理和评判性思维能力，逐步成为全美使用最为广泛和技术最为
完备的测验之一⑤。20 世纪三四十年代，美国教育测评专家斯皮尔曼
（Spearman E. C.）和心理学家塞斯顿（Thurstone L.）有关人的能力因素
分析取得了多项研究成果。在此基础上，美国心理学家桑代克（Thorn-
dike E.）和塞斯顿（Thurstone L.）等人分析了言语理解、数字计算、知
觉速度、词语流畅、记忆、归纳推理和空间知觉七种基本心理能力，编制

---

① 刘来泉：《深化教学改革，突出特色，提高质量，进一步推动职业教育健康发展》，国家
教委：《面向 21 世纪的职业教育教学改革》，高等教育出版社 1998 年版。

② ［美］刘易斯·艾肯、格罗思·马纳特：《艾肯心理测量与评估》，张厚粲、赵守盈译，
中国人民大学出版社 2011 年版。

③ Murphyk R., Davidshofer C. O., Psychological Testing ［M］. Prentice-Hall, Inc. 1994:
17–24.

④ Minkea. A Review of the Recent Changes in the Scholastic Aptitude Test Reasoning Test ［N］.
Eric, Report：CBR（1996–01–15）.

⑤ 转引自郑书娴《一般能力倾向成套测验（GATB）在大学生中的应用研究》，硕士学位
论文，苏州大学，2010 年。

了"基本心理能力测评"（Primary Mental Abilities Test，PMA）工具[①]，直接影响了后来"升学与职业能力倾向测验"的发展。1947 年，本耐特（Bennett K. G.）等编制了"区分能力倾向测验"（Differential Aptitude Test，DAT）剖面图，并历经多次修订，于 1986 年形成了计算机版本[②]。1963 年，鲁赫（Ruch W. W.）等基于前人研究成果，编制了美国"职员职业能力倾向测验"（Employee Aptitude Survey，EAS），涉及言语理解、数学能力、视觉追踪、视觉速度与准确性、空间视觉、数据推理、言语推理、词汇流畅、操作速度与准确性、符号推理十个方面的测评[③]，得到了学界的广泛认可。此后，美国劳工部联合相关机构采用工作分析和因素分析方法，编制了包括测量智力、言语、算术、空间、形状、文秘、眼手协调、运动速度、手指灵活、操作灵活和逻辑十一种能力的"一般能力倾向成套测验"（General Aptitude Test Battery，GATB），得到广泛推广和运用[④]。

职业能力评价工具的研发和应用也受到了世界其他国家的高度重视。日本劳动省于 1952 年实施劳动者技能水平评价，推行"职业能力评价制度"。加拿大就业与移民部从 1970 年起对包括职业能力在内的职业性向因素进行测试与咨询服务。英国自 1986 年开始设有专门的国家职业资格委员会（NCVQ），用条例形式明确了所有职业岗位资格，促进了职业能力评价的规范化。2002 年，德国发布了《职业能力测评方法及其应用要求》，促进了职业能力的提高与职业教育质量的保证。2008 年，德国不莱梅大学和德国科委引入了设计与行动导向教学原则，基于职业成长的逻辑规律理论，以及能力发展、情景学习和工作过程等职业教育理论，建构了"职业能力与职业认同感测评项目"（KOMET）并应用于评价实践，以培

---

①　Thorndike R. M.，Thorndike-Christtm. Measurement and Evaluation in Psychology and Education［M］. 8th ed. London：Pearson，2009：12 – 22.

②　宾奈特、希雪、魏斯曼:《区分性向测验第五版（DAT – V）》，中国行为科学社 1999 年版。

③　Ruch W. W.，Stung S. W.，Employee Aptitude Survey Examiner's Manual［M］. Psychological Services，Inc. 1994.

④　Watts F. N.，Everittbs B S. The Factorial Structure of the General Aptitude Test Battery［J］. Journal of Clinical Psychology，1980，36：763 – 767.

养学生综合职业能力为现代职业教育目标，促进了职业教育质量的不断提升①。

（二）我国职业能力评价工具的研究与应用

与发达国家比较，我国职业能力评价工具的研究与应用相对较晚。20世纪初，我国开始借鉴西方发达国家经验，兴办学校职业教育，关注职业能力培养与评价工作。但是，由于战争、动乱和封闭等原因，对职业能力测评工具的研究和开发处于滞后状态。改革开放以后，我国职业教育事业得到迅速发展，企事业单位等人事制度也发生了较大变化，开始广泛关注职业能力测评工作。在借鉴域外研究与实践成果的基础上，1988年北京人才评价与考试中心（BEC）参考美国教育与工业测验服务中心的《职业能力安置量表》（CAPS），开发了第一个职业能力倾向测评工具——《BEC职业能力测验Ⅰ型》②。此后又经过若干次修订，形成了多种职业能力倾向测评工具，可对机械推理、空间关系、言语推理、数量关系、运算能力、言语运用、字词知识、资料分析、演绎归纳和知觉速度等不同维度进行测评。1989年2月，人事部考录司组织心理学和管理学等学科专家研制了"行政职业能力倾向测验"，用于建设部和轻工部组织的补充公务员考试③。1995年，洪炜、龚耀先编制了《一般行政能力倾向测验》（General Administrative Aptitude Test，GAAT），用于国家公务员录用考试④。此后，随着我国公务员考试制度的逐步确立，职业能力测评的地位不断提高，并步入规范化和制度化的阶段。1992年，国家劳动部作出决定，在湖南、广东、广西、辽宁和吉林等省（自治区）技工学校增加"职业能力测试"科目，并要求其他地区根据本地实际做出具体安排⑤，有力地推动了我国职业能力测评技术的发展。特别是近年来，职业能力测评工具持续受到广泛关注，相关研究成果也逐步增多。史广政等（2010）

① 转引自宋剑祥《中外职业能力测评工具的分析与选择》，《昆明冶金高等专科学校学报》2014年第30卷第6期。

② 毕重增：《职业能力倾向量表EAS的修订》，硕士学位论文，西南师范大学，2003年。

③ 王丽娜、郭忠良、车宏生等：《行政职业能力倾向测验：历史、现状与未来研究》，《心理学探新》2012年第32卷第3期，第240—245页。

④ 洪炜、龚耀先：《一般行政能力倾向测验的建构及信度、效度研究》，《中国临床心理学杂志》2000年第1期，第1—6页。

⑤ 老愚：《职业能力测试：你能干什么》，《职业技术教育》1998年第6期，第12—13页。

确定了职业能力的内涵①,认为职业能力本质上是一种表现力,包括:工作能力、适应能力、求职能力以及职业素养、相关实践经验、心理承受能力、交流沟通能力、应变能力、抗挫能力、敬业精神、合作能力、意志品质和健康心理等。李中玲(2010)研究认为,职业能力包括一般能力、专业能力和人文素质。其中一般能力测评可测量一个人的思维、学习和适应环境的能力。专业能力具有特殊性,需要选择专业能力测评工具,如心理运动、机械、创造力、音乐、美术和文书能力测验,人文素质包括心理健康和品格教育测评②。闫华飞(2012)研究认为,职业能力评价是依据测评理论,对人的能力和行为确定出一种数量化的值,并运用相应的评价工具对被试者是否具有某种职业能力及其拥有程度的评定活动。职业能力评价的目的是为了达到"人—职业—组织"的最佳匹配,并最终实现个人职业发展和组织绩效水平的共同进步③。齐丹(2013)设计了高职学生职业能力调查问卷,将职业能力分为专业能力、关键能力和职业品质三个一级指标,下设专业知识、专业技能、通用能力和行业适应能力四个二级指标和 27 个三级指标。其中,专业能力包括专业知识与技能,关键能力包括通用能力和行业适应能力,职业品质包括遵章守纪、爱岗敬业和诚实守信④。夏学文(2013)提出了高职学生"三通一专"职业能力评价方法,强调培养学生英语应用、计算机操作和应用文写作三项通用能力以及相关专业能力。通用能力重在反映普适性和可持续性,专业能力则选取专业核心能力或基本职业能力作为评价内容⑤。杨尧等(2013)研究认为,可采取观察法、问卷调查法、心理测验法、情景模拟法和实训现场测试法等多种

---

① 史广政、刘景宏:《职业能力测评在高等教育中的应用》,《人民论坛》2010 年第 9 期,第 282—283 页。

② 李中玲:《高职学生职业能力测评的工具与方法》,《职教通讯》2010 年第 11 期,第 33—36 页。

③ 闫华飞:《基于项目反应理论的职业能力测评研究》,《当代经济》2012 年第 5 期,第 56—57 页。

④ 齐丹:《影响高职学生职业能力培养的主要因素分析及对策——以旅游管理专业为例》,《长沙铁道学院学报》(社会科学版)2013 年第 14 卷第 1 期,第 227—229 页。

⑤ 夏学文:《高职学生"三通一专"能力测评体系的构建与实施》,《职业技术教育》2013 年第 34 卷第 2 期,第 62—65 页。

方法对学生职业能力进行评价[①]。但是，相关研究多基于高职学生实施，有关中职学生职业能力评价的研究较少。基于用人单位视角，构建中职学生职业能力评价体系及评价模型，成为提升中职教育质量的一项基础性工作。

二 模型构建

（一）构建依据

教育部等六部门于 2014 年编制的《现代职业教育体系建设规划（2014—2020 年）》指出，"鼓励企业、用人单位开展毕业生就业质量、满意度等评价"。可见，基于用人单位视角，建立中职毕业生的职业能力评价模型有着坚实的政策依据。

（二）构建原则

1. 中心性原则

中职教育利益相关者涉及社会、企业和毕业生个人等，对中职毕业生职业能力评价的视角不同，评价指标体系必然存在一定的差异。职业教育以培养技术技能型人才为目标，中职毕业生职业能力指标体系的设计理应以学生就业后的岗位表现为出发点和落脚点。

2. 全面性原则

中职毕业生职业能力评价指标体系的设计应能全面地反映被评价对象，即中职毕业生职业能力的整体状况，不仅包括中职毕业生基本职业能力，还应包括其关键职业能力，评价结果应力求做到系统、全面。

3. 客观性原则

用人单位是中职毕业生的最终接纳者，对中职毕业生职业能力的表现情况最具话语权，理应成为中职毕业生职业能力的评价主体。具体评价者应全面了解被评价者的具体表现情况，既能合理认定职业教育所产生的效能部分，也能着眼于毕业生的可持续发展，评价结果应力求准确、客观。

（三）构建过程

1. 确定评价指标

广泛查阅了已有职业能力评价研究文献，系统归纳和比较分析了已有

---

① 杨尧、王宇、汤昕：《高职职业能力测评研究》，《新校园》2013 年第 9 期，第 73—74 页。

研究结果。在第七章实施《中职毕业生职业能力评价调查问卷》的基础上，采用德尔菲法（Delphi Method）再次征求了河北省、山东省、河南省三省八所中职学校 30 名教师和 40 家用人单位人力资源管理人员、生产一线技术工人的意见，确定了中职毕业生职业能力评价指标体系如表 8—6 所示。

表 8—6   **中职毕业生职业能力评价指标体系**

目标层 A	中职毕业生职业能力					
准则层 B	B_1 基本职业能力			B_2 关键职业能力		
指标层 C	C_1 专业能力	C_2 方法能力	C_3 社会能力	C_4 专业能力	C_5 方法能力	C_6 社会能力
施测层 D	D_1 基础知识 D_2 计算机操作 D_3 专业知识 D_4 专业实践	D_5 解决问题 D_6 学习能力 D_7 组织管理	D_8 职业道德 D_9 环境意识 D_{10} 人际交往 D_{11} 团结协作	D_{12} 工作适应 D_{13} 统筹规划 D_{14} 工作效率 D_{15} 安全意识	D_{16} 逻辑思维 D_{17} 分析综合 D_{18} 创新能力 D_{19} 信息处理	D_{20} 社会责任感 D_{21} 语言文字表达 D_{22} 积极上进 D_{23} 心理素质 D_{24} 人格素养

2. 确定指标权重

将中职毕业生职业能力评价指标设定为目标层（A）、准则层（B）、指标层（C）和施测层（D）四个层次。其中，目标层体现了建模目的，即"中职毕业生职业能力"；准则层对建模目的进行了分解，分为基本职业能力（B_1）和关键职业能力（B_2）；指标层设立了具体维度，将职业能力分为专业能力（C_1、C_4），方法能力（C_2、C_5）和社会能力（C_3、C_6）三个维度。施测层（D）也称方案层，为中职毕业生职业能力评价的具体指标（D_1—D_{24}），具体如表 8—6 所示。根据第七章中职毕业生职业能力指标重要性调查结果，利用 AHP 法实施两两判断矩阵分析，确定了中职毕业生职业能力各项施测指标的权重系数如表 8—7 所示。按照"矩阵一致性"检验方法对随机一致性比例进行了检验，检验结果 CR 值均小于 0.1，满足一致性检验要求，说明各指标权重分配合理。

由表 8—7 可见，在维度指标中，基本职业能力指标权重从高到低依次为：方法能力、专业能力、社会能力；关键职业能力指标权重从高到低依次为：专业能力、方法能力、社会能力。可见，用人单位较为重视方法能力和专业能力。在施测层指标中，基本职业能力指标中的解决问题能力、组织管理能力、学习能力三项指标相对总指(目)标权重较高,均超过0.05。基本职业能力中的专业能力内含的四项指标以及社会能力指标中的环境意识、人际交往、团结协作能力三项指标居中,均在0.04—0.05。而职业道德指标权重却相对较低,低于0.04。访谈得知,多数被调查者认为职业道德是职业人必备素质,但难以在职业能力指标中测定。

表 8—7　　　　　　　中职毕业生职业能力各项指标权重

一级指标	二级指标及权重		三级指标及权重		
	指标名称	相对一级指标权重	指标名称	相对二级指标权重	相对一级指标权重
基本职业能力	专业能力	0.3334	基础知识	0.2500	0.0417
			计算机操作	0.2500	0.0417
			专业知识	0.2500	0.0417
			专业实践	0.2500	0.0417
	方法能力	0.3344	解决问题	0.3345	0.0559
			学习能力	0.3309	0.0553
			组织管理	0.3346	0.0559
	社会能力	0.3322	职业道德	0.2405	0.0399
			环境意识	0.2594	0.0431
			人际交往	0.2594	0.0431
			团结协作	0.2407	0.0400
关键职业能力	专业能力	0.3369	工作适应	0.2513	0.0423
			统筹规划	0.2480	0.0418
			工作效率	0.2481	0.0418
			安全意识	0.2526	0.0426
	方法能力	0.3317	逻辑思维	0.2520	0.0418
			分析综合	0.2476	0.0411
			创新能力	0.2476	0.0411
			信息处理	0.2528	0.0419
	社会能力	0.3314	社会责任感	0.2044	0.0339
			语言文字表达	0.1974	0.0327
			积极上进	0.1977	0.0328
			心理素质	0.1988	0.0329
			人格素养	0.2017	0.0334

3. 构建数学模型

设定用人单位评价的各项指标实际分数为 F_i，相对总指标（目标层：中职毕业生职业能力）的权重为 a_i（$i = 1, 2, \cdots, 24$），中职毕业生职业能力表现总得分为 S（$1 \leqslant S \leqslant 5$），则可得到测评公式，可用以测定中职毕业生职业能力状况。

$$S = \sum_{i=1}^{24} a_i \times F_i \ (i = 1, 2, \cdots, 24)$$

三　模型应用

（一）应用过程

为验证中职毕业生职业能力评价模型的有效性，将中职毕业生职业能力各项指标表现情况设定为"优秀""良好""一般""较差""非常差"5 个级次，并分别赋值 5 分、4 分、3 分、2 分、1 分，制定了调查问卷。组织相关人员对北京、上海、广东、河北、河南、山东、山西、江苏 8 省市 40 家用人单位（每省市 5 家），400 名人力资源管理、生产一线管理人员（每家用人单位调查 10 名）进行了问卷调查，评价了本单位近五年来聘用的中职毕业生职业能力表现状况。而后，应用 Excel 软件计算了各省市用人单位对中职毕业生职业能力的评价结果。在此基础上，对 8 省市中职毕业生职业能力表现评价情况进行了比较。

（二）评价结果

各省（市）用人单位对中职毕业生职业能力的评价结果如表 8—8 所示。可见，北京市中职毕业生职业能力最强（3.94 分），广东省次之（3.89 分），再次为江苏省（3.68 分）。其他各省市从高到低依次为上海（3.66 分），河南（3.63 分），山西（与河南并列，3.63 分），河北（3.62 分），山东（3.41 分）。若各级次以 0.5 分为界，高于 0.5 分（不含）为趋于上级次，低于 0.5 分（含）为趋于本级次，则山东省中职毕业生职业能力表现趋近"一般"状态，而其他省市均趋近"良好"状态。在各项评价指标中，各省市用人单位对中职毕业生计算机操作能力评价达到"良好"水平（4.02 分），而其他职业能力指标及总体评价均为趋近"良好"水平。可见，我国中职毕业生职业能力总体上尚未达到"良好"状态。这与第七章相关研究结论不尽一致，其主要原因在于应用中职毕业生职业能力评价模型评价中职教育质量,强调的是个体或群体职业能力总体状况,将各指标权重纳入评价系统之中。

表8—8 北京等8省市用人单位对中职毕业生职业能力评价结果

评测指标	北京	上海	广东	河北	河南	山东	山西	江苏	平均
基础知识	3.27	3.58	3.88	3.42	3.41	3.50	3.55	3.54	3.52
计算机操作	4.18	4.08	4.00	4.16	4.00	4.07	3.84	3.85	4.02
专业知识	3.73	3.58	3.88	3.51	3.63	2.83	3.56	3.62	3.54
专业实践	3.82	3.67	4.38	3.71	3.67	3.20	3.62	3.85	3.74
解决问题	3.73	4.00	3.50	3.47	3.47	3.53	3.60	3.54	3.61
学习能力	3.64	3.42	4.13	3.49	3.63	3.23	3.45	3.92	3.61
组织管理	4.00	3.58	3.88	3.36	3.43	3.47	3.42	3.38	3.57
职业道德	4.18	4.00	3.88	3.78	3.86	3.17	3.73	3.85	3.81
环境意识	3.82	3.08	3.63	3.76	3.71	3.67	3.56	3.54	3.60
人际交往	3.91	3.58	3.63	3.68	3.59	3.67	3.67	3.62	3.67
团结协作	4.09	3.75	4.00	3.56	3.61	3.37	3.71	3.69	3.72
工作适应	4.36	3.75	3.88	3.70	3.73	3.20	3.67	3.77	3.76
统筹规划	4.18	3.83	4.00	3.68	3.65	3.07	3.71	3.69	3.73
工作效率	3.73	3.75	4.13	3.60	3.59	3.60	3.56	3.77	3.72
安全意识	3.91	3.83	4.38	3.66	3.80	3.50	3.78	3.54	3.80
逻辑思维	3.91	3.83	3.83	3.83	3.80	3.47	3.69	3.77	3.77
分析综合	3.73	3.33	3.50	3.38	3.39	3.77	3.49	3.69	3.54
创新能力	3.73	3.08	3.75	3.21	3.12	3.37	3.35	3.31	3.37
信息处理	4.18	3.75	4.38	3.81	3.86	3.07	3.82	4.00	3.86
社会责任感	4.18	3.75	3.75	3.76	3.84	3.03	3.87	3.62	3.73
语言文字表达	4.18	3.92	3.75	3.68	3.80	3.57	3.71	4.00	3.83
积极上进	4.45	3.58	3.75	3.76	3.76	3.33	3.73	3.46	3.73
心理素质	4.09	3.67	3.63	3.69	3.59	3.83	3.64	3.62	3.72
人格素养	3.82	3.58	3.75	3.41	3.45	3.43	3.51	3.77	3.59
职业能力(总分)	3.94	3.66	3.89	3.62	3.63	3.41	3.63	3.68	3.68

(三) 实践结论

应用结果表明,基于中职学生职业能力的中职教育质量评价模型既可用于测定中职毕业生个体职业能力,也可用于测定中职毕业生群体的职业能力,以此间接反映中职教育质量。评价主体为用人单位,实施评价的具体人员为用人单位了解中职毕业生岗位表现状况的人力资源管理、生产一线管理人员。评价结果可为中职学校改进工作提供依据,进一步加强学生相关职业能力的培养工作,进而满足用人单位对中职毕业生的职业能力需求,同时也供政府职业教育行政部门决策参考。

第 九 章

中职教育质量：影响因素与保障机制

中职教育质量保障机制实际上是在一定范围内各相关主体以保证中职教育质量提升为共同目标，针对中职教育质量影响因素所采取的相互作用、相互影响、相互协作的方法和策略。欧洲教育质量保障机构联合会（EN-QA）报告显示，世界上构建教育质量保障机制的国家越来越多①。有关国家实践证明，构建教育质量保障机制可为教育决策提供长期、稳定的信息来源，有效实施国家对教育的宏观调控，进而提高办学质量和办学效率。2010 年国务院颁布的《国家中长期教育改革和发展规划纲要（2010—2020年）》指出，"提高职业教育质量，改革职业教育质量评价制度，构建职业教育质量保障机制"。教育部等六部门编制的《现代职业教育体系建设规划（2014—2020 年）》也指出，"建立职业教育质量保障机制，实施现代职业教育质量提升计划"。可见，基于我国中职教育发展的现实状况，清晰目前制约中职教育质量提升的主要因素，构建中职教育质量保障机制，是中职教育改革与发展的一项迫切任务。本章在调查确定中职教育质量影响因素的基础上，分析了各质量影响因素的指数值，区分了原因因素和结果因素，构建了中职教育质量保障机制框架，并提出了运行策略。

第一节 中职教育质量影响因素的调查与确定

一 研究方法及实施

中职教育质量影响因素的调查采用问卷法、访谈法及统计分析法

---

① Skolnik M. L., Quality Assurance in Higher Education as a political Process [J]. Higher Education Management and policy, 2010 (1)：1-20.

实施。

（一）问卷编制

问卷编制经历了总结前人研究成果初设问卷、走访相关专家及一线教师扩充问卷、进行试测检验问卷、集中多方面意见修订问卷四个过程，最终确定的调查问卷涉及的问项分为基本信息、封闭式问项和开放式问题三个部分。其中，被调查教师的基本信息包括教师性别、年龄、教龄、所在年级、所在专业和教师类型6个问项，封闭式问题包括物质投入、生源与师资、课程与教学、教育管理、校园文化、职业能力培养和社会贡献7个维度，35个问项（因素），开放式问题重点收集了中职教师对提高中职教育质量的意见和建议。

（二）分析方法

采用李克特量表（Likert scale）五等级评定形式[①]，将各问项所包含的中职教育影响因素的影响程度分为"很大""较大""大""一般"和"没影响"五个级次，依次分别赋值5分、4分、3分、2分和1分进行统计分析。将问项分数均值定义为影响度，当相关问项影响度大于3分时确定为有影响因素。

（三）问卷检测

正式施测前，选取河北省秦皇岛市两所中职学校进行了试测，共发放问卷120份，回收116份，确定有效问卷108份。而后，依据"Cronbach'α"系数法对问卷进行了信度检验[②]。检验结果表明，该问卷α系数值为0.796，介于0.70—0.80信度高，表明问卷可接受。一级指标α系数均高于0.80，表明问卷信度较好。巴特利特球度检验[③]统计卡方统计量为669.240，df值为630，P值为0.003，小于0.01，各问项间达到极显著差异水平。KMO值为0.739，累计有效程度为61.63%，确认问卷在可接受范围之内。

（四）调查实施

现场访谈于2013年6月进行，走访了河北省唐山市两所、秦皇岛市

---

① 彭云飞、沈曦：《经济管理中常用数量方法》，经济管理出版社2011年版。
② 薛薇：《SPSS统计分析方法及应用》，电子工业出版社2007年版。
③ 吴明隆：《问卷统计分析实务——SPSS操作与应用》，重庆大学出版社2010年版。

三所中职学校教务处、学生处部分负责同志，采取开放性问项的形式，重点了解了相关教师对中职教育质量影响因素的看法。同时，验证了调查问卷的各维度及问项的正确性和准确性，弥补了问卷的不足。

问卷调查于 2013 年 7 月进行，调查对象为河北省唐山市、秦皇岛市 10 所（每市 5 所）中职学校专任教师，共发放调查问卷 360 份，回收 343 份，回收率为 95.27%。按问卷填写是否完整、选项是否重复等要求剔除无效问卷 17 份，最终确定有效问卷 312 份，问卷有效率为 90.96%。

（五）数据处理

利用 Excel 软件，对问卷所获数据按维度进行了系统分类，并建立了数据库。利用 SPSS19.0 软件，对问卷所获数据进行了统计分析。在分析过程中，注重数据分析结果与现场访谈结果的相互结合、彼此验证。

二　调查结果及分析

（一）总体情况

1. 填写问卷教师情况

在确定填写有效问卷的 312 名专任教师中，唐山市、秦皇岛市教师分别占调查教师总数的 49.08%、50.92%；男性、女性教师分别占调查教师总数的 44.55%、55.45%；教龄在 5 年以下、5—30 年和 30 年以上的教师分别占调查教师总数的 29.17%、59.94% 和 10.89%；一年级、二年级和三年级任教教师分别占调查教师总数的 33.33%、33.65% 和 33.02%；硕士研究生、本科和专科学历的教师分别占调查教师总数的 2.56%、86.86% 和 10.58%，没有高中及以下学历教师和博士研究生学历教师；初级、中级、副高级职称分别占调查教师总数的 40.06%、54.81%、4.49%。有两名教师尚未评定职称，占调查教师总数的 0.64%，没有正高级职称教师接受调查。文化课教师、专业课教师、实习指导教师分别为 95 人、106 人、22 人，将三种类型教师统称为专任教师（狭义，未含各类管理人员），共有 223 人。调查教师涉及学前教育、计算机应用、财会、汽车运用与维修、会计电算化、电子商务、物流管理、数控技术应用、电脑美术设计、现代农业技术、果蔬花卉、畜牧兽医 12 个专业。

2. 各维度影响情况

将问卷调查获取的中职教育质量影响因素的调查结果整理为表 9—1。

可见,问卷设定的 7 个维度得分在 2.806—3.453 分。其中,物质投入、生源与师资、课程与教学、教育管理、校园文化和社会贡献 6 个维度影响度均在 3 分以上,说明其影响度"大"。而"社会贡献"影响度小于 3 分、大于 2 分,说明其影响度"一般"。

由表 9—1 可见,生源与师资对中职教育质量的影响程度最大(3.453 分)。其中,生源质量与教师专业素质对生源与师资的影响度分别达到 3.801 分和 3.657 分,反映出优化中职教育生源以及加强中职教师专业化发展的重要性;第二为职业能力培养,影响度达到 3.404 分,说明在学生职业能力的培养状况直接影响着中职教育质量。其中,影响职业能力培养的主要因素为实操能力培养,集中反映了学生实践能力的重要性和企业等用人单位的现实需求;第三为教育管理,影响度达到 3.341 分。其中,影响度最高项为教学管理,表明教学管理在中职教育中的重要地位;第四是课程与教学,影响度为 3.317 分,说明了课程与教学在中职教育质量生成过程中的重要性。其中,影响课程与教学的主要因素为课程体系建设情况,应引起中职学校的特别关注;第五是物质投入,包括资金投入在内的物质投入影响度达到 3.049 分,说明近年来各地加大了中职教育投入,对中职教育质量的影响逐步降低,但在某种程度上依然对中职教育质量发挥着重要影响。其中,实习实训设备的影响度达到 4.096 分,严重影响了中职教育质量;第六是校园文化,影响度为 3.028 分,反映出校园文化在提升中职教育质量方面的重要地位;第七为社会贡献,影响度仅为 2.806 分,各因素对中职教育质量的影响均为"一般"状态。

3. 各因素影响情况

由表 9—1 可见,在调查的中职教育质量 35 项影响因素(问项)中,有 22 项因素达到了影响"大"的程度。其他 13 项因素影响度均未超过 0.3 分,为"一般"影响因素。在影响程度"大"的 22 项因素中,影响度超过 4.0 分的有 1 项,为实习实训设备;影响度低于 4.0 分、超过 3.5 分的有 11 项,分别为生源质量、教师教学热情、教师专业素质、教学目标、课程体系、教学管理、校园文化、实操能力、创业能力、职业道德和综合素质。其他 10 项因素的影响度在 3.0 分以上、3.5 分以下。

表9—1 　　　　　　中职教育质量影响因素的调查结果

维度（指标）	影响度	题项（因素）	影响度	标准差	显著性
物质投入	3.049	办学经费	3.288	1.039	0.000
		图书馆藏书	2.776	0.928	0.000
		校舍情况	2.468	0.938	0.000
		教学设备	3.019	1.128	0.000
		餐饮卫生条件	2.644	0.951	0.000
		实习实训设备	4.096	0.888	0.000
生源与师资	3.453	生源质量	3.801	0.793	0.000
		教师教学热情	3.554	0.771	0.000
		教师创新能力	2.798	0.838	0.000
		教师专业素质	3.657	0.722	0.000
课程与教学	3.317	现用教材	2.750	0.943	0.000
		教学目标	3.503	1.011	0.000
		课程体系	3.673	1.022	0.000
		文化课	3.224	1.079	0.000
		实习实训课	3.314	1.467	0.000
		德育课	3.452	0.624	0.000
		专业课	3.301	1.268	0.000
教育管理	3.341	安全管理	3.221	1.081	0.000
		教职工管理	3.465	0.721	0.000
		学生管理	3.077	1.082	0.000
		教学管理	3.599	1.183	0.000
校园文化	3.028	校内环境	2.670	0.750	0.000
		校园文化	3.580	0.841	0.000
		校风校纪	2.833	0.855	0.000
职业能力培养	3.404	实操能力	3.987	1.140	0.000
		创业能力	3.679	0.829	0.000
		职业道德	3.750	1.230	0.000
		沟通能力	2.689	1.161	0.000
		综合素质	3.670	0.967	0.000
		团队协作	2.987	1.021	0.000
		工学结合	3.064	1.121	0.000

续表

维度（指标）	影响度	题项（因素）	影响度	标准差	显著性
社会贡献	2.806	科研项目立项	2.891	1.361	0.000
		发表论文情况	2.458	0.734	0.000
		对外技术服务	2.958	1.068	0.000
		学生贡献社会情况	2.916	0.891	0.000

（二）具体情况

1. 物质投入

由表9—1可见，物质投入对中职教育质量的影响度达到3.049分。其中，实习实训设备、办学经费、教学设备三个因素的影响度分别达到4.096分、3.288分、3.019分，均对中职教育质量产生了"大"的影响。而图书馆藏书、餐饮卫生条件和校舍情况三个因素的影响度均大于2.0分、低于3.0分，对中职教育质量的影响处于"一般"状态。

2. 生源质量

由表9—1可见，生源质量对中职教育质量的影响达到3.801分，为影响"大"的因素。进一步分析问卷回答情况发现，认为生源质量对中职教育质量的影响"很大""较大""大""一般"和"没影响"的教师分别有18人、103人、169人、10人和9人，分别占调查教师总数的5.77%、33.01%、54.17%、4.17%和2.88%。可见，生源质量对中职教育具有"大"的影响已被多数教师所认同；访谈结果表明，生源质量对中职教育质量产生影响主要表现在学生自律能力较差、学习目标不够明确、学习态度不够积极以及文化课基础较弱等方面。

3. 师资状况

由表9—1可见，教师专业素质、教学热情对中职教育质量的影响分别达到3.657分、3.554分，对中职教育质量具有"大"的影响。而教师创新能力对中职教育质量的影响仅为2.798分，仅为"一般"水平。

4. 课程与教学

由表9—1可见，课程与教学对中职教育质量的影响达到3.317分，对中职教育质量具有"大"的影响。其中，现用教材的影响为2.750分，对中职教育质量的影响"一般"。课程体系、教学目标、德育课、实习实训课、专业课、文化课六项因素对中职教育质量的影响分别为 3.673 分、3.503 分、3.452 分、3.314 分、3.301 分、3.224 分，对中职教育质量具有"大"的影响。

访谈部分教师了解到，中职学校课程与教学过分强调文化知识和理论知识的讲授，忽略实操能力的培养，造成理论与实践脱节。多数教师反映中职学生急需强化德育教育以及习惯培养，"先做人再做事"。还有部分教师反映，中职学生文化基础薄弱、教材理论繁杂、学生学习积极性不高。

5. 教育管理

由表 9—1 可见，教育管理对中职教育质量的影响达到 3.341 分，对中职教育质量产生"大"的影响。其中，安全管理、教职工管理、学生管理、教学管理四项因素对中职教育质量的影响均达到 3.0 分以上，均对中职教育质量产生"大"的影响。教学管理对中职教育质量的影响最大，其次是教职工管理，再次是安全管理，而学生管理的影响相对较低。

6. 校园文化

由表 9—1 可见，校园文化对中职教育质量的影响达到 3.028 分，具有"大"的影响。将校园文化按专任教师容易理解的三个方面分为校园文化（狭义）、校内环境、校风校纪三个因素，调查结果表明校园文化（狭义）对中职教育质量的影响仍为最大，而校内环境、校风校纪的影响均低于 3.0 分，影响"一般"。这可能由于近年来地方政府注重学校环境建设、投入较大有关。各中职学校具有良好的校风校纪，未对中职教育质量产生"大"的影响。

7. 职业能力培养

由表 9—1 可见，中职学生团队协作能力和沟通能力培养对中职教育质量的影响均低于 3.0 分，未产生"大"的影响。而实操能力、职业道德、创业能力、综合素质和工学结合情况五项因素对中职教育质量的影响分别达到 3.987 分，3.750 分、3.679 分、3.670 分和 3.064 分，均对中职教育质量产生"大"的影响。

8. 社会贡献

将中职学校"社会贡献"设定为教师贡献和学生贡献两个方面。其中，教师社会贡献情况设定了科研项目立项、发表论文情况和对外技术服

务三个因素。由表 9—1 可见，社会贡献对中职教育质量的影响为 2.806
分，影响"一般"。其中，教师科研项目立项、发表论文情况、对外技
术服务情况和学生贡献社会情况四项因素对中职教育质量的影响分别为
2.891 分、2.458 分、2.958 分和 2.916 分，均在 3.0 分以下，说明各因素
对中职教育质量的影响"一般"。

访谈得知，除上述因素外，中职教育社会贡献情况还反映在众多方
面。部分教师反映，社会贡献能影响中职学校的声誉、招生情况和毕业生
就业情况，本身就体现了中职教育质量。对中职学校而言，需要产学
（工学）结合，但很难达到生产与研究的结合。也有部分教师反映，中职
教师发表论文、撰写论著和出版教材情况不容乐观，多数教师发表论文仅
为评定职称所需，大刊、要刊论文不多。教材多为高等学校教师编撰，且
为教育行政主管部门指定使用，中职学校没有自主选择权，也直接影响了
中职教育质量。

第二节　中职教育质量影响因素的指数值分析

一　分析方法及过程

（一）分析方法

采用 DEMATEL（Decision-Making and Trial Evaluation Laboratory，决策
与试验评价实验室）方法[1]分析了对中职教育质量影响"大"的 22 项因
素的指数值。该方法由美国学者于 1997 年在日内瓦 Battelle 协会上提出，
核心是运用图论与矩阵论原理进行系统因素分析，通过定性与定量相结合
的办法，将矩阵构建与案例调查相结合，进而实现了准确地识别相关因
素。其原理是深入研究系统各因素之间相互的影响，借助专家法获得直接
影响矩阵，依据固定的数学运算，获得综合影响矩阵，求得各个因素在整
个系统中对其他因素的影响程度以及受其他因素影响的程度，与其他因素
之间存在的因果关系等。通过相关数据的分析，可确定影响因素的指数
值，用以指导中职教育质量保障机制建设。

---

① 王伟、高齐圣：《DEMATEL 方法在高校教学设计中的应用》，《现代教育技术》2009 年
第 19 卷第 3 期，第 31—33 页。

（二）分析过程

步骤 1：将第一节确定的对中职教育质量影响"大"的 22 项因素分别命名为 a_1，…，a_n，（n = 22）。

步骤 2：借助专家法获得各个因素之间的直接影响值，确定各个因素之间的关系，并建立直接影响矩阵。具体如表 9—2 所示。

表 9—2 　　　　　　　　　　直接影响矩阵示例

因素	a_1	a_2	…	a_n
a_1	0	X_{12}	…	X_{1n}
a_2	X_{21}	0	…	X_{2n}
…	…	…	0	…
a_n	X_{n1}	X_{n2}	…	0

其中因素 X_{ij}（i = 1，…，n；j = 1，…，n，i ≠ j），表示因素 a_i 对因素 a_j 的直接影响程度，若 i = j，则 $X_{ij} = 0$。

选择唐山市两所中职学校 10 名国家骨干教师和河北科技师范学院职业教育研究所 5 名专家、教授（共 15 人），独立对各影响因素之间的相互影响程度进行评定、量化。若影响程度很强取值为 3，中等影响程度取值为 2，影响程度弱取值为 1，没有直接影响则取值为 0。回收问卷 15 份，回收率 100%。因为各个专家均基于主观认知进行评分，意见很难达成一致，因此在对 15 份问卷进行归纳整理时，遵循少数服从多数的原则，视取值频率最高数值为最终结果，以此整理出较具有较强权威性的直接影响矩阵 X。

步骤 3：将直接影响矩阵 X 标准化为 G，即对 X 每一行的行元素求和，将 X 除以最大的行和，确定各因素之间的规范化直接影响矩阵。计算公式如下：

$$G = \frac{1}{\max\limits_{1 \le i \le n} \sum\limits_{j=1}^{n} A_{ij}} X$$

步骤 4：运用公式 $T = G^1 + G^2 + \cdots + G^n = G(I - G)^{-1}$ 得到综合影响矩阵 T，求得各因素的影响指数值，用以描述各影响因素对中职教育质量的影响程度。

步骤5:计算各个因素的原因度、中心度、影响度和被影响度等指数值。某一因素的影响度为该因素对应 T 矩阵的行和,用以表达该因素在中职教育质量系统中对其他因素的影响程度;某一因素的被影响度为该因素对应 T 矩阵的列和,用以表达该因素受中职教育质量系统中其他因素的影响程度;某一因素的原因度为该因素的影响度与被影响度之差,用以表达该因素与其他因素的因果关系;某一因素的中心度为该因素的影响度和被影响度之和,用以描述该因素影响中职教育质量的重要程度。计算结果如表9—3 所示。

二　结果分析与结论

(一) 影响度分析

由表9—3可见,各因素对中职教育质量系统其他因素的影响程度不一。职业能力、生源质量、教师专业素质三个影响因素的影响度均超过5.0,课程体系、学生综合素质、教学目标、实习实训设备、实操能力、实习实训课、工学结合、专业课、教学设备九项因素的影响度均超过4.0,而创业能力、教职工管理、校园文化、办学经费、教师教学热情、教学管理、德育课、文化课八项影响因素的影响度均超过3.0,而学生管理和安全管理两项影响因素的影响度均在3.0 以下。

表9—3　　　　　　　　中职教育质量各影响因素的指数值

因素	影响度	被影响度	中心度	原因度
a_1	4.09	4.19	8.28	−0.10
a_2	4.43	4.83	9.26	−0.40
a_3	2.94	4.28	7.22	−1.34
a_4	2.79	3.73	6.52	−0.94
a_5	3.44	2.88	6.32	0.56
a_6	3.73	2.37	6.10	1.36
a_7	4.34	5.03	9.37	−0.69
a_8	4.67	5.02	9.69	−0.35
a_9	3.45	3.74	7.19	−0.29

续表

因素	影响度	被影响度	中心度	原因度
a_{10}	3.84	4.07	7.91	−0.23
a_{11}	4.81	5.27	10.08	−0.46
a_{12}	3.70	4.79	8.49	−1.09
a_{13}	3.78	2.97	6.75	0.81
a_{14}	3.69	4.24	7.93	−0.55
a_{15}	5.03	4.39	9.42	0.64
a_{16}	4.98	5.16	10.14	−0.18
a_{17}	4.98	4.04	9.02	0.94
a_{18}	3.97	5.09	9.06	−1.12
a_{19}	5.19	4.83	10.02	0.36
a_{20}	5.14	2.04	7.18	3.10
a_{21}	4.63	5.24	9.87	−0.61
a_{22}	4.79	4.21	9.00	0.58

注：a_1表示教学设备，a_2表示工学结合，a_3表示学生管理，a_4表示安全管理，a_5表示文化课，a_6表示办学经费，a_7表示专业课，a_8表示实习实训课，a_9表示德育课，a_{10}表示教职工管理，a_{11}表示教学目标，a_{12}表示教师教学热情，a_{13}表示校园文化，a_{14}表示教学管理，a_{15}表示教师专业素质，a_{16}表示学生综合素质，a_{17}表示课程体系，a_{18}表示创业能力，a_{19}表示职业能力，a_{20}表示生源质量，a_{21}表示实操能力，a_{22}表示实习实训设备。

（二）被影响度分析

由表9—3可见，各因素被其他因素的影响程度也表现出较大差异。教学目标、实操能力、学生综合素质、创业能力、专业课、实习实训课六项因素的被影响度均超过5.0，职业能力、工学结合、教师教学热情、教师专业素质、学生管理、教学管理、实习实训设备、教学设备、教学管理、教职工管理、课程体系10项因素的被影响度均超过4.0，德育课和安全管理两项因素的被影响度超过3.0，而校园文化、文化课、办学经费、生源质量四项因素的被影响度均在3.0以下。

（三）原因因素分析

Dematel分析原理表明，如果某一因素的原因度大于0，则可确定该因素对中职教育质量系统中的其他因素有影响，可将其定义为"原因因素"。原因度越大，表示该因素对其他因素施加的影响越大，受其他因素的影响越小。由表9—3可见，在中职教育质量各影响因素中，有八项因素的原因度大于0，可确定为原因因素。各原因因素对其他因素施加影响的程度由大到小依次为：生源质量，办学经费，课程体系，校园文化，教师专业素质，实习实训设备，文化课，职业能力。其中，生源质量对其他因素的影响程度最大，达到3.10；其次为办学经费，对其他因素的影响程度达到1.36；再次为校园文化、教师专业素质、实习实训设备和文化课程，对其他因素的影响程度均超过0.50，而职业能力对其他因素的影响程度仅为0.36。可见，优秀的生源质量、充足的办学经费、合理的课程设置、向上的校园文化、较高的教师专业素质、不断更新的实习实训设备、必要的文化课和优秀的职业能力培养体系是中职教育质量之源。

（四）结果因素分析

Dematel分析方法原理表明，如果某一因素的原因度小于0，可确定该因素受其他因素影响，可将其定义为结果因素。原因度越小，表示该因素对其他因素施加的影响越小，受其他因素的影响越大。由表9—3可见，在中职教育质量各影响因素中，有14项因素的原因度小于0，可确定为结果因素。其中，学生管理、创业能力、教师教学热情三项因素的原因度小于－1.00，表示这些因素受其他因素的影响最大；其次是安全管理、专业课、实操能力、教学管理四项因素，其原因度小于－0.50，表示这些因素受其他因素的影响居中；其他七项因素原因度也均为负数，说明也受到其他因素的影响。

（五）中心度分析

中心度表示某一因素与其他因素的关系，中心度越大，表示该因素对其他因素的关系越紧密，在中职教育质量系统中发挥的作用越大。由表9—3可见，学生素质、教学目标、职业能力三项因素的中心度均大于10，说明这些因素在中职教育质量系统中发挥的作用最大；其次为实操能力、实习实训课、教师专业素质、专业课、工学结合、创业能力、课程体系、实习实训设备八项因素，中心度均大于9；再次为教师教学热情、教学设备两项因素，中心度均大于8；而教学管理、教职工管理、学生管理、德育课、生源质量五项因素，中心度均小于8、大于7；其他4项因素中心度均小于7。

（六）综合结论

综合前述可见，在影响中职教育质量的 22 项因素中，职业能力、生源质量、教师专业素质三个因素对中职教育质量的影响程度最大，应作为中职学校提升教育质量关注的重点。教学目标、实操能力、学生综合素质、创业能力、专业课、实习实训课六项因素被其他因素影响的程度最大，应通过改善其他因素状况实现相应因素的优化。在影响中职教育质量的 22 项因素中，生源质量、办学经费、课程体系、校园文化、教师专业素质、实习实训设备、文化课、职业能力八项因素为原因因素，其他 14 项因素为结果因素。中职教育实施主体应高度关注八项原因因素的优化、保障工作，力促其对各结果因素产生正向影响。特别是中职学校应围绕中心度较大的因素确定工作重点，发挥相关因素"以点带面"功能以及与其他因素的联动效能，共促中职教育质量的提升。

第三节　中职教育质量保障机制的构建及运行

一　中职教育质量保障机制构建的基础

基于原因的分析，构建中职教育质量保障的基础在于生源质量、办学经费、课程体系、校园文化、教师专业素质、实习实训设备、文化课和职业能力培养八项因素。

（一）生源质量

生源质量的影响度、被影响度、中心度和原因度分别为 5.14、2.04、7.18 和 3.10，在 22 项中职教育质量影响因素中依次分别位于第 2 位、第 22 位（倒数第 1 位）、第 18 位（倒数第 5 位）和第 1 位，是影响中职教育质量的主要因素。访谈得知，多数中职学校为招收优秀生源，采取了扩大招生宣传、加强招生管理等质量保障措施。但是，由于初中毕业生人数逐年减少，中职学校多实行登记入学、注册入学方式，很难做到优选。目前，中职学校生源呈多元化趋势，可分为三类：一是学生初中阶段学习成绩虽好但家庭条件困难的学生，拟早日就业而选择中职学校学习；二是学生初中阶段学习成绩未能达到普通高中录取分数要求，想"有学上"而选择中职学校；三是学生初中阶段学习成绩较差，且无继续学习愿望，但家长出于安全考虑，不希望子女过早走向社会而引导子女到中职学校就读。就宏观形势而言，我国已将大力发展中职教育作为普及高中阶段教育的一项重要措施，中职学校招生难以做到优中选优。在这种情况下，只有加强九年义务教育阶段学校素质教育，才能有效提升中职学校的生源质量。

（二）资金投入

遵循教育经济学基本原理，办学经费、实习实训设备投入等均属于资金投入的范畴。办学经费的影响度、被影响度、中心度和原因度分别为3.73、2.37、6.10、1.36，在22项中职教育质量影响因素中依次分别位于第16位、第21位（倒数第2位）、第22位（倒数第1位）和第2位，也是影响中职教育质量的主要因素。实习实训设备的影响度、被影响度、中心度和原因度分别为4.79、4.21、9.00、0.58，在22项中职教育质量影响因素中依次分别位于第7位、第13位、第11位和第6位，对中职教育质量的影响亦不可忽视。

（三）课程体系

课程体系的影响度、被影响度、中心度和原因度分别为4.98、4.04、9.02、0.94，在22项中职教育质量影响因素中依次分别位于第4位、第16位、第10位和第3位，也是影响中职教育教育质量的主要因素。从课程体系所包括的文化课因素看，其影响度、被影响度、中心度和原因度分别为3.44、2.88、6.32和0.56，在22项中职教育质量影响因素中其影响度和被影响度均居于第20位（倒数第3位）、中心度和原因度分别居于第21位（倒数第2位）和第7位，也应引起政府教育新政部门和中职学校的高度重视。

教育部2015年制定的《关于深化职业教育教学改革全面提高人才培养质量的若干意见》强调，加强思想道德、人文素养教育和技术技能培养，全面提高人才培养质量。目前，中职学校课程体系包括公共基础课和专业理论课程、专业实践课程等，需要兼顾理论与实践、通识与个性、岗岗能力和长远发展等要求，不断强化课程体系建设，不仅要关注社会和企业对学生的需求，还要关注学生自身素质持续增进的需要。注重发挥人文学科的独特育人优势，加强公共基础课与专业课间的相互融通和配合，注重学生文化素质、科学素养、综合职业能力和可持续发展能力培养，为学生实现更高质量就业和职业生涯更好发展奠定基础①。各类中职学校应按照教育部印发的教学大纲（课程标准）规定，开齐、开足、开好德育、语文、数学、英语、历史、体育与健康、艺术、计算机应用基础等课程，以优化的课程体系保障中职教育质量。

（四）校园文化

校园文化的影响度、被影响度、中心度和原因度分别为 3.78、2.97、6.75、0.81，在 22 项中职教育质量影响因素中其影响度居于第 15 位，被影响度和中心度均居于第 19 位（倒数第 4 位），原因度居于第 4 位。可见，尽管校园文化的影响度、被影响度与中心度相对其他因素较低，但其原因度依然较高，也在一定程度上影响着中职教育质量。

众多学者认为，校园文化是中职教育质量保障机制运行环境的总称，直接影响着中职教育质量。校园文化包括物质文化（校服、标识、建筑风格等）和精神文化（校训、办学理念、校风校纪等）两个层面，中职学校应不断丰富校园文化，并逐步形成特色，为提升教育质量提供环境保障。在实践方面，各地已有多所学校通过加强校园文化建设提升教育质量的案例。如浙江省遂昌职业中专构建以"扬帆精神"为核心的校园文化，将其主要内容确定为培养学生"有广阔的胸怀，有搏击风浪、追求成功的志气，充满自信的进取精神；勇于担当的责任精神；不惧困难的奋斗精神；坚忍不拔的拼搏精神；吃苦耐劳的负重精神；同舟共济的团队精神；兼收并蓄的开放精神"，其教育质量得到社会的广泛认可②。可见，丰富的校园文化内涵对全面提升学生素质具有很强的引领作用，各中职学校应给予高度重视。但是，当前多数中职学校校园文化建设仍然存在一些问题，主要包括重视物质文化建设，忽视制度层面的精神文化建设等，部分中职学校功利意识和娱乐化倾向突出，环境育人和文化育人的效果尚未达成。

（五）教师专业素质

教师专业素质的影响度、被影响度、中心度和原因度分别 5.03、

---

① 《教育部关于深化职业教育教学改革全面提高人才培养质量的若干意见》，http：//www.moe.gov.cn/srcsite/A07/moe_953/moe_958/201508/t20150817_200583.html。

② 夏连海：《擎起学校文化旗帜》，中国建材工业出版社 2011 年版。

4.39、9.42 和 0.64,在 22 项中职教育质量影响因素中依次分别居于第 3
位、第 10 位、第 6 位和第 5 位,也是影响中职教育质量的主要因素,这
与民众认知的"名师出高徒"理念一致。

（六）职业能力培养

学生职业能力培养的影响度、被影响度、中心度和原因度分别为
5.19、4.83、10.02、0.36,在 22 项中职教育质量影响因素中依次分别居
于第 1 位、第 7 位、第 3 位和第 8 位,也是影响中职教育质量的主要
因素。

目前,企（事）业等用人单位格外重视学生的职业能力,但中职学
生职业能力培养尚有较大提升空间。邱清华（2011）通过对广州市市政
职业学校在校生进行的无记名问卷调查结果表明,中职学生的综合职业能
力尚处于较低水平。其中:方法能力较弱的项目主要有收集和处理信息能
力、自学能力、创新能力;社会能力较弱的项目主要有组织协调能力、自
我推销能力;在专业能力方面,学生职业资格证考取率不足一半[①];第五
章面向对口招生高校进行的调查结果表明,对口招生高校中职生源学生素
质多显著低于普通高中生源;第六章对京、沪、粤、冀、鲁、苏、豫、晋
等八省市企（事）业等用人单位进行的调查结果表明,在基本职业能力
方面,用人单位认可度较低的是组织管理能力、专业实践操作能力和职业
道德;在关键职业能力方面,用人单位评价最低的是创新能力、积极上进
思想和统筹规划能力;在职业生涯规划意识方面,用人单位认为中职学生
的职业生涯规划自我认知、角色转换等问题也较突出;梁淑桦（2013）
运用中职学生自评方法,面向南宁市四所中职学校毕业生实施了问卷调
查,结果显示中职毕业生认为自身工作态度、基本工作能力较强,专业能
力、应聘能力等较弱[②]。中职学校应依据上述有关中职学生职业能力培养
现状的调查结果,深入分析本校学生职业能力培养方面存在的弱项,有针
对性地采取改进措施,促进中职教育质量的提升。

---

① 邱清华、陈银松:《中职学生综合职业能力现状调查及对策》,《职教通讯》2011 年第 2
期,第 66—69 页。

② 梁淑桦:《中职毕业生就业能力现状研究》,硕士学位论文,广西大学,2013 年。

二　中职教育质量保障机制构建的原则

当前，我国经济社会发展步入"质量时代"，教育质量已经成为中职教育的当代命题与永恒主题。按照教育部等六部门制定的《现代职业教育体系建设规划（2014—2020 年）》提出的"建立职业教育质量保障体系"的要求，中职教育应逐步建成政府依法履职、学校自主保证、社会广泛参与、教育内部保证与教育外部保障相配套的质量保障机制。依据中职教育质量影响因素的调查与分析，结合我国国情和中职教育改革与发展的现实需求，构建中职教育质量保障机制需要遵循以下五项原则。

（一）整体设计原则

整体设计原则包括三层含义：一是中职教育质量保障机制是一个社会系统工程，仅靠单一因素难以实现其功能、完成其任务，切忌孤立地看待某一中职教育质量影响因素，需要构建质量标准、组织执行、信息反馈等多个子系统，并促使各要素协调运行；二是构建中职教育质量保障机制，要增强问题意识，遵循服务导向，与区域经济社会发展相协调，立足当地人力资源市场需求，全方位为地方经济社会发展服务；三是注重中职教育质量保障机制的内外部协调。就内部而言，中职教育质量生成过程既是闭合系统，也是开放系统。闭合系统体现于从教育目标确定，到评价信息反馈，再到措施调整，均需相互衔接，将单个因素放在中职教育质量保障框架之内统筹考虑，使各因素在同一目标下各司其职；开放系统体现于中职教育质量受合作企业乃至社会组织的影响，中职学校应坚持服务社会宗旨，强化服务社会功能。就外部机制而言，要注重与行业企业的紧密合作，发挥行业企业以及其他社会组织的作用，使其参与到人才培养体系和质量管理体系之中，共同保障中职教育质量。

（二）"三全"思维原则

"三全"思维是指中职教育质量保障要贯彻"全面性""全员性"和"全程性"的原则。

"全面性"指注重中职学生整体素质的提升和培养过程的全面管理，既不能忽视学生实际操作能力的培养，也不能忽视文化知识和专业知识的积累。要将通识教育与专业教育相结合，理论学习与实际操作相融合，让学生学会学习，学会生活，学会健体，学会技能，实现全面发展；中职教育质量管理主体要充分调动一切可利用的资源,并充分发挥其保障中职教育质量的作用。

"全员性"指中职教育质量管理不仅是政府教育行政部门和中职学校以及中职教师的责任,也需要学生和用人单位以及其他社会组织、利益相关者的共同参与。中职教育质量保障机制构建的终极目标是机制范畴内的所有要素都能承担起质量保障责任,实现各要素的协同运行。中职学校作为育人主体,应广泛征求行业企业、学生及其家长的意见,了解人才培养过程的必要性与可行性,增强质量评价的客观性与针对性。中职教育质量保障机制应能将质量责任落实到各个相关主体。

"全程性"指中职教育质量保障不仅体现在生源、课程与教学、学业考核和质量监控等环节上,也应包括与学生培养过程相关的每一个环节。中职教育质量生成过程的每一个环节都聚集在结果表达之下,每个环节的质量都决定了中职教育的总体质量。学生的每一次认知、情感态度与行为变化都应视为中职教育某一阶段的结果,这些结果的累积构成了中职教育的最终成果——中职毕业生的综合素质或职业能力。中职教育质量保障机制应确保中职学生自入学之日起,直至顺利毕业的每一个步骤都符合预定的质量目标和管理标准,均处于当时环境下的最优状态。

（三）效率效益原则

中职教育质量保障机制的构建应该注意到教育资源的合理配置和有效利用,实现效率与效益的最大化。效率指中职教育应该合理有效地使用中职学校和社会各类职业教育资源,满足育人活动开展的需要。效益指劳动（包括物化劳动与活劳动）占用、劳动消耗与获得的劳动成果之间处于合理的范畴。近年来,我国中职教育吸引力呈弱化趋势,在校生总量逐年下降①,造成部分中职学校出现了资源闲置及浪费的现象。同时,部分中职学校资源结构配置不合理的现象也普遍存在,表现出实习实训设备短缺等问题。部分中职学校文化课教师过多,而专业课教师相对不足,硬件设施设备不够完备。充分利用中职学校现有的人力资源、物力资源和信息资源,使之达到最为理想的边际效应状态,必须有效提升教师素质,确保教

---

① 闫志利、宋晓欣、刘燕:《我国中职毕业生市场需求与供给状况分析》,《中国职业技术教育》2014 年第 24 期,第 45—49 页。

室、图书、实训设施设备等资源满足日常教学需要并得以充分利用。

（四）分类指导原则

分类指导原则指在构建中职教育质量保障机制时应注意到中职教育的特殊性和教育培养对象的特殊性，以及区域经济社会发展对人才类型、层次需求等的多样性，杜绝各类中职学校专业设置出现盲目趋同现象。同时，中职教育质量保障机制也不应千篇一律，而应依据各地区、各学校的不同情况灵活构建。我国幅员辽阔，各地区经济社会发展状况存在明显的差异，而中职教育机构多为县（区）级投资兴办。因此，构建中职教育质量保障机制必须因地制宜、因时制宜、因校制宜，不可将同一机制应用于所有类型、所有区域的中职学校。当然，无论是区别对待还是分类指导，均应在统一的中职教育质量保障机制框架下实施，避免出现"一管就死，一放就乱"的现象。

（五）持续改进原则

中职教育质量不是一成不变的，具有某时期的历史背景和现实特征。因此，中职教育质量保障机制也不应该是一成不变的。但是，随着社会经济的快速发展，中职教育质量持续提升的趋势不会改变。坚持持续改进原则要求中职教育质量保障机制应全面满足质量持续提升的需要，并能够及时发现问题并解决问题，达到逐步完善、效能趋优的目标。在中职教育质量保障机制建设与运行过程中，应注意将积累的经验及时转化为保障机制的内容，并从中职教育目标、质量管理系统设计、质量保障机制运作等方面确定质量保障的范围及影响因素。唯有不断创新，才能保证中职教育质量保障机制始终满足中职教育质量提升的需要，符合中职教育的自身发展规律，满足改革与发展的需要。

三 中职教育质量保障机制构建的内容

遵循整体设计原则、"三全"思维原则、效率效益原则、分类指导原则和持续改进原则，确定中职教育质量保障机制的构建内容如图 9—1 所示。该机制包括内部质量保障系统（中职学校）、外部质量保障系统（政府部门和行业组织）和其他协助运行系统三个部分。

（一）内部质量保障系统

中职教育内部质量保障系统指中职学校为提升教育质量在学校内部实

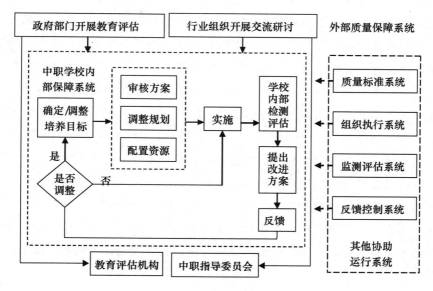

图9—1　中职教育质量保障机制框架

施的一系列制度规范及措施等，包括人才培养目标的确定、人才培养计划
的调整、教育教学质量检测的实施以及质量方案的改进等活动。中职学校
开展内部质量检测活动，旨在及时发现自身存在的问题和不足，提出改进
和完善教育质量的措施。该项活动涉及学校管理人员、教学人员、行业企
业、学生及其家长等多个方面，应周密策划，详细部署。在具体工作中，
需要考量机制的完善性、涵盖元素的健全性、机制运行的有效性等，根据
质量自评价（或自评估）报告提出改进方案，对人才培养目标、教育资
源配置、管理制度设计、质量保障方案等进行整体设计。中职学校各系部
（专业）应根据质量自评价（或自评估）结果，及时制订改进计划并全面
落实，保证中职学校内部质量保障系统维持"目标设定——制订切实可
行的改进方案——合理配备教育教学资源——实施与运行——再监测
（评估）——反馈与改进"的运行轨迹，并形成闭合循环，实现中职教育
质量保障机制的持续运行。

　　根据《国务院关于加快发展现代职业教育的决定》以及《职业院校
管理水平提升行动计划（2015—2018年）》的相关要求，教育部决定自

2006年起开展中职教育质量年度报告制度①,并将其作为完善中职教育质量评价制度,促进中职学校加强教育教学诊断,改进德育工作,全面提高人才培养质量的重要举措。该项制度的实施,必将在中职学校面向社会宣传办学理念和办学成果,展示学校风采风貌和办学特色方面发挥重要的作用。中职教育质量年度报告制度自身也就建设中职学校内部质量保障体系提出了具体要求,强调各中职学校在做好专业布局调整以及落实教师编制、加强教师培训工作的同时,加强内部质量监控体系建设、项目建设、技能竞赛等,为中职学校构建内部质量保障体系建设提供了政策支撑。地方各级教育行政部门应按照教育部要求,高度重视质量年度报告工作,加强对各中职学校年度报告制度落实情况的督导,确保报告内容全面、系统、客观、真实地反映人才培养质量状况,并严格规定面向社会公开发布的期限,促进中职学校加强信息公开工作,自觉回应社会关切,接受社会监督。

(二) 外部质量保障系统

中职教育外部质量保障系统指由学校外部各利益相关主体(包括政府教育行政部门、相关部门和行业企业以及其他社会组织等)为保障中职教育质量而制定的一系列政策制度和实施措施,包括法律法规、政策制度、经费投入、惩罚与奖励等,目的在于通过外部相关主体的合作、参与,激励中职学校不断提升教育质量。政府教育行政部门、相关部门和行业企业以及其他社会组织通过定时监督评估中职教育质量状况,可在一定程度上增加中职学校不断提升教育质量的责任感。

实际上,早在2010年教育部在《中等职业教育改革创新行动计划(2010—2012年)》中就提出要进行中职教育质量评估的具体要求,并强调要细化到具体内容层面。当前的问题是,发挥中职教育外部各主体对质量保障的作用,也需要将各主体责任和效能落实到中职教育保障机制总体框架之中。一是要通过完善相关法律程序,明确政府教育行政主管部门、行业企业、第三方评估机构等质量保障主体的权责,使其均有机会、有责任参与到中职教育质量评价与保障活动中来,充分发挥其应有作用;二是

---

① 《教育部办公厅关于开展中等职业教育质量年度报告工作的通知》,http://www.moe.edu.cn/srcsite/A07/s7055/201601/t20160126_228908.html。

在对中职教育质量进行评价时，应区别对待普通中职学校和中职示范校等，做到分类指导，有的放矢；三是按照"减负高效"的原则设计中职教育外部质量保障机制。若评价监督活动过多，会导致中职学校疲于应付。若评价监督过少，则会增加中职学校"放任"意识。因此，在设计外部质量保障机制时，应努力寻求到两者的最佳平衡点。

基于当前我国第三方评价制度尚未完善、社会组织评价尚未兴起的现实，构建中职教育外部质量保障机制应仍以政府教育行政部门组织相关专家开展教育质量评估（评价）为主，行业组织开展交流及社会第三方评价为辅。这样不仅有政府的宏观管理，也能充分发挥市场的调控作用。首先，政府教育行政部门应尽快建立中职教育质量评估机构，承担政府教育行政部门委托的中职教育质量评估任务；其次，不断完善质量评价内容，增加诸如专业发展评价、示范专业质量评价等；最后，开展综合评估项目，如中职改革发展示范校验收评估以及国家和省级重点中职学校评估、德育专项评估、图书馆等级评估、实训中心建设验收及运行绩效评估等。就行业交流研讨而言，应尽快建立中职教育发展指导委员会，凝聚中职学校领导、评估专家、专业骨干教师和行业精英一起交流研讨中职教育质量保障的相关问题，强化中职教育质量保障机制的科学化、规范化建设。对于通过评价或评估需要改进和评估不合格的中职学校，应及时建议政府教育行政部门要求相关学校在规定的时间内进行整改，并负责提供专家咨询和具体指导。

（三）其他协助运行系统

任何机制都不可能是孤立存在的，需要与其他系统的密切配合，才能实现有效运行。中职教育质量保障机制的运行也需要建立相应的中职教育质量标准系统、组织执行系统、监测评估系统和反馈控制系统。

1. 质量标准系统

标准是指导和衡量工作的尺度，没有标准就缺少了努力的目标和方向，失去了教育偏差的参照系，也就没有了质量保障。因此，建立中职教育质量标准系统是实施中职教育质量保障的一项基础性工作。中职教育质量标准应该是一项权威性的统一规定，是中职学校进行教育活动或教育质量评价过程中进行参照或衡量的依据。中职教育质量标准应符合国家的教育方针和政策，具备明确、具体、系统化等特点。中职教育质量标准的制定过程应是广泛征求利益相关者意见，实施协商的过程。就目前状况而言，我国中职教育质量主要体现在过程质量（即中职教育过程的各个环节质量）和学生发展质量（即学生的具体质量要求）两方面，具体如图9—2所示。

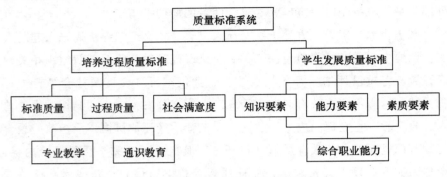

图9—2　中职教育质量标准系统

中职教育质量的生成过程需要一系列质量指标表达，也是对中职教育机构、管理程序和制度、各级政府职业教育行政部门的责任、教职工的行为准则和教育教学质量、学校各部门协调、信息反馈流程等做出的统一规定和要求，包括标准质量、过程质量、顾客和社会满意度等。其中，标准质量是对整个教育过程和结果需要达到质量的规定，建设的过程中应注意保持相关标准指标的先进性，能够反映中职教育发展的新理念和现代社会的新要求，同时也要符合中职学校发展的现实条件。如果标准过高，中职学校难以达到，标准就会成为一纸空文。如果标准过低，难以满足中职学生的愿望和用人单位需求，也难以对中职学校发挥激励作用。此外，还要注意标准各项指标的可操作性；过程质量指标应该是中职学校各项教育教学活动要达到的质量水平，对中职学校教育教学过程发挥着规范作用。高质量的教育教学活动可以保障高质量的教育成果，在一定程度上也直接反映了中职教育结果质量。顾客和社会满意度是中职学校教育服务的固有特性满足顾客和社会要求的程度，主要包括中职学校培养的毕业生对市场的适应程度、就业质量以及中职毕业生是否受到企业的欢迎等。特别是学生及其家长对中职教育的满意度和用人单位对中职毕业生的满意度，直接反映了中职教育质量。发展指标指凝聚在学生身上的KSAIBs，可将其分解为各项指标，用以表达某一阶段或整个学期中职教育的结果。为规范学生的发展标准，应建立与职业资格证书制度相适应的职业能力标准。在具体实践过程中，还应考虑不同行业和专业的差异，将不同专业人才培养目标具体化，形成专业人才培养标准。

2. 组织执行系统

就本质而言，组织执行是实现目标或标准的过程。中职教育质量标准制定之后，需要相关主体去执行，使标准落到实处，实现预期设想。中职教育质量保障措施也需要所有相关主体去执行，围绕质量标准开展教育教学活动。基于执行的重要性，教育执行力已经成为当今学者研究的热点问题。建立完善的中职教育质量保障机制，也需要各相关主体不断提升执行力，使各项标准得到不折不扣地执行。中职学校作为一级教育组织，建立组织执行系统是保障教育质量的重中之重，主要包括"谁来执行""执行什么"和"如何执行"三个层面。

关于"谁来执行"：中职教育质量保障需要中职学校内外部所有相关部门、机构的共同参与，需要落实到具体的人身上。中职教育质量保障的责任主体主要包括政府教育行政部门、行业企业和中职学校。

关于"执行什么"：中央教育行政部门应负责制定中职学校办学标准以及质量运行规范、中职学校质量数据监测平台等；地方政府教育行政部门负责了解当地经济社会发展情况，把握人力资源市场需求信息，为当地中职学校专业设置、课程实施等提供指导性建议，并负责对相关专业建设进行评估与评价；行业企业的任务是参与到中职学校人才培养活动中来，深层次、全方位实现行业指导、评价和服务，同时也担负接受中职学生顶岗实习的功能。中职学校作为质量保障的主体，执行工作与每一位教职员工休戚相关。中职学校的校长需要站在全局高度，组织制定学校质量方针和整体规划，并组织全体教职员工落实；专任教师需要选用合适的教材，采用灵活多变的教学方法以及现代教育手段，高质量完成教育教学工作；学校管理人员需要各司其职，认真履行岗位职责，为教育教学工作创造良好的管理环境和外部环境。

关于"如何执行"：执行中职教育质量标准，必须采用全员参与、授权管理的方法，实行"横到边、纵到底"的质量管理责任制，将标准要求逐项进行分解，落实到每个相关主体乃至每一位教师（员工）。

3. 监测评估系统

监测评估是利用现代信息技术手段持续收集和深入分析有关信息，直观呈现中职教育质量状态的活动，也是为多元主体进行价值判断（中职教育质量评价）和科学决策提供客观依据的过程。构建中职教育质量检测评估系统，对推动我国中职教育内涵式发展，全面提高中职教育质量具有巨大的促进作用。目前，我国职业教育质量评价尚未做到政府、学校、行业企业、学生及其家长等多方参与，在国家大力发展"互联网＋"技术以及构建大数据系统的背景下，可以教育信息化带动教育现代化，借助互联网技术建立覆盖一定区域乃至全国的中职教育质量数据信息，完善中职教育质量形成过程的社会监测与监督。

在这方面，2012 年教育部已经制定了《教育信息化十年发展规划（2011—2020 年）》①，决定进一步整合和集成教育管理信息系统，建设覆盖全国所有地区和各级各类学校的教育管理信息体系，促进教育决策与社会服务水平的显著提高，学校管理信息化应用的广泛普及。各级各类中职学校及政府职业教育主管部门应按照教育部规划要求，加快建立中职教育质量电子平台，加强教学质量监控，提升管理效率与决策水平，进而提高办学质量。各级政府教育行政部门和中职学校可以根据不同需求，利用互联网技术和有关数据库进行可视化操作，减少质量评价的人为干预，促进评价方法和评价过程的科学性和规范性。同时，要努力降低评估成本，提高评估成效，保证评估结果的公平性、客观性和准确性。中职学校构建信息数据库，可将学校各项活动质量数据纳入系统之中，并让所有中职教育质量利益相关者实时了解到自身在中职教育质量保障方面做出的贡献，发现不足及时进行纠正。同时，也将有效保障自身在中职教育质量方面的合法权益。

4. 反馈控制系统

反馈指系统将相关信息面向社会（或一定区域民众）公开后，又返回到系统中的相关信息流通的过程，反馈的信息会对提升中职教育质量再次产生影响。中职教育质量保障机制实现有效运转，并对中职教育质量的

---

① 教育部关于印发《教育信息化十年发展规划（2011—2020 年）》的通知，http：//www. moe. gov. cn/publicfiles/business/htmlfiles/moe/s3342/201203/133322. html。

生成过程及结果实施有效调控，必须建立健全质量信息反馈控制系统。目前，我国中职教育质量保障机制信息反馈控制系统还存在反馈主体单一、反馈意识不强和反馈渠道不畅等诸多问题，必须尽快加以改进。

建立中职教育质量反馈控制系统需要各级各类中职学校实现开放办学，实现学校内外环境的有机结合。中职学校应重点建立学生信息反馈系统、教师信息反馈系统和包括企事业用人单位在内的社会信息反馈系统，广泛收集本校毕业生及其家长、社会用人单位、在校生及其家长、其他社会组织等主体的反馈意见，用于中职教育质量控制。其中，学生是中职教育活动的对象，教师是教育活动的实施者，遵循"以人为本"的教育理念，必须重视中职学生和中职教师的话语权。通过收集学生反馈的质量信息，促使中职教育实施主体关注到每一位学生的实际情况，根据其教育需求实施教育活动，做到因材施教。对中职教师而言，建立教师信息反馈系统，可让中职学校及相关部门了解教师对中职教育发展的愿望和要求，强化中职教育的质量意识。通过建立校社企联合的信息反馈控制系统，可完整地表达中职教育质量保障的整体思维，让各个利益相关主体共同参与中职教育质量保障。这样，不仅有利于学校与用人单位及其他社会组织的深度沟通，还可促进中职学校对人力资源市场需求趋势的把握。中职学校通过收集到的反馈信息，可准确定位办学目标，推进课程与教学改革工作。

四　中职教育质量保障机制的运行策略

（一）定位中职教育质量目标

定位质量目标对清晰中职教育质量保障方向具有重要的基础作用和导向作用，是实施质量控制活动和开展保障活动的前提。中职教育质量目标与教学目标紧密关联，教学目标是质量目标的具体落实和体现。研究结果显示，教学目标在中职教育质量系统中的影响度较高（4.81），表达了定位质量目标在中职教育质量保障机制运行过程中的重要作用。

中职教育质量目标应是社会各级各类组织以及广大民众对职业教育质量要求的具体反映，是各方利益协商的结果。社会组织和广大民众对中职教育质量的需求是多种多样的，需要反复权衡，实施全方位分析。政府职业教育行政部门将中职教育质量目标定位于满足社会经济发展对技术技能型人才的需求，强调对社会的贡献；中职学生希望通过学习，实现个人综合素质的持续增进，顺利实现就业或升学；行业企业则将质量目标定位于中职教育培养的人才能够满足其生产经营需要；中职学校将教育质量的目标定位于能够培养出合格的毕业生。可见，不同利益相关者对中职教育质量目标具有不同的诉求。但是，这些诉求相互关联、相互依存，存在高度的一致性。中职学校作为中职教育的实施主体，要尽力促进"技术与人文"的融合，理论与实践的结合，满足各方不同的教育质量要求。

依据分析上述结果，可确定中职教育质量目标模型如图9—3所示。其中，培养学生"发展性素质"是中职教育质量目标的核心内容；其次是内适性目标，指中职学校要按照国家教育行政部门颁布的人才培养方案或教学大纲（标准）要求确定教学目标；再次是外适性目标，指基于中职毕业生为满足社会、企业和家庭的需要而达到的目标。中职教育质量只有体现出核心目标，其他目标才能顺利达成。

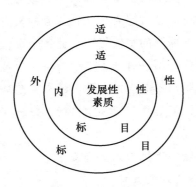

图9—3　中职教育质量目标模型

（二）优化中职生源与师资素质

研究结果显示，生源质量和教师专业素质的原因度分别为3.10和0.64，均属于原因因素，是影响中职教育质量的重要因素。只有不断优化中职生源与师资素质，才能切实保障中职教育质量。

生源质量的优化涉及多个方面。首先，应从小、从早抓起，落实九年义务教育阶段科学技术课程及劳动课程，培养学生的职业意识和劳动意识；其次，从改革招生制度入手，改变中职教育是末端教育、中介教育的现状，使中职教育真正成为热爱技术、愿意用一生追求相关职业的学生的首选。积极探索义务教育与中职教育有机衔接的方式,积极推进普职沟通,搭建人才培养的"立交桥"。积极推进非应届初中毕业生接受中职教育,可采用弹性学制,采用远程教育、半工半读、短期培训等形式,将学历教育与职业资格证书培训结合起来,不断拓展中职教育的服务领域,提升社会吸引力。

优化中职教师素质也涉及多方面内容:一是完善准入制度,拓展教师招录渠道。在要求教师具备教育学、心理学等知识的基础上,增加专业技能、实际工作经验等要求;二是增加兼职教师数量,完善人事分配制度。根据中职教育专业建设需求,面向社会、企业聘请兼职教师,增加兼职教师数量,合理调整教师队伍结构;三是加强在岗中职教师培训工作,规范培训内容,提高师资专业化水平。中职学校、企业和师资培训基地之间应该建立密切联系,共同制订中职教师培训方案,努力提升教师培训效果。

（三）积极推进中职课程的改革

研究结果显示,课程体系和文化课的原因度分别为 0.94 和 0.56,均属于原因因素,也是影响我国中职教育质量的重要因素。目前,我国多数中职学校课程模式陈旧,教学方法单一,培养目标、课程结构、教学内容等与人力资源市场需求脱节,行业企业极少参与中职学校课程与教学改革活动,企业实践教学、顶岗实习等环节质量也难以得到全面保障。因此,应积极推进中职教育课程与教学改革,以此保障中职教育质量。

首先,重构中职教育课程标准,促进中职教育课程与职业岗位需求相互适应与相互衔接。政府教育行政部门应充分发挥统领作用,组织中职学校教师、行业企业技术人员、课程开发专家等各方人员实施通力合作,并充分考虑中职教育与普通教育以及中职教育与高职教育的区别与联系,加快中职教育课程标准制定工作。目前,中职学校实施的课程标准多由高校科研人员制定,明显存在与中职教育实际不尽相符的状况,出现了"中职不中""高职不高"等诸多问题,必须加快改变这种局面;其次,重构中职课程结构体系,促进中职学生的专业能力和职业能力相互适应与相互衔接。从岗位需求转向职业需求,将课程结构标准化,推动课程内容整合化,构建以职业能力培养为重点,知识、技能、情感、态度、行为等要素为一体的课程结构和课程体系;再次,推进先进教育教学方法,促进中职学校教室、实验室、实训室以及实习车间的融合。改变传统的、单一的

"讲授法"，采用"行动导向法"等教学模式，用项目作载体、任务为驱动、行动为导向，充分体现中职学校教育教学工作的主体性、差异性、开放性、情感性等特点，重新构建学生与教师的关系，不断提升中职教育教学质量；最后，构建中职课程教学共同体。政府教育行政部门应联合其他相关部门，制定各种优惠政策，鼓励行业企业参与中职学校课程改革与教育教学活动。通过建立现代学校管理制度，建立健全中职学校管理董事会、教学指导委员会等机构，打通企业参与中职教育的制度障碍和政策壁垒，使企业参与中职教育的潜在动机转化为现实动力。

（四）全面推进质量文化建设

研究结果显示，校园文化原因度为 0.81，属于原因因素，是影响中职教育质量的一项重要因素。校园文化不仅是物质文化的客观存在，更多地体现于精神层面，其推动中职教育质量提升的力量是无穷的。中职教育质量管理文化是校园文化的一个重要层面，也需要一定的组织系统支撑。因此，校园文化建设应关注学校组织文化的创新。目前，我国多数中职学校校园文化建设只停留在口号上，没有很好的实践效果，且功利意识突出，雷同现象普遍，缺少自身特色，严重影响了中职教育质量的提高，全面推进质量文化建设势在必行。

中职教育质量保障首先离不开教育活动的实施者——广大中职教师，培养和强化中职教师质量意识，并将这种意识通过课程与教学等环节传递给学生，进而在中职学校逐渐形成人人关注质量的文化，必将有效激发全校师生保障中职教育质量的热情，实现广泛参与、共同进步。质量文化建设可从三个方面着手：一是进行质量责任教育，通过传递国内外职业教育迅速发展的信息，激发广大教师追赶先进水平的内在动力。引导广大教师认识到教育教学质量与学校声誉的紧密联系，帮助其树立对学校、对学生的负责态度，激发教师的个人成就感；二是进行专业知识和专业技能教育。随着经济社会发展和科技进步，中职教师具备的知识与技能都需要不断拓展，中职教育质量标准也会不断发生变化，中职教师必须加强经常性业务培训，才能适应时代发展的需要；三是强化质量管理教育，使各层次管理人员和教学人员全面掌握必要的质量管理思想和管理技术。遵循教育评价赋能理论，只有充分尊重和科学授权于广大中职教师，建立和完善全面质量管理制度，才能充分发挥广大教师保障中职教育质量的积极性和创造性，使中职教育质量保障机制在高水平上运行。

（五）强调学生职业能力培养

研究结果显示，学生职业能力的原因度为 0.36，属于原因因素，也是影响我国中职教育质量的一项重要内容。因此，构建中职教育质量保障机制必须将学生职业能力培养放在重要位置。目前，部分中职学校将学生职业能力等同于专业技能水平，认为只要传授与专业紧密相关的知识、技能即可，或是采用其他教学辅助手段，就能使学生获得职业能力。显然，这些认识均具有片面性。

加强学生职业能力的培养，需要从多方面入手。一是感知过程的情景化。让学生在实际的工作场景中学习理论知识，获取实际操作技能，可有效提升中职教育质量。学生对将要从事的工作有了整体感知再进行学习，更有利于激发学习兴趣。目前，教育部推行的现代学徒制模式可促使学生在企业真实的工作环境中获取知识，在师父的亲自带领下学生通过细致观察、实际操作获得经验，可有效提升学生的职业能力。二是学习过程的岗位化。中职学校各项教育教学活动均是有目的、有步骤的活动，如三年级安排的顶岗实习的前提是学生具备了一定的知识基础，并具备了独立操作的能力。通过顶岗，学生具备了企业员工身份，可有效强化职业能力的培养。三是职业行动的完整化。通过设计"完整的职业行动"这一教学载体，让学生不仅学会知识与技能，而且能够迅速产生知识迁移，增强创新意识和创业能力。通过学生的亲身体验和感受，不知不觉地被职业环境所熏陶，激发其内在的职业意识层面的感知，促进自身 KSAIBs 的持续增进。

第 十 章

中职教育质量保障重点：投资与师资

中职教育影响因素分析结果表明，投资与师资是中职教育质量保障的重点。按照教育经济学相关理论，中职教育机构软硬件建设均可以"投资量"指标实施表达。因此，投资保障是有效解决中职学校教育教学设施短缺等问题的关键，也是中职教育质量生成的基础。国务院《关于加快发展现代职业教育的决定》指出，"建立职业教育经费稳定投入机制，健全社会力量投入的激励政策，完善职业教育资助政策体系"。教育部等六部门编制的《现代职业教育体系建设规划（2014—2020 年）》提出，"构建适应现代职业教育体系的投入机制，落实财政性职业教育经费投入，充分利用社会资本发展现代职业教育"。可见，构建科学合理的中职教育稳定投入机制，对调动地方政府投入积极性，充分发挥社会资本作用，提升中职教育质量至关重要。

依据"名师出高徒"的传统理念，中职师资队伍在某种程度上也决定了中职教育质量。国务院《关于加快发展现代职业教育的决定》提出，"完善教师资格标准，实施教师专业标准"，"加强'双师型'教师队伍建设"。教育部等六部门编制的《现代职业教育体系建设规划（2014—2020 年）》强调，"改革教师资格和编制制度、改革职业院校用人制度，完善'双师型'教师培养培训体系"。立足我国中职教师队伍建设的现状，基于中职教师职业的特殊性和现代职业教育发展的需要，加强"双师型"中职教师队伍建设，促进中职教师的专业发展，已成为保障中职教育质量的首要任务。

第一节　中职教育的投资保障

一　我国中职教育投资体制的历史变迁

以新中国成立 60 多年来发生的教育投资体制改革重大事件为节点,将我国中职教育投资体制的历史变迁过程分为四个阶段。

(一)"统收统支、分级管理"阶段

此阶段为 1949—1953 年。新中国成立初期,我国学习苏联经验,建立起高度集中的计划经济体系,实行"统收统支、三级管理"的预算财政体制。所谓"统收统支",是指地方政府代理中央政府组织财政收入,全额上缴国库,地方政府的一切开支均由中央政府统一审核,逐级拨付。所谓"三级管理",是指实行中央、省(直辖市、自治区)、县三级管理。

在当时的统收统支背景下,我国所有中职学校的各项经费均列入国家年度预算,由中央财政统一安排,形成了"决策高度集中,投资主体单一,以国家指令调节资源配置,多头管理"的投资体制[1]。1952 年 3 月,政务院《关于整顿和发展中等技术教育的指示》规定,"中等技术学校的经费,应按三级财政制度,分层负责解决。中央、大行政区及省(市)人民政府有关业务部门应将技术教育经费作为建设资金的一部分列入自己的预算"。同年,教育部制定《中等技术学校暂行实施办法》,规定"中等技术学校的经费,按财政制度由各主管部门拨给,由学校编造预算,报主管部门批准"。可见,中央政府是中职教育唯一的投资者。当时,国有企业属于政府附属生产部门,没有自主经营权。部分大型国有企业虽然建有隶属于自己的中职学校(含技工学校),但其经费均由其主管部门列入年度预算,由财政给予保证。社会其他机构及个人则由于经济条件所限,无力投资中职教育。中职教育接受者自身仅负担书费、生活费等支出,国家通过发放助学金(或称生活补贴)的形式给予困难学生补贴,其额度基本能够满足学生的生活费用。与高等教育一样,全国中职教育近于免费状态,毕业生就业实行国家"统包统分"模式。

---

[1]　李艳红:《我国中等职业教育投资体制研究》,硕士学位论文,河北科技师范学院,2012年。

（二）"条块结合、块块为主"阶段

此阶段为 1954—1977 年。1954 年后，我国财政状况逐步好转，开始了大规模的经济建设。在坚持中央统一领导的前提下，地方政府的财政管理权限逐步扩大，开始实行"分类分成"的预算收支办法。地方年度收支预算由中央核定，超额完成预算收入的，按原比例分成，年终结余安排下年度使用，无须上缴。1958 年，中央再次扩大地方政府的财政权力，实行了"以收定支、五年不变"的财政政策。随之，中职教育管辖权开始下放，建立起"条块结合、块块为主"的投资体制，增加了地方政府筹措中职教育经费权限，贯彻了"统一领导，分级管理"的原则①。1959年，国务院批转教育部、财政部《关于进一步加强教育经费管理的意见》，要求各级政府财政部门和教育行政部门根据"条块结合、块块为主"的精神加强协作，共同管好教育经费。"文化大革命"时期，我国财政体制变动频繁，财政权力又开始向中央集中，中职教育经费的使用与管理处于混乱和不稳定的状态。

此期，中央政府虽仍然是中职教育投资的主体，但地方政府开始发挥重要作用，实现了"三级共管"。作为政府附属生产机构——企业举办的中职教育所需经费仍通过企业预算纳入主管部门预算，由财政核拨。社会其他机构及个人均无经济实力投资或捐赠中职教育。中职教育学习者自身仍仅负担书费、生活费等支出，全国中职教育仍处于免费时期，国家继续实行毕业生"统包统分"的就业政策。

（三）"支出下移、收取学费"阶段

此阶段为 1978—1992 年。改革开放以来，我国开始实行"分级包干"的财政管理体制，并在 1980 年、1985 年和 1988 年进行了三次调整和完善。1985 年，中共中央做出《关于教育体制改革的决定》，推动了"中央放权给地方，地方也逐级放权，直至乡镇"的教育体制改革。首次规定了"两个增长"，要求中央和地方政府教育拨款的增长要高于经常性财政收入的增长。强调"调整中等教育结构，大力发展职业技术教育""发展职业教育要以中等职业技术教育为重点，发挥中等专业学校的骨干作用""充分调动企事业单位和业务部门的积极性，并且鼓励激励个人和

---

① 朱静颖：《我国职业教育财政投资体制研究》，硕士学位论文，湖南农业大学，2007 年。

其他社会力量办学"。《关于教育体制改革的决定》规定了政府对职业教育的投入责任，扩大了地方办学自主权，调动了地方办学积极性。1991年，国务院又做出《关于大力发展职业教育的决定》，提出"发展职业技术教育主要责任在地方，关键在市、县""各级政府、各级财政部门、各有关业务主管部门及厂矿企业等要从财力和政策上支持职业教育的发展，努力增加对职业教育的投入"。至此，中职教育形成了政府、行业、企业和其他社会力量共同投资的雏形。

此期，国家提出了多渠道办学的方针，市、县两级政府逐渐成为中职教育投资的主体。计划经济体制时期所形成的国有企业举办技工学校，多数也随着"减轻企业负担""企业不再办社会"以及"国企改制"等措施的推进而转为由地方政府管理。少数大型国有企业创办的职业学校或技工学校或保留、或扩建为职业技术学院，面向全社会培养技能型人才。1985年，随着中职学校毕业生"供需见面、双向选择"就业政策的实施，中职学校开始实施收费政策。接受中职教育的学生需要在原来自行负担书费、生活费等的基础上，开始缴纳学费、住宿费等，中职教育个人投资的特征逐步显现，中职教育投资更加多元化。

（四）"多元化投资制度形成"阶段

此阶段为1993年至今。中共十四大提出建立社会主义市场经济体制后，国务院颁布了《中国教育改革和发展纲要》，提出到20世纪末国家财政性教育经费支出占国民生产总值的比例达到4%的目标，全国"八五"期间各级财政支出中教育经费所占比例平均不低于15%，切实保证教师工资和生均公用经费逐年增长。1994年，国务院开始推进"分税制"财政体制改革，对中职教育投资体制改革也提出了具体要求，为地方及民间举办中职教育机构带来了契机。1996年，全国人大颁布《中华人民共和国教育法》，明确规定"国家建立以财政拨款为主，其他多种渠道筹措教育经费为辅的体制，逐步增加对教育的投入，保证国家举办的学校教育经费的稳定来源"。2002年，全国人大颁布实施《民办教育促进法》，吸引了大量民间资金投入到中职教育中来，出现了教育部门与行业、企业联合投资、新兴经济体投资以及公办学校改制吸引投资等多种方式，民办中职学校成为推动中职教育发展的重要力量。此后，中央财政也大幅增加了职业教育投入，重点支持了职业教育实训基地、县级职教中心和示范性中职学校等建设项目。为提升中职教师队伍整体素质，优化教师队伍结构，完善教师队伍建设，2006 年教育部、财政部组织实施了"中等职业学校教师素质提高计划"。同年，国务院确定对中职学校学生实行资助政策，引导青少年报考中职学校。2009 年，国家开始对中职学校农村家庭经济困难学生和涉农专业学生实行免费政策。2010 年，国务院颁布《国家中长期教育改革和发展纲要（2010—2020 年）》，明确指出要"加大教育投入，完善投入机制，加强经费管理"。2012 年，国务院将中职学校学生资助面扩大到所有农村（含县镇）学生、城市涉农专业学生和家庭经济困难学生，客观上降低了个人对中职教育的直接投资。

二 我国中职教育投资现状及存在问题

新中国成立后至改革开放前，我国免费向民众提供中职教育，社会和个人投入极少，这与当时计划经济体制和"精英教育"有关。改革开放后，我国逐步建立起多元化投资体制，有效促进了中职教育规模化发展。但是，随着中职教育"羊皮效应"的逐步消失，现行中职教育投资体制与方式也暴露出一些亟待解决的问题。

（一）中职教育经费投入及分担现状

1. 经费投入

近年来，国家出台了一系列加大职业教育投入的政策性措施，中职教育总体上呈现出"事业规模逐步扩大，经费投入逐年增加"的趋势。但是，《中国教育经费统计年鉴》相关数据表明，2009—2013 年，我国中职教育投入占教育投入的比例、中职教育财政性经费占普通高中教育财政性经费的比例均呈下降趋势；2009—2013 年，财政性中职教育投入占财政性教育投入的比例呈波状起伏。财政性中职教育预算内生均经费逐年上升，2013 年达到 8785 元，是 2009 年生均经费的 1.62 倍。但是，中职教育生均经费与普通高中教育生均经费比例逐年降低，2013 年中职教育生均经费为普通高中教育生均经费的 1.04 倍，比 2009 年下降了 11.86%。有学者研究表明，中职教育生均成本是普通高中教育的

2—3 倍[①]。可见，中职教育财政性生均经费投入严重不足。

2. 分担主体

目前，我国中职教育已建立起财政拨款、个人缴纳学费、行业企业等社会力量资助、民办教育投资者投入和校办产业及服务创收等多元化投入渠道，中职教育投入总量持续增加。根据《中国教育经费统计年鉴》公布的全国教育投入情况分析，2007—2013 年，我国财政性中职教育经费投入逐年提高，2013 年中职教育财政性经费投入（全口径）总额达到1719 亿元，为 2007 年 512.2 亿元的 3.36 倍，占全国教育经费投入总额的比例达到 7.02%，较 2007 年的 3.13% 提高了一倍多；2007—2013 年，全国中职教育事业费投入总额"呈先增后降再增"趋势，但 2011 年前占中职教育投入总额的比例逐年下降，此后又呈急剧增长态势；从其他投入渠道看，各投入主体存在投入总额占中职教育投入总量的比例低，且呈逐年减少趋势的特点。2013 年，我国民办学校举办者投入、企业办学拨款仅分别为 8.88 亿元、8.28 亿元，分别占中职教育经费总投入的 0.44%、0.41%，比 2007 年分别降低了 0.42 个、0.35 个百分点。社会捐赠投入和校办产业及服务收入仅分别为 4.25 亿元、1.65 亿元，分别占中职教育经费总投入的 0.21% 和 0.08%，比 2007 年分别降低了 0.13 个、0.09 个百分点。民办学校举办者投入降幅最大，其次为企业办学拨款，再次为社会捐赠，校办产业及服务收入降幅较小。

（二）中职教育经费投入存在的问题

1. 政府投入尚未满足中职教育发展需求

目前，我国虽已初步构建起多元化的中职教育投入机制，但行业、企业对投资中职教育的积极性不大，个人投资的热情也不高，政府仍然是中职教育投入的主体。国家规定"发展职业技术教育主要责任在地方，关键在市、县"，导致出现了"上级出政策，下面出资金"的现象。中央财政对中职教育的投入有限，县级财政"小马拉大车"现象极为普遍。林小昭等报道了国家审计署对全国 18 个省（自治区、直辖市）54 个县（市、区、旗）的财力保障调查状况，发现上级政府虽然不断下放事权，

———————————

① 王经绫、贾政翔：《中等职业教育经费保障问题研究》，《中国财政》2012 年第 9 期，第65—67 页。

但相应的财权并未下放，事权与财权不匹配。县级政府在教育、民生等方面的刚性支出责任不断增加，而现行的"分税制"财政体制导致县级财力仅够"吃饭"，发展社会事业财力明显不足，全面落实国家政策的难度较大。多数县级政府更倾向于将有限的资金用于普通教育的发展，中职教育投入明显不足①。特别是近年来，我国中职教育投入占教育总投入的比例、中职教育财政性经费与普通高中教育财政性经费投入的比例均呈下降趋势，与国家大力发展现代职业教育的部署形成强烈反差。特别是中职教育生均经费与普通高中生均经费比例逐年降低，而中职教育需要实习、实训设备及相关材料等投入，对资金需求明显高于同级普通教育。教育部、国家统计局、财政部《关于 2014 年全国教育经费执行情况统计公告》数据表明，2014 年全国普通小学、普通初中、普通高中、中职学校、普通高校生均公共财政预算教育事业费支出额度分别为 7 681.02 元、10 359.33 元、9 024.96 元、9 128.83 元、16 102.72 元，中职学校生均公共财政经费支出分别比普通小学、普通高中高出 18.85%、1.15%，仅为普通初中和普通高校的 88.12% 和 56.69%。上海、江苏、北京、青海等14 个省市中职教育经费均低于普通高中生均经费。其中，上海市和江苏省中职教育生均公共财政预算事业费仅为高中毕业生的 67.19% 和67.51%。在各种实习、实训材料价格不断上涨的形势下，经费紧张所导致的学生实习、实训材料短缺状况直接影响到学生操作技能的训练与提高，难以满足提升中职教育质量的需求。

2. 不同办学主体及不同区域间投资不平衡

目前，我国中职教育实行多级办学体制，经费分别由相应级别财政负担。现行的"分级分灶吃饭"财政体制，直接决定了各级政府对中职教育的投资能力。纵向而言，中央所属中职学校经费状况好于省属，省属好于市属，市属好于县（区）属。横向看，经济发达地区中职教育投入明显高于欠发达地区。中、西部地区中职教育投资明显少于东部地区。同时，地方政府领导对发展中职教育的认知水平不一，也导致中职教育发展呈现出区域不平衡性，严重阻碍了国家教育公平目标的实现。教育部、国

---

① 林小昭、邹新：《54 县自主安排财力占比不足三成》，《第一财经日报》2013 年 1 月 17日。

家统计局、财政部《关于 2014 年全国教育经费执行情况统计公告》数据表明，2014 年北京市、天津市、上海市中职教育生均公共财政预算事业费分别为 2.88 万元、2.28 万元和 2.07 万元，而河南省仅为 5 941.62 元，广西壮族自治区仅为 6 978.79 元，安徽省、江西省、湖南省、重庆市、贵州省等也在 8 000 元以下。

3. 民间资本投入中职教育的后劲严重不足

传统的民间资本投入中职教育主要体现在民办（私立）中职学校发展方面。2007—2009 年，我国民办中职学校举办者投入总额不断加大，呈现出良好的发展势头。2009 年后，民办中职学校举办者投资总额占全部中职教育投资总额的比例不断下降，这与教育部等六部门发布的《现代职业教育体系建设规划（2014—2020 年）》提出的"充分利用社会资本发展现代职业教育"目标存在明显冲突。分析其原因主要是，国家对中职教育实行免学费政策，部分地方政府对中职学校的补贴仅限于公办中职学校，对民办学校（或私立学校）未能实现"政府购买服务"，导致部分民办中职学校发展举步维艰，甚至处于倒闭的边缘或已经倒闭。此外，民间资金入资公办学校也存在许多政策性障碍和制度性壁垒，民间资金的趋利性与中职教育的公益性存在明显冲突①。部分地方政府官员甚至认为，财政资金补贴民办学校是国有资产流失，只能投入公办学校。随着政府对中职教育投资力度的强化，公办中职学校持续加强了基础设施建设，民办中职学校称公办中职学校外观看"已经武装到牙齿"。在中职教育生源日趋紧张的现实状况下，民办中职教育必然逐步趋向萎缩。按照《国家中长期教育改革和发展规划纲要（2010—2020 年）》提出的"深化公办学校办学体制改革，积极鼓励行业、企业等社会力量参与公办学校办学"要求，亟待构建激励民间资本兴办职业教育，或入资公办职业学校的政策制度体系。

4. 社会捐赠中职教育的氛围尚待营造

2007—2009 年，我国社会捐赠中职教育的资金总额不断提升，占全部中职教育投资总额的比例一直保持在 3.00% 左右。2009 年，社会捐赠

---

① 王璇、闫志利：《民间资本入资公办职业学校的制度体系构建——基于 H 省某中等职业学校的案例分析》，《职业技术教育》2013 年第 34 卷第 13 期，第 55—58 页。

总额达到 3.89 亿元, 比 2007 年增长了 34.60% 。但 2010—2012 年, 社会捐赠总额呈现急剧下降趋势。2013 年社会捐赠总额又达到 4.25 亿元, 比 2009 年增加了 9.25% 。社会捐赠额度处于波动状态, 反映出中职学校接受社会捐赠的意识不强, 接受捐赠的形式和手段单一以及校友作用发挥不够等。同时, 由于国家激励政策缺失, 县级以上政府尚未按照教育部等六部门制定的《现代职业教育体系建设规划 (2014—2020 年)》要求, 建立中职教育经费绩效评价制度、审计监督公告制度、预决算公开制度等, 加强中职学校办学条件、人才培养质量、培训经费使用等方面的信息公开, 也直接影响了全社会捐赠中职教育的氛围, 捐赠数额远远低于同级普通教育。

5. 行业企业投入中职教育尚未形成规模

计划经济体制下的行业组织和国有企业属于政府管理部门和生产部门, 行业、企业兴办的中职学校所需经费可按照行政隶属关系由财政部门予以保证, 实质为政府通过企业这一组织形式实现了对中职教育的间接投资。而多元化投资制度下的行业、企业对中职教育的投入则完全是一种市场行为, 建立在行业、企业履行社会责任的基础之上, 与计划经济体制下行业、企业举办中职学校投资办学有着本质区别。中职教育培养的技能型人才主要为行业、企业服务, 行业、企业理应积极参与。但现实情况却是, 中职学校更习惯于接受政府及教育行政主管部门的指令, 对行业、企业提供的市场信息或难以接受, 或欲有所作为却无能为力, 在一定程度上影响了行业、企业参与中职教育的积极性。同时, 由于我国高等教育规模的迅速扩张, 大学生就业市场供过于求, 企业可从人力资源市场上随意选拔所需人才, 无须负担任何教育成本。尽管国家提出了充分依靠行业、企业发展职业教育的政策, 但行业、企业投资中职教育的热情却越来越低。2007—2011 年, 企业投资所占中职教育投入总额的比例逐年降低, 2011 年仅为 0.39%, 比 2007 年下降近四成。尽管 2013 年企业投资中职教育总额达到 8.28 亿元, 但所占全部中职教育投入总额的比例仍未达到 2010 年以前的水平。同时, 政府相关部门对现有企业职工培训等政策的实施缺乏有效的监管, 多数个体、私有企业未能 "按职工工资总额提取一定的比例用于职工培训"。现行政策法规难以调和企业资金的营利性和教育事业的公益性之间的矛盾, 企业参与公办中职学校办学或直接投资中职教育的信心明显不足。

6. 中职学校自身筹资投入机制缺失

多数中职学校只充当了教育经费的被动接受者，惯于积极向上级政府主管部门争取资金或"跑部进京"，对现有资金利用、设施设备利用效率关注不够，服务社会能力不强，自身"造血"功能缺失。2007—2013 年，中职学校校办产业及服务收入占全部中职教育总投入的比例逐年下降。尽管 2013 年全国中职学校校办产业及服务收入总额达到 1.65 亿元，但所占全部中职教育投入总额的比例仅为 0.08%，不及 2007 年的一半。多数中等职业学校未能结合自身优势，积极开设融学生实习实训及生产经营为一体的校办产业。部分学校即使开办了校办产业，也由于未能妥善处理学生实习实训与生产经营的关系，经济效益也不尽理想。由于制度缺失，多数中等职业学校尚未建立专业教师有偿服务社会机制，部分收益或只归教师个人所有，或只归学校所有，难以调动相关教师兴办校办产业及服务社会的积极性，导致校办产业及服务收入未能达到缓解中职教育经费紧张问题的目的。

7. 体制机制障碍导致个人投资热情不高

个人投资主要指学生（家庭）因接受中职教育而发生的各种直接与间接费用，直接影响着中职教育事业费收入，间接影响了中职教育投资。20 世纪 80 年代中期，我国中职教育开始实行收费制度。当时，由于中职教育仍具有一定的"羊皮效应"，中职毕业生既能进机关当干部，又能到企业当工人，收费制度的推行得到受教育者的普遍认可。21 世纪以来，中职教育的"羊皮效应"逐渐消失，国家公务员考试、国有事业单位招聘员工等均把中职毕业生排除在外，人们对中职教育的认可度逐步降低。目前，无论是城市还是农村的中职学校，其学生多来自农村地区或城市低收入家庭，中职教育逐渐演变为面向弱势群体的教育。同时，由于中职学校僵化的办学体制和难以被社会认可的教育质量等原因，越来越多的准劳动者开始选择岗位针对性更强、学习时间更短、学习方式更为灵活的职业培训项目，中职学校生源逐步减少，不少地区中职学校招生时已经出现了"生源大战"。此外，受"重知识、轻技能"以及"劳心者治人、劳力者治于人"等传统观念影响，随着家庭收入水平的不断提高，更多的农村家庭选择让子女享受更高一级的教育，中职教育以就业为导向的办学宗旨使愿意为接受中职教育而投资的人越来越少。

三 构建中职教育经费的稳定投入机制

（一）合理确定分担主体

1986 年，美国教育经济学家 Johnstone 提出教育成本分担理论[①]，认为非义务教育成本应由政府、社会（包括企业）、学校和个人及家庭共同分担。我国中职教育属于非义务教育，但溢出效应明显，具有准社会公共产品属性。根据"收益支付"原则，中职教育成本理应由政府、行业企业、社会和个人及家庭共同分担。根据"能力支付"原则，可以将分担主体分为主要承担者、次要承担者和适当承担者。基于我国中职教育的公益性和社会吸引力较弱的现实，政府理应成为主要分担者；企业及社会基于其收益性，理应成为次要分担者；基于中职学校具有经济实体的性质，应该成为适当分担者；尽管中职教育的接受者也属于受益者范畴，但由于个人或家庭处于弱势群体，应适度减免其分担部分。

（二）加强政府分担职能

在中职教育投资分担体系中，政府不仅是重要分担者，也是投入政策的制定者和体系运行的统筹者。教育部等六部门编制的《现代职业教育体系建设规划（2014—2020 年）》提出，"通过调整优化财政支出结构、加强规划、制定标准等措施，加大各级政府对职业教育的投入"。各级政府应以此保证自身所担负的投资责任，当好政策的制定者、践行者和维护者。政府投资应主要用于加强中职教育基本设施建设、专业建设和教师队伍建设，加大重点领域和薄弱环节的投入，实现"提级增量"。所谓"提级"，就是针对目前我国多数县级政府财力难以保证中职教育运行需求的实际，改中职教育投资"以县为主"为"以市（设区市）为主"，进而增强政府对中职教育发展的保障能力。同时，国家还应下大力气解决不同投资主体之间、不同区域之间中职教育投入的不平衡问题，对生均公共财政教育事业费、预算公用经费等实行统筹管理，促进中职教育的公平化和地区间服务的均等化。所谓"增量"，就是逐步增加中职教育的投入总量。目前，我国人力资源市场对中职文化程度求职者的需求量最大，而且

---

① 转引自曾满超《教育政策的经济分析》，人民教育出版社 2000 年版。

这种状况已经延续了四年。与之形成鲜明对照的是，大学生就业难问题日益凸显。在这种情况下，国家应运用财政杠杆调节教育供需的关系，加大中职教育投入力度，可吸引更多的民众接受中职教育。落实《职业教育法》的有关"省、自治区、直辖市人民政府应当制定本地区职业学校学生人数平均经费标准"要求，尽快制定相关投入标准，且随年度物价指数变化情况进行合理调整，以此增强政府"预算约束力"，切实发挥中职教育投资的主体作用。

（三）拓展经费投入渠道

世界发达国家经验表明，行业、企业、社会团体投资职业教育不仅是对政府财力的有效补充，还可有效促进职业教育更加关注相关者的利益。应尽快建立企业家、慈善家捐助中职教育制度，加强捐赠典型案例、社会效益的舆论宣传，营造社会捐赠中职教育的氛围。中职学校可按捐助额度给予各种纪念性回馈，如按捐赠人姓名修改校名、命名学校建筑物名称等，以此吸引更多的社会捐助。也可以借鉴发行体育彩票的方法，面向社会发放"中职教育"彩票，建立社会募捐机制[1]。鼓励社会资本（民间资本）以及行业企业以各种形式投资中职教育，通过校企合作等方式为中职学生提供实习实训场地、设备等；支持企业选派优秀技师到中职学校担任兼职教师，支持行业协会或行业主管部门开展本行业技术技能型人才需求预测，直接参与中职学校专业设置等工作。鼓励行业企业及学校等相关利益主体组建区域职业教育集团，实现资源共享、优势互补，在促进区域经济发展中发挥更大作用。大力发展"承办制""股份制""民办公助"等多种办学体制，通过投资、入股、联营、借款、捐助等多种方式筹集资金发展中职教育[2]。充分利用资本市场等现代融资手段，推动一些社会知名度较高、具有影响力的中职教育机构上市，有效吸纳社会资本，扩大有效供给。

（四）强化学校创收职能

中职学校具有专业优势、设备设施优势以及人才优势，为实现创收奠

---

① 蔡云凤、闫志利:《我国中职教育投资体制的历史变迁和现实观照》，《职业技术教育》2013 年第 34 卷第 19 期，第 52—56 页。

② 王永保:《试析中职教育投资体制改革的必要性》，《青海师专学报》（教育科学版）2004 年第 2 期，第 98—99 页。

定了坚实基础。应转变单一招收初中毕业生实施学历教育的观念，发挥专业优势，主动与科研机构、行业企业、社区街道等合作，构建融学历教育、技术推广、扶贫开发、劳动力转移培训和社会生活教育为一体的新型办学模式，不断增加规模效益。为行业企业等搞好服务，以推广高新技术获取回报；发挥设施设备优势，在保障正常教学需要的前提下，将学校开办的实习工厂（农场）、各类实习和实训基地等面向全社会开放，提高使用效率，获取部分收益；发挥人才优势，面向全社会开展技能培训及学历教育服务，以期达到"以短（短期培训班）补长（中职学历教育）"效果。发挥与行业企业联系紧密的优势，组织开展劳务输出、劳务中介等工作，实现经济效益与社会效益的有效统一。

（五）完善学生资助体系

为促进中职教育发展，欧盟有 22 个成员国通过建立免收学杂费制度对接受职业教育的学生进行资助。部分国家还为接受职业教育的学生和家庭提供各种福利补贴，有效刺激了社会对职业教育的需求①。目前，我国已初步形成以减免学费、发放助学金为主，以校内奖学金、顶岗实习获取报酬等为辅的中职学生资助体系。中职教育免费范围已扩大到所有农村地区、城市涉农专业和家庭经济困难学生，这对缓解中职学生家庭经济压力，增加中职教育吸引力发挥了一定的作用。但从教育经济学角度而言，学生就读中职学校仍然需要付出机会成本，并且要支付包括交通费、生活费等在内的各种费用，因此投入与收益仍是多数学生及其家庭考虑的首要问题，现实政策仍未从根本上解决贫困地区学生接受中职教育问题。总体来看，中职教育仍然缺乏足够的社会吸引力，中职学校"招生难"问题极为突出。为完成《现代职业教育体系建设规划（2014—2020 年)》提出的中职教育发展目标，鼓励更多的民众接受中职教育，国家应考虑借鉴历史经验，面向全体国民推行中职教育免费制度，并按机会成本或生活费支出数额对接受中职教育的学生给予适当补贴。这样，既关注了社会弱势群体，也能促进社会公平，保持社会和谐与稳定。

---

① 蔡云凤、闫志利：《基于域外经验的我国职业教育投资体制改革研究》，《职教通讯》2014 年第 19 期，第 52—55 页。

（六）　实施法律规制保障

我国《职业教育法》等法律规制明确规定了职业教育实行多渠道投资体制，但各级政府之间、企事业单位和其他社会团体所应负担比例尚无具体规定。世界发达国家实践表明，健全的法律体系是构建职业教育经费稳定投入机制的基础和保障。例如，美国通过颁布《国防教育法》《职业教育法》等法律法规，对政府和私有企业资助职业教育的责任进行了规定，保障了职业教育对经费的需求。借鉴国外经验，我国应尽快出台相关法律规制，对中职教育经费来源、渠道以及各分担主体的责任进行强制性规定，使中职教育经费投入和使用的各个环节均有法可依。同时，政府有关部门要加强对现有法律规制落实的检查工作，督促各投资主体履行责任，保障各主体投入落到实处。督促中职学校强化经费使用信息公开工作，努力减少各种浪费现象，提高有限资金的使用效率。

第二节　中职教育的师资保障

一　我国中职教师岗位的职业特征分析

一般而言，某一职业的特征包括产业性、行业性、职位性、群组性和时空性五个方面。中职教师与其他教育层次和类型教师一样，属于第三产业、教育行业的从业人员，目前已经形成一个庞大的群体。除了与其他教育层次和类型教师具备的共同特征外，中职教师还具有以下四个方面的单独特征。

（一）　教育对象特殊

中职教师的教育对象以初中毕业生为主体，这些学生多为中考之后，经过普通高中筛选后的落榜生。近年来，随着中职学校各种招生限制条件的取消，中职教育生源综合素质呈普遍下降趋势。中职学生大多是九年义务教育阶段的"双差生"（文化基础差、组织纪律差），家长、教师、同学等长期的"另眼相看"，导致部分学生的自尊心和自信心受到严重伤害。据调查，中职学生单亲家庭、留守儿童比例明显高于普通高中，大都缺少家庭及社会之关爱。区别于普通高中学生，中职学生既要进课堂学理论，又要下车间学技术；既要动脑又要动手，学习任务极其繁重，也有一定的学习压力①。由于九年义务教育阶段单一的学业评价机制形成的压力，以及进入中职学校后多重的学习任务和就业的迫切心理，导致患有心理障碍的学生明显高于其他任何非特殊教育类的任何层次和类型的学生。

（二）所处环境复杂

相对于其他教育类型，我国中职教育理论研究滞后于具体实践，中职教育发展的内外环境仍需改善。有关中职教师专业化发展的内涵及路径虽有部分研究报道，但其主要观点尚未形成社会共识。中职教师培训体系建设虽初见成效，但发展起步较晚，培训水平仍然较低，不能完全适应中职师资队伍建设和中职教育质量保障的需要。特别是社会部分人士对中职教师这个职业存有偏见，认为从事普通教育的教师是"正规军"，中职教师是"土八路"。从编制性质看，目前中职教师有事业编、企业编、政府人事代理、学校人事代理、外聘和临时用工等多种类型，工资支付有财政、学校、企业等多个渠道。特别是中职学校的外聘教师和临时教师，其实际身份多是社会上一些具有实践技能的企业下岗工人或是刚毕业、尚未正式就业的大学生，这些人员虽与正式编制教师干着同样的工作，却只享受着学校最低的工资待遇。从工作环境看，中职教师时常受到来自部分学生及家长的心理压力、实习工厂的噪声及卫生条件等多项困扰。

（三）工作内容多元

不同于其他教育类型教师，中职教师的劳动是脑力劳动与体力劳动的结合，工作内容也具有多元化特点。在教学方面，普通中学教师讲授的知识更新缓慢，"几十年如一日"。如讲授数学、化学等知识，其授课内容不可能发生大的改变。而中职教师则不然，掌握的知识必须与当代科学技术发展速度相适应，及时了解本专业科技发展的最新动态。如焊接技术专业教师仅靠传统的焊接技术知识与技能则无法适应于教学工作的需要，必须重新学习超声波焊接、等离子焊接以及激光焊接新技术等，且这些知识与技能似乎每隔几年就要重新学习。除必备的专业理论知识外，中职教师还要具有理论联系实际能力和实际操作能力。在教学方法上，中职教师既

---

① 林莉莉：《中职生数学厌学的心理分析与对策》，《科技资讯》2009 年第 34 期，第 164 页。

要进教室，又要进实习实训车间（实验室）；既要会做课件，又要会使用专业工具及设备、设施等做"工件"。同时，教育对象的特殊性又决定了中职教师担负着比普通中学教师更为繁重的育人任务，必须付出更多的脑力和体力。如在指导学生实习实训过程中，既要为学生做出操作方法的示范动作，又要"一心二用"，时刻保持高度紧张的精神状态，做到眼观六路、耳听八方，防止参加实习实训的学生出现人身伤害等意外事故。

（四）社会角色综合

当前，政府、社会和学生家庭都对中职教育给予厚望，期盼学生能够通过接受中职教育成为"德技双馨"的职业劳动者，为社会经济发展提供人才支撑，为改善民生发挥应有的作用，而这些民众期望、社会责任等最终将由中职教师来承担。教育对象的特殊性要求中职教师成为"政工师"，能够准确把握学生心理动态，善于做好耐心细致的思想政治工作，实现德育目标；人才培养目标的实用性要求中职教师成为"工程师"，既要掌握必要的理论知识，又要具有娴熟的实际操作能力；以就业为导向的办学目标要求中职教师成为"职业指导师"，能够引导学生正确地规划自己的职业生涯，确定未来发展方向。同时，中职教师实现自身的专业化发展也要成为"讲师"，等等。这些角色往往集中于一个教育教学活动之中，基于一名中职教师个体之上。中职教师必须基于岗位要求，实现综合化、全面化发展。

二　我国中职师资队伍建设的政策体系

近年来，我国党和政府高度重视职业教育发展，国务院及教育部等相关部门先后出台了一系列有关中职师资队伍建设的政策性文件，初步建立起中职师资队伍建设的政策体系，有效地保障了中职教育质量的逐步提升。

（一）中职师资队伍政策体系的形成

1. 由增加数量向提升素质转变

2004 年和 2005 年，国务院先后两次就职业教育发展做出重要指示，强调把培养高素质教师作为职业教育发展的重要任务。2007 年，教育部针对中职教师总量不足与结构性短缺、专业课教师及实习指导教师比例偏低等问题，提出了"教师队伍的数量满足职业教育发展的需要"的具体目标以及"完善教师队伍补充机制"等具体措施。在上述政策措施的推动下，到2010年，全国中职学校专任教师达到86.74万人，比2003年增长了44.57%。在数量逐年实现增长之后，2010年教育部再次做出规划，对中职学校教师结构调整做出具体安排，计划到2015年，全国中职学校兼职教师占专任教师的比例达到30%以上，专兼职教师总量达到135万人左右，学历达标率超过95%，"双师型"教师占专业教师的比例达到50%，研究生层次教师比例逐年提高。上述政策性措施，有效地促进了中职教师队伍建设由单一的"增加数量"向"提升质量""优化结构"的目标转变。

2. 中职教师队伍结构逐步优化

中职教师队伍结构的逐步优化主要体现在加强"双师型"教师队伍建设方面。2004年，教育部等七部门提出职业学校专业教师可按相应专业技术职务系列条例规定，申请评聘第二个专业技术资格，并对"双师型"教师的外在表征形式进行了界定和说明。2008年，教育部提出深化中职教育教学改革的若干意见，要求提高"双师型"教师的比例。2010年，国务院提出加强"双师型"教师队伍建设和实训基地建设，建立健全技能型人才到职业学校从教制度。同年，教育部提出实施中职学校"双师型"教师补充项目。2011年，教育部提出开展"双师型"教师培养培训、建立和完善教师定期到企业实践制度等具体要求。2013年，教育部就组织选派2万名中职学校青年教师到企业进行专业实践等问题做出了具体部署。

与此同时，国务院和教育部开始推动，中职学校兼职教师队伍建设。2004年教育部正式提出职业学校应积极聘请行业、企业及社会中具有实践经验的专业技术人员（包含离退休人员）作为兼职教师的具体安排。2005年，国务院明确提出了制定和完善职业教育兼职教师聘用政策的要求。2006年，教育部提出实施中职学校紧缺专业特聘兼职教师资助计划，要求地方政府教育主管部门给予大力支持。2007年，教育部要求中职学校兼职教师数量占专任教师总量的比例逐步达到30%以上。同年，教育部还联合财政部发布了专门针对中职学校兼职教师实施资助的相关文件。2010年，教育部提出每年从社会和企事业单位聘请4万名专业技术人员、高技能人才到中职学校兼职任教的目标。此后，还对兼职教师授课量、岗位聘任数量等做出了规定。2014 年，国务院强调各级政府要完善相关政策，支持职业学校按照有关规定自主聘请兼职教师。上述措施的推行，使中职学校兼职教师比例逐年提升。

3. 中职教师资格制度逐步确立

2004 年，教育部提出中职教师实行资格准入制度。2007 年，教育部根据职业教育教师专业化发展的需要，提出了"充实中职学校教师的任职资格条件，改进资格认定办法"的具体安排。对新任专业课教师除要求具有规定的合格学历外，增加了对相关工作经历和职业能力等方面的要求。2011 年，教育部再次提出完善中职教师资格制度，将"双师"素质纳入资格评价体系。同年，教育部要求职业教育师范生毕业时，既要取得教师资格证书，也要取得相关的职业资格证书。2012 年，国务院根据职业教育发展的特点，提出完善教师专业发展标准体系，提高教师任职的学历标准，全面实施教师资格考试和定期注册制度等具体要求。2013 年，教育部制定了《中等职业学校教师专业标准（试行）》并全面实施。2014 年，教育部等六部门提出改革教师资格制度，根据职业教育特点完善教师资格标准的具体规划。2014 年，国务院再次就"完善教师资格标准，实施教师专业标准"提出了具体要求。

4. 中职师资培养制度逐步完善

2006 年，教育部联合财政部等相关部门安排专项资金，开发了 80 个重点专业的师资培养培训方案、课程和教材，满足了职教师资培养和继续教育的需求。2007 年，教育部就职业技术师范学院加强断线专业中职教师培养，普通高等学校集中培养中职教师等做出具体部署。2010 年，教育部提出了完善职教师资培养规划、探索校企合作培养模式的具体要求。2011 年，教育部再次强调改革培养院校招生制度，拓宽招生渠道；强化企业实践和职业学校实习环节，加快研究生层次教师培养步伐。同年，教育部还提出了招收职业教育师范生、建立职业教育师范生免费教育制度等重要举措。2012 年，国务院再次强调，提高教师培养质量，探索建立招收职业学校毕业生和企业技术人员专门培养职业教育师资制度。2014 年，教育部等六部门提出，加强职业技术师范院校建设，并依托高水平学校和大中型企业建立"双师型"职业教育师资培养基地，探索职业教育师资定向培养制度和"学历教育＋企业实训"的培养办法，使中职师资培养办法和培养制度更加趋于完善。

5. 中职师资培训体系逐步建立

2004 年，教育部等七部门提出建立符合职业教育特点的教师继续教育进修和企业实践制度，并作为教师升职、晋级的必要条件。2002 年，国务院提出职业教育专业教师每两年必须有两个月企业或生产一线实践的要求。2006 年，教育部、财政部正式启动了"十一五"期间中职学校专业骨干教师国家级培训计划。2007 年，教育部还专门实施了"中职学校教师素质提高计划"。2010 年，教育部决定遴选一批具有行业代表性的企业，与职教师资培养培训基地联合开展师资培养培训工作。2011 年，教育部、财政部对中职学校专业骨干教师参加国家级培训数量，以及职教师资培养培训基地数量进行了安排。同年，教育部强调全面推行新任教师上岗培训、教师岗位培训、骨干教师培训和专业带头人培训制度。2012 年，国务院要求实行教师全员培训制度，推行教师培训学分制度，完善以企业实践为重点的职业学校教师培训制度。2013 年，教育部、财政部对培训对象、培训内容和形式、培训机构、教学管理等均作了具体规定。2014 年，国务院强调实行"五年一周期"的教师全员培训制度，落实教师企业实践制度，推进高校和大中型企业共建"双师型"教师培养培训基地。

6. 中职师资管理制度逐步健全

在编制管理方面，2004 年教育部等七部门提出深化职业院校人事制度改革，推进教师及专业技术人员、管理人员等聘用（任）制度，制定和实施了职业学校教职工编制标准。2006 年，教育部、财政部规定特聘兼职教师不占用学校现有编制。2011 年，教育部要求省级教育行政部门抓紧制定本地区中职学校教职工编制标准，积极探索实名编与非实名编相结合、设立附加编等编制配备和管理方法，加强对专兼职教师配备的统筹。2014 年，国务院提出地方政府比照普通高中和普通高等学校，根据职业教育特点核定公办职业院校教职工编制的具体部署，强调新增教师编制主要用于引进有实践经验的专业教师。

在职务制度方面，2004 年教育部等七部门规定到职业院校担任教师的专业技术人员、高级工和技师可按照相关专业技术职务条例的要求评聘教师职务。地方人事、教育等有关部门按照相关教师职务试行条例的要求，制定符合实际需要的教师职务评聘办法。2011 年，教育部提出规范中职学校教师职务（职称）序列，建立体现职业教育特点的教师职务（职称）评聘办法。这些规定在 2012 年、2014 年国务院颁布的相关文件中均被再次强调。

在用人制度方面，2004 年教育部提出中职学校实行竞争上岗、全员聘任制度。同年，教育部等七部门提出了职业院校实行固定岗位与流动岗位相结合、专职与兼职相结合的设岗和用人办法，进一步深化了职业院校教职工工资分配制度改革。2006 年，教育部、财政部强调指出，特聘兼职教师实行岗位聘任、合同管理，享受合同规定的相关待遇。采取灵活的聘任和报酬支付方式，聘期根据教学需要由学校自行确定。2011 年，教育部要求各地政府教育行政部门和中职学校积极推进绩效工资制度改革。2012 年，国务院提出全面推行聘用制度和岗位管理制度，完善教师退出机制。2014 年，教育部等六部门强调落实职业院校用人自主权，鼓励职业院校按照国家相关规定聘请企业管理人员、工程技术人员和能工巧匠担任专兼职教师。

（二）中职师资队伍政策体系的特点

政策变迁主要受价值理念转变、政治经济形势变化、政策问题重构、政策成本等要素的影响和推动。近年来，我国中职师资队伍建设政策体系的形成呈现出以下四个特点。

1. 政府发挥主导作用

由前文分析可见，我国中职师资队伍建设一直以政府为主导，师资队伍结构及数量的变化与当时国务院及相关部委出台的政策密切相关。如教育部 2013 年制定的《中等职业学校教师专业标准（试行）》，对中职师资队伍建设的基本理念、基本内容、实施要求等均做出了具体规定，成为中职教师培养、培训、准入、考核等的重要依据。特别是国务院 2014 年做出的《关于加快发展现代职业教育的决定》及教育部等六部门编制的《现代职业教育体系建设规划（2014—2020 年）》，均对我国中职师资队伍建设提出了具体要求，明确了今后一个时期我国中职师资队伍建设的任务与方向。

2. 政策体系日益完善

我国中职师资队伍建设政策体系及内容不仅涉及教师数量、素质、培养培训、队伍结构等各个方面，还涉及中职教师队伍管理等主题。仅以中职学校兼职教师制度为例，教育部等部门在 2007 年发布《中等职业学校紧缺专业特聘兼职教师资助项目实施办法》之后，2012 年又出台了《职业学校兼职教师管理办法》，对职业学校兼职教师的聘请程序、人员条件、组织管理、经费来源等都做出了详细规定。再如在"双师型"教师队伍建设和管理方面，也实现了与时俱进。2010 年，教育部制订的《中等职业教育改革创新行动计划（2010—2012）》明确提出，到 2012 年"双师型"教师比例要达到 35% 的目标。2011 年教育部提出的《关于"十二五"期间加强中等职业学校教师队伍建设的意见》再次强调，到2015 年"双师型"教师占专业教师的比例要达到 50% 的目标。

3. 可操作性逐渐增强

随着时间的推移，我国中职师资队伍建设政策体系逐渐具体化、标准化，可操作性日益增强。如针对人们争议较多的"双师型"教师培养问题，国务院及相关部委出台的一系列政策遵循了从职业院校建设标准、职业教育人才培养质量，到职业教育教学改革，再到职业教育师资队伍建设的演变逻辑，逐步形成了目前中职学校"双师型"教师政策体系从最初的泛泛要求及倡议性语言，再到 2013 年教育部、财政部组织推动的中职学校专业骨干教师国家级、省级培训，以及组织中职学校青年教师到企业进行专业实践、支持中职师资培养培训基地建设等，使中职学校"双师型"教师培养培训政策体系的可操作性逐渐增强。

4. 保障机制逐步形成

中职师资队伍建设是一项社会系统工程，涉及教师培养培训、教师资格准入、教师在岗管理等各个方面，以及政府有关部门、中职学校、中职教师培训基地等多个主体。近年来，基于社会各界对中职师资队伍建设的广泛关注，中职学校师资队伍建设保障体系亦逐步形成，并呈现出诸多特点。一是管理层次实现了提升。国务院直接发布相关政策文件，对中职学校师资队伍建设提出了具体要求；二是由教育行政部门单独管理变为多部门协同管理。如目前实施的职业院校教师素质提高计划，财政部门给予了资金保证，教育部门提供了师资支持等。《现代职业教育体系建设规划（2014—2020 年）》等部分重要政策性文件，也直接由国务院六部门联合发布；三是国家投入专门资金，促进了一批职教师资培训基地的逐步形成，也为实施中职教师培训提供了可靠保障。

三　中职师资队伍建设成就及存在问题

依据 2009—2013 年《中国教育统计年鉴》提供的相关数据，选取中职学校（机构）专任、外聘、兼职、"双师型"教师数量以及专任教师学历、职称、年龄等指标，对近五年中职教师队伍建设情况进行了分析，确认近年来中职师资队伍建设取得较大成就，但也存在一些现实问题。

（一）中职师资队伍建设的进展状况

1. 教师来源

《中国教育统计年鉴》相关数据表明，2013 年我国中职学校新增专任教师 5.83 万人。其中，录用应届毕业生 1.70 万人，占新增专任教师总数的 29.16%；由外单位教师调入 2.43 万人，占新增专任教师总数的 41.68%；调入非教师 0.77 万人，占新增专任教师总数的 13.21%。从数据上看，由外单位调入教师最多，录取应届毕业生次之，调入非教师最少。但是，由于外单位的性质没有被注明，难以由此探究教师来源。由调入非教师数量可以推算出调入教师数量为 86.79%，但这些教师所学专业等也难以明确。有研究调查了冀、鄂、皖三省中职学校专任教师的来源情况，发现应届毕业生直接从教教师达到 77.2%，来自企业的不足 10%[①]。云南省应届毕业生直接从事中职教师工作高达 88.02%，从企业调入的仅为 2.65%[②]。可见，大部分中职教师来源于应届毕业生，从企业调入的教师较少。鉴于中职教育的特殊性，建议教育部统计部门应将"由外单位教师调入"统计项改为"由企业调入"，以便由此判定中职教师来源情况。徐英俊等（2006）[③] 和张炳耀（2006）[④] 的研究表明，天津市和北京

①　汤生玲：《我国中部三省中职学校教师队伍发展现状抽样调查报告》，《职业技术教育》2008 年第 29 卷第 28 期，第 55—61 页。

②　李家祥、杨永兵：《云南省中职学校师资队伍现状及对策研究》，《中国职业技术教育》2007 年第 9 期，第 49—57 页。

③　徐英俊、齐爱民、李抗美：《北京市中职师资队伍现状问题与对策》，《职业技术教育》2006 年第 27 卷第 7 期，第 45—48 页。

④　张炳耀：《天津部分中等职业学校师资队伍建设问卷调查结果分析》，《中国职业技术教育》2006 年第 11 期，第 34—35 页。

市从企业调入的教师比例分别为 6.39% 和 7.76%。据此推算，到 2020 年完成教育部提出的"有实践经验的专兼职教师占专业教师总数的比例达到 60% 以上"的目标任务仍十分艰巨。

2. 教师规模

根据教育部网站统计资料公布的相关数据，将 2009—2013 年我国中职学校专任教师人数及生师比变化情况整理为表 10—1。从教师人数看，5 年间中职学校专任教师人数呈波动型变化，但总体减少了 1.96%。其中，2013 年中职专任教师人数仅为 66.88 万人，2012 年减少了 2.24%。而同期，普通高中专任教师数量逐年增长，2013 年普通高中人数达到162.90 万人，是中职教育专任教师总人数的 2.44 倍，比 2009 年增加了9.09%。可见，中职教师队伍呈萎缩状态。从生师比看，5 年间中职学校也呈波动型变化，但增加了 10.80%。2013 年，中职学校生师比为普通高中的 1.54 倍。有研究表明，2011 年四川省中职学校农林牧渔类专业群生师比高达 93.73：1[①]。可见，中职学校专任教师生师比仍然过高，中职教师教育教学任务极其繁重，严重影响了中职教师的幸福感及专业成长，也直接影响了中职教育质量。教育部《关于"十二五"期间加强中等职业学校教师队伍建设的意见》指出，到 2015 年全国中职学校专任教师生师比降到 20：1 以下。显然，完成这一目标，任务也十分艰巨。

表 10—1　　2009—2013 年中职专任教师人数及生师比变化情况　　（万人）

学校类别	2009 年		2010 年		2011 年		2012 年		2013 年	
	教师人数	生师比	教师人数	生师比	教师人数	生师比	教师人数	生师比	教师人数	生师比
中职	68.22	20.49：1	68.10	25.69：1	68.94	25.01：1	68.41	24.19：1	66.88	22.97：1
普高	149.33	16.30：1	151.82	15.99：1	155.68	15.77：1	159.50	15.47：1	162.90	14.95：1

---

① 何应森、徐晓燕：《提高四川省中职师资培训的针对性和绩效性研究》，《继续教育研究》2013 年第 12 期，第 72—74 页。

3. 任课结构

根据教育部网站统计资料公布的相关数据,将 2009—2013 年我国中职学校专任教师任课结构情况整理为表 10—2。可见,中职学校文化基础课教师占专任教师总数的比例呈下降趋势,5 年间共减少了 2.11%;专业课教师人数自 2011 年以来呈上升趋势,增加了 1.43%;实习指导课教师人数自 2011 年以来呈平缓下降趋势,减少了 0.25%。显然,这与中职教育培养学生实际动手能力的基本理念完全不符。从三类教师占专任教师总数的比例分析,2009—2013 年均显示专业课教师所占比例最大,文化基础课教师次之,实习指导课教师最小。特别是 2013 年,实习指导课教师仅占专任教师总数的 3.45%,创历史新低,也直接影响到中职教育质量的提升。

表 10—2　　　　2009—2013 年中职专任教师任课结构变化情况　　　　(万人)

教师类型	2009 年		2010 年		2011 年		2012 年		2013 年	
	教师人数	比例(%)	教师人数	比例(%)	教师人数	比例(%)	教师人数	比例(%)	教师人数	比例(%)
文化基础课	30.36	44.50	29.70	43.61	30.05	43.59	29.19	42.67	28.35	42.39
专业课	35.41	51.91	36.03	52.91	36.34	52.71	36.73	53.69	36.21	54.14
实习指导课	2.44	3.58	2.37	3.48	2.55	3.70	2.49	3.64	2.31	3.45

4. 年龄结构

根据教育部网站统计资料公布的相关数据,将 2013 年我国中职学校专任教师的年龄结构情况整理为表 10—3。可见,30—35 岁教师占专任教师总数的比例最大,30 岁及以下教师占专任教师总数的比例次之,60 岁及以上教师占专任教师总数的比例最小。按学校类型分析,职业高中 50 岁及以下中青年教师所占比例累计超过 90%,50 岁及以上老年教师所占比例不到 10%;成人中专 35—40 岁、40—45 岁、45—50 岁教师所占比例较大,达到 57.70%;普通中专专任教师随着年龄的增加,比例依次递减。可见,中青年教师是中职师资队伍的骨干力量。根据德雷福斯技术获得模型,基于中职教育的本质属性,这种状况不利于技术获得与技术传承。

表 10—3　　　　　　2013 年中职专任教师分年龄情况　　　　　（万人）

年龄	普通中专		成人中专		职业高中		其他机构		小计	
	教师人数	比例（%）	教师人数	比例（%）	教师人数	比例（%）	教师人数	比例（%）	教师人数	比例（%）
30 岁及以下	6.39	21.05	0.58	11.15	5.89	19.54	0.21	17.95	13.07	19.54
30—35 岁	6.12	20.16	0.76	14.62	6.17	20.47	0.23	19.66	13.28	19.86
35—40 岁	5.19	17.09	0.94	18.08	6.02	19.97	0.20	17.09	12.34	18.45
40—45 岁	5.09	16.77	1.04	20.00	5.36	17.78	0.22	18.80	11.71	17.51
45—50 岁	4.36	14.36	1.02	19.62	4.06	13.47	0.18	15.38	9.62	14.38
50—55 岁	2.18	7.18	0.59	11.35	1.78	5.91	0.09	7.69	4.64	6.94
55—60 岁	0.97	3.19	0.26	5.00	0.81	2.69	0.04	3.42	2.09	3.13
60 岁及以上	0.07	0.23	0	0.14	0.05	0.17	0.00	0.05	0.12	0.18
总计	30.36	100.00	5.20	100.00	30.14	100.00	1.17	100.00	66.88	100.00

5. 学历结构

根据教育部网站统计资料公布的相关数据，将 2009—2013 年中职学校专任教师学历变化情况整理为表 10—4。可见，5 年间中职学校本科及以上学历教师占专任教师总数的比例逐年上升，专科及以下学历教师占专任教师总数的比例逐年下降。从不同学历教师人数占专任教师总数的比例分析，2013 年本科学历教师占专任教师总数的比例最大（82.21%），研究生学历教师占次之（5.72%）。可见，我国中职专任教师学历以本科为主，研究生学历教师仍然较少，尚需进一步加大工作力度。教育部《关于"十二五"期间加强中等职业学校教师队伍建设的意见》提出，到2015 年，中职学校专任教师学历达标率要超过 90%，研究生层次教师比例逐步提高，中职教师学历结构应向这一目标迈进。

6. 职称结构

根据教育部网站统计资料公布的相关数据，将 2009—2013 年中职专任教师职称情况整理为表 10—5。可见，5 年间中职学校正高级职称教师呈逐年减少趋势，2013 年比 2009 年下降了 0.22 个百分点；副高级职称教师呈逐年增加趋势，2013 年比 2009 年增加 3.62 个百分点；中级职称教师基本稳定，但 2013 年比 2009 年总量减少了 0.02%；初级职称教师呈逐年下降趋势，2013 年比 2009 年下降了 3.1 个百分点；未定职称教师

2009—2012 年呈下降趋势,2012 年比 2009 年下降了 0.65 个百分点。2013 年略有上升,但总量仍比 2009 年下降 0.28 个百分点。可见,中职学校拥有中级职称教师人数最多,初级职称教师次之,再次为高级职称(含正高和副高级)教师,未定职称教师最少。

表 10—4　　　　　　　**2009—2013 年中职专任教师学历情况**　　　　　（万人）

学历	2009 年		2010 年		2011 年		2012 年		2013 年	
	教师人数	比例（%）	教师人数	比例（%）	教师人数	比例（%）	教师人数	比例（%）	教师人数	比例（%）
博士研究生	0.05	0.07	0.05	0.07	0.08	0.12	0.08	0.12	0.09	0.13
硕士研究生	2.25	3.30	2.68	3.94	3.05	4.42	3.44	5.03	3.74	5.59
本科	53.13	77.88	53.98	79.27	55.73	80.84	55.96	81.80	54.98	82.21
专科	12.12	17.77	10.82	15.89	9.55	13.85	8.52	12.45	7.69	11.50
高中阶段及以下	0.66	0.97	0.56	0.82	0.52	0.75	0.41	0.60	0.38	0.57
总计	68.22	100.00	68.10	100.00	68.94	100.00	68.41	100.00	66.88	100.00

表 10—5　　　　　　　**2009—2013 年中职专任教师职称情况**　　　　　（万人）

职称	2009 年		2010 年		2011 年		2012 年		2013 年	
	教师人数	比例（%）	教师人数	比例（%）	教师人数	比例（%）	教师人数	比例（%）	教师人数	比例（%）
正高级	0.50	0.73	0.46	0.68	0.49	0.71	0.40	0.58	0.34	0.51
副高级	13.39	19.63	13.97	20.51	14.71	21.34	15.32	22.39	15.55	23.25
中级	27.41	40.18	27.51	40.40	27.82	40.35	27.75	40.56	26.86	40.16
初级	20.74	30.40	20.20	29.66	19.90	28.87	19.19	28.05	18.26	27.30
未定职称	6.18	9.06	5.96	8.75	6.01	8.72	5.75	8.41	5.87	8.78
总计	68.22	100.00	68.10	100.00	68.94	100.00	68.41	100.00	66.88	100.00

　　7. "双师型"教师

　　提升中职教育质量需要一大批"双师型"教师。但是,目前各中职学校关于"双师型"教师的认定标准还存在较大差异。在实践方面,多数中职学校将"双师型"教师认定为"双证"教师("技能证"和"教师证")或"双职称"教师("教师职称"和"技术职称")。依据《中国教育统计年鉴》相关数据，将 2013 年中职学校"双师型"教师情况整理为表 10—6。2013 年中职学校拥有"双师型"教师 17.60 万人，占专业课、实习指导课教师总数的 46.15%。按学校类型分析，普通中专"双师型"教师 9.20 万人，占专业课、实习指导课教师总量的 48.29%；职业高中次之，占专业课、实习指导课教师总量的 47.02%；成人中专最低，占专业课、实习指导课教师总量的 25.33%。教育部《关于"十二五"期间加强中等职业学校教师队伍建设的意见》提出，到 2015 年中职学校"双师型"教师占专业教师的比例达到 50%。可见，完成教育部提出的"双师型"教师队伍建设目标仍需进一步努力。

表 10—6　　　　2013 年我国中职"双师型"教师情况　　　　（万人）

教师类型	普通中专	成人中专	职业高中	其他机构	小计
专业课、实习指导课教师数	19.05	2.29	16.12	0.68	38.14
"双师型"教师数	9.20	0.58	7.58	0.23	17.60
占比（%）	48.29	25.33	47.02	33.82	46.15

8. 聘请校外教师

中职学校聘请校外教师多为兼职教师。有研究表明，行业企业兼职教师是社会的宝贵资源，是中职师资队伍的重要组成部分，直接关系到中职教育质量。发展现代职业教育，满足经济社会发展需求，培养高素质技能型人才，必须重视兼职教师队伍建设[1]。2011 年全国职业教育师资工作会议提出，加大对职业院校聘请兼职教师的支持力度，切实发挥好兼职教师的作用。根据教育部网站统计资料公布的相关数据，将 2013 年中职学校聘请校外教师情况整理为表 10—7。2013 年中职学校聘请校外教师总量为 9.66 万人，占专任教师总数的 14.44%。按学历结构分析，外聘本科学历教师占聘请校外教师总数的比例最大，达 71.33%，外聘研究生学历教师次之，占 7.66%。中职学校聘请校外教师以本科学历为主，研究生学历教师为辅。按职称结构分析，外聘中级职称教师占聘请校外教师总数的

---

[1]　刘峰久、高再秋：《职业院校兼职教师队伍建设问题与对策研究》，《职教论坛》2016 年第 8 期，第 10—13 页。

比例最大，占 39.23%，外聘中级以上职称教师占 24.43%，中级以下职称教师占 36.23%。可见，中职学校外聘校外教师以中级职称教师为主。

表 10—7　　　　　　　　**2013 年中职聘请校外教师情况**　　　　（万人）

职称	高中阶段及以下	专科	本科	硕士研究生	博士研究生	小计
正高级	0.01	0.02	0.19	0.07	0.02	0.30
副高级	0.02	0.20	1.62	0.21	0.02	2.06
中级	0.06	0.72	2.78	0.22	0.01	3.79
初级	0.02	0.40	1.12	0.08	0.00	1.62
未定职称	0.06	0.54	1.18	0.10	0.00	1.88
总计	0.17	1.87	6.89	0.68	0.06	9.66

（二）中职师资队伍建设存在的问题

尽管我国中职教师队伍建设取得了显著成效，但对照教育部《关于"十二五"期间加强中等职业学校教师队伍建设的意见》（以下简称《意见》）以及教育部等六部门制定的《现代职业教育体系建设规划（2014—2020 年）》的相关要求，仍存在一些问题亟待解决。

1. 师资队伍规模仍未达到要求

近年来，我国中职专任教师数量实现了较大幅度增长，但仍未实现与发展规模同步。2009—2013 年我国中职学校生师比由 20.49：1 上升到 22.97：1，而同期普通高中教师生师比由 16.30：1 下降到 14.95：1。可见，重视普教、轻视职教的问题依然存在。教育部《意见》指出，到 2015 年，中职学校专任教师生师比降到 20：1 以下，而教育部网站公布的 2013 年全国中职学校在校生为 1 536.38 万人，以此计算全国中职专任教师数量至少应达到 76.82 万人，但 2013 年全国中职学校仅有专任教师 66.88 万人，尚缺专任教师近 10.00 万人。教育部《意见》指出，到 2015 年中职学校专业教师中兼职教师的比例占到 30% 以上，全国中职学校专兼职教师总量达到 135 万人左右。按此推算，全国中职学校专任教师应达到 94.50 万人，尚缺专任教师近 27.63 万人。

2. 师资队伍结构仍不尽理想

近年来，我国中职学校专业课教师队伍中兼职教师、"双师型"教师比例均呈逐年上升趋势。2013年中职学校聘请校外教师占专任教师总数的14.44%，"双师型"教师占专任教师总数的46.15%。教育部《意见》提出，到2015年，专业教师中兼职教师的比例、"双师型"教师比例分别达到30%、50%以上。以此标准计算，我国中职学校兼职教师应达到20.06万人，尚缺10.41万人；"双师型"教师应达到19.4万人，尚缺2.57万人。

进一步分析兼职教师聘任情况，2012年教育部等四部门联合印发的《职业学校兼职教师管理办法》（以下简称《办法》）指出，兼职教师是指受职业学校聘请，兼职担任特定专业课或者实习指导课教学任务的专业技术人员、高技能人才。但是，目前各中职学校聘任的兼职教师多为未签订劳动合同的应届大学生，将此类教师统计在兼职教师范围之内显然与教育部《办法》阐释的兼职教师内涵相悖。实际上，中职学校兼职教师数量远未达到教育部要求。徐英俊（2006）[①] 和张炳耀（2006）[②] 的研究表明，天津市和北京市兼职教师的比例分别为15.9%、19.99%，与世界发达国家比较比例明显较低，直接影响了中职教育质量水平。为适应提升中职教育质量的要求，中职学校尚需进一步加大兼职教师的聘任力度。

在"双师型"教师队伍建设方面，有关"双师型"教师的标准亟待统一。2013年，河南省教育厅印发了《河南省中等职业学校"双师型"教师基本能力标准（试行）》，从职业意识和态度、教育教学和专业知识、教学和专业实践能力三个维度，规定了"双师型"教师的具体标准[③]。重庆市中职学校"双师型"教师认定标准分成了初级"双师型"教师、中级"双师型"教师和高级"双师型"教师三个级别，并对中级和高级

---

① 徐英俊、齐爱民、李抗美：《北京市中职师资队伍现状问题与对策》，《职业技术教育》2006年第7期，第45—48页。

② 张炳耀：《天津部分中等职业学校师资队伍建设问卷调查结果分析》，《中国职业技术教育》2006年第11期，第34—35页。

③ 河南省教育厅关于印发《河南省中等职业学校"双师型"教师基本能力标准（试行）》的通知，http://www.haedu.gov.cn/2014/01/02/1388649317656.html。

"双师型"教师做出必备条件和拓展条件等具体规定①,与河南省规定有较大的区别。而教育部"中职教育改革发展示范校"建设规划则规定,"双师型"教师应具有和自己所授课程相关的中级专业技术职称或高级职业资格(或技能)证书,或具备相关的执业资格并具有一年以上在企业生产一线专业技术或生产经历,或主持本专业实践项目的研究开发工作并有可推广的研究成果。由此可见,各地"双师型"教师标准条件不一,"双师型"教师队伍建设工作进展也不尽一致,完成教育部《意见》所规定的"双师型"教师队伍建设目标仍需付出更大的努力。同时,由于"双师型"教师在收入分配等领域未能显现出优越性,也直接影响了中职教师成为"双师型"教师的积极性,导致"实践教学"等依然是中职教育质量提升的薄弱环节。

3. 教师学历提升仍有较大空间

近年来,我国中职学校教师本科及以上学历总体呈逐年上升趋势,专科及以下学历呈逐年下降趋势。2013年具有博士研究生、硕士研究生、本科、专科和高中及以下学历的专任教师分别占中职教师总量的0.13%、5.59%、82.21%、11.50%和0.57%。教育部《意见》指出,"十二五"期间研究生层次教师比例逐步提高,而目前研究生学历教师仅占教师总量的5.15%,尚有较大提升空间。

尽管目前社会"不唯学历"评价人才已形成广泛认知,但文凭是个体素质在人力资源市场的重要表征,内涵了中职教师的知识素养。中职教师必须掌握与所担当的社会角色相适应的相关业务知识。一是条件性知识,或称为基础性知识。面对特殊的教育群体,中职教师应全面掌握教育学、心理学、社会学、伦理学等方面的基础知识,并能够在实际工作中综合运用,引导学生树立高尚情操,实现"德技双馨";二是专业类知识,或称为本体性知识。技能型人才的培养目标要求中职教师必须精通自己所教学科的专业知识,精通教材及教法等;三是文化类知识,或称为外延性知识,通过分析中职学校的优秀教学案例发现,中职教师具有丰富的文化知识,不仅能扩展学生的精神境界,而且能激发学生的求知欲,活跃课堂

---

① 重庆市中等职业学校"双师型"教师认定标准(2011年修订版),http://www.cqyixiao.com/Item.aspx? id=2793。

气氛，提升教学效果等；四是实践性知识，或称为实践操作技能。中职学校"工学结合，校企合作，顶岗实习"的人才培养模式，要求中职教师必须具有理论联系实际的能力和运用已经掌握的知识，解决问题和分析问题的能力以及实际操作能力，中职教师需要通过多种途径不断提高实际操作技能。

近年来，各中职学校新增教师多为应届本科毕业生或研究生，使中职教师学历结构发生了较大变化。这部分教师多为非师范类毕业生，虽具有较强的专业理论知识，但没有经过教育教学实践的系统训练，也没有系统地学习教育学、心理学等方面的知识，对教育教学规律、学生生理心理特点等知之不多，不能准确运用符合中职学生特点的教学方法处理教材和驾驭课堂等，很多教师面对问题不断的学生束手无策[1]。同时，这部分教师大多是毕业后直接来学校工作，缺乏实践教学经验和操作技能，距"双师型"目标的要求还有较大的距离。因此，以提升学历的方式有针对性地补充相关知识及技能应是今后中职教师队伍建设的重点。

4. 教师职称结构仍不尽合理

虽然近年来我国中职学校具有高级职称的专任教师数量逐年上升，但高级（含副高、正高）职称专任教师比重仍然较低。2013年，中职学校正高级、副高级、中级、初级职称以及未定职级的专任教师比例分别为0.51%、23.25%、40.16%、17.30%、8.78%。具有中级职称的专任教师比例最多，其次是初级和副高级职称。

相对于国家其他行政事业单位工作人员及同层次学校的教师而言，中职教师工作任务繁重，工资福利待遇较低，这在一定程度上动摇着部分教师的职业信念。受既得利益的引诱，部分中职教师工作几年后或直接考入公务员，或直接跳槽到其他企事业单位。还有部分中职教师把主要精力投入到第二职业上，严重影响了岗位工作任务的完成质量。同时，由于中职教师具有多重的社会角色，常常感到身心疲惫、心理压抑和情绪波动。部分教师对自己所从事的职业感到厌烦，对学生缺乏爱心，工作缺乏动力。部分中职教师认为自己社会地位低下，缺乏成就感。特别是在职称晋升等

---

① 和震：《中等职业学校教师素质状况与提高策略》，《教育研究》2010年第2期，第84—88页。

方面遇到挫折时，常常会对学校、对社会满腹牢骚，直接影响到了工作激情和工作动力。因此，吸引或留住部分优秀人才在中职学校任教，必须尽快落实教育部提出的"规范中职学校教师职务（职称）序列，建立体现职业教育特点的教师职务（职称）评聘办法，调整优化中职学校教师职务（职称）结构比例"等部署。

5. 教师年龄结构仍需改善

近年来，我国中职学校 30 岁及以下、30—35 岁、50—55 岁、55—60 岁、60 岁及以上专任教师数量呈下降趋势，35—40 岁、40—45 岁、45—50 岁专任教师数量呈上升趋势。2013 年 30 岁及以下、30—35 岁、35—40 岁、40—45 岁、45—50 岁、50—55 岁、55—60 岁、60 岁及以上专任教师分别占专任教师总量的 19.54%、19.86%、18.45%、17.51%、14.38%、6.94%、3.13%、0.18%。史枫等（2010）研究认为，中职学校纺锤形教师队伍是最为合理的年龄结构，而目前我国中职学校 35 岁及以下专任教师占专任教师总量的 42.79%（该数据为 2010 年数据，故与本书 2013 年相关数据不符）①。2013 年，全国中职学校 35 岁及以下教师占教师总数的 39.40%，虽然比史枫研究的结果比例有所降低，但仍是中职教师的主体。而 45 岁及以上教师占教师总数的 24.63%，"传帮带"主体不多，经验性作用发挥不够明显。

中职教育具有独特的教育观念，只有在实践中逐步体会、不断总结才能逐步确立。基于德雷福斯技术获得模型，中职教师成为专业知识与技能的传授者、学生学习的指导者、教育教学的组织者、榜样和价值的导向者、学生心理的调节者、技术开发推广者和学生就业的推荐者等②，均需要一定的实践积累和时间磨炼。因此，吸引并留住部分教学经验丰富、实践经历完备的中职教师，也是加强中职教师队伍建设的一项重要工作，对于保障中职教育质量具有十分重要的意义。

---

① 史枫、白斌：《职业教育教师队伍能力发展中的问题与影响因素分析》，《教育与职业》2010 年第 17 期，第 22—24 页。

② 江建华：《农村职校教师心理健康问题的调查与干预策略》，《中小学心理健康教育》2010 年第 4 期，第 30—32 页。

6. 政策与制度建设仍需加强

虽然近年来国家相继出台了一系列政策制度支持中职师资队伍建设，但由于尚未上升到法律层次，执行效果不够理想，部分内容与国家现行法律也不尽配套。以教师准入制度为例，国家《教师资格条例》对中职学校教师准入规定标准较低，对专任教师企业工作经历等亦无明确要求。虽然 2004 年教育部提出了《关于加强中等职业教育"双师型"师资队伍建设的若干意见》，但由于缺乏全国统一的"双师型"教师标准，各地理解和具体实施标准不一，执行效果较差。尽管教育部《关于"十二五"加强中等职业学校教师队伍建设的意见》提出了"规范中职学校教师职务（职称）序列，建立体现职业教育特点的教师职务（职称）评聘办法，调整优化中职学校教师职务（职称）结构比例"等具体部署，但由于缺乏全国统一规定，各地政府教育行政部门以及人事管理部门、中职学校只能依据普通中学的教师职称评审制度，这对于专业课教师和实习指导教师显然不尽公平。此外，教育部联合财政部实施的中职教师培训计划未能按中职教师的现实需求安排培训内容，效果也不尽理想。所有这些，均有待今后进一步加强和完善。

四　中职师资队伍建设任务与推进措施

尽管近年来我国中职师资队伍建设取得了较大成就，但与世界发达国家比较，无论是在数量方面还是在质量方面均存在较大差距，直接影响到中职教育质量的提升以及中职教育基础地位的形成。建设一支高素质中职教师队伍，对保障中职教育质量发挥着巨大的作用。同时，也直接关联到现代职业教育体系建设的基础以及中职学校的可持续发展。在我国加快现代职业教育发展的新形势下，必须清晰中职师资队伍建设所面临的任务，采取有效措施加以推进。

（一）中职师资队伍建设面临的具体任务

1. 教师准入制度尚待完善

中职教师来源仍以学校应届毕业生为主，而中职学校更需要具有实践经历的技能型人员从事教育教学工作，招聘应届毕业生实为无奈之举，其根本原因在于现行教师准入制度的制约。国家实行教师资格证制度，但现行的中职教师资格证考核缺乏技能考试等相关内容，难以体现对教师技能水平的要求。企业工作人员由于无国家事业单位工作人员身份，即使热衷于中职教育，也由于中职学校属于事业单位、劳动力市场分割等原因，很难直接调入中职学校任教。国家《教师资格条例》规定，"中等职业学校教师资格和中等职业学校实习指导教师资格，由申请人户籍所在地或者申请人任教学校所在地的县级人民政府教育行政部门审查后，报上一级教育行政部门认定或者组织有关部门认定"，但其认定过程、认定标准等的具体办法尚无明确规定，导致各地执行乏力。

2. 兼职教师比例尚待提高

2013 年我国中职学校外聘教师人数仅占专任教师总量的 14.44%，尚未完成教育部《意见》提出比例的一半。究其原因，关键在于兼职教师难于平衡教学任务与生产经营任务的关系。调查结果表明，部分中职学校外聘教师多为应届大学毕业生或企事业单位退休人员。应届毕业生没有实际操作经验，只能讲授知识类课程。企事业单位退休人员虽然具有丰富的实践经验，但缺少教育学、教育心理学等知识，教学效果不尽理想。部分中职学校即使聘请到部分经验丰富的企事业一线技术骨干来校任教，但这部分兼职教师仍以服务企业为主，难以保障上课时间。学校相关课程安排只能以兼职教师的时间实施"调、停、转"，直接影响了中职学校聘任兼职教师的积极性。多数中职学校未将兼职教师纳入教师队伍建设规划，很少关注兼职教师效能的发挥状况，导致部分兼职教师自觉处于体制之外，直接影响了职业认同感。

3. "双师型"标准尚待统一

2012 年我国中职学校"双师型"教师占专业课教师总量的 46.15%，已接近教育部《意见》提出比例（达到 50%）的要求，但各中职学校"双师型"教师标准却不统一，有"双职称""双能力""双证书""双资格""双师素质""双师结构"等不同要求①。有研究表明，部分中职学校将教师指导学生顶岗实习、下企业参观等时间均计算为在企业实际工作经历，或简单地认定获得《教师资格证》和《专业技能培训合格证》即为"双师型"教师，直接影响了中职学校"双师型"教师实际作用的发

①　郑秀英、周志刚:《"双师型"教师:职教教师专业化的发展目标》，《中国职业技术教育》2010 年第 27 期，第 76—78 页。

挥，也无法满足中职教育发展的需要①。同时，我国中职学校专业课教师的职称多依据中等教育（多简称为"中教"）系列标准评定，并由此享受相应的职称待遇，难以体现"双师型"教师具备的技能和技术资格，"双师型"教师标准和职称评审标准等都尚待统一。

4. 师资培训工作尚待规范

据部分中职学校教师反映，中职教师培训应重在"训"，强调教师专业实践技能的提高。而目前国家及省、市组织的各类培训活动，多注重于"培"，这与中职教师的实际需求相悖。调查结果表明，我国中职师资培训的承担主体多为高等院校，安排的理论学习时间过长，几乎没有安排到行业企业实习，直接影响了中职教师参与培训的积极性。同时，授课教师多为大学教师，对中职学校具体情况了解甚少或根本不了解，授课内容及方法等均难以得到中职教师的认可。据调查，2015 年 9 月河北省某高等学校承担的国家中职骨干教师培训班，培训教师报到率仅在一半左右。出现这种状况，关键在于目前我国中职教师培训尚无一套规范的培训制度体系、课程设置体系以及质量检查体系等。参加培训的教师专业分布广、背景复杂、知识水平相差悬殊，难以使培训发挥应有效果。特别是对实用、灵活、个性化的培训，均没有统一的培训执行标准。

5. 教师专业发展尚需推进

当前，学界关于中职学校师资队伍建设多聚焦于教师专业化发展问题。实际上，专业化发展和专业发展是两个不同的概念，专业化既是目标也是过程，而专业发展是专业化发展的基础。但是，无论是专业发展还是专业化发展，均对加强中职教师队伍建设具有重要的现实意义和长远意义。中职教育学科门类多，专业性强，知识更新快。培养符合社会满意、企业需要的实用型技能人才，要求中职教师必须树立强烈的学习意识，经常参加各级各类培训以及进工厂、下车间，及时掌握本专业发展的最新动态，实现专业方面的长足发展。但目前的状况却是，中职教师所担负的教学任务繁重，常常感到精力不够，继续学习的意愿不强，导致专业发展受阻。同时，由于中职教师所从事的专业存在较大差别，难以与其他专业教

---

① 徐英俊：《北京市中职学校专任教师现状调查》，《职教论坛》2006 年第 22 期，第 56—58 页。

师沟通，缺乏与其他教师学习和研究的共同平台，也影响了中职教师专业发展进程。此外，与高职学院相比，中职教师创新意识和创新能力明显不足，部分中职教师在心理上、行为上拒绝创新，在时间上无暇顾及，也导致中职教师专业发展缓慢。

（二）加强中职师资队伍建设的具体措施

1. 实现依法治教

根据中共十八届四中全会精神，我国应进一步加强职业教育发展的法律保障体系建设。我国《职业教育法》为 1996 年颁布实施，亟须根据当前职业教育发展内外环境的变化进行修订。就国家层面而言，《国家中长期教育改革与发展规划纲要（2010—2020）》以及《国务院关于加快发展现代职业教育的决定》《关于加强教师队伍建设的意见》等均对加强中职师资队伍建设提出了相关要求；从部门层面而言，教育部等部门相继提出了《现代职业教育体系建设规划（2014—2020 年）》《关于加强中等职业教育"双师型"师资队伍建设的若干意见》《关于建立中等职业学校教师到企业实践制度的意见》《关于进一步完善职业教育教师培养培训制度的意见》等均对加强中职师资队伍建设做出了具体安排。但上述计划、意见、标准等均未上升到法律层面，强制效力较差，导致各地执行效果不尽理想。因此，在国家尽快组织修订《职业教育法》的前提下，政府相关部门尽快在法律框架内健全中职师资队伍建设政策体系，实现依法治教。

2. 强化执行监督

就政策过程的完整性而言，我国中职师资队伍建设政策执行监督明显缺失。以中职教师准入制度为例，虽然国务院及教育部等部委要求严格执行《教师资格条例》，严把教师队伍入口关，对新任专业课教师增加相关工作经历和职业能力等方面的要求。但由于监管缺失，各地中职学校新进教师仍以应届毕业生为主，难以满足实践教学的需要。因此，强化政策执行监督、保证政策执行质量、提高政策执行效率是当前亟待开展的一项重要工作。要进一步明确监督主体，采用科学方法，客观、系统地监督各地、各学校政策执行情况。在此基础上，对中职师资队伍建设政策的实施效果、实施效率及价值进行判断，便于国家及教育行政部门及时调整相应政策，更好地指导中职教师队伍建设实践。

3. 推动政策落实

在强化政策执行监督的基础上，各级政府职业教育主管部门应积极引导中职学校落实国家各项政策。以"双师型"教师队伍建设为例，国家应继续大力支持中职学校专业骨干教师参加国家级培训及省级培训工作，各中职学校应根据培训项目及名额分配情况，认真做好参训教师的遴选、推荐工作，督促教师按时参加培训，解决当前"国培班""省培班"报到率不高的问题；再如国家相关部委提出，建立符合职业学校特点的教师绩效评价标准，绩效工资内部分配向"双师型"教师适当倾斜。按照这一要求，各中职学校应结合实际，充分发挥教师绩效工资分配的激励导向作用，提高"双师型"教师的经济待遇。此外，国家提出的健全教师专业技术职务（职称）评聘办法，鼓励中职专业教师积极申请评聘第二个专业技术资格等，均需各级政府教育行政部门、人事管理部门以及各中职学校认真贯彻落实。

4. 发挥市场作用

教师资源是教育资源的重要组成部分，亦应适合于政府调节、市场调节和道德调节。理论和实践都证明，市场配置资源是最有效的方式和途径，发挥着决定性作用。纵观我国中职师资队伍建设政策的变迁过程，市场调节作用发挥明显不够。按照中共十八届三中全会要求，加强中职师资队伍建设，必须实行市场调节与政策导向相结合的方法，扩大中职学校的办学自主权。各级政府应进一步完善人才市场建设，促进中职教师的合理流动。下放人事管理权，使中职学校实现"管人"与"管事"的衔接，提高师资资源的配置效率。合理调整中职教师薪酬水平和福利待遇，使之略高于人力资源市场同学历、同技能水平人员，以此吸引、留住优秀技能人才从事中职教育。帮助中职教师制定个人专业发展规划，激发其主动参加培训和自主研修的积极性，不断提升中职师资队伍的整体素质。

5. 推进与国际接轨

教育部等六部门制定的《现代职业教育体系建设规划（2014—2020）》提出，"服务国家对外开放战略，培育一批具有国际竞争力的职业院校"。要实现这一目标，必须积极推动我国职教师资队伍建设与国际的接轨。以中职学校教师专业标准为例，早在20世纪60年代，联合国教科文组织就以官方文件形式提出了教师专业化的发展趋向，欧美及其他各

国逐步建立了旨在促进教师专业发展的教师专业标准。而我国教育部于
2013 年颁布的《中等职业学校教师专业标准（试行）》尚处于试行阶段，
与发达国家的标准比较仍有一定差距。同样，"双师型"教师概念也与国
际上通用的职教师资主流趋势不尽匹配。因此，相关部门应遵循国际惯
例，对中职教师专业标准、入职门槛等进一步调适。动员社会各界力量，
站在经济、社会和教育发展全局的高度，以战略眼光、现代理念和国际视
野建设现代职业教育体系。

6. 营造社会氛围

首先要提升中职教师职业的社会认可度。采取培树典型、强化宣传等
方法，引导全社会认识中职教师的职业特征和岗位特点，客观评价中职教
师专业发展进程，增强中职教师的责任感和使命感；其次要为中职教师专
业发展提供良好的社会环境，将其置于区域经济发展、社会进步的大环境
之中，充分调动行业、企业积极性，共同帮助中职教师不断提升业务素
质；最后要建立健全中职教师社会化培训体系。基于中职教师社会角色多
样和工作内容多元化特点，为中职教师提供各种社会实践活动，有针对性
地加强对中职教师培训工作。

7. 健全支撑体系

首先要建立资金保障体系。应通过建立专项基金、专项补贴等经费统
筹制度，逐步完善以财政拨款为主、多渠道筹资为辅的投入机制，确保中
职师资队伍建设的需求；其次要建立考核奖励机制。针对中职教师职业的
岗位特点，建立并实行区别于普通中小学教师的中职教师考核标准，实现
奖优罚劣；再次要改革职称评定办法。基于中职教师的岗位特征，将理论
课教师和实习指导教师标准区分开来，实行考与评相结合的中职教师职称
评定方法，调动中职教师专业发展的积极性；最后要建立培训制度。充分
发挥国家和省级重点职教师资培训基地功能，通过资源的有效整合和时间
的合理安排，不断提高培训能力和培训水平。分年度制订中职教师培训计
划和培训目标，建立培训质量监管体系，确保培训达到预期效果。

8. 强化学校责任

加强中职学校师资队伍建设，中职学校负有直接责任。首先，认识要
高。学校领导应将推进中职教师专业发展作为学校各项工作的重中之重，
确定专门机构和人员负责此项工作，及时掌握每一名教师专业发展的方向

和进程。其次，服务要好。组织相关教师积极参加上级安排的骨干教师培训、校内培训及各种科研、实践活动等，为中职教师提供各种有效的学习、研究及实践机会，确保达到预期目标。最后，条件要优。在校内组建方便人际沟通、方便交流与分享各种学习资源，且相互影响、相互促进的中职教师学习整组织，共同完成学习任务。通过开展集体反思等活动，不断提高中职教师分析问题和解决问题的能力。充分发挥教研室职能，加强图书馆、实验室以及网络资源等建设，为中职教师专业发展创设必要的条件。

第十一章

中职教育质量提升动力：改革与创新

改革是对旧事物、旧制度等的改良与革新，是国家发达、民族兴旺的不竭动力。创新是国家和民族进步的灵魂，是发现新思维、新理论、新方法或新技术并使之运用于实践的过程，是国家需要、社会需求和时代要求，也直接关系到国家命运和民族前途。在我国经济发展呈现新常态的现实背景下，中职教育也需要不断改革与创新，保持发展活力，为经济社会发展提供坚实人力保障。2014 年是中国全面深化改革元年①，也是教育改革年，更是职业教育发展史上具有里程碑意义的一年。习近平总书记就职业教育工作专门做出重要批示，强调"职业教育是国民教育体系和人力资源开发的重要组成部分，是广大青年打开通往成功成才大门的重要途径，肩负着培养多样化人才、传承技术技能、促进就业创业的重要职责，必须高度重视、加快发展"。同年，国务院召开了全国职业教育工作会议，并做出加快发展现代职业教育的决定，提出了新时期职业教育改革与发展的任务目标。落实党中央、国务院的一系列战略部署，需要各级政府教育行政部门及中职学校不断推进改革与创新，为提升中职教育质量提供强大保障。

第一节　推广应用中职教育 PPP 模式

基于公共经济学理论，在现实社会条件下，中职教育是承担公民文化和技术技能社会再生产功能的公共事业，接受中职教育的民众在消费上具

---

① 尹晓宇：《全面深改，释放中国活力》，《人民日报》（海外版）2014 年 12 月 19 日。

有非排他性和外溢性等特征，中职教育具备公共产品性质。同时，个人接受教育的水平也会直接影响个人收益水平乃至生活水平，故中职教育也具有私人产品性质。PPP（Public-private Partnerships）模式一般译为公私合作伙伴关系，定义为"公私部门行动主体之间的合作性制度安排"，或"公私行动主体之间具有某种持久性的合作，双方共同开发产品和服务，共享与产品有关的资源，共同承担与产品有关的风险和费用"①。目前，我国职业教育民办（私立）份额逐年降低，校企深度合作进展缓慢，与世界发达国家差距越来越大，直接影响到职业教育服务的供给及教育质量的提升。究其原因，关键在于私人部门因"社会分工"被置于职业教育之外②。加快发展现代职业教育，必须按照党中央关于"转变观念，加快公共支出改革"的要求，以及《国务院关于加快发展现代职业教育的决定》的相关部署，积极"鼓励社会力量捐资、出资兴办职业教育，拓宽办学筹资渠道"，努力"探索公办和社会力量举办的职业院校相互委托管理和购买服务的机制"，大力"发展股份制、混合所有制职业院校"，以此强化职业教育的多元化投入，满足现代职业教育发展的需求。实现上述目标，PPP模式是最优选择和最佳路径。

一　域外教育 PPP 模式的实现形式

教育 PPP 模式与社会经济发展状况密切关联，核心在于政府部门、公立学校与私人部门通过合作的方式，共同向社会提供教育服务。域外经验表明，教育 PPP 模式是提升国家教育供给水平与供给效率的有效途径，实现形式可以多种多样。

（一）公立学校私营

公立学校私营是教育领域出现较早的 PPP 模式。该模式由政府教育行政部门与各类型私人经营者直接签订承包合同，在保持公立学校公有和公助属性不变的前提下，将整个公立学校或公立学校的某一部分直接承包

---

①　HODGE G. Introduction: the PPP phenomenon and its evaluation [C]. HODGE G. International Handbook on Public-Private Partnerships. Cheltenham, UK: Edward Elgar, 2010: 3－16.

②　南旭光:《职业教育公私合作伙伴关系的理论审视与现实对策》,《中国职业技术教育》2015 年第 30 期, 第 32—37 页。

给私人部门（包括私营公司、非政府组织、社区服务组织等）管理运营。双方以签订契约（或合同、协议）的方式，对预期的教育结果、服务质量以及绩效评价方法等做出概述性约定，确保私营后的学校服务能够满足更多的绩效要求，也为政府实施问责奠定基础。实践证明，该形式的教育PPP模式未改变公立学校性质，但转换了经营主体，为学校教育教学活动注入新的活力①，20世纪90年代美国将特许学校运营权转让给营利性（部分也有非营利性的）经营机构便是一个极好的例证。

（二）政府购买服务

政府购买服务是政府以公共财政款项，为民众购买私人部门提供的职业教育或职业培训服务。购买的标的可以是教育投入性服务、过程性服务，也可是产出性服务。如新西兰的替代性教育计划专门为被教育系统排除之外（AE）的失学儿童提供资助，帮助脱离学校系统的特殊学生返回到主流中等教育或高等教育之中②，取得了良好的效果。各类私立学校可以单独，也可以联合其他学校（或其他类型主体）组成规模不等的教育联盟，共同向政府提出申请资助，与政府达成面向全社会提供教育服务的合约。加入教育联盟的成员既可以是营利性组织，也可以是非营利性组织、社区组织等，提供的替代教育服务虽然形式多样，但必须对教育质量和学生学业成绩负责。

（三）教育代用券制

教育代用券也是一种特殊形式的教育PPP模式，在职业教育领域运用比较广泛。通过实施该模式，学生本人（或其法定代理人）可从政府获取一种学费证明，以此代替货币向自己选择的任何一所参与教育代用券计划的学校支付学费，无须在政府指定的学校上学。公立学校可以使用教育代用券，私立学校也可以使用。政府依据私立学校面向社会提供教育服务的规模（接受教育人数）及质量状况，按教育代用券表达的金额向私立学校提供补贴，有效地提高了公共财政资金的使用绩效。如荷兰政府颁

---

① 王艳玲：《基础教育公私合作伙伴关系现象解读》，《肇庆学院学报》2013年第7期，第75—80页。

② 秦惠民：《基础教育公私合作伙伴关系模式：问题与启示》，《教育研究》2009年第9期，第92—97页。

布的学校资助制度规定，全国中小学生均有资格向政府领取教育代用券，并适用于国内公立、私立、宗教等所有类型学校，学生可自主选择学校学习①。同时，不允许学校另行收费。实践证明，教育代用券制度的推行，有效促进了各类型学校之间的公平竞争，不断提升了教育质量。

（四）私人慈善行动

私人慈善行动即私人慈善机构向教育机构提供捐款资助，旨在提高学校办学质量，为低收入家庭儿童提供帮助等。在美国，教育慈善行动已成为最常见的教育 PPP 模式之一。美国布罗德教育基金会（The Broad Foundation）成立的宗旨既为加强学校管理和经营，改善学校劳资关系，改进城市幼儿园至 12 年级的公共教育，资助少数民族和市区贫民区域的低收入家庭学生完成学业。再如，印度的巴尔蒂基金会（Sreemati Chakrabati Foundation，SCF）每年捐助 5000 万美元帮助贫困的农村地区创办严格意义上的非营利性私立学校。巴基斯坦也成立了若干慈善中心，其宗旨在于扩大和提高弱势群体儿童的教育机会和教育质量②。

（五）学校能力建设

学校能力建设是最容易通过契约形成的教育 PPP 模式之一。通过实施该模式，公立学校与私人部门在课程改革与教学改进、管理与行政培训、教材提供、教师培训、辅助性网络开发等方面建立合作伙伴关系，可以有效提升教育能力与服务水平③。如巴基斯坦旁遮普教师集中培训计划就是由旁遮普教育基金会经营的一个 PPP 项目，该项目对多所公立及私立学校教师实行了划片培训，有效地促进了教师专业化发展。在该项目中，接受培训的教师不仅可享受到政府补贴，还可以享受到慈善机构的补助，用以弥补交通及其他费用。此外，巴基斯坦的阿加坎教育服务中心实施的"私立学校以质强校计划"也是一个具有全国影响力的 PPP 项目，其目的在于增强私立学校办学实力，保证各类学校能够向贫困地区（社

---

① 唐祥来、倪琳：《国际基础教育公私伙伴关系（PPP）模式：论争与启示》，《外国教育研究》2013 年第 4 期，第 88—95 页。

② 原青林、王艳玲：《国外基础教育 PPP 模式新探》，《外国中小学教育》2010 年第 7 期，第 8—18 页。

③ 原青林：《亚太地区基础教育公私合作伙伴关系个案研究》，《外国中小学教育》2011 年第 7 期，第 5—10 页。

区）提供优质的公共教育服务。

（六）基础设施合作

基础设施合作指私人合作伙伴依据与政府教育部门签订的合作契约，获取公立学校的教学楼、学生宿舍或食堂等教育基础设施进行设计、投资、建设和经营权利的模式。合约期结束后，私人合作伙伴再将相关基础设施转移给政府。如英国政府自 1988 年开始实施的私人融资计划（Private Finance Initiative，PFI）打破了公共部门和私营部门的界限，开创了公共产品、私人生产的先例①。实践证明，教育系统实施私人融资计划建设教育基础设施，可有效地增加教育投资规模，保障投资绩效，提高投资效率。目前，英国大多数新建教育基础设施建设均采用了私人融资模式，与先前国家管理制度下的学校经营状况相比，大幅度提升了财政业绩和学校基础设施管理效率。

（七）学校救助计划

学校救助计划指私人部门为一些难以为继的公办学校提供现金和实物支持，用以补充政府对公立学校资助的不足，目的在于提升学校教育教学质量、增加本地学生的入学机会以及提高公共基础设施建设水平和社区参与办学的能力。菲律宾学校救助计划重点针对经济发展落后省份的公立学校实施，鼓励国内私人部门对其实施救助、辅助。救助、辅助的形式多种多样，包括资助教师培训或进修、学校设施设备的更新或改造、课本及其他教学材料供给等。基于学校救助计划的实施效果，该国还实施了"公立初等教育卓越基地计划"（Center of Excellence in Public Elementary Education）、流动学校项目（Mobile School Program）等，均吸收私人部门广泛参与，收到了较好的效果②。

二　域外教育 PPP 模式的应用经验

域外教育 PPP 模式推行时间较长，应用领域较广，特别是在改造国

---

① 黄景驰、弗莱德·米尔：《在争议中前行：对英国实施私人融资计划的回顾》，《湖南科技大学学报》（社会科学版）2013 年第 16 卷第 3 期，第 4—8 页。

② 梁瀛尹：《菲律宾流浪儿童非正规教育援助策略及启示——基于五个成功援助案例的分析》，《世界教育信息》2015 年第 8 期，第 43—49 页。

家及地方公共财政教育投入一元化格局以及强化教育管理、提升教育质量等方面表现出诸多特点，为我国推行职业教育 PPP 模式提供了宝贵经验。

（一）实现双主体供给

一般而言，确定公共产品和服务供给主体以付费主体为标准，政府付费或财政转移支付的就是政府供给。从表面看，PPP 模式是公共部门与私人部门相互合作提供公共产品服务的一种方式，但其费用最终仍由政府支付，故供给主体仍为政府。显然，这极有利于教育应用 PPP 模式。职业教育领域推行 PPP 模式，能够整合社会各类职业教育资源，在一定的合约期限内形成多主体办学，进而能够促进改善职业教育管理、壮大职业学校实力、提升办学质量国际的达成。政府依据经过 PPP 模式改造形成的混合所有制学校提供的教育服务状况分期支付教育费用，公共服务在公共部门与私人部门合作的前提下完成，既能保证服务质量，也能充分发挥私有资本作用，实现了双主体供给。与单一的政府供给模式比较，PPP 模式供给方式更有效率和效益。

（二）推进政、校分开

国外教育 PPP 模式运行实践证明，政府行政机构从社会效益角度出发，站在中性的立场上处理公共部门与私人部门之间（或经过 PPP 改造形成的混合部门）的关系，可有效提升管理效率和管理水平。从某种程度而言，如果政府是项目（公办学校）的发起人和管理者，同时又是服务标准的制定者，必将混淆消费与生产的界限，影响社会公平。如 20 世纪 70 年代美国政府针对公立学校实施的问责制没有达到预期的效果便是一个突出的案例。政府和学校各尽所长，公立机构与私营机构互惠互利，有利于政府职能转变及公共服务的"管""办"分离。就经过 PPP 模式改造形成的混合所有制学校而言，必将成立理事会、监事会等组织机构，进而构建起现代学校管理制度，实现教育质量的不断提升，政府则由"直接管理"逐步转向"依法治理"。

（三）建立代理运行机制

经过 PPP 模式改造形成的混合所有制学校，将广泛运用各种代理关系，且这种代理关系及相关各方所赋有的权利、所应承担的责任与义务等在契约（或合同）中加以明确规定，受法律的约束和保护①。在项目运行过程中即使出现意想不到的问题，政府也可据此追究责任，维护民众利益，有效避免了政府直接参与学校具体行政事务带来的风险。同时，通过建立代理运行机制，将教育各利益相关者融为一体，增强了社会各界发展教育的责任。实践表明，教育 PPP 模式运行的费用最终虽均由政府"埋单"，但由于在运行过程中牵涉各合作方利益极易产生博弈行为。通过建立代理运行机制，会引导博弈行为从"零和博弈"转向"正和博弈"，实现"互利共赢"。

（四）促进效率与公平

私人部门资本管理目标明确，使用效率及效益是其不懈追求。一般情况下，私人部门总会通过一切手段压缩生产成本，提高利润水平。表面看来，私人部门资本的趋利性与教育资源的公益性似乎存在着不可调和的矛盾。但公立学校普遍存在资本利用率低、运行成本高的实际状况，亟待通过某些途径加以治理。通过建立教育公私合作伙伴关系，让私人部门在满足公共产品服务质量的前提下实施压缩成本、提高效益等行为，会有效提升现有教育资源的利用效率与效益。同时，政府作为博弈一方处于强势地位，民众得到满意的服务后才能付费，可维护广大民众的根本利益，以更低的成本提供更高质量、更为有效的教育服务。

三　我国推进中职教育 PPP 模式的必要性

中职教育是国民教育体系和人力资源开发的重要组成部分，肩负着"全面提升人力资本整体素质"的重要使命。同时，中职教育需要实施校企深度合作，与企业存在千丝万缕的联系。在当前我国积极推进国有企业混合所有制改造、大力发展民营经济的宏观背景下，必须充分认识 PPP 模式对加快发展现代职业教育的必要性和重要性。

（一）缓解财政支出压力

教育部、国家统计局、财政部联合发布的《全国教育经费执行情况统计公告》显示，2012 年、2013 年、2014 年国家财政性教育经费分别占

---

① 唐祥来：《PPP 模式与教育投融资体制改革》，《比较教育研究》2005 年第 2 期，第 61—64 页。

GDP 总量的 4.28%、4.30%、4.15%，与联合国教科文组织呼吁的财政教育支出占 GDP 6% 的目标还有很大的差距。事实上，我国作为世界上最大的发展中国家，国家财政对教育的支付能力必然受限。特别是中职教育，无论是提升质量还是扩大规模，均需要大量的资金投入，如不能摆脱依靠国家财政单一投入的现实状况，就难以实现《国家中长期教育改革和发展规划纲要（2010—2020 年）》确定的目标和任务。PPP 模式作为一种新型的融资方式和建立现代学校制度的推进工具，为实现中职教育改革与发展目标提供了可能。主动认识和积极推行 PPP 模式，可充分发挥市场配置资源的基础性作用，充分利用私人资本满足现代职业教育发展对资金投入的需求。

（二）提升公共管理效率

域外经验表明，PPP 模式本身就可以作为管理工具使用，有效提升公共财政资金的使用效率与效益，避免公立学校极易出现的资金浪费现象。运用 PPP 模式构建混合所有制中职学校，可通过建立董事会、监事会等机构，引发公立中职学校管理体制发生根本性的变革，推动现代学校管理制度的建立，使市场机制在中职学校管理及运行过程中发挥应有的作用。同时，基于私人部门提供中职教育服务的获利属性，通过公共部门的参与，可有效减缓并弱化私人部门的趋利行为，实现服务社会的目标。更为重要的是，中职教育推行 PPP 模式，可有效推动政府行政部门进一步转变职能，提升公共管理水平，改善公共管理效率，让有限的财政资金发挥更大的绩效。

（三）提高中职教育质量

中职教育质量是当前政府和社会各界普遍关注的重点问题。落实《国务院关于加快发展现代职业教育的决定》以及教育部等六部门确定的《现代职业教育体系建设规划（2014—2020）》有关提升职业教育质量的具体部署，需要从根本上解决制约中职教育质量的主要因素。应用 PPP 模式既可有效缓解中职教育投入不足问题，也可推动现代学校管理制度的建立，为提高中职教育质量提供物质保障、管理保障和精神保障。同时，提升中职教育质量需要全面推行"校企合作、工学结合、定岗实习"的人才培养模式，运用 PPP 模式则是解决企业参与职业教育积极性不高的有效方法，也是促进校企深度合作的有效途径。此外，部分私人部门具有先进的教育、教学管理技术优势，也能够直接提升中职教育质量。

（四）实现学校独立办学

教育的公共产品属性决定了教育机构的社会服务功能。无论是公立中职学校、民办中职学校还是混合所有制职业学校，必须严格执行国家制定的职业教育管理政策法规。中共十八届三中全会通过的《中共中央关于全面深化改革若干重大问题的决定》提出创新社会治理体制的具体构想，简政放权、依法治理是当前乃至今后一个时期政府职能改革的主题。推行中职教育 PPP 模式，可促使公立中职学校在现有法规体系下接受私人部门及其教育教学理念、方法，甚至完全实施私人部门提供的课程体系，促进中职教育发展逐步形成特色。同时，采用 PPP 模式治理的中职学校通过建立董事会、监事会等机构，可实施共同决策，形成基于市场的办学主体，并主动参与国内外竞争，实现独立办学和可持续发展。

（五）转移公共部门风险

在经济风险方面，职业院校引入 PPP 模式建设教学楼、宿舍、食堂、运动场等基础设施，可将项目超支风险转移给私人部门。政府根据 PPP 项目运行和服务状况付费，作为对私人部门投资的补偿和回报。同时，由于项目工期与质量等与私人部门的收益存在密切的联系，能够促使私人部门追求最佳设计，强化建设管理，提高工程质量，降低违约风险和维修成本。有研究表明，在通常情况下，私人部门的项目建设成本比公共部门低 10% 以上[①]。在政治风险方面，将 PPP 模式引入职业教育，可有效避免政府与群众之间发生直接冲突，相反可促使政府成为民众利益的代表。如陕西省汉中市卫生职业技术学校自 2005 年起以委托管理形式引入社会力量办学，当学校发生不法行为时，学校主管部门及时解除了委托管理协议[②]，有效地维护了政府声誉和民众利益。

四　我国职业教育 PPP 模式的具体实践

由于国情不同，我国不可能照抄照搬国外教育 PPP 模式的应用经验，

---

① 唐祥来：《公共产品供给的"第四条道路"——PPP 模式研究》，《经济经纬》2006 年第 1 期，第 17—20 页。

② 马智峰：《陕西汉中一职校"校长"让女学生陪酒，学校被撤除》，http：//www. China news. com/sh/2015/09 - 12/7520322. shtml。

必须基于民众认知及中职教育发展的现实状况，选择自己的实施路径。当前，我国政府制定了一系列促进民办职业教育发展的政策，为私人资本进入中职教育领域开辟了广阔的空间。综合各地实践案例，目前我国职业教育应用 PPP 模式主要有以下 6 种形式，可供各地中职教育借鉴。

（一）注资现有公办学校

引导私人资本注资现有公办职业院校，是构建职业教育公私合作模式的重要途径。国外经验表明，公办职业教育机构引入私人资本，具有推动职业教育机构市场机制建设、改善职业教育管理等多项功能。公办职业院校引进私人资本，可有效化解基础设施建设、改善办学条件等资金困境，进而以优越的办学条件、优良的办学质量赢得职业教育市场份额①。而这一切，均为当前我国职业教育，特别是中职教育发展与改革所急需。

目前，我国私人部门注资公办中职学校的案例较少，但在公办高职院校方面已有较多的实践。部分案例多采用共建二级学院的模式，引入民间资本参与。如沈阳职业技术学院成功引入民营企业投资 6500 万元，共建了国家示范性软件学院。再如杭州职业技术学院引进社会资本，建设了 7 所"人财物融通、产学研一体、师徒互动"的新型二级学院。在中职教育方面，河南省嵩县中职学校所有专业均找到了社会合作者，如计算机专业与北大青鸟合作、摄影化妆专业与郑州就拍公司合作等，合作办学学生已经超过在校生一半左右。

（二）参与公立学校改制

自 20 世纪 90 年代以后，为增强职业院校办学实力，提升办学效益，我国部分公立职业院校引进私人资本实施了职业教育办学体制改革，成为现实情景下一种重要的 PPP 模式。这次改革主要有两种类型：一是将学校学生食堂、学生宿舍等部分生活服务设施实行社会化管理，吸引私人部门投资；二是将部分公立职业院校多余的资产以优惠的价格出售给私人继续兴办职业教育，扩大了职业教育规模总量。

当前，随着我国工业化、新型城镇化等的逐步推进，区域教育人口分布状况发生了较大变化。在这种情况下，各地政府正在积极调整职业教育

---

① 林素川：《福建省民办教育投资模式与发展政策研究》，《福建工程学院学报》2006 年第 2 期，第 223—226 页。

布局,采用 BOT、BOOT、BOO 等多种合作模式吸引私人资本参与。同时,财政资金也积极介入了私有资本,促进了私人资本的公益化。如四川省德阳市罗江县政府投入 2450 万元,与四川工业管理职业学院(民办)共建了图书馆、体育馆、军训基地等,在保障师生使用的同时向市民开放,有效地提升了设施利用率。

(三)私人部门直接投资

域外经验表明,从中获得诸多利益和实惠是企业投资职业教育的原动力①,而这些企业多为私人部门。以德国为例,企业投资职业教育占全国职业教育投资总量的 72%。由于企业直接投资建设的职业学校起点高,经费压力相对较小②。同时,企业还可提供部分岗位吸纳优秀毕业生就业,因而具有较强的社会吸引力。我国各地实践也证明,民办企业直接投资职业教育,可快速扩大区域职业教育办学规模,扩张社会服务效能。

但从现实看,尽管我国相继提出了一系列促进民办教育发展的政策,然而近年来民办职业教育规模仍处于萎缩趋势。调动私人部门投资职业教育的积极性,需要政府,特别是地方政府实施更加积极的引导政策。如河南省宜阳县坚持优先供给教育用地政策,及时满足了华富公司建设职业教育基地所需 360 亩土地的申请,保证了建设项目的顺利实施。

(四)民办学校滚动投资

自 20 世纪 90 年代以来,在国家鼓励民办职业教育发展政策的引导下,我国部分地区相继兴办了一批民办职业学校。经过多年发展,这些民办职业学校已经积累了部分资金。在新的历史条件下,地方政府继续完善了相关扶持政策,鼓励民办学校采取滚动投资的方式,不断加强了基础设施建设,有效增强民办职业学校的办学实力,扩大了区域职业教育办学规模。

为鼓励民办职业学校实现滚动投资,部分地区制定了具体的奖励办法。如河南省益阳县(市)规定,民办职业学校每投资 1 000 万元县政府

---

① 朱冰:《国外企业参与高等职业教育的经验和启示》,《继续教育研究》2010 年第 12 期,第 78—80 页。

② 蒋欣吟:《民办教育多元化投融资对策研究》,《吉林广播电视大学学报》2014 年第 8 期,第 103—104 页。

奖励 50 万元，每新增设一个班县政府奖励 30 万元，有效地激发了私人部门投资职业教育的热情。河北省唐山市丰润区积极为民办学校排忧解难，使金桥中等专业学校经过 10 年的滚动投资，在校生规模已由建校初期的 170 人发展到现在的 1 300 多人。

（五）民办公办相互托管

职业教育与人力资源市场（劳动力市场）、生源市场等密切关联，在市场"优胜劣汰"规则的影响下，无论是民办职业学校还是公办职业学校，必然会出现经营不善、运行困难甚至濒临倒闭的状况。在这种情况下，有的地方政府对运转困难的公办职业学校进行资产核查，按就近原则，由办学有特色、运营状态良好的私立职业学校实施托管，形成混合所有制职业学校，可有效避免政府投入的无限膨胀，也保护了职业教育投资者的合法权益。

目前，我国民办公办职业学校相互托管也已具有较多的实践。如齐齐哈尔工程学院（民办）经政府牵线搭桥，代管了黑龙江省甘南县职教中心（公办），有效盘活了后者的教育资源。再如 2011 年 2 月厦门理工学院（公办）托管了厦门软件职业技术学院（民办），也为后者可持续发展注入了活力。

（六）实施中外合作办学

中外合作办学是不同职业教育机构或职业教育资源的跨国合作，适应了我国社会经济发展对高素质人才的需求，推进了职业学校混合所有制改造及国际化发展进程。在现有中外合作学校中，中方多以公办学校为主，投入多为有形资产。外方既有公立学校也有私立学校，但投入多为管理、技术和知识等无形资产。在学校运行方面，双方根据国际惯例组成管理委员会（或理事会）实施共同治理。

截至 2014 年年底，我国拥有中外合作办学机构近 2 000 个，在校生近 60 万人，其中独立设置的国外办学机构仅有十多个。按我国相关法律规定，中外合作办学机构和其他各类教育机构一样，均为非营利性组织，不应分配办学盈余。但实际上，各合作办学机构均存在利益分成的问题。

五 推进中职教育 PPP 模式的具体措施

为促进民间资本成为政府的"合作伙伴"，国务院于 2015 年 5 月召开常务会议专题部署了 PPP 模式推广工作，可见国家的重视程度。国家发展和改革委员会官方网站也为山东省潍坊市、青岛市以及黑龙江省哈尔滨市、甘肃省兰州市等地发布了职业教育 PPP 项目。但总体而言，我国职业教育特别是中职教育公私合作模式尚处于起步阶段，应进一步强化相关推进措施。

（一）创设应用条件

各级政府应提高对中职教育 PPP 模式的认识，明确中职学校推进公私合作模式的重大意义，主动适应新形势的要求，积极探索中职教育投资改革途径。加快政府职能转变，逐步从"直接管理"转向"依法治理"，调动社会各界参与职业教育发展的积极性。确立政府面向社会购买职业教育服务的角色，实现与"供应商"的分离，保证政府购买职业教育服务能够以中立的方式在公、私部门之间实施。政府相关部门应及时面向社会发布职业教育 PPP 项目投资指南，拓展私人资本注入现有公办职业学校的路径。允许民办、混合所有制职业学校对公立中职学校的生存和发展构成威胁，逼迫公立中职学校加强管理，不断提升教育质量，增强服务社会的规模和能力。

（二）加强法规建设

域外经验表明，实施 PPP 模式需要国家建立完备的法律规制体系，使 PPP 模式处于合同契约之下。目前，我国各地已有部分职业教育 PPP 模式的实施案例，但无论是发展规模还是发展活力，均与国务院有关现代职业教育发展的要求存在较大差距。分析其原因，关键在于相关法律规制的缺失阻碍了 PPP 模式的实施进程。解决这一问题，需要按照中共十八届四中全会提出的全面推进依法治国目标，加快《教育法》《民办教育促进法》《职业教育法》等的修订工作，完善促进职业教育公私合作模式的相关内容，提高 PPP 模式的可操作性。充分发挥政府服务及监管作用，建立事前、事中、事后服务及监管体系，确保职业教育公私合作沿着正确的轨道运行。

（三）实施政策扶持

为解决中职教育 PPP 模式发展与运行过程中的现实问题，各地可采取一些临时性政策措施。一是允许民办中职学校根据社会影响或办学质量，自主决定学费标准、招生规模、招生范围以及考试、考评等方式。对教学质量高、就业形势好的民办中职学校,当地政府应按公办中职学校生均经费标准给予补助,实现政府购买服务的目的。同时,应妥善解决好民办中职学校教师的社会保障问题,以此稳定民办中职学校教师队伍,保障教育质量。二是将政府购买社会服务纳入年度预算管理,确保政府支付责任落实到位。按照国家相关政策规定,对投资中职教育的私人部门实施减免税等优惠政策,确保私人部门得到实际回报。三是在充分利用市场机制,推动中职教育资源实现跨行业、跨部门、跨区域调整与重组的同时,吸引私人资本参与中职教育,或将剩余资产直接出售给私人部门实施中职教育功能的再造,进而拓展区域中职教育服务能力与规模。四是尽快清晰公办中职学校的产权属性,加快推进"管办"分离,明确 PPP 模式的合作主体,从法律规制上消除私人资本进入公办职业院校的各种障碍。

(四) 灵活合作类型

基于我国地区和城乡经济社会发展不平衡的现状,各地应结合自身发展实际,因地制宜地选择中职教育 PPP 模式。一般而言,发达地区和城市私人资本充裕,私营部门经济实力较强,可选择私人资本直接注入现有公办中职学校、参与公立中职学校改制、私人部门直接投资、实施中外合作办学等 PPP 模式。欠发达地区应加大改革开放力度,争取更多的利益相关者作为职业教育的合作伙伴。除选择上述 PPP 模式之外,还可选择民办公办中职学校(或其他职业教育机构)相互托管、民办中职学校滚动投资等 PPP 模式。或通过实施中职教育代用券制度,实现政府面向社会直接购买中职教育服务。此外,欠发达地区的地方政府应该认识到,本地中职学校实行混合所有制改革,更容易得到国家乃至国际组织的支持和参与,并促进私人部门的介入,进而壮大区域中职教育服务实力。

(五) 精选合作机构

政府为民众提供公共产品服务由其自身职责所决定,其资金来源于税收。私人部门虽然也具有社会责任,但其资本不具备公共服务职能,具有明显的趋利性。因此,精选合作机构是政府推行 PPP 模式的基础。政府选择私人合作机构的过程也是私人部门公开竞争的过程,政府应及时在相关媒体公布中职教育 PPP 项目的招标信息,使国内外所有私有机构(民间资本)都能有机会参与。在整个 PPP 模式运行过程中,可将私人机构合作选择的过程分为初步筛选和正式确定两个阶段。在初步筛选阶段,政府教育行政部门及公办中职学校（或其他教育机构）应全面了解合作者的整体构想，实现公开招标，平等竞争。在正式确定阶段，应及时向全社会公示、公布，广泛听取和正确处理社会各界意见，实现"阳光操作"，使私人合作机构选择置于全社会监督之下。最终确定的私人合作机构应具有经济实力较强、社会责任感强等特点，确保形成的 PPP 模式能够实现有效运行。

（六）加强运行监管

按 PPP 模式运行的中职学校（或其他职业教育机构）不属于公办学校，也不属于私立学校，而属于混合制中职学校，具有独立的办学自主权。但是，独立办学自主权的实施必须以遵守国家和地方有关法律法规为前提。无论是从合作方角度还是政府管理角度，政府教育行政部门及相关部门必须不断创新方法和手段，强化对混合所有制中职学校的监督检查和运行管理。国际上常见的职业教育运行监管方法和手段包括服务监测、质量认证和学校评价等。目前，我国现行职业教育监管均由政府教育行政部门主持并组织实施，主体较为单一，体系尚不完备。实施职业教育 PPP模式，职业教育的消费者（学生）、职业教育服务的支付者（政府）以及职业教育人才的实际应用者（企业）均应成为职业教育运行的监管主体。政府教育行政部门应按照促进"人的全面发展"的目标及时回应社会公众关切，使各类中职学校自觉接受政府部门、私人部门和社会大众的共同监督，最终达到"兴办人民满意的中职教育"的目的。

第二节　构建中职教育质量管理机制

中职教育质量管理机制与管理体制、管理体系内涵不同，逻辑起点不一，但存在结构相融、功能互补的关系。有学者提出，教育质量保障机制分为物质保障、精神保障和管理保障三部分，其中管理保障是质量保障的核心，但目前有关管理保障机制的研究较少。随着我国现代职业教育体系的逐步建立，中职教育面临的深层次问题日益增多，急需构建中职教育质量管理保障机制（以下简称管理机制）。

一 中职教育质量管理机制的阐释

(一) 中职教育质量管理机制的内涵

孙绵涛（2006）研究指出，教育机制可分为层次机制、形式机制和功能机制三种基本类型①。层次机制包括宏观机制、中观机制和微观机制；形式机制包括管理行政——计划式机制、指导——服务式机制和监督——服务式机制；功能机制包括激励机制、制约机制和保障机制。保障机制有三种实现方式：一是提供物质条件，包括经费、设备等；二是提供精神条件，包括观念导向、政策支持等；三是提供管理条件，包括管理方法、服务方式等。依据孙绵涛的观点，中职教育质量管理机制属于保障机制内容，与其他机制的逻辑关系如图 11—1 所示。中职教育质量管理机制分为外部管理机制和内部管理机制两个部分。

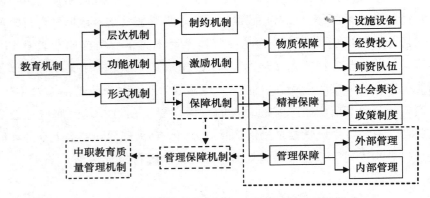

图11—1 中职教育质量管理机制与其他机制的逻辑关系

中职教育质量管理机制的研究范围为"中职教育质量管理"，问题指向为"保障机制"。其中，"质量管理"是核心，"保障机制"是目标。陈春花（2011）提出，管理活动由管理者、管理对象、管理目标、管理的组织环境与条件四个要素构成，将管理定义为"在特定的环境下，组织对拥有的资源进行有效的计划、组织、领导和控制，实现既定的组织目

---

① 孙绵涛、康翠萍：《教育机制理论的新诠释》，《教育研究》2006 年第 12 期，第 22—28 页。

标的过程"①。李兴山（2010）提出，任何一项管理活动都由管理主体
（人、集团、机构）、管理客体（人、财、物、信息、科技等）、管理目的
（结果与要求）、管理职能和方法（计划、组织、协调、控制、监督等）、
管理环境条件（政治、经济、资源、体制、文化等）五个基本要素构成，
将管理定义为"在一定的环境或条件下，管理主体为了达到一定的目的，
运用一定的职能和手段，对管理客体施加影响和进行控制的过程"②。依
此推断，中职教育质量管理机制是管理主体、管理客体、管理目标、管理
手段和管理环境五个要素的综合体及其发挥管理功能的运行形式。

（二）管理保障机制与其他保障机制的关系

物质保障、精神保障和管理保障相互联系，协同运行，形成中职教育
质量保障机制。其中，物质保障是中职教育质量生成的基础，包括中职学
校设施设备保障和经费保障等。设施设备包括教育教学场所、实习实训基
地等基础设施，应具有较为充足的配备，并能够得到及时维护，保证正常
使用；经费保障可用中职学校生均经费、学校总经费等指标给予报答，应
该能够确保中职学校教育教学工作的正常运行。精神保障重点在于构建优
化的中职教育运行环境，包括政策制度环境和社会舆论环境等。其中，政
策制度指各级政府及其教育行政部门关于中职教育发展的方针政策及质量
要求等；社会舆论包括民众对中职教育的诉求与认知等。管理保障是中职
教育质量生成的关键，包括各级政府及其教育行政部门、社会组织对中职
教育质量的行政管理、监督管理和中职学校的内部管理等。其中，行政管
理和监督管理包括政府教育行政部门及相关社会组织等对中职教育质量实
施的监督、检查、评价等，中职学校的内部管理包括为达到教育质量目标
所采取一切管理措施。在我国各级政府不断加大中职教育物质保障和精神
保障的前提下，强化质量管理保障机制已经成为当前工作的重点。

二　中职教育质量管理机制的现状

（一）中职教育质量管理的主体

中职教育质量管理主体回答了中职教育质量"谁来管"的问题。基

---

① 陈春花：《中国企业管理实践研究的内涵认知》，《管理学报》2011 年第 1 期，第 1—5
页。

② 李兴山：《现代管理学》（第三版），中共中央党校出版社 2010 年版。

于利益相关者视角，政府及其教育行政部门、学生及其家长、行业企业、中职学校以及对口招生高校等均具有中职教育质量管理职能，但各主体对中职教育质量的诉求存在一定差异。中职教育质量管理主体与管理客体、管理目标、管理手段、管理环境等的逻辑关系如图11—2所示。

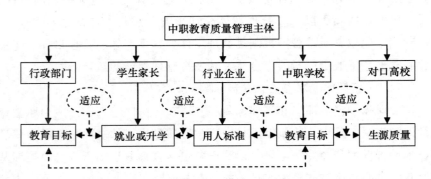

图11—2　中职教育质量管理主体的逻辑关系

　　政府及其教育行政部门成为中职教育质量的管理主体主要基于三方面的原因：一是中职教育具有准公共产品属性，政府具有维护公共利益的职能；二是中职教育发展需要政府投入，政府理应关注投入效果；三是中职教育是社会公众服务一项重要"产品"，需要政府加以引导。政府及其行政部门管理的诉求在于满足社会经济发展对高素质技能型人才的需求，促进就业，改善民生等。但是，目前政府在中职教育质量管理方面过于强势，在一定程度上影响了其他管理主体参与的积极性。

　　学生及其家长成为中职教育质量的管理主体主要基于两方面的原因：一是学生是中职教育的接受者和中职教育教学活动的直接参与者，直接涉及个人利益，且对中职教育质量状况最为了解；二是学生及其家长的满意度可反映中职教育质量，这在世界发达国家已广泛采用。中职学生对教育质量的诉求在于通过接受中职教育，实现个人综合素质的持续增进，顺利实现就业或升学。目前，我国中职学生参与教育质量管理的形式主要是"评教"，但仍存在学生合理诉求解决困难、学生意见表达不畅等问题。

　　行业企业成为中职教育质量的管理主体主要基于三个方面的原因：一是中职教育具有服务行业企业等用人单位的特殊属性，如其参与中职教育质量管理可直接表达其诉求，而仅仅依靠政府管理难以达成这一目标；二是行业企业是中职毕业生的最终接纳者、使用者，对中职教育质量状况——毕业生综合素质的表现状况最为知情，评价也最为客观；三是中职教育的质量目标主要来自行业企业需求，关注点在于中职教育培养的人才能够满足其生产经营需要。目前，我国推行的"订单式""2＋1"式等中职教育人才培养模式，虽然在一定程度上调动了行业企业参与中职教育质量管理的积极性，但行业企业对质量管理诉求的表达依然受限。因为多数中职学校为公立学校，多依据政府指令或自身实际办学，行业企业意见多作为参考。

中职学校是中职教育的实施者，理应是教育质量管理的主体。中职学校采用的人才培养模式、实施的教育教学方法、配备的师资力量和教育教学设施以及校风、教风、学风建设等，均直接影响到中职教育质量的生成过程及生成结果。中职学校对教育质量的诉求在于能够培养出合格的毕业生，尽力确保更多的学生顺利毕业。但是，目前我国中职学校多采用"科层制"的行政管理模式，授权评价与管理作用发挥不够，民主管理缺失，内部质量监管体系尚待健全，管理效果尚待提升。

对口招生高校成为中职教育质量的管理主体主要基于两方面的原因：一是对口招生高校是中职毕业生继续深造的接收者，期望得到高素质生源；二是与企业一样，对口招生高校是中职教育输出质量的评价者，可有效检验学生接受中职教育后各项素质的提升状况。对口招生高校对中职教育质量的诉求在于获得符合适应自身教育教学需要的优秀生源，具有较高的继续学习能力。但是，目前我国对口招生高校参与中职教育质量管理的实践案例极少。

（二）中职教育质量管理客体

中职教育质量管理客体回答了中职教育质量管理"管什么"问题。20 世纪 50 年代末，美国质量管理专家费根堡姆（Feigenbaum V. A.）和朱兰（Juran M. J.）提出了"全面质量管理"理论（Total Quality Management，TQM），其核心是由企业全体人员参加，运用现代科学和管理技术，预先把整个生产过程中影响产品质量的各种因素加以控制，从而保证和提高产品质量，使用户得到最满意的产品[①]。依据该理论，中职教育质量管

---

① 刘立户：《全面质量管理》，北京大学出版社 2004 年版。

理应以"教育输入—教育过程—教育产出"各环节为管理客体。各环节的逻辑关系如图 11—3 所示。

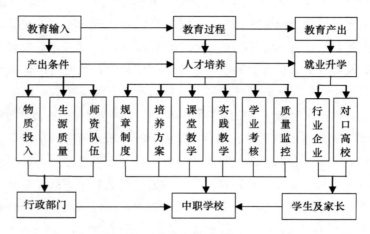

图 11—3 中职教育质量管理客体的逻辑关系

教育输入即产出条件；包括物质投入、师资队伍建设、生源质量等，是实现产出质量目标的基础，也是产出过程顺利进行的关键。近年来，我国各级政府不断加大中职教育投入，逐步改善了中职学校办学条件。通过建立规章制度，对教育输入进行了规范。如国家制定的中职学校办学标准、示范校建设标准等，均将教育教学条件和师资队伍建设等进行了量化规定，通过定期检查、督导、评估等措施，促进了中职学校的建设与发展。但是，由于中职学校所需投入多由县（区）等地方政府负担，所在县（区）经济发达的程度决定了中职学校办学条件的状况，导致各地对中职教育输入环节进行管理和保障的程度不同。

教育过程即人才培养过程，包括规章制度、培养方案、课堂教学、实践教学、学业考核、质量监控等多个环节，各环节紧密联系、相互影响和制约。目前，多数中职学校依据教育目标（人才培养目标）分设了就业和升学两类教学班，但多数学校仅有一套人才培养方案。就业班学生前两年在校学习，第三年学生到企业定岗实习。升学班则一直在校，第三年依据当地省级教育行政部门制定的对口升学教学大纲复习应考。就实践教学而言，多数中职学校组织形式较为分散，地点、方式、内容等也不尽一致。多数中职学校虽然采取了管理人员督导、日常教学检查、学生评教等措施实施了质量监控,但所获得的质量管理信息处于分散、孤立状态,难以进行横向与纵向比照,用于加强质量管理工作。

教育输出即学生毕业或就业或升学,集中体现在学生在知识、技能、能力、态度(或称中介变量)、行为的增进方面,可用学生及其家长的满意度、行业企业等用人单位或对口招生高校教师评价等方法实施测定、表达。近年来,部分中职学校将输出因素纳入质量管理体系之中,使人才培养目标更加明确,但各学校的重视程度不同,采取措施不一,效果也不够明显。秦书雅(2011)通过访谈得知,有半数以上的中职学校建立了输出因素质量管理体系,但真正实施并发挥作用的很少。究其原因,关键在于相关人员对输出质量管理的意识较为淡薄,毕业生去向复杂,实施难度较大[①]。

(三)中职教育质量管理目标

中职教育质量管理目标的实现与否可回答中职教育质量"管理结果"问题。企业质量管理的最终目标是通过建立完善的质量管理体系,整合、利用各类资源,提升产品质量,达到客户满意的目的。但是,不同顾客对产品的功能和特性具有不同的期望和要求,且这种期望和要求处于不断变化之中,企业需要不断改变自己来满足顾客期望和要求的变化。基于我国现实情况,中职教育"产品"的"客户"是企业和对口招生高校,中职学校应对质量目标需进行"双重"定位。一是培养直接就业的毕业生,满足劳动力市场对技能型人才需求,教育目标及教育质量可以"就业率"或"企业满意度""职业能力"等表达;二是为升学作准备,提升学生基础素质和继续学习的能力,使学生能够升入更高层级的学校继续学习,以"升学率"表达中职教育质量。

教育质量目标对教育活动、教学内容、教学形式和教学环节等具有定向和规范作用,也是教育质量评价的标准和依据。目前,不论是国家政策还是学界相关研究,教育质量目标多为宏观性、总领性的,可操作性较差,且多基于"实用主义"视角,"以人为本"的质量目标较少。特别是

---

① 秦书雅:《中等职业学校教学质量监控与保障研究》,硕士学位论文,河北师范大学,2011年。

基于升学和就业两个导向的中职教育质量目标的实施现状也不容乐观。梁淑桦（2013）对南宁市四所中职学校的调查结果表明，中职毕业生认为自身工作态度、基本工作能力较强，专业能力和应聘能力较弱[1]。可见，无论是他评还是自评，中职毕业生在就业方面所反映的中职教育质量均不容乐观。基于河北省六所对口招生高校教师评价的调查发现，中职生源学生多数素质指标均显著低于普高生源。可见，中职毕业生在升学方面所反映的教育质量状况也不容乐观。

（四）中职教育质量管理手段

中职教育质量管理手段回答了中职教育质量"怎么管"问题。20 世纪 70 年代末到 80 年代初，世界范围内广泛兴起了以追求"3E"（Economy，Efficiency，Effectiveness）为目标的新公共管理运动，主张政府管理职能应是"掌舵"而不是"划桨"，需由政府和市场共同提供公共服务[2]。近年来，我国中职教育质量管理也由政府管理为主逐步转向政府调控与市场调节相结合的治理模式，但在具体操作过程中仍需进一步强化。

政府对中职教育质量的管理主要采取规定、计划、通知等方法实施，直接干预了中职教育教学活动，优点是作用大、见效快，且行政命令可随时颁布或撤销，十分灵活。缺点是效率较低、缺乏社会与市场的参与，不能完全适应社会主义市场经济的发展需要[3]。中职学生的自身性格、文化基础、家庭和教育背景等不同，追求的中职教育目标也不一致。教师的教育教学方法能否奏效，也需要经过时间验证，且效果不完全以教师的意志为转移。同时，教育教学活动是一个连续的过程，处于不断发展之中，如果用行政命令手段实施"短、平、快"策略，希望整齐划一地达到某个质量标准，无疑是与教育规律相悖的，也会导致某些连续性的教育教学工作被人为地割裂。

市场调节又称"市场方法"或"市场方式"，指在一定范围内各类资源依据市场供求状况的合理配置和择优交易。中职教育如不采用市场手段

---

① 梁淑桦：《中职毕业生就业能力现状研究》，硕士学位论文，广西大学，2013 年。

② 彭未名、邵任薇、刘玉蓉等：《新公共管理》，华南理工大学出版社 2007 年版，第 102 页。

③ 阮艺华：《政府调控教育供求的目标及手段》，《教育评论》2001 年第 1 期，第 4—7 页。

实施质量管理，必然会造成各学校之间缺乏竞争，忽视教育质量。在市场竞争中，部分中职学校可能会被兼并，也可能兼并其他学校，或与其他学校联合办学，显然有利于职业教育资源的合理流动与科学配置。政府不可能也不应该具体管理学校的每一项事务，应依靠市场调节的方法，动员社会力量来推动和监督。目前，行业企业等用人单位越来越重视中职教育质量，但由于中职学校管理人员多为政府任命，仅对政府负责，很少强调对行业企业、对市场负责，导致用人单位难以全面发挥对中职教育质量监督和管理作用。

（五）中职教育质量管理环境

中职教育质量管理环境决定了中职教育质量"管理机制"运转问题。广义而言，机制与体制一样，也属于制度范畴，建立在一定的社会生产力发展水平之上，反映了社会的价值判断和价值取向，是由行为主体（国家或国家机关）所建立的调整各主体之间关系的具有强制性的规范体系。

目前，我国中职教育质量管理机制仍为"条块结合、以块为主"，办学、管理合二为一，优点在于办学主体、管理主体、受益人明确，体制内质量管理信息传递顺畅，但也表现出诸多弊端。上级政府主管部门与地方政府、地方政府与中职学校等教育质量管理责、权、利不够明确，教育资源处于分割状态，难以依据市场规则合理流动，实现优化配置，在一定程度上造成了人、财、物的闲置和浪费。此外，由于中职教育质量管理机制基本照抄照搬了普通高中教育的管理机制，未能体现中职教育特色，在一定程度上制约了中职教育质量的提升。尽管目前我国已经在逐步完善中职教育质量保障机制，但相对于中职教育的发展速度和多元化需求态势而言，构建中职教育质量管理机制的任务紧迫而又艰巨，表现在中职教育质量分类管理机制缺乏，教师队伍建设评估机制缺失，课程与教学改革滞后等多个方面。基于经济全球化和信息化的国际环境和我国经济社会发展新常态的要求，优化或重构中职教育质量管理机制成为历史必然和时代诉求。

三　中职教育质量管理机制的构建

（一）管理主体：构建多元参与格局

政府及其行政部门、行业企业、学生及其家长、中职学校等对中职教育质量的利益诉求既有相同点，也存在差异性。相同点体现在对学生综合素质的培养方面,差异性体现在升学、就业以及培养合格的"社会人"要求方面。教育公共管理应协调各相关主体利益诉求,通过协商达成共同的教育质量目标。中职教育重要政策的制定和执行过程应该是多个管理主体通过博弈、协调、对话、谈判以及妥协,追求广泛共识的过程。

构建中职教育质量管理多元主体参与格局,需要规避各主体的消极影响,发挥各主体的积极作用,在遵循市场规则、公共利益认同的基础之上,实现利益与权利的均衡。中共十八届三中全会通过的《中共中央关于全面深化改革若干重大问题的决定》提出,要"重点培育和优先发展行业协会商会类"等社会组织。《国务院关于加快发展现代职业教育的决定》中明确提出"健全企业参与制度,深化产教融合""加强行业指导、评价和服务"。可见,党中央和国务院相关决定为构建中职教育质量管理机制指明了方向。

(二)管理客体:准确把握质量环节

影响中职教育质量的因素涉及教育输入、教育过程、教育输出等各个环节,中职教育应准确把握各环节内涵,注重"质"的提升。国家层面应借助现代信息技术手段,采用数据监测平台等形式,关注中职教育的动态变化,建立中职教育质量监控体系;地方政府应从专业角度关注中职教育过程,促进中职学校依据区域经济社会发展需要设置专业,满足经济社会对技能型人才的需求,促进中职毕业生就业;中职学校应遵循"一切为了学生、为了学生的一切"的办学理念,准确把握影响中职教育质量生成的各个变量,对教育教学工作过程和绩效进行经常性的测量、分析和评定,加强教育质量监督和管理;明确行业企业的权利和责任,吸引其主动参与到中职教育人才培养的各个环节之中,积极参与中职教育质量监测和评估,构建与中职学校合作办学的长效机制。

(三)管理目标:明确双重教育任务

中职教育质量目标源于质量标准或契约,规定着中职教育质量管理的方向,是中职学校对社会做出的承诺。教育部等六部门制定的《现代职业教育体系建设规划(2014—2020年)》指出,"坚持以就业为导向办好中等职业教育,按照系统培养、全面培养、终身教育的理念,加强思想道德和职业道德教育,强化基础文化和体育、艺术课程,加强新技术教育和技能训练,为学生全面成才、持续发展奠定扎实基础"。这些内容体现了中职教育的社会价值，应作为制定中职教育质量目标的重要依据。但是，这些目标毕竟是宏观的、统领性的。应对现代职业教育体系建设需要和民众诉求，中职教育质量目标应明确升学和就业的双重任务，有的放矢地对质量输出作出具体规定。对于毕业后想就业的学生，以促进其实现顺利就业为质量目标；对于毕业后想升学的学生，以促进其顺利考入对口招生高校为目标。中职学校应将双重质量目标细化、具体化，使其具有分解性和延展性，并落实到相关教学部门。评价教育质量目标的实施情况，既可通过问卷调查、统计分析等方法实施直接测量，也可通过调查用人单位、对口招生高校教师满意度等指标实现间接测量。

（四）管理手段：政府与市场相统一

管理手段是保证各管理主体在管理活动中实现管理功能、完成管理任务的具体方法。中职教育质量管理手段有行政调控和市场调节两种方法，但它们不是非此即彼，而是互补与共生的关系。中共十八届四中全会提出，充分发挥市场配置资源的决定性作用。习近平总书记强调，要讲辩证法、两点论，"看不见的手"和"看得见的手"都要用好，努力形成市场作用和政府作用有机统一、相互补充、相互协调、相互促进的格局①。因此，应努力打破政府垄断中职教育质量管理的局面，动员社会各界力量积极参与，促进中职学校依据市场规则合理竞争，以质取胜。注重运用行政管理手段解决中职教育质量管理中的战略性和全局性问题，运用市场管理手段解决战术性和局部性问题。不同地区经济发展水平、不同中职学校基础条件状况决定了行政和市场两种手段的使用范围和使用强度，发达地区可更多地发挥市场在教育资源配置中的基础性作用，提高教育资源使用效率。欠发达地区则必须强化行政管理手段，政府担负起规划中职教育发展、加大中职教育投入等方面的责任。

（五）管理效果：元评估与持续改进

"元评估"是对评估活动的再评估，对于明确评估活动的价值和评价结果的缺陷、引导评估活动朝向正确的方向运行具有十分重要的作用。在我国加快构建现代职业教育体系的大背景下，中职教育质量管理必须基于

---

① 习近平:《"看不见的手"和"看得见的手"都要用好》，http：//news. xinhuanet. com/politics/2014－05/27/c1110885467. htm。

元评估程序实施反馈功能、指导功能，进而不断改进质量管理工作，确保质量管理效果。中职教育活动的"产品"具有特殊性，不仅需要衡量毕业生是否符合人才培养标准（规格）的既定目标，还需要衡量毕业生"可持续发展能力"的长远指标，质量评价（评估）过程应该是一个动态的、持续的过程，理应采取自我评价（评估）与校外评价（评估）相结合的方式，全方位、多层次查找问题，并做到及时改进。在具体操作中，应坚持重点监控与过程监控相结合、定性评价与定量评价相结合，实现全面管理、全员参与、全过程控制。中职学校应构建由上到下、逐级实施的"评价—反思—反馈—改进"教育质量管理持续改进模式，通过组建专业化、专门化、综合化评价机构，全面监督质量评价工作改进的过程，构建中职教育质量管理的科学化、常态化机制，不断改进中职教育质量评价方法。

第三节　积极推进特色中职学校建设

《国务院关于加快发展现代职业教育的决定》提出，积极推进"产教融合、特色办学，强化校企协同育人"①。教育部等六部门编制的《现代职业教育体系建设规划（2014—2020 年）》要求，"鼓励大型企业、科研机构和行业协会举办或参与举办以服务产业链为目标，主要依托企业开展教学实训，人才培养和职工培训融为一体，产教、科教融合发展，专业特色明显的特色学院"②。目前，各地正在推进"特色职业院校"建设工作，四川省成都市已在全国率先公布了首批立项建设"特色职业院校"名单③。但从总体情况看，各地特色中职学校建设进程尚不平衡，学界有关特色中职学校建设的理论研究仍然较少。由于特色中职学校必将集中展现特色中职教育质量，实现以"特"取"长"，以"特"求"新"，增加中

---

① 国务院关于加快发展现代职业教育的决定，http：//www. scio. gov. cn/ztk/xwfb/2014/gxb-jhzyjyggyfzqkxwfbh/xgbd31088/docuMent/1373。

② 教育部：《现代职业教育体系建设规划（2014—2020 年）》，http：//www. moe. edu. cn/publicfiles/business/htmlfiles/moe/moe_ 630/201406/170737. html。

③ 成都公布首批立项建设"特色职业院校"学校名单，http：//www. sc. xinhuanet. com/content/2015－01/12/c_ 1113957204. htm。

职教育的社会吸引力，因而也应是今后中职教育质量保障关注的重点工作。

一　特色中职学校建设的目标任务

特色指"事物所表现出的独特的色彩、风格等，它是事物特有的个性不同于一般的品质"①。特色学校是某一学校区别于其他学校所具有的独特的，且在短时间内难以形成的，被社会广泛认可的风貌②。特色是一个"静态"名词，而特色办学则是一个"动态"过程，特色中职学校的建设目标应从具体内涵和外部表征两个方面具体表达。

（一）特色中职学校的具体内涵

1. 服务目标明确化

特色中职学校应以服务产业链为目标。"产业链"是产业经济学中的一个重要概念，其基本内涵为"同一产业或不同产业的企业以产品为对象，以专业化分工为基础，以投入产出为纽带，以价值增值为导向，以满足用户需求为目标，依据特定的协作关系和时空布局形成的、上下关联的动态链式组织"③。在服务产业链的目标指向下，中职学校根据产业需要实施专业结构布局，出现类同于企业的专业化分工，有效地避免了专业设置雷同和专业重复建设。同时，中职学校从服务企业发展转向服务产业拓展，即可带动产业链的巩固与拉长，也可促使自身融入产业发展，通过建设品牌专业、精品课程等方式，不断推进自身改革与发展。

2. 办学主体多元化

国家鼓励大型企业、科研机构和行业协会举办或参与举办特色中职学校，其本质是倡导办学主体的多元化，逐步形成以政府主导、行业指导、企业参与的职业教育办学体制。首先，大型企业举办或参与举办特色中职学校，可充分发挥大型企业的相关优势，在为企业自身培养技术技能型人才的同时，也可有效提升相关资源的利用效率与社会效益；其次，科研机构举办或参与举办特色中职学校，可在提升中职学校教师队伍整体素质、

---

① 林佳:《自主招生视角下大学特色办学研究》，硕士学位论文，福建师范大学，2012 年。

② 刘春生、徐长发:《职业教育学》，教育科学出版社 2002 年版。

③ 宋胜洲、郑春梅、高鹤文:《产业经济学原理》，清华大学出版社 2012 年版。

提高人才培养质量的同时,加速科研成果的推广,使其尽快转化为现实生产力,积累社会财富;最后,行业协会集中了各企业意见,代表了行业利益。行业协会举办或参与举办特色中职学校,可促进职业教育人才培养标准、课程设置标准、实训基地建设标准等方面符合行业需求,促进中职教育逐步形成行业特色。

3. 教学实训基地化

特色中职学校主要依托企业开展教学与实训,由职业教育自身特殊性所决定。世界范围内倡导的现代职业教育需要与行业企业紧密结合,实施"校企合作、工学结合、定岗实习"的人才培养模式。我国各地中职教育的发展实践证明,完善的实践教学体系是职业教育得以实施的基本保障,实训基地建设则是构建现代职业教育体系的关键①。当前,我国中职学校实训基地一般分为校内实训基地和校外实训基地两种类型。校内实训基地的主要功能在于实现课堂(教室)无法完成的技能操作,而校外实训基地主要由企业承担,多为实习基地。加强中职学校企业实习实训基地建设,目的在于更好地发挥企业科技的前沿作用,保障中职学生的实习实训质量,促进中职学校紧跟企业科技发展步伐,培养社会满意、企业需要的技术技能型人才。

4. 培养培训一体化

特色中职学校应将人才培养和职工培训融为一体,充分体现职业教育的社会服务职能。当前,我国经济社会发展呈现新常态,无论是经济转型还是产业升级,或是企业科技进步,均需要对现有员工实施培训。在这种情况下,人才培养和职工培训融为一体成为特色中职学校服务产业链的重要方式。其中,人才培养主要指学生的培养,表现为学生技能、能力、道德等方面的增进,满足企业等用人单位对技术技能型人才的需求;职工培训主要指企业现有职工的培训和转岗、下岗职工的培训,对企业发展、社会进步以及改善民生等具有十分重要的作用。中职学校应积极拓展服务面向,急社会之所需,急企业之所求,大力开展职工培训工作,进而保证在职员工符合企业发展战略的需要,转岗员工及下岗职工满足新岗位的需

---

① 冯旭敏、温平则:《教育实训基地建设基本模式的构建》,《机械职业教育》2005 年第 2 期。

求。只有这样，中职教育才能够在认识新常态的前提下，达到适应新常态、引领新常态的要求。

5. 产教科教融合化

特色中职学校应实现产教、科教融合发展。首先，产教融合可推进中职学校专业设置与产业需求、课程内容与职业标准、教学过程与生产过程的对接，实现职业教育与企业技术进步和生产方式变革相适应，为企业发展提供重要人力资源支撑，提升职业教育服务区域经济发展能力；其次，改革开放以来，我国科学技术研究事业取得快速发展，科研机构拥有丰富的科研资源和高水平的科研人员队伍，储存着一大批急需推广的科技研究成果。基于中职学校良好的育人传统和齐全的专业设置，实施科教融合可将两者优势结合起来，建立资源共享、优势互补、共同发展的中职教育发展长效机制，在加快科技研究成果转化为现实生产力的同时，不断提升中职学校的育人能力和办学水平。

6. 专业建设特色化

从已有实践看，特色中职学校多以特色专业为主要表现形式。特色专业以满足经济发展需求为基点，以提高学生综合职业能力和服务学生终身发展为目标，集中反映了企业等用人单位需求。加强特色专业建设，必须逐步规范专业设置，不断更新课程内容，及时调整课程结构，根据区域经济社会文化需求和重点产业发展目标形成特色。新建专业应着眼于区域经济社会发展的重点产业、新兴产业和区域支柱产业、特色产业发展，形成专业的自身特色。传统专业应对办学形态、育人形态等进行有意识地选择和改造，形成鲜明的特色化办学理念、特色化办学模式和育人模式。通过新建特色专业和基于传统专业改造为特色专业，逐步将专业特色拓展为独特、稳定、优质的学校特色。

（二）特色中职学校的外部表征

1. 与区域经济联系紧密

区域经济发展与中职教育具有共生互动关系，特别是在当前全球化市场竞争环境中，区域经济发展必须依靠职业教育支撑，中职教育亦必须与区域经济发展同步。中职教育源于区域经济发展需求，区域经济的产业结构决定了中职教育的专业结构。不同区域具有不同的产业优势及特点，对劳动力的知识机构、类型结构等也具有不同的要求。按照服从于、服务于区域经济发展的原则，中职学校必须随区域经济发展特点形成自己的特色。同时，特色中职教育又作用于区域经济发展，二者形成相互依赖、相互促进的格局。中职学校是中职教育实施的载体，特色中职学校建设对发挥区域经济优势，以及在原有优势的基础上再造新的优势具有至关重要的作用。同时，区域特色产业也为特色中职学校建设提供了实践场地，为中职学校形成特色创造了条件。

2. 各类资源配置合理

职业教育资源配置是指职业教育行政部门和职业教育实施机构以促进社会进步和企业发展为目标，对各种职业教育资源（人力、物力、财力）加以统筹安排、合理利用和优化分配的全过程[①]。我国中职学校多为地方政府举办，长期以来实行政府调配资源机制。中共十八届三中全会通过的《中共中央关于全面深化改革若干重大问题的决定》指出，"处理好政府和市场的关系，使市场在资源配置中起决定性作用和更好发挥政府作用"。职业教育资源配置是否合理，主要应看是否符合市场规则要求。企业是市场竞争的主体，其内部动力和竞争压力在客观上形成一种强制，迫使去改进技术、改善经营、加强管理，推进资源不断优化配置，进而形成自己的优势与特色。中职教育通过实施"校企合作"，在企业和学校优势的基础上再造新的优势，必然会促进全社会职业教育资源按照各自追求的目标实现合理流动，实现各类中职教育资源的优化配置。

3. 满足人力资源市场需求

习近平总书记指出，"职业教育是国民教育体系和人力资源开发的重要组成部分，是广大青年打开通往成功成才大门的重要途径，肩负着培养多样化人才、传承技术技能、促进就业创业的重要职责"。人力资源市场需求集中反映了社会经济发展对人力资源的需求状况，职业教育的根本任务在于开发人力资源，服务民众就业需求，满足经济社会发展对技术技能型人才及民众终身职业生涯发展的需要。中职教育的"职业性""教育性"与"经济性"决定其必须以人力资源市场需求为导向培养技术技能型人才，并以培养人才的市场适应性和学生、企业满意度评价教育质量。

---

① 刘兰明：《高等职业技术教育办学特色研究》，华中科技大学出版社2004年版，第26页。

中职教育与人力资源市场必须建立高度的耦合机制，进而实现有效衔接与相互促动①。在一定程度上，特色中职学校应能保证人力资源市场对技术技能型人才的供给，满足市场对技术技能性人才多样化的需求。同时，特色中职学校应能快速、准确地了解人力资源市场需求动态和竞争情况，进而将这些信息作为中职学校课程设置和教学内容调整的主要依据，促进社会进步和经济发展。

4. 人才培养模式多样

职业教育人才培养模式是指在一定的教育理论、教育思想指导下，按照特定的培养目标和人才规格，以相对稳定的教学内容和课程体系、管理制度和评估方式，实施人才培养过程的总和。办学特色主要通过人才培养模式予以体现，是中职学校赖以生存与发展的基础。特色办学关键是"以特色办学"或"特色化办学"，中职学校凭借在长期办学过程中积淀形成的或另辟的有别于其他学校的特色人才培养模式，能够做到"人无我有、人有我优、人优我特"，在打造学校品牌专业、特色学科的基础上，充分利用现有教育资源，实现以特色人才培养模式带动特色专业，以特色专业带动特色学校的形成。特色中职学校应能立足自身实际，制定一套完整的教育教学管理制度体系，形成特色管理机制。根据特色专业形成多样化的人才培养模式，使之既能够满足人力资源市场需求，又能有利于促进学生的自我发展、可持续发展。

5. 教育教学环境优越

如果特色中职学校的其他外部表征需要深入分析、详细考察判定，那么特色职业教育环境则是"看得见、摸得着"的外部特征。教育教学环境主要包括物质环境和精神环境两个部分。物质环境也称为"硬环境"，主要指教育教学场所及其相配套的生活服务设施，包括教学设施设备、实训基地建设等诸多方面。教育教学环境反映了特色中职学校的办学实力，如实习实训基地建设的标准及利用率等。特色中职学校的实习实训基地应能为学生实施技能操作、产品制作、项目实施和技术开发等提供一系列模拟训练场所，配备较为先进的设施设备，能够满足培养学生实际操作能力

①　邰玉艳、梁成艾:《人力资源需求与职教发展的关联、机理和机制研究》，《教育与职业》2013 年第 30 期，第 5—8 页。

和就业能力的需要。精神环境也称为"软环境",主要指校风、学风、教风以及校园文化建设等。特色中职学校应以学生为主体、教师为主导,以文化思想、政治教育等活动为主要内容,构建自身的特色校园文化,充分发挥其对学生成长的引领和影响作用。

二 建设特色中职学校的遵循原则

立足我国职业教育发展的现实状况,实现特色中职学校的建设目标,必须遵循以下四项基本原则。

(一)依托特色专业原则

特色专业既是特色中职学校形成的基石,也是特色中职学校存在的具体表征。一般情况下,市场对职业教育发展的需求众多,但就一所中职学校而言,不可能也不应该包罗万象,只能是在某一个方面发挥优势,实现突破并最终以特色专业的形式表达出来。特色专业是一所中职学校连接社会需求与教学工作的纽带,是社会与学校的结合点。只有建成特色专业,才会建设特色中职学校。中职学校只有发挥优势建设特色专业,才能以特色专业带动特色中职学校建设,二者是相融互促,互为因果的关系。中职学校应本着"有所为,有所不为"的办学策略,集中必要的教育教学资源和师资队伍力量,以服务产业链为目标,根据区域经济社会需求和产业发展目标建设特色专业,并不断保持和巩固特色专业的领先地位,为同类型专业和本校其他专业建设发挥示范引领作用。通过特色专业建设,形成中职学校特色品牌,促进教育链和产业链的有机融合,以特色专业建设带动特色中职学校建设。

(二)依靠市场驱动原则

特色中职学校建设涉及因素众多,特别是特色专业具有较强的市场属性,必须充分发挥市场的作用。《中共中央关于全面深化改革若干重大问题的决定》指出,"经济体制改革是全面深化改革的重点,核心问题是处理好政府和市场的关系,使市场在资源配置中起决定性作用和更好发挥政府作用"。这一表述对市场的地位和作用进行了重新定位,是指导特色中职学校建设的有力思想武器。中职学校必须以服务产业链为目标,以服务人力资源市场需求为导向,以培养技术技能型人才为任务,针对市场需求设置专业。要充分利用市场配置资源的决定性作用,有效集聚行业企业、科研机构等社会组织机构的各类职业教育资源,建立与整个产业链相匹配的教育链。通过发挥市场的驱动作用,一方面淘汰或改造某些传统专业,另一方面及时开设一些社会急需专业,进而改变目前中职学校在专业设置上"小而全""大而全"的现象,集中优势资源形成一批特色专业,使职业教育人才培养与区域产业结构需求保持同步。

(三)多元主体合作原则

中职教育的本质特征决定了中职学校必须与行业企业、科研机构等单位实施深度合作,实行多元主体办学模式,最终才能形成自身特色。首先,中职学校专业建设需要合理利用各类资源,且这些资源多为紧缺资源,分散于行业企业及科研单位等多个主体。唯有实施多元主体合作,才能实现各类职业教育资源的有效集聚,增强职业教育服务实力;其次,特色中职学校建设所需要的各个要素存在于多个主体之中,某一元素如果缺少其他元素的支撑,就难以体现出特色或在特色中职学校建设中发挥作用。唯有实施多元主体合作,将各要素聚合一起形成整体特色,才能集合局部优势形成整体优势;此外,中职学校专业特色、人才培养模式特色以及课程建设特色等的形成,均需要加强多元主体合作。可见,唯有实施多元主体合作,才能保证各类中职教育资源的有效集聚,进而体现更高的利用效率与使用效益,保证特色中职学校的形成。

(四)产教科相融合原则

中职教育得到社会认可、体现特色,必须保证所培养人才的标准和规格与社会需求高度契合。首先,中职教育的"职业性"决定了中职学校专业设置必须与区域经济发展相适应,以服务产业链为目标,按产业链需求设置。中职教育内容必须与岗位需求相对应,让岗位要求成为教学目标,让岗位职责成为教学内容,让岗位技术成为职业技术。中职学校只有走产教融合之路,才能保证教学实体与企业实体相融,教学信息与行业信息同步,进而提升中职学校对行业企业职业能力分析的准确性。另一方面,中职教育适应新常态也需要与科研同步,中职学校不仅需要专业技术人员,还需要丰富的科研资源和高水平的科研人员。这些人员实施合作,可将科研成果迅速转化为现实生产力,形成特色的中职教育师资队伍。科研机构为特色中职学校的形成提供了便利的条件,加快了科技成果的转化速度。可见,唯有产教科融合,才能为特色中职学校专业设置、课程设置、人才培养目标确定等方面提供强力保障,加速特色中职学校的形成。

三 加快建设特色中职学校的措施

建设特色中职学校是我国推进职业教育改革与发展的重要举措,树立"特色立校、特色强校"的办学理念是特色中职学校建设的思想保障,构建与市场互动的办学机制是特色中职学校建设的重要基础。

(一) 适应新常态,形成办学理念特色

办学理念是一所中职学校在发展方向、办学目标、办学定位等方面所形成的一种教育观念和教学思想,是特色中职学校特有的办学方式。职业教育的"职业性""教育性"与"经济性"决定了中职学校必须以服务产业链为目标,与经济发展相适应。在经济新常态背景下,市场对中职教育的影响越来越大,已经成为资源配置的重要方式,不以行政意志和中职学校意志为转移。因此,中职学校应按照市场运行原则,自主地调节自己的办学活动,形成主动适应,主动变革,全面开放,与社会发展紧密结合的运行机制和办学模式,形成特色的办学理念,促进与经济社会的和谐、可持续发展。

(二) 应对新需求,形成专业建设特色

人力资源市场对技术技能型人才的要求在不断地发生着变化,部分岗位受到经济形势、产业结构变化的影响逐渐被其他岗位所替代,一些新兴岗位、新兴职业也不断涌现,特别是一些技术含量较高的岗位及第三产业发展所需要的一些专业岗位越来越多。中职学校必须以契合新兴产业和岗位需求为前提,积极适应区域经济结构、产业结构的变化,建设特色专业。专业设置应以服务产业链为目标,服务范围从服务企业发展转向服务产业,满足产业链上不同企业的需求。应与地区的经济结构相适应,为区域经济建设培养急需的一线技术技能型人才。应依托区域经济社会发展的重点产业、新兴产业以及区域支柱产业、特色产业进行专业设置,并逐步建设为品牌专业。应依靠科研机构,加强特色专业建设,加快科研成果的转化速度,促进生产力发展。

(三) 立足新任务,形成人才培养特色

中职教育的根本任务是培养生产、建设、管理和服务等第一线需要的技术技能型人才,人才培养特色是中职学校办学特色的集中体现。中职学校应积极完善人才培养模式,将"校企合作、工学结合、顶岗实习"的人才培养模式贯穿职业教育教学全过程,充分利用企业、行业、科研机构等资源,建立优势互补、资源共享的合作机制。根据人才培养目标需要,同步深化文化、技术和技能的学习与训练,逐步实现就业需求和人才培养模式的有机衔接。同时,人才培养模式的创新不仅体现在技术技能的掌握方面,还应体现在学生职业道德建设方面。要加强对学生的职业道德教育,开展丰富多彩的校园文化活动,融企业文化与校园文化为一体,培养具有现代职业理念和良好职业操守的高素质人才。

(四) 提高有效性,形成教学模式特色

职业教育的教学模式基本上是"教做学结合",从知识与技能结构上看,被认为是"生物模型",只能按技能的需要而定,不强调知识的系统性,但强调技能结构的合理性与技能项目的完整性。目前,我国中职学校教学上面临教师反映难教、学生反映难学两个基本问题,企业认为中职学校并没有教给学生所需要的知识与技能。改变这种状况,需要中职学校形成自己特有的教学模式,逐步提高课堂效率以及教学效果的有效性。要积极推进行动导向教学模式,创造一种学与教、学生与教师互动的社会交往情境,通过学生的学习活动构建知识形成能力,调动学生学习兴趣,激发学生学习动机,进而形成良好的学习氛围。按照中职教育服务产业、服务经济、增加就业的目标要求,积极构建产学研合作教学模式,采取课堂教学与实际工作相结合的教学方式,为学生搭建实习实训平台,培养适用于岗位群要求的技术技能型人才。

(五) 占据新视角,形成多主体办学特色

在我国经济社会发展的转型阶段,中职教育必须采取新的发展策略,实现多元主体办学,必须与企业、行业、科研机构等单位实施深度合作,形成优势互补、资源共享、互利共赢的长效机制。中职学校应加强与企业的合作,建立"校企合作"办学模式,加快实训基地的建设,为学生搭建实习实训平台。引进企业高级技术人才,加强"双师型"师资队伍建设;行业协会掌握各行业最新的需求信息,应积极参与中职学校专业设置、课程标准、人才培养目标等工作,为中职学校搭建与市场需求链接的桥梁。科研机构具有丰富的科研资源与优质的科研队伍,也可为中职学校实现特色办学提供支持。

第四节　增强中职教育的社会吸引力

中职毕业生的市场供给与需求、中职教育的发展愿景与发展现状之间存在着一定的差距，关键在于劳动力市场分割现象、中职教育消费价值降低、中职教育逐渐被职业培训所替代等所造成的社会吸引力逐渐弱化。Lipinska 等（2007）研究指出，职业教育吸引力主要表现在人们关注、了解职业教育，对职业教育本身和毕业生具有良好印象，把职业教育作为未来学习的选择之一，愿意以接受职业教育实现个人目标，并乐意推荐给亲友等方面[1]。教育部等六部门制定的《现代职业教育体系建设规划（2014—2020）》提出，"必须清醒地看到，我国职业教育仍然存在着社会吸引力不强等诸多问题"。同年，《国务院关于加快发展现代职业教育的决定》强调"提高职业教育社会影响力和吸引力"。可见，增强职业教育吸引力已成为我国中职教育发展愿景转变为现实所面临的一项迫切任务。

一　中职教育社会吸引力现状分析

（一）中职教育发展规模现状

1. 在校生规模

教育部网站[2]公布的 2008—2012 年高中阶段教育在校生数据如表 11—1 所示。可见，自 2011 年起，中职在校生规模逐年萎缩，且降幅逐年增大。2011 年、2012 年中职在校生（含成人中专）分别比上年减少33.2 万人、91.6 万人，降幅分别为 1.48%、4.15%；若不含成人中专，2011 年、2012 年中职在校生分别比上年减少 59.5 万人、107.2 万人，降幅分别为 2.94%、5.45%。而普通高中 2011 年、2012 年在校生分别比上年增长 27.5 万人、12.40 万人，增幅分别为 1.13%、0.50%。若不含成人高中和成人中专，2010 年、2011 年和 2012 年职普比（中职学校在校生与普

---

①　Lipinska P., Schmid E., Tessaring M. Zooming in on 2010：Reassessing Vocational Education and Training ［M］. Luxembourg：Office for Official Publications of the European Communities，2007：8，11.

②　教育部网站：《统计资料》，http：//www.moe.gov.cn/publicfiles/business/htmlfiles/moe/s7567/list.html。

通高中在校生比率）分别为 0.83∶1、0.80∶1 和 0.75∶1，亦逐年下降。

表 11—1　　　　　　2008—2012 年高中阶段教育在校生人数　　　　（万人）

年份	合计	普通高中	成人高中	中职教育					职普比
				小计	普通中专	成人中专	职业高中	技工学校	
2008	4 545.7	2 476.3	12.7	2 506.7	917.3	120.6	750.3	368.5	0.82∶1
2009	4 624.4	2 434.7	11.5	2 178.7	840.4	161.0	778.4	398.8	0.83∶1
2010	4 677.3	2 427.3	11.5	2 238.5	877.7	212.4	726.3	422.1	0.83∶1
2011	4 656.6	2 454.8	26.5	2 205.3	855.2	238.7	681.0	430.4	0.80∶1
2012	4 595.3	2 467.2	14.4	2 113.7	812.6	254.3	623.0	423.8	0.75∶1

注：1. 数据来源于教育部网站；2. 职普比未含成人高中和成人中专。

2. 年招生人数

教育部网站公布的 2008—2012 年高中阶段教育年招生人数如表 11—2所示。可见，自 2011 年起，中职招生人数（含成人中专）逐年减少，降幅逐年增大。2011 年、2012 年中职招生人数（含成人中专）分别比上年减少 54.2 万人、59.7 万人，降幅分别为 6.24%、7.33%；若不含成人中专，2011 年、2012 年中职招生人数分别比上年减少 42.1 万人、61.5 万人，降幅分别为 5.60%、8.66%。而 2011 年普通高中招生人数比上年增长 14.6 万人，增幅为 1.75%。若不含成人高中和成人中专，2010 年、2011 年和 2012 年职普比分别为 1.04∶1、0.97∶1 和 0.89∶1，亦逐年下降。

表 11—2　　　　　　2008—2012 年高中阶段教育招生人数　　　　（万人）

年份	合计	普通高中	中职教育					职普比
			小计	普通中专	成人中专	职业高中	技工学校	
2008	1 649.1	837.0	812.1	303.8	55.8	290.7	161.8	0.97∶1
2009	1 667.9	830.3	837.6	311.7	86.9	313.2	161.8	1.01∶1
2010	1 704.3	836.2	868.1	316.6	116.1	278.7	156.7	1.04∶1
2011	1 664.7	850.8	813.9	299.6	104.0	246.4	163.9	0.97∶1
2012	1 598.8	844.6	754.2	277.4	105.8	213.9	157.1	0.89∶1

注：1. 数据来源于教育部网站；2. 职普比未含成人高中和成人中专。

（二）中职教育发展规模预测

1. 在校生规模

依据教育部网站公布的 2009—2012 年高中阶段教育在校生数据拟合的多项式如表 11—3 所示。其中，中职在校生总量及普通中专、职业高中、技工学校在校生数量多项式拟合度均在 0.96 以上。普通高中教育在校生数量多项式拟合度相对较低，为 0.8 755。

表 11—3 　　　　　　　　预测 2015 年高中阶段教育在校生规模

类别	拟合多项式	拟合度	测算 2015 年在校生（万人）
中职在校生	$y = -28.925x^2 + 91.215x + 1\,956.3$	0.9 988	1 177.48
其中：普通中专	$y = -19.975x^2 + 89.285x + 773.07$	0.9 674	419.29
职业高中	$y = -1.475x^2 - 43.775x + 822.68$	0.9 985	443.98
技工学校	$y = -7.475x^2 + 45.705x + 360.58$	1.0 000	314.24
普通高中在校生	$y = 4.950x^2 - 12.25x + 2439.5$	0.8 755	2 596.30

在不考虑适龄人口变化因素的情况下，依据各多项式推算到 2015 年中职教育（不含成人中专）在校生规模为 1 178.48 万人，比 2012 年减少 680.92 万人，降幅为 36.62%。其中：普通中专、职业高中和技工学校在校生规模分别为 419.29 万人、443.98 万人和 314.24 万人，分别比 2012 年减少 393.31 万人、179.02 万人和 109.56 万人，降幅分别为 48.40%、28.74% 和 25.85%。同期普通高中在校生规模为 2 596.30 万人，比 2012 年增长 129.10 万人，增幅为 5.23%。普通高中教育在校生增加数量与中职在校生减少数量不尽相符，与普通高中在校生数量多项式拟合度较低有关。

2. 年招生人数

依据教育部网站公布的 2009—2012 年高中阶段教育年招生人数拟合的多项式如表 11—4 所示。其中：中职教育年招生人数以及普通中专、职业高中、成人中专年招生人数多项式拟合度较高，均在 0.93 以上。普通高中和技工学校年招生人数多项式拟合度相对较低，分别为 0.5 256 和 0.1 341。

表 11—4　　　　　　　　　预测 2015 年高中阶段教育年招生人数

类别	拟合多项式	拟合度	测算 2015 年招生人数（万人）
中职年招生	$y = -18.221x^2 + 95.379x + 731.48$	0.9403	506.30
其中：普通中专	$y = -5.864x^2 + 28.696x + 280.24$	0.9798	193.78
职业高中	$y = -7.7x^2 + 24.16x + 280.8$	0.9379	72.62
技工学校	$y = -0.0929x^2 - 0.172x + 161.8$	0.1341	156.05
成人中专	$y = -7.136x^2 + 54.524x + 8.64$	0.9317	40.64
普高年招生	$y = 0.69x^2 - 0.598x + 833.938$	0.5256	863.56

在不考虑适龄人口变化等因素的影响下，依据各多项式推算，到 2015 年中职招生规模为 506.30 万人，比 2012 年减少 247.90 万人，降幅为 32.87%。其中，普通中专、职业高中和技工学校招生数分别为 193.78 万人、72.62 万人和 156.05 万人，分别比 2012 年减少 83.62 万人、141.28 万人和 1.05 万人，降幅分别为 30.14%，66.05% 和 0.67%；而同期普通高中招生规模为 863.56 万人，比 2012 年增长 18.96 万人，增幅为 2.24%。由于普通高中和技工学校年招生人数多项式拟合度较低，预测数据准确性较差，仅供研究招生规模趋势参考。

（三）中职教育发展预测结论

尽管上述分析未考虑人口变化、政策变动等因素对中职教育发展规模的影响，但完全可以判断我国中职教育发展规模呈逐年萎缩态势。由预测数据可见，到 2015 年我国中职教育发展规模距《国家中长期教育改革和发展规划纲要（2010—2020 年）》提出的达到 2 250 万人目标相差 1 072.52 万人，仅为规划目标的 47.67%。即使将成人中专发展规模增幅考虑在内，也难以实现规划目标。如不采取有效措施，"中职教育与普通高中教育规模大体相当"的目标将难以实现。

（四）中职毕业生市场需求状况

1. 总体趋势

依据中国人力资源市场信息监测中心发布的全国 117 个城市公共就业

服务机构调查的人力资源市场供求状况有关数据①,将 2010—2013 年全国人力资源市场对中职毕业生的需求状况按季度平均值整理为表 11—5。可见,自 2010 年以来,全国人力资源市场对中职毕业生需求人数呈上升趋势。2012 年全国人力资源市场对中职毕业生需求人数达到 133.49 万人,分别比 2010 年、2011 年增加 6.00 万人、14.16 万人,增长 4.71%、11.87%;2013 年需求人数虽略有减少,但岗位空缺与求职人数比例达到 1.40,比上年增长 6.06%,创历史之最。

表 11—5   2010—2013 年我国人力资源市场中职毕业生供求状况

项目	2010 年	2011 年	2012 年	2013 年	年度平均
岗位空缺人数(万人)	166.55	158.79	177.99	182.99	171.58
实际需求人数(万人)	127.49	119.33	138.20	133.49	129.63
求职人数(万人)	133.24	116.76	134.84	130.71	128.89
岗位空缺与求职人数比率	1.25	1.36	1.32	1.40	1.33

注:数据来源于人力资源和社会保障部网站。

2. 需求现状

将中国人力资源市场信息监测中心公布的 2013 年全国 117 个城市公共就业服务机构调查的人力资源市场对不同学历人才岗位空缺与求职者比率数据整理为表 11—6。可见,2013 年各季度全国人力资源市场中职毕业生岗位空缺与求职者人数比率均为最高。各季度初中及以下、高中、中职、大专、大学文化程度人才岗位空缺与求职者比率年度平均值分别为 1.08、1.19、1.40、0.99、0.96,中职毕业生岗位空缺与求职人数比率分别高出初中及以下、高中、大专和大学文化程度 29.63%、17.65%、41.41% 和 45.83%,说明全国人力资源市场对中职毕业生需求呈强劲态势。

---

① 中华人民共和国人力资源和社会保障部网站,http://www.mohrss.gov.cn/SYrlzyhshbzb/zwgk/szrs/sjfx/。

表 11—6　　2013 年我国人力资源市场不同学历人才岗位空缺与求职者比率

学历	第一季度	第二季度	第三季度	第四季度	平均
初中及以下	1.09	1.10	1.00	1.11	1.08
高中	1.15	1.17	1.21	1.21	1.19
中职	1.37	1.32	1.42	1.47	1.40
大专	1.02	0.96	1.00	0.99	0.99
大学	1.03	0.91	0.95	0.96	0.96

注：数据来源于人力资源和社会保障部网站。

二　中职教育社会吸引力弱化成因

（一）基于劳动力市场分割理论

劳动力市场分割理论（Labour Market Segmentation Theory）也称双元结构劳动力市场模型（Dual Labour Market，DLM），由美国经济学家多林格尔（Doringer P.，1970）和皮奥里（Piore M. J.，1970）于 20 世纪 70 年代初提出。该理论将劳动力市场划分为主要劳动力市场（Primary Labor Markets，也译为"一级劳动力市场"）和次要劳动力市场（Secondary Labor Markets，也译为"二级劳动力市场"），主要劳动力市场劳动者就业稳定，培训和晋升机会较多，工作环境较好，具有较高的薪酬和福利待遇。次要劳动力市场劳动者就业不够稳定，缺少培训以及晋升的机会，工作环境相对较差，薪酬及福利待遇较低[1]。奥斯特曼等[2]（Osterman，1975）和梅休等[3]（Mayhew，1979）分别研究了美国、英国的情况，发现两国均存在劳动力市场分割现象，且劳动者在两类劳动力市场之间很难流动。劳动力市场分割与劳动者受教育程度和工作经历密切相关，低学历劳动者只能进入次要劳动力市场，脱离次要劳动力市场进入主要劳动力市场需要付出较大的成本。

---

[1]　Dekker R.，Grip A.，Heije H.，The effects of training and overeducation on career mobility in a segmented labor market［J］. International Journal of Manpower，2002，23（2）：106—125.

[2]　Osterman P.，An Empirical Study of Labor Market Segmentation［J］. Industrial and Labor Relations Review，1975，28（4）：508－523.

[3]　Mayhew K.，Rosewell B.，Labor Market Segmentation in Britain［J］. Oxford Bulletin of Economics and Statistics，1979，41（2）：81－107.

与美国、英国比较，我国劳动力市场分割现象更为严重。新中国成立之后，我国劳动力被体制性分割和制度性分割为"干部"和"工人"两大阶层。基于当时社会经济发展的实际需要，干部与工人身份亦可转变，"以工代干"现象较为普遍。随着改革开放及市场经济的发展，劳动力市场在社会人力资源配置中逐步趋于主导地位。但是，由于我国劳动力市场发育还不够成熟，分割形式趋向复杂多样，分割程度越来越重。以大学毕业生就业为例，过去仅有专科、本科分割，现在又有了985院校、211院校以及"一批本""二批本""三批本"等分割。部分用人单位在招聘职员时，明确规定所招募的人员必须毕业于哪类学校。再以用工形式为例，有编制内与编制外、合同工与临时工、人事代理与劳务派遣等分割。面对主要劳动力市场所设置的唯学历、唯资历、唯身份等条件，中职毕业生只能望而却步，不得已进入薪酬待遇较低、社会保障相对较差的次要劳动力市场，且在两类劳动力市场之间很难流动，中职学校毕业生如不进入上一层次的学校学习，等于已经把自己固定于次要劳动力市场。我国广大民众具有"望子成龙"的传统思维，中职教育将学生引入次要劳动力市场的功效使其社会吸引力逐步弱化，导致愿意接受中职教育的学生越来越少，中职教育必然出现规模逐步萎缩的现象。同时，生源质量越来越差，直接影响到中职教育质量。

（二）基于产品消费价值理论

产品消费价值由产品功能、特性、品质及市场供求关系等因素所决定，是顾客需求的核心，对顾客购买决策发挥着决定性作用。美国学者希斯（Sheth J. N.，1991）等将之归纳为 Sheth-Newman-Gross 消费价值模型，提出了产品消费价值理论（Theory of Consumption Values）[1]，认为任何产品或服务所提供的价值均包括其功能价值、社会价值、情感价值、认知价值和情景价值。如果产品的消费价值低下，必然会影响顾客的选择行为和购买行为。就功能价值而言，中职教育的人才培养目标定位于"培养服务、技术和管理第一线工作的高素质劳动者和中、初级专门人才"。而在现有条件下，多数中职毕业生所学专业与企业需求不尽匹配，中职教

---

① Sheth J. N.，Newman B. I.，Gross B. L.，Why We Buy What We Buy：A Theory of Consumption Values [J]．Journal of Business Research. 1991（2）：159 – 170.

育功能和社会预期相脱节,导致中职教育吸引力不强;就社会价值而言,由于中职毕业生就业后养老保险、社会福利等方面与高校毕业生存在较大差距,在部分地区甚至被排挤在社会保障系统之外,导致中职教育的社会价值难以被广大民众所认可;就情感价值而言,在"学而优则仕"的传统思维下,中职教育的人才培养目标难以唤起学生或家长对中职教育的情感,选择接受中职教育的人越来越少;就认知价值而言,多数中职学校存在实习实训设施设备陈旧、专业设置僵化、课程内容老化、教学方法单一等问题,难以唤起学生的好奇心,满足学生的求知欲,部分学生只能转向接受其他教育服务;就情景价值而言,随着我国大学生"就业难"问题的逐步显现以及部分地区设置的就业准入政策性壁垒和制度性障碍,中职毕业生面临大学毕业生和农民工的"双向替代",所持的《中职毕业证书》几乎毫无情景价值。

(三)基于市场产品替代理论

人类发展史一直不停地演绎着产品替代规律,如果一种新产品具有等同于或基本等同于另一种产品使用价值的属性,且具有效率更高、价格更低或者更能满足消费者需求等特点,则必将对消费者产生更大的吸引力。一般认为,产品替代可分为完全替代、基本替代和不完全替代三种情况,王璠等(2005)将完全替代称为不可逆替代①,认为新产品的出现必然会导致原有产品市场占有率逐步降低。产品替代在不断提升人民生活水平的同时,也导致大量无法适应市场变化的被替代产品生产企业逐步消亡。

目前,中职教育(可视为"教育服务产品")也面临着"双向替代"现象。就教育层次而言,我国基本普及了高中阶段教育,高等教育也从"精英教育"逐步走向"大众教育"。由于《中职毕业证书》的社会价值难以显现,人们为了追求更多的社会利益和更高的社会地位,必然将求学取向转为普通高中,以便自己能够升入高等学校就读获取更高的学历;就教育表征而言,多数中职学校开始实行"双证制",即中职学校毕业生在获取《中职毕业证书》的同时,还可获取表达其技能水平的《职业资格证书》《岗位证书》等,但后者必须通过国家行政部门指定的职业技能鉴

① 王璠、刘宽虎、梁琛:《不可逆产品替代的经济学分析》,《管理学报》2005 年第 2 卷第 1 期,第 76—79 页。

定机构考试考核后才能获得,中职学校提供的仅仅是教育服务,且这种服务逐渐被日益增多的社会培训机构所替代。教育部网站及《中国劳动统计年鉴》公布的数据表明,2010 年以来通过中职教育(全日制)获取职业资格证书的人数逐年下降,2011 年、2012 年分别比上年下降 2.18%、0.70%。而通过社会培训机构获取《职业资格证书》的人数却在逐年上升,2011 年、2012 年分别比上年增长 6.40%、4.50%。

(四)基于顾客满意度理论

顾客满意度指消费者对某一产品(或服务)的满意程度,是消费者对某一产品(或服务)的期望、实际感知以及二者之间相互比较的结果。1989 年,瑞典建立了世界上第一个全国性顾客满意度指数(Sweden Customer Satisfaction Barometer,SCSB)。5 年后,美国、加拿大、日本等国家相继引入顾客满意度理论进行教育评价,表现出强大的社会影响力。

顾客满意度源于产品或服务质量、价格等,并与情境因素和个人因素等直接关联[1]。目前,我国中职教育服务已从"卖方市场"逐步转向"买方市场"已是不争的事实,各中职学校之间、普通高中与中职学校之间生源竞争日益激烈,部分中职学校采取提前招生、有偿招生等办法抢夺生源。调查发现,中职学生期望于知识技能的传授以及职业能力的提高,主要看重的是就业前景。全国 16 省(市、自治区)中职教育服务质量调查结果表明,中职学生对中职教育服务质量的总体满意度不高,中职学校餐饮及卫生条件、组织学生参加社会实践、创新教育、订单培养、教师对学生的指导、创业能力训练等服务均未达到学生期望要求[2]。尽管目前国家对多数中职学生实行了免学费政策,但中职学生仍然需要支付交通费、住宿费等显性成本及机会成本等,就业后其收入及社会地位未能显现出接受中职教育与获取社会效益的正向关系,使中职学生对中职教育服务的满意度较低。同时,中职毕业生在知识结构体系、实践动手能力、职业修养等方面均无法全面满足企业需求,直接影响了中职毕业生的就业质量,导致

---

① Zeithaml V. A., Bitner M. J., Service Marketing [M]. New York: McGraw-Hill, 1996: 21.

② 刘燕、魏慧敏、闫志利:《我国中职教育服务质量现状及对策研究》,《中国职业技术教育》2014 年第 3 期,第 42—47 页。

中职教育社会吸引力越来越弱。

三　中职教育社会吸引力强化措施

实现我国中职教育发展愿景，提升中职教育质量，必须想方设法增强中职教育的社会吸引力，动员更多的适龄青年接受中职教育。实际上，吸引力本为物理学名词，基于与吸引力本身相关的"引力场""引力源""引力波""引力能"等概念，针对我国职业教育吸引力弱化的成因，应采取以下几项措施。

（一）重构服务目标，激发中职教育的"引力源"

中职教育的"引力源"指中职教育对民众产生吸引力的根源。如第三章所述，目前我国中职教育目标出现了"双向裂变"情况。"一向"为升学导向，学生毕业后继续求学深造，通过"对口升学""单独招生"等途径进入更高一级层次的教育机构学习[①]。另"一向"就业导向，学生毕业后直接就业。前者面向更高层次的教育机构，强调学生技能的积累和学习能力的培养；后者面向就业单位，强调动手操作能力和满足就业岗位需求。发达国家经验表明，无论是哪一层次的教育机构，均应将其服务目标统一到提高学生素质方面。在我国行业企业参与职业教育积极性较低的现实状况下，中职学校应重构服务目标，对准备"升学"的学生，应全面把握招生高校对学生素质的基本要求，围绕考试大纲制订相应的教学计划，合理安排教学内容，使人才培养更具针对性，以提高毕业生升学率增强中职教育的社会吸引力；对准备"就业"的学生，应全面推行"校企合作、工学结合、顶岗实习"的人才培养模式[②]，强化学生操作技能培养，使毕业生达到就业单位的基本要求，提高毕业生的就业率及就业质量，进而增强中职教育的社会吸引力。

（二）扩大服务领域，拓展中职教育的"引力场"

拓展中职教育的"引力场"指延伸中职教育吸引力的吸引领域，即

---

① 邵会婷、闫志利：《发达国家职业教育质量保障体系及其借鉴》，《教育与职业》2014年第35期，第11—14页。

② 闫志利、邵会婷：《我国中职教育吸引力弱化趋势的市场学分析》，《职业技术教育》2014年第35卷第19期，第5—10页。

扩大中职教育服务民众的范围。从纵向服务范围看,目前我国中职学校将招生对象限定为初中毕业生或具有同等学历者,这些人员实际上都是准劳动者,均为无职业人员。而美国、德国、英国等职业教育机构却吸引了大量的在职人员。在我国中职教育生源数量不断下降的情况下,仅仅依靠应届初高中毕业生增加生源数量、提升生源质量,显然不是最佳选择。国务院研究室发布的《中国农民工调研报告》数据显示,我国农村劳动力中接受过短期职业培训的占 20%,接受过初级职业技术培训或教育的占3.4%,接受过中职教育的仅占 0.13%,没接受过技术培训的高达76.4%[1]。可见,我国农村中职教育发展潜力巨大。中职学校应该从更大的范围内审视生源市场,拓展服务面向,积极参与到劳动者终身职业教育与培训体系中来。从横向服务范围看,目前我国中职教育多以行政区域为界,阻碍了生源流动。以北京市为例,在过去 5 年中,京外生源已占全部生源的 57.4%。为疏解人口缓解"大城市病",2012 年年底北京市出台了《进城务工人员随迁子女接受义务教育后在京参加升学考试工作方案》,导致 2013 年符合条件在京接受中职教育的仅有 477 人[2]。可见,消除现有政策性壁垒,建立全国统一的中职教育生源市场,是增强中职教育社会吸引力的必然选择。

(三) 提升服务质量,强化中职教育的"引力能"

中职教育质量越高对民生的影响越大,形成的"引力能"就越大,反之亦然。美国颁布相关法案强调,增强职业教育吸引力的核心是保障质量。如本书第九章所述,目前我国职业教育质量总体不高,学生满意度及行业企业认可度较低,直接影响到中职学校毕业生就业及就业质量,亟待建立中职教育质量标准体系和质量保障机制。借鉴世界发达国家经验,国家应制定全国统一的中职教育质量标准,实行中职教育"培训包"制度及中职教育质量全程监控制度,加快落实中职教育质量年度报告制度,推动由利益相关者参与的中职教育质量社会评价组织建设,定期对中职学校

---

① 国务院研究室:《中国农民工调研报告》,http://news.sina.com.cn/o/2006-04-17/07108 715233s.shtml。

② 史枫:《人口控制背景下首都职业教育:困难、机遇与策略》,《中国职业技术教育》2014 年第 24 期,第 39—44 页。

开展质量评估并及时向社会公布,以此规范中职学校各项教育活动,保证中职教育质量达到社会认可的水平,提升学生对中职教育服务的满意度。

(四)扩大服务影响,激荡中职教育的"引力波"

中职教育的"引力波"指中职教育的辐射能力。德国将每年6月24日定为"职业教育日",并通过一系列活动方案的实施,激荡了职业教育的引力波。英国也专门针对职业教育吸引力弱化问题,由政府投资实施了专项工程,在社会形成了广泛影响。我国民众由于传统"学而优则仕"思想根深蒂固,在选择学校类型方面形成了极强的思维定式。以普通高中毕业生为例,多数学生宁愿选择体制外的"高四"(即复课)继续学习,也不愿意接受中职教育。改变这种状况,需要国家尽快修订《职业教育法》,并扩大"职业教育活动周"的影响。政府相关部门、行业企业、职业教育机构及社会相关组织应积极宣传国家关于加快发展现代职业教育的方针、政策以及中职教育的地位和作用,接受中职教育的成功人士等,优化中职教育发展的舆论环境,增强民众对中职教育的认知,扩大中职教育的辐射能力。

(五)优化服务环境,保护中职教育的"引力态"

中职教育的"引力态"指中职教育社会吸引力存在的状态。既然国家确认中职教育是现代职业体系构建的基础,就应该千方百计优化中职教育发展环境,保持中职教育的社会吸引力。基于劳动力市场分割对中职教育发展带来的巨大影响,国家应加快构建公平、统一、规范的社会保障政策,提高技术技能型人才的福利待遇。消除编制内与编制外、合同工与临时工、人事代理与劳务派遣等员工的收入差异,逐步实现以岗定酬。不断提升普通劳动者的社会地位,使其能够有尊严的生活与工作。杜绝政府所属行政事业单位及国有企业在招聘员工过程中人为地分割劳动力市场的现象,实现以能力和绩效选拔人才、评价员工,努力营造"崇尚一技之长,不唯学历凭能力"的社会氛围,激发民众接受中职教育的积极性。借鉴部分发达国家经验,按劳动者学历分类确定最低工资标准,防止农民工及大学生两个群体替代适应中职毕业生的就业岗位,同时也防止过度教育浪费国家教育资源。进一步加大中职教育投入,加强中职学校基础设施建设,改善学生生活与学习环境,提升中职学校服务能力。引导中职教育建设一批特色学校,不断提升中职学校的社会知名度,以此吸引更多民众选择中职教育。

第五节　推动中职教育发展范式转型

职业教育与区域经济是同一时空下的共生共荣系统，二者密切联系，且互为依赖。建立中职教育发展与区域经济发展的良性互动关系，是推动区域社会发展、经济繁荣的根本动力，也是促进就业、改善民生的关键所在。发达国家及地区的经验表明，职业教育发展范式必须随区域经济转型而调整。在我国经济发展进入新常态的宏观背景下，积极推进中职教育发展范式转型，既是提升中职教育质量的重要保障，也是构建"中国特色、世界水平"的现代职业教育体系的一项基础性工作。

一　经济新常态下中职教育的责任

2014 年年底召开的中央经济工作会议指出，认识新常态、适应新常态、引领新常态是当前和今后一个时期我国经济发展的大逻辑。基于职业教育与区域经济发展互动理论，认识、适应、引领新常态是推进中职教育发展的重要前提。

（一）经济新常态的理论内涵

习近平总书记 2014 年 4 月在河南省考察时首次提出"经济新常态"这一概念，此后又在同年 11 月召开的亚太经合组织（APEC）工商领导人峰会上对"经济新常态"的内涵进行了阐释。众多学者认为，"经济新常态"概念的提出对构建中国特色社会主义经济学理论、经济发展周期理论等具有重要的指导意义，可有效促进经济社会实现又快又好发展的宏伟目标[①]。综合习近平总书记有关"经济新常态"的阐释以及 2014 年年底召开的中央经济工作会议有关部署，"经济新常态"概念既深刻揭示了我国经济社会发展的现实特征，也展示出我国经济社会发展的美好未来。

新常态预示着我国经济将逐步实现"四个转变"：一是经济发展速度从"高速增长"转变为"中高速增长"；二是经济发展方式从"规模速度

---

① 丁文峰：《经济新常态：认识·适应·引领——2014 年中央经济工作会议精神解读》，《中国党政干部论坛》2015 年第 1 期，第 44—49 页。

型粗放增长"转向"质量效益型集约增长",从"要素驱动、投资驱动"转向"创新驱动";三是经济结构调整从"增量扩能为主"转向"调整存量与做优增量并存",实现优化升级;四是经济发展动力从"传统增长点"转向"新的增长点",第三产业逐步成为主体,城乡区域差距逐步缩小,发展成果惠及更广大的民众。可见,我国经济发展将趋向形态更高级、分工更复杂、结构更合理的时代特征。特别是习近平总书记的"挖掘人口红利,创新利用人才红利"等相关论述,为我国职业教育改革与发展指明了方向。中职教育必须适应经济新常态的需要,对价值取向、体制机制等发展范式进行适当的调整。

(二) 新常态下中职教育的责任

2014 年年底召开的中央经济工作会议对 2015 年经济工作进行了全面部署,决定重点实施"五项重大任务"。其中,有两项任务直接明确了职业教育的责任,其他三项任务也间接涉及职业教育发展目标问题。

1. 努力保持经济稳定增长

中央决定将经济工作着力点转移到"转方式、调结构"的轨道上来,推进"四化(新型工业化、信息化、城镇化、农业现代化)同步"发展,强调"逐步加强新兴产业和服务业对国民经济的支撑作用,推动传统产业向中高端迈进"等具体措施。适应这一要求,中职教育必须与社会需求紧密对接,加大新兴产业与服务业人才的培养力度,为相关产业发展提供人力资源支撑。同时,通过加强在职人员职业培训服务企业转型升级。

2. 积极发现培育新增长点

中央提出,按照"市场要活、创新要实、政策要宽"的指导方针,让市场在资源配置中发挥决定性作用,依靠市场发现和培育新的增长点,依靠创新培育和形成新的增长点,营造有利于大众创业、市场主体创新的政策环境和制度环境。适应这一新常态,中职教育必须依据人力资源市场要求,建立健全专业随产业发展的动态调整机制。同时,将创业教育融入中职教育体系,实现创业知识与专业知识传授的有机结合,积极培育市场主体,激发全民创业热情,扩大社会经济总量。

3. 加快转变农业发展方式

中央指出,坚持数量、质量与效益并重的原则,引导农业发展转型,注重农业技术创新和可持续集约发展,提高农业综合竞争能力。强调通过完善职业培训政策，提高培训质量，造就一支适应现代农业发展的高素质职业农民队伍。可见，中央在明确农业转型原则、目标以及方式、方法的同时，将引导农业发展转型的基点置于造就高素质职业农民队伍之上，直接对职业教育提出了"提高培训质量"等具体要求。中职教育担负着培训新型职业农民的重要职责，必须适应新常态要求，及时了解农民培训需求，丰富培训内容，改进培育方法，提升培育效果。

4. 优化经济发展空间格局

中央提出，通过完善区域政策等措施，促进各地区协调发展、协同发展、共同发展。同时强调继续实施西部开发、东北振兴、中部崛起、东部率先的区域发展总体战略，重点实施"一带一路"、京津冀协同发展、长江经济带三大战略。与此相对应，教育部等六部门编制的《现代职业教育体系建设规划（2014—2020年）》也提出，鼓励各地制定职业教育协调发展政策，在京津冀、长三角、珠三角等地区率先推动跨省域合作，共享教学资源及科研成果等。可见，中职教育必须尽快打破地域限制，提升服务区域经济的能力。

5. 加强保障和改善民生工作

中央提出，更好地发挥市场在促进就业方面的作用，坚持以创业带动就业。努力提高职业培训质量，加强政府公共就业服务能力，让贫困家庭的孩子都能接受公平的有质量的教育。中职教育以"服务发展、促进就业"为宗旨，必须加快构建面向全体劳动者的终身职业培训制度，有效满足民众创业、就业及再就业的需要。通过消除政策性障碍和制度性壁垒等措施，推进区域中职教育资源共享。通过健全机制、强化监管等措施，努力提高中职教育质量，提升社会满意度。

二 中职教育转型发展必要性分析

《国务院关于加快发展现代职业教育的决定》指出，当前职业教育还不能完全适应经济社会发展的需要，结构不尽合理，质量有待提高，办学条件薄弱，体制机制不畅。其中，"不能完全适应经济社会发展需要"是整体评价，而"结构不尽合理""质量有待提高"等具体问题是对"不能完全适应"的进一步解析。

（一）教育结构不尽合理

职业教育结构内涵较广，包括层次结构、专业结构、生源结构等。在层次结构方面，我国中职教育规模自 2009 年以来表现出明显的逐年萎缩趋势，高职教育 2013 年招生数量也比 2012 年减少 11.85%。应用技术大学（学院）建设尚处于探索阶段，本科层次的技术技能型人才极为缺乏。在专业结构方面，多数中职学校仍依据自身基础设施及教师专业状况设置专业，尚未建立随产业发展动态调整专业设置的运行机制，导致毕业生就业"专业不对口"现象十分突出，难以满足人力资源市场需求。在生源结构方面，职业教育与职业培训被人为地割裂，中职学校生源仍以初中（九年义务教育）毕业生为主，尚未达到面向全体劳动者的目标。

（二）教育质量有待提高

目前，我国中职教育已进入以提升质量为核心的"内涵发展"阶段。从总体状况看，由于资金投入有限、教师队伍建设滞后以及行业企业参与度较低等问题的影响，中职教育质量问题引起了全社会的广泛关注，并直接弱化了其社会吸引力。如本书第四章所述，中职学生对中职教育服务质量的总体满意度不高，中职学校餐饮及卫生条件、组织学生参加社会实践、创新教育、订单培养、创业能力训练等服务均未达到学生期望要求。如第六章所述，目前企业对中职毕业生的职业能力总体认可度较低，中职毕业生的创新能力、组织管理能力、分析综合能力、基础知识、人格素养和专业知识六项指标均需大幅度提升。

（三）办学条件仍较薄弱

我国虽然已经初步构建起多元化的中职教育投入机制，但行业、企业及其他社会资本投资中职教育的积极性仍然不高，政府仍是投入主体。由于中职教育多由地方政府投资，受地方政府财力有限以及校企合作进展迟缓等问题的影响，区域间投资不尽平衡，中职教育公平问题日益凸显，服务民众创业就业的效果与经济新常态的要求尚有较大差距。部分中职学校特别是经济欠发达地区中职学校办学经费紧缺，教育教学设施、设备严重不足，难以满足学生实习、实践要求。同时，各种学生实习、实训所需材料市场价格不断上涨，部分中职学校只能通过缩减实习、实训时间，或减少耗材要求来维持学校正常运营，直接影响学生操作技能的训练与提高。区域中职学校办学条件差异较大的现实状况，也难以满足经济新常态下"让贫困家庭的孩子都能接受公平的有质量的教育"的要求。

（四）体制机制依然不畅

职业教育体制包括机构体制与规范体制。职业教育机制是职业教育各部分之间的相互关系及其运行方式，包括层次机制、形式机制和功能机制等。就中职教育体制而言，由于我国中职学校多由地方政府主办，教育行政部门既当"裁判员"，又当"运动员"，利益相关者参与程度明显不够。地方政府教育行政部门制定的职业教育发展方针、政策等，多从本地实际利益出发，存在明显的排他性。同时，职业教育"立交桥"建设尚未"完工"，中职、高职、本科到研究生的学习通道尚需拓展，普职沟通也需要迈出实质性步伐。中职教育运行机制仍处于行政计划阶段，行业企业指导、社会监督、政府服务等明显不够，中职学校办学自主权尚待落实，教育行政化现状急需改进，激励机制、保障机制尚待加强。特别是在经济新常态下，部分地方政府对市场在中职教育资源配置中的决定性作用重视不够，导致区域中职教育合作进展迟缓，资源利用率不高。

三 中职教育发展范式转型的路径

按照美国哲学家托马斯·库恩（Kuhn S. T.）的解释，范式指公认的模型和模式[①]。以此推断，中职教育发展范式指其发展过程中所采用的特定方法和形态，包括基本价值取向、功能定位、发展模式、管理体制和运行机制等。适应经济发展新常态，中职教育应尽快调整现行发展范式。

（一）重构价值取向：从"服务地方"转型为"服务区域"

目前，我国实行以地方为主的中职教育管理体制，中职学校专业设置、课程开发、实训基地建设、招生规模、学生就业等均在一定程度上取决于地方经济发展和产业结构调整的需要。当前，"全球化"和"区域化"已成为世界经济发展的两个基本向度，我国实施的"一带一路"、京津冀协同发展、长江经济带等发展战略，将打造区域经济一体化发展新格

---

① 转引自谭斌昭、杨永斌《试论托马斯·库恩的"范式"概念》，《教育理论与实践》2007年第27卷专刊，第273—276页。

局。在这种形势下,中职教育必须与区域经济一体化同步,从服务、服从于地方经济发展需要转向服务、服从于区域经济发展需要,随区域产业转移、人口流动而转变服务面向,实现跟踪服务。中职学校应在保持地方特色、发挥优势的同时,依据区域统一的人力市场需求设置专业,通过实施跨区域校企合作、校校合作等措施,从更为开阔的视域谋划人才培养、实训基地建设以及招生、就业等具体事宜。特别是部分专业发展面临国际合作的大背景下,中职学校应树立"走出去"的发展思维,积极推进国际合作。如我国高铁技术正在向海外推广,培养高铁维修、保养人才的中职学校应尽快与相关企业联系,将中职教育服务延伸到国际市场,增强其国际竞争力和影响力。

(二)转变发展模式:从"内涵发展"转型为"内外并重"

随着我国各级政府投入力度的不断加大,中职教育办学条件得到一定程度的改善,内涵建设水平逐步得到提升。按照中央提出的"提高职业培训质量""让贫困家庭的孩子都能接受公平的有质量的教育"的要求,中职教育应在继续恪守"内涵发展"理念的同时,兼顾职业教育外延的扩张。一是大力发展面向农村的中职教育,努力扩大农村学生(学员)招收规模,让所有农村人口都能够接受中职教育或劳动预备制培训,持续加大新型职业农民培育力度,促进农业发展方式的转变;二是构建面向全体劳动者的终身职业教育体系,立足劳动者职业生涯发展,分类制定中职教育服务体系,帮助劳动者适应传统产业向中高端迈进的需要,在促进经济"转方式、调结构"的同时,实现个人发展;三是构建从中职到研究生的现代职业教育体系,改变中职教育是"终结教育"的现状,形成技术技能型人才成长的"立交桥",通过消除行政性壁垒和制度性障碍,统筹开展农民工职业培训等工作,帮助农民工跨行政区域实现高质量就业或返乡就业。

(三)优化发展目标:从"地方视域"转型为"国际视野"

经济新常态凸显了我国经济发展空间格局发生的明显变化,各地区协调发展、协同发展、共同发展的大势已成。特别是随着"一带一路"、京津冀协同发展、长江经济带等战略的逐步实施,加强国际交流与合作已成为现代职业教育体系建设的根本诉求。在这种情况下,中职教育发展必须由地方视域转向国际视野,开展大交流、大合作,形成开放性中职教育的大格局。一是利用我国中职教育的影响力和竞争力，加强国际援助。特别是地处沿海、沿边地区的中职学校，应加强与周边国家相关教育机构的合作，提高我国中职教育的辐射力、影响力和带动力，实现以教育合作促进经济合作的目标；二是积极引进发达国家的优质中职教育资源，特别是有计划地引进国际先进适用的中职教育人才培养标准、专业课程体系和数字化教育资源等，为我国传统产业向中高端迈进提供强有力的人才支持；三是加快中职教育国家标准建设，并逐步向国际标准转型，使职业能力标准、资格证书标准等与国际对接；四是鼓励部分实力较强的中职学校到国（境）外合作办学，成为中国企业和产品"走出去"的协同者，推动"优进优出"战略的实施；五是积极鼓励中职学校与承揽海外大型工程（如高铁项目）的企业联合开办职业教育项目，充分利用当地人才，培育新的经济增长点。

（四）活化运行机制：从"单独行动"转型为"集团发展"

经济新常态要求职业教育以提高质量、促进就业、服务发展为导向，注重改革创新，深化产教融合。在这种情况下，中职教育仅靠单独行动，很难达到理想效果。按照教育部等六部门编制的《现代职业教育体系建设规划（2014—2020年）》，建设职业教育集团是今后一个时期职业教育改革与发展的一项重要任务。中职学校应按照市场导向、利益共享、合作互赢的原则，积极主动地参与职业教育集团建设，促进教育链和产业链的有机融合。政府行政部门应引导职业教育集团完善内部治理结构，通过成立董事会、理事会、监事会等组织，实现规范运作；建立健全相关政策制度，鼓励各地在重大产业建设工程中，同步规划覆盖全产业链的职业教育集团，为产业建设与发展提供人力资源支撑；同时，积极鼓励具有一定实力的职业教育集团与跨国企业、境外教育机构等开展合作，组建涉外职业教育集团，提高我国职业教育的世界影响力。

（五）改革管理体制：由"直接管理"转型为"依法治理"

经济新常态强调"市场要活，让市场在资源配置中发挥决定性作用"。提升中职教育质量，加快中职教育发展，需要按照中央关于"推进国家治理体系和治理能力现代化"的要求，逐步"完善学校内部治理结构"。正确处理好政府和市场的关系，政府由"直接管理"中职教育逐步转型为"依法治理"，努力形成市场作用和政府作用有机统一、相互补充、相互协调、相互促进的职业教育管理新格局①。一是进一步加强和完善职业教育立法工作,全面推进依法治教进程;二是坚持以治理理念优化中职教育运行机制,构建由政府为主导、多元利益相关者参与的中职教育管理体系架构,提升中职学校的办学活力与整体实力,培育名优品牌;三是加强中职学校内部治理结构建设,不断优化内部决策职能及决策程序,建立相应的中职教育运行监督评价机制;四是加强各利益相关者权益保障,促使中职教育办学水平、服务能力等与经济"新常态"相适应,以中职教育发展促进大众创业、万众创新,进而带动社会进步、经济繁荣。

---

① 周晶、万兴亚:《从管理走向治理:区域高等职业教育发展范式转型的路径研究》,《职教论坛》2014 年第 19 期,第 44—49 页。

参考文献

一 中文文献

毕重增：《职业能力倾向量表 EAS 的修订》，硕士学位论文，西南师范大学，2003 年。

编辑部：《见证 2014——我们眼中的中国职业技术教育亮点》，《职业技术教育》2015 年第 36 卷第 3 期。

宾奈特、希雪、魏斯曼：《区分性向测验：第五版（DATV）》，中国行为科学社 1999 年版。

蔡宗模、陈韫春：《高等教育质量：概念内涵与质量标准》，《清华大学教育研究》2010 年第 6 期。

藏臣：《高等学校中职生源与普高生源素质比较研究》，硕士学位论文，河北科技师范学院，2015 年。

曹照杰：《新中国中等职业教育体制的嬗变与反思》，硕士学位论文，西南大学，2010 年。

车峰、孙萍：《改革开放以来我国职业教育发展的政策工具》，《现代教育管理》2016 年第 3 期。

陈春花：《中国企业管理实践研究的内涵认知》，《管理学报》2011 年第 1 期。

陈国庆：《论中等职业教育与人力资源开发——以福建省中等职业教育为例》，《福建论坛》（社科教育版）2009 年第 6 期。

陈剑光、牛月蕾、徐丹等：《英国中小学教育增值评价改革及启示——基于兰开夏郡学校效能增值评价的实验研究》，《教育研究与实验》2013 年第 3 期。

陈解放：《工学结合教育模式可持续发展的理性期待》，《中国高教研究》2006 年第 8 期。

陈静、宗晓华：《职业技术教育的质量评估：国际经验与趋势》，《职业技术教育》2011 年第 10 卷第 9 期。

陈向明：《质的研究方法与社会科学研究》，教育科学出版社 2000 年版。

崔明云：《我国中等职业教育质量保障体系探究》，硕士学位论文，西南大学，2013 年。

［美］戴维·查普曼、安·奥斯汀：《发展中国家的高等教育——环境变迁与大学的回应》，范怡红主译，北京大学出版社 2009 年版。

刁洪斌：《基于能力本位的高职生顶岗实习评价模式》，《职教论坛》2011 年第 11 期。

丁良南：《中职学生升学意向调查报告》，《当代教育论坛》2011 年第 12 期。

杜风伟：《基于用人单位评价的中职学生职业能力培养策略研究》，硕士学位论文，河北科技师范学院，2014 年。

杜伟伟：《日本中等职业技术教育改革对我国的启示》，《吉林省教育学院学报》2012 年第 28 卷第 2 期。

段玉青：《德国职业教育经费保障体系对我国西部职业教育的启示》，《教育财会研究》2012 年第 3 期。

范先佐：《教育经济学：第二版》，中国人民大学出版社 2012 年版。

冯海明：《美国社区学院质量保障体系及启示》，《北京工业职业技术学院学报》2011 年第 1 期。

冯太学：《中职教育质量评价体系探析》，《交通职业教育》2009 年第 6 期。

冯旭敏、温平则：《教育实训基地建设基本模式的构建》，《机械职业教育》2005 年第 2 期。

高红梅、赵昕、王瑛：《辽宁省中等职业教育质量保障体系建设情况调研报告》，《现代教育管理》2009 年第 10 期。

高利兵：《中职专业教师队伍的现状及可持续发展对策研究——以安徽省为例》，《职教论坛》2011 年第 16 期。

高清海、张树义：《唯物辩证法的实质与核心》，上海人民出版社 1980 年版。

高殊、闫志利：《基于搜寻与匹配理论的职业教育市场化机制构建》，《教育与职业》2012 年第 35 期。

郜玉艳、梁成艾：《人力资源需求与职教发展的关联、机理和机制研究》，《教育与职业》2013 年第 30 期。

苟克娟：《注重素质教育，开展好课外活动》，《佳木斯大学社会科学学报》2007 年第 19 卷第 5 期。

郭晶晶、黄瑞：《澳大利亚职业教育质量保障机制探究》，《人力资源开发》2013 年第 10 期。

郭蕊、聂威：《教育增值评价的研究现状及其应用》，《长春师范学院学报》（人文社会科学版）2010 年第 29 卷第 5 期。

国家教委政策法规司：《中华人民共和国现行教育法规汇编（1990—1995）》，人民教育出版社 1998 年版。

国家教育委员会：《中华人民共和国现行教育法规汇编（1949—1989）》，人民教育出版社 1991 年版。

韩宇明：《社科院报告：内地 14 省养老金收不抵支，缺口 766 亿》，《新京报》2012 年 12 月 18 日。

何瑞薇：《全面质量教育》，华东师范大学出版社 2005 年版。

何文明：《正确理解"以就业为导向"的办学方针》，《江苏教育》2009 年第 9 期。

何应森、徐晓燕：《提高四川省中职师资培训的针对性和绩效性研究》，《继续教育研究》2013 年第 12 期。

和震：《中等职业学校教师素质状况与提高策略》，《教育研究》2010 年第 2 期。

洪松舟：《论增值评价法与教师有效教学》，《当代教育科学》2007 年第 9 期。

洪炜、龚耀先：《一般行政能力倾向测验的建构及信度、效度研究》，《中国临床心理学杂志》2000 年第 1 期。

胡永东：《德国职业教育的经费模式》，《中国职业技术教育》1996 年第

5 期。

黄光扬：《教育测量与评价》，华东师范大学出版社 2003 年版。

黄景驰、弗莱德·米尔：《在争议中前行：对英国实施私人融资计划的回顾》，《湖南科技大学学报》（社会科学版）2013 年第 16 卷第 3 期。

黄令：《德国职业教育质量保障体系的认识和启示》，《宁波广播电视大学学报》2012 年第 1 期。

黄日强：《德国职业教育经费的主要来源》，《世界教育信息》2016 年第 10 期。

黄蓉生、赵伶俐、陈本友：《质量与保障：坚守高等教育生命线》，教育科学出版社 2011 年版。

黄祚伟：《建立以能力为本位的中职教学评价方法的思考》，《安徽电子信息职业技术学院学报》2006 年第 5 卷第 6 期。

贾洪波：《辽宁人力资源素质状况分析》，《继续教育研究》2005 年第 6 期。

江建华：《农村职校教师心理健康问题的调查与干预策略》，《中小学心理健康教育》2010 年第 4 期。

姜大源：《现代职业教育体系构建的理性追问》，《教育研究》2011 年第 11 期。

姜志坚：《德国职业教育质量保障体系及其对我国的启示》，《当代职业教育》2013 年第 3 期。

蒋欣吟：《民办教育多元化投融资对策研究》，《吉林广播电视大学学报》2014 年第 8 期。

蒋云龙：《技校培养目标调整的思索》，《中国职业技术教育》2000 年第 2 期。

教育部政策研究与法制建设司：《中华人民共和国现行教育法规汇编（1996—2001）》，高等教育出版社 2003 年版。

敬菊华、张珂：《关于学生课外活动的类型及其作用分析》，《重庆工学院学报》（自然科学版）2007 年第 3 期。

康伟：《21 世纪中等职业教育质量特点及评价》，《职业时空》2007 年第 2 期。

孔祥富：《以〈纲要〉为指导提升中职教育质量的若干思考》，《新疆职业教育研究》2011 年第 1 期。

《劳动部关于深化技工学校教育改革的决定》，《职业教育研究》1993 年第 6 期。

老愚：《职业能力测试：你能干什么》，《职业技术教育》1998 年第 6 期。

李家祥、杨永兵：《云南省中职学校师资队伍现状及对策研究》，《中国职业技术教育》2007 年第 9 期。

李名梁、李媛媛：《利益相关者视角下提升职业教育吸引力的关键要素研究》，《河北师范大学学报》（教育科学版）2013 年第 15 卷第 5 期。

李萍：《新形势下民办中等职业教育质量问题研究》，硕士学位论文，中国地质大学，2011 年。

李文阁：《生成性思维：现代哲学的思维方式》，《中国社会科学》2000 年第 6 期。

李艳红：《我国中等职业教育投资体制研究》，硕士学位论文，河北科技师范学院，2012 年。

李义丹、马君：《职业教育质量评价的困境及其消解》，《中国职业技术教育》2012 年第 33 期。

李中玲：《高职学生职业能力测评的工具与方法》，《职教通讯》2010 年第 11 期。

梁淑桦：《中职毕业生就业能力现状研究》，硕士学位论文，广西大学，2013 年。

梁瀛尹：《菲律宾流浪儿童非正规教育援助策略及启示——基于五个成功援助案例的分析》，《世界教育信息》2015 年第 8 期。

梁忠义：《战后日本教育——日本的经济现代化与教育》，吉林教育出版社 1988 年版。

林佳：《自主招生视角下大学特色办学研究》，硕士学位论文，福建师范大学，2012 年。

林莉莉：《中职生数学厌学的心理分析与对策》，《科技资讯》2009 年第 34 期。

林素川：《福建省民办教育投资模式与发展政策研究》，《福建工程学院学报》2006 年第 2 期。

林小昭、邹新：《54 县自主安排财力占比不足三成》，《第一财经日报》2013 年 1 月 17 日。

刘春生、徐长发：《职业教育学》，教育科学出版社 2002 年版。

刘峰久、高再秋：《职业院校兼职教师队伍建设问题与对策研究》，《职教论坛》2016 年第 8 期。

刘广第：《质量管理学》，清华大学出版社 1996 年版。

刘合行：《美国职业教育开放性办学的研究与思考》，《中国职业技术教育》2012 年第 6 期。

刘来泉：《深化教学改革，突出特色，提高质量，进一步推动职业教育健康发展》，国家教委：《面向 21 世纪的职业教育教学改革》，高等教育出版社 1998 年版。

刘兰明：《高等职业技术教育办学特色研究》，华中科技大学出版社 2004 年版，第 26 页。

刘里里：《免费师范生入学动机、学习自我效能感和专业承诺的现状及其关系研究》，硕士学位论文，西南大学，2010 年。

刘晓欢、刘骋：《论职业教育的质量标准与质量评价》，《职业技术教育》2005 年第 26 卷第 19 期。

刘燕、魏慧敏、闫志利：《我国中职教育服务质量现状及对策研究》，《中国职业技术教育》2014 年第 3 期。

［美］刘易斯·艾肯、格罗思·马纳特：《艾肯心理测量与评估》，张厚粲、赵守盈译，中国人民大学出版社 2011 年版。

卢家楣：《情感教学心理学：第二版》，上海教育出版社 2000 年版。

卢立涛：《走向对话：促进学校内外部评价的互动与合作》，《宁波大学学报》（教育科学版）2008 年第 30 卷第 4 期。

卢竹：《加拿大社区学院 CBE 模式与 OBE 模式的比较研究》，《职教通讯》2014 年第 15 期。

陆春妹：《加拿大职业教育对我国高职教育的启示》，《苏州教育学院学报》2009 年第 5 期。

陆国民：《试析中高职贯通人才培养模式》，《教育发展研究》2012 年第

17 期。

吕红、石伟平：《澳大利亚职业教育质量保障体系探究》，《外国教育研究》2009 年第 1 卷第 36 期。

罗金彪：《浅析职业道德对提升高职学生就业竞争力的作用》，《佳木斯职业学院学报》2016 年第 3 期。

马小强：《尝试以学校增值评价推进教育公平》，《中国教育报》2006 年 11 月 25 日。

孟素香：《课外活动的启示——合作学习》，《晋中师专学报》1991 年第 2 期。

南旭光：《职业教育公私合作伙伴关系的理论审视与现实对策》，《中国职业技术教育》2015 年第 30 期。

欧阳常青：《教育质量：过程与状态的统一》，《江苏高教》2005 年第 2 期。

彭丽荃：《2010 年农民工监测报告》，中国统计出版社 2012 年版。

彭未名、邵任薇、刘玉蓉等：《新公共管理》，华南理工大学出版社 2007 年版。

彭云飞、沈曦：《经济管理中常用数量方法》，经济管理出版社 2011 年版。

齐丹：《影响高职学生职业能力培养的主要因素分析及对策——以旅游管理专业为例》，《长沙铁道学院学报》（社会科学版）2013 年第 14 卷第 1 期。

齐元召：《师资是中等职业教育发展的首要软肋》，《中国农村教育》2015 年第 10 期。

谯欣怡：《免补政策下中职教育需求不足的经济学分析》，《职业技术教育》2014 年第 19 期。

秦会峰、韩静国、邱文：《基于"工学交替"人才培养模式的探索与实践》，《机械职业教育》2014 年第 1 期。

秦惠民：《基础教育公私合作伙伴关系模式：问题与启示》，《教育研究》2009 年第 9 期。

秦书雅：《中等职业学校教学质量监控与保障研究》，硕士学位论文，河北师范大学, 2011 年。

邱开金:《高素质劳动者和高技能专门人才的诠释》,《职教论坛》2006 年第 5 期。

邱清华、陈银松:《中职学生综合职业能力现状调查及对策》,《职教通讯》2011 年第 2 期。

任钢建:《构建新型中等职业教育理念的思考》,《教育与职业》2011 年第 2 期。

阮艺华:《政府调控教育供求的目标及手段》,《教育评论》2001 年第 1 期。

邵会婷、闫志利:《发达国家职业教育质量保障体系及其借鉴》,《教育与职业》2014 年第 35 期。

沈丽茜:《基于工作过程导向的中职发展性教学评价研究》,《当代职业教育》2012 年第 9 期。

沈玉顺、卢建萍:《制定教育评价标准的若干方法分析》,《高等师范教育研究》2000 年第 12 卷第 2 期。

石学云、祁占勇:《中国职业教育改革发展的政策走向分析——1995～2008 年中国职业教育政策文本的定量分析》,《职业技术教育》2010 年第 31 卷第 34 期。

史枫:《人口控制背景下首都职业教育:困难、机遇与策略》,《中国职业技术教育》2014 年第 24 期。

史枫、白斌:《职业教育教师队伍能力发展中的问题与影响因素分析》,《教育与职业》2010 年第 17 期。

史广政、刘景宏:《职业能力测评在高等教育中的应用》,《人民论坛》2010 年第 302 卷第 9 期。

宋剑祥:《中外职业能力测评工具的分析与选择》,《昆明冶金高等专科学校学报》2014 年第 30 卷第 6 期。

宋胜洲、郑春梅、高鹤文:《产业经济学原理》,清华大学出版社 2012 年版。

宋贤钧、王建良:《澳大利亚职业教育与培训质量保障体系的印象及启示》,《兰州石化职业技术学院学报》2013 年第 13 卷第 1 期。

孙继恒：《关于中职培养目标的调查与思考》，《中国职业技术教育》1999
　　年第 11 期。

孙绵涛、康翠萍：《教育机制理论的新诠释》，《教育研究》2006 年第
　　12 期。

孙绵涛、康翠萍：《教育体制改革与教育机制创新关系探析》，《教育研
　　究》2010 年第 7 期。

孙燕：《以"情感教育"提高学生主体自学能力》，《四川职业技术学院学
　　报》2012 年第 2 期。

孙颖、刘红、杨英英：《日本职业教育质量外部评价的经验与启示——以
　　高等专门学校为例》，《外国教育研究》2014 年第 5 期。

孙颖、刘红、杨英英等：《日本职业教育质量外部评价的经验与启示——
　　以短期大学为例》，《比较教育研究》2013 年第 12 期。

汤生玲：《我国中部三省中职学校教师队伍发展现状抽样调查报告》，《职
　　业技术教育》2008 年第 29 卷第 28 期。

唐祥来：《PPP 模式与教育投融资体制改革》，《比较教育研究》2005 年第
　　2 期。

唐祥来：《公共产品供给的"第四条道路"——PPP 模式研究》，《经济经
　　纬》2006 年第 1 期。

唐祥来、倪琳：《国际基础教育公私伙伴关系（PPP）模式：论争与启
　　示》，《外国教育研究》2013 年第 4 期。

唐智彬、石伟平：《增强职业教育吸引力的国际经验及对我国的启示》，
　　《比较教育研究》2011 年第 1 期。

陶秉莹、吴银枝、陈益虎等：《大学生课外活动与素质教育》，《化工高等
　　教育》2005 年第 2 期。

《天津日报》记者：《国家职教改革示范区在津"升级"》，《天津日报》
　　2015 年 7 月 6 日。

王璠、刘宽虎、梁琛：《不可逆产品替代的经济学分析》，《管理学报》
　　2005 年第 2 卷第 1 期。

王经绫、贾政翔：《中等职业教育经费保障问题研究》，《中国财政》2012
　　年第 9 期。

王军红：《职业教育质量生成及其机制研究》，博士学位论文，天津大学，2013 年。

王丽娜、郭忠良、车宏生等：《行政职业能力倾向测验：历史、现状与未来研究》，《心理学探新》2012 年第 32 卷第 3 期。

王敏：《教育质量的内涵及衡量标准新探》，《东北师大学报》（哲学社会科学版）2002 年第 2 期。

王全林：《教学成果与教育质量观》，《六安师专学报》（综合版）1998 年第 14 卷第 4 期。

王伟、高齐圣：《DEMATEL 方法在高校教学设计中的应用》，《现代教育技术》2009 年第 19 卷第 3 期。

王文槿：《关于增强职业教育吸引力的国际文献综述》，《中国职业技术教育》2010 年第 4 期。

王文晓：《中职学生顶岗实习评价质量指标体系研究——以酒店服务与管理专业为例》，硕士学位论文，河北师范大学，2011 年。

王璇、闫志利：《民间资本入资公办职业学校的制度体系构建——基于 H 省某中等职业学校的案例分析》，《职业技术教育》2013 年第 34 卷第 13 期。

王颜芳：《企业人力资源开发活动的评估研究》，《中国石油大学学报》（社会科学版）2008 年第 24 卷第 1 期。

王艳玲：《基础教育公私合作伙伴关系现象解读》，《肇庆学院学报》2013 年第 7 期。

王永保：《试析中职教育投资体制改革的必要性》，《青海师专学报》（教育科学版）2004 年第 2 期。

卫铁林：《基于 AHP 的高校毕业生就业质量评价模型构建》，《教育与经济》2013 年第 2 期。

吴明隆：《问卷统计分析实务——SPSS 操作与应用》，重庆大学出版社 2010 年版。

吴伟成、张焱：《我国中职教育财政保障政策的必要性与纵深研究》，《职业教育研究》2012 年第 6 期。

吴晓义：《"情境—达标"式职业能力开发模式研究》，博士学位论文，东北师范大学,2006年。

夏成满:《德国"双元制"职业教育制度及其启示》,《江苏高教》2005年第1期。

夏连海:《擎起学校文化旗帜》,中国建材工业出版社2011年版。

向玲:《职业教育质量保障体系构建探析》,《职教通讯》2008年第8期。

谢承华:《AHP及其应用》,《兰州商学院学报》2001年第17卷第2期。

谢晋宇:《人力资源开发导论》,清华大学出版社2011年版。

辛儒:《德国职业教育"双元制"及其对我国职业教育的启示》,《河北大学成人教育学院学报》2006年第1期。

邢恩政:《将行业企业用人标准纳入职教生评价标准的研究》,《职业教育改革动态》2012年第16期。

徐桂庭:《免学费政策的实施对中等职业教育吸引力的影响分析》,《职教论坛》2011年第31期。

徐国庆:《职业教育原理》,上海教育出版社2007年版。

徐国庆、雷正光:《德国职业教育能力开发的教育理念研究》,《中国职业技术教育》2006年第11期。

徐英俊:《北京市中职学校专任教师现状调查》,《职教论坛》2006年第22期。

徐英俊、齐爱民、李抗美:《北京市中职师资队伍现状问题与对策》,《职业技术教育》2006年第27卷第7期。

薛薇:《SPSS统计分析方法及应用》,电子工业出版社2007年版。

闫华飞:《基于项目反应理论的职业能力测评研究》,《当代经济》2012年3月(上)。

闫志利、丁秀艳、郑丽媛:《中等职业学校工学结合人才培养模式的构建》,《职业技术教育》2010年第23期。

闫志利、邵会婷:《我国中职教育吸引力弱化趋势的市场学分析》,《职业技术教育》2014年第35卷第19期。

闫志利、宋晓欣、刘燕:《我国中职毕业生市场需求与供给状况分析》,《中国职业技术教育》2014年第24期。

闫志利、魏慧敏:《中职教育办学导向的"偏离"与"矫正"》,《职业技术教育》2013 年第 34 卷第 28 期。

严雪怡：《试论人才分类的若干问题》，《理论研究》2000 年第 5 期。

杨彩菊、周志刚：《第四代评价理论对高等职业教育评价的启迪与思考》，
　　《中国职业技术教育》2012 年第 30 期。

杨丽、胡克祖：《加拿大职业教育教学质量外部保障体系评介》，《厦门城
　　市职业学院学报》2013 年第 2 期。

杨瑞龙、周业安：《企业的利益相关者理论及其应用》，经济科学出版社
　　2000 年版。

杨尧、王宇、汤昕：《高职职业能力测评研究》，《新校园》2013 年第
　　9 期。

杨晔：《哈尔滨招聘事业编制环卫工，吸 29 位硕士报名应聘》，《黑龙江
　　日报》2012 年 10 月 23 日。

殷海涛、闫志利：《中职教育质量的影响因素与认知差异研究——基于河
　　北省唐山、秦皇岛两市中职学校的调查》，《职业技术教育》2014 年第
　　35 卷第 10 期。

尹波：《基于 EC2000 的高职院校教学质量保障体系探索与实践》，《职教
　　论坛》2010 年第 24 期。

尹恒虚：《企业、行业对中等职业学校的影响和作用——赴澳大利亚职业
　　教育考察随笔》，《科学咨询：教育科研》2006 年第 12 期。

于孝廉：《中等职业教育质量保障体系建设现状分析》，《现代教育》2015
　　年第 5—6 期。

余小波：《高等教育质量概念：内涵与外延》，《高教发展与评估》2005
　　年第 6 期。

袁东敏：《学生评价高等职业教育服务质量的国际经验——以美国的 SSI
　　和加拿大安大略省的 KPI 为例》，《现代大学教育》2010 年第 3 期。

原青林：《亚太地区基础教育公私合作伙伴关系个案研究》，《外国中小学
　　教育》2011 年第 7 期。

原青林、王艳玲：《国外基础教育 PPP 模式新探》，《外国中小学教育》
　　2010 年第 7 期。

曾捷文：《职业教育：人力资源开发的引擎》，光明日报出版社 2006

年版。

曾亚莉：《签约率不足四成，大学生遇"史上最难就业季"》，《金陵晚报》2013 年 4 月 11 日。

张炳耀：《天津部分中等职业学校师资队伍建设问卷调查结果分析》，《中国职业技术教育》2006 年第 11 期。

张德芳：《现代教育技术在职业教育教学质量评价指标体系中的应用研究》，《重庆职业技术学院学报》2003 年第 2 期。

张华夏：《实在与过程——本体论哲学的探索与反思》，广东人民出版社 1997 年版。

张华夏、张志林：《从科学与技术的划界来看技术哲学的研究纲领》，《自然辩证法研究》2001 年第 2 期。

张基宏：《澳大利亚职业教育与培训模式成功的密码——赴澳大利亚研修报告》，《世界教育信息》2012 年第 8 期。

张亮：《普通高中学生增值评价研究》，博士学位论文，山东师范大学，2010 年。

张亮、张振鸿：《学校"增值"评价的内涵与实施原则》，《当代教育科学》2010 年第 10 期。

张琳、段鸿斌：《课外活动与素质教育》，《信阳农专学报》1998 年第 2 期。

张启富：《高职教育就业导向中的适应性问题研究》，《黑龙江高教研究》2006 年第 4 期。

张起勋、赵宏伟、张忠元等：《浅谈大学工科专业基础课教学与实践》，《长春理工大学学报》（社会科学版）2013 年第 26 卷第 6 期。

张庆林、杨东：《高效率教学》，人民教育出版社 2002 年版。

张睿麒：《中国传统文化观念对大学生文化行为的影响》，《学习月刊》2016 年第 4 期。

张耀天、肖泽平：《中等职业教育质量保障现状调查与分析——以重庆市为例》，《职教论坛》2012 年第 16 期。

赵岩铁：《澳大利亚职业教育的外部质量保障体系与启示》，《职教研究》2013 年第 13 期。

赵中朝：《关于中学课外活动的初步调查》，《江西教育科研》，1988 年第 4 期。

郑书娴：《一般能力倾向成套测验（GATB）在大学生中的应用研究》，硕士学位论文，苏州大学，2010 年。

郑秀英、周志刚：《"双师型"教师：职教教师专业化的发展目标》，《中国职业技术教育》2010 年第 27 期。

钟未平：《韩国中等职业教育发展（上）》，《世界教育信息》2014 年第 15 期。

钟未平：《韩国中等职业教育发展（下）》，《世界教育信息》2014 年第 17 期。

周红利：《澳大利亚职业教育体系研究》，《教育学术月刊》2013 年第 1 期。

周洪宇：《尽快制定〈教育投入法〉》，《教育与职业》2012 年第 34 期。

周劲松、张晓湘：《"用工荒"背景下的职业教育招生难探源与应对策略》，《中国轻工教育》2010 年第 1 期。

周晶、万兴亚：《从管理走向治理：区域高等职业教育发展范式转型的路径研究》，《职教论坛》2014 年第 19 期。

朱冰：《国外企业参与高等职业教育的经验和启示》，《继续教育研究》2010 年第 12 期。

朱静颖：《我国职业教育财政投资体制研究》，硕士学位论文，湖南农业大学，2007 年。

朱智洺：《李克特式量表与模糊语义量表计分的差异比较——以正态模糊数仿真为例》，《统计与决策》2008 年第 22 期。

二　英文文献

Calder W. B. , Gordon B. , Developing in situational leadership for improved student success ［Z］. College Canada, 1996.

Cockrill, Antje, Scott, et al. Vocational Education and Training in Germany：Trends and Issues ［J］. Journal of Vocational Education & Training, 1997（49）.

David L. , Quality Assurance in Higher Education: A study of developing countries [M] . Ashgate Publishing Company, 2001.

Dekker R. , Grip A. , Heije, H. , The effects of training and over education on career mobility in a segmented labor market [J] . International Journal of Manpower, 2002, 23 (2) .

Department of Elementary and Secondary Education Division of Career Education. Perkins Summary and Future Plans for Implementation Fiscal Years 2008 – 2013 [R] . Missouri Career Education, 2008.

Diana G. , What is Quality in Higher Education, The society for Research into Higher Education [M] . London: Education Ltd, 1994.

Fetterman D. M. , Foundations of Empowerment Evaluation [M] . Thousand Oaks, CA: Sage, 2001.

Grant H. , Quality Assurance for Higher Education: Developing and Managing Quality Assurance in Higher Education Systems and Institutions in Asia and the Pacific [M] . NESCO, 1996.

HODGE G. Introduction: the PPP phenomenon and its evaluation [C] //HODGE G. International Handbook on Public – Private Partnerships. Cheltenham, UK: Edward Elgar, 2010.

IIEP. External quality assurance: options for vocational education managers module [M] . Making Basic Choice for External Quality Assurance Systems, 2012.

Lawley D. N. , Maxwell A. E. , Factor analysis as a statistical method [M] . London: Butterworth, 1971.

Lipinska P. , Schmid E. , Tessaring M. Zooming in on 2010: Reassessing Vocational Education and Training [M] . Luxembourg: Office for Official Publications of the European Communities, 2007.

Mayhew K. , Rosewell B. , Labor Market Segmentation in Britain [J] . Oxford Bulletin of Economics and Statistics, 1979, 41 (2) .

Minkea A. Review of the Recent Changes in the Scholastic Aptitude Test Reasoning Test ［N］. Eric, Report: CBR (1996 – 01 – 15).

Murphyk R., Davidshofer C. O., Psychological Testing ［M］. Prentice – Hall, Inc. 1994.

Osterman P., An Empirical Study of Labor Market Segmentation ［J］. Industrial and Labor Relations Review, 1975, 28 (4).

Richardson, William. Perspectives on Vocational Education and Training in Post – war England ［J］. Journal of Voca – tional Education & Training, 2007 (59).

Ruch W. W., Stung S. W., Employee Aptitude Survey Examiner's Manual ［M］. Psychological Services, Inc. 1994.

Samuel Morison. A Concise History of the American Republic ［M］. New York: Oxford University Press, 1993.

Sanders W. L., Horn S. P., The Tennessee Value – added Assessment system (TVAAS): Mixed – Model Methodology in Educational Assessment ［J］. Journal of Personnel Evaluation in Education, 1994 (8).

Sheth J. N., Newman B. I., Gross B. L., Why We Buy What We Buy: A Theory of Consumption Values ［J］. Journal of Business Research. 1991 (2).

Skolnik M. L., Quality Assurance in Higher Education as a political Process ［J］. Higher Education Management and policy, 2010 (1).

Stevens J., Applied multivariate statistics for the social sciences ［M］. New Jersey: Lawrence Erlbaum Associates, 1986.

Stufflebeam D. L., Madaus G. F., Kellaghan T., Evaluation Models: Viewpoints on Educational and Human Services Evaluation (2nd ed.) ［M］. Boston: Kluwer Academic Publishers. 2000.

Thorndike R. M., Thorndike – Christtm. Measurement and Evaluation in Psychology and Education ［M］. London: Pearson, 2009.

Van D. D., Accreditation and Quality Assurance in Europe ［M］. Bern, Switzerland, 2004.

Watts F. N., Everittbs B. S., The Factorial Structure of the General Aptitude

Test Battery [J] . Journal of Clinical Psychology, 1980, 36.

Wayne K. H. , Cech G. M. , Educational administration: Theory, Research, and Practice (Seventh Edition) [M] . New York: McGraw – Hill, 2005.

Zeithaml V. A. , Bitner M. J. , Service Marketing [M] . New York: McGraw – Hill, 1996.

后　记

　　我在担任中职学校主要负责人之时，深感中职教育质量涉及主体众多，地方政府领导的重视程度、相关部门的政绩意识以及行业企业的利益取向等均影响到中职教育质量目标的达成。面对社会期望与民众（主要是学生家长）嘱托，中职学校必须强化相关协调工作。后来，虽然我任职的中职学校被评为国家级重点职校，也多次受到各级政府的表彰，但就我本人而言，有关中职教育质量是什么，怎样评价和保障中职教育质量，一直是百思不解的问题。

　　带着上述疑问，我到河北科技师范学院工作后便向教育部申报了《中职教育质量评价体系及保障机制研究》这一课题。项目获批后，凭借过去担任中职学校主要负责人期间建立起的人脉关系以及为国家中职学校骨干教师培训班授课所认识的学员，广泛开展了调查研究工作。当问及有关教育质量问题时，人们往往将"一批本""二批本"升学率作为普通高中教育质量的代名词，这也可能是河北省衡水中学、安徽省毛坦厂中学产生较大社会影响的原因。而对中职教育质量的概念及内涵、评价与保障则处于模糊状态，或以就业率表达，或以学生参加各级各类技能大赛所获奖项表达，或也以升学率表达，众说纷纭。

　　我在 McGill 大学访学期间，参观了加拿大部分社区学院，聆听了相关人员的情况介绍。加拿大社区学院高标准的实习实训设施以及与行业企业的广泛合作，均为职业教育质量提供了可靠保障。专任教师几乎每周都参加行业举办的相关活动，对企业技术应用状况及人力需求情况了如指掌。特别是那些兼职教师，授课内容多为自己的亲身体会，令人印象深刻。恰巧，房东的女儿也正在社区学院上学，专修幼儿教育专业，高中成绩特别优秀。当我问她为什么没申请 McGill 大学时，她的回答令我非常吃惊。"我喜欢小孩，所以选择了幼儿教育专业""社区学院学制期较短，能尽快参加工作。而后能每天和孩子们在一起，非常幸福"。可见，加拿大社区学院的优质生源奠定了职业教育质量的基础。

我觉得，目前我国有关中职教育质量评价与保障机制的认知存在差异不足为奇，即使在美国，历史上也曾有过"普杜之辩"（Dewey - Prosser Debate）。有学者认为，我国中职毕业生就业率高是由于劳动力资源逐步紧张所致，企业利用的是毕业生的"体能"而非"技能"。有学者担心中职学校未来，"蛋箱"式办学会导致中职教师知识与技能逐步落后于时代，中职学校实习实训设施设备陈旧，很难培养出优秀学生，中职学校终将走向消亡。更为重要的是，部分地方政府官员对中职教育的认识也存在一定误区，中职学校生均财政经费逐渐低于普通高中。可见，中职教育亟须开展质量保障工作，积极倡导企业经营管理中的"以质量求生存、以质量求发展"理念，方能实现可持续发展。

本书作为教育部人文社会科学研究规划基金项目"中职教育质量评价体系及保障机制研究"的最终成果，是2011年底到2015年初有关阶段性研究成果的集合。初稿完成于2015年秋末，定稿于2016年初夏，部分研究内容采用的数据和案例存在一定的滞后性，相关内容也难免有重复之处。比如预测的2015年中职教育规模问题，可能与教育部即将公布的数据产生较大差距。因为我了解到2015年各中职学校招生出现了可喜局面。当问及其原因时，部分教师认为是党和政府反腐倡廉的结果，政府教育行政部门加大了普通高中招生计划落实的检查力度，通过其他途径入读普通高中的人数明显减少，在客观上为中职教育提供了生源保障。

当前，我国中职教育理论研究整体上滞后于工作实践，愿本书能抛砖引玉，引发学界齐心协力强化相关方面研究，为中职教育发展提供越来越多的理论支撑。还需要说明的是，虽然现在本人从事职业教育理论研究工作，但仍觉是一位中职教育的实践者。当完成这本书稿的时候，深感嘴笨笔拙，有许多想法没有表达出来，于是产生了这篇《后记》，也算作是书稿的"补记"，与读者分享。